Die Seele im 20. Jahrhundert

Kocku von Stuckrad

Die Seele im 20. Jahrhundert

Eine Kulturgeschichte

Wilhelm Fink

Umschlagabbildung:
Green Pine Trees Covered with Fog,
Photo by Lum3n.com from Pexels

Bibliografische Information der Deutschen Nationalbibliothek

Die Deutsche Nationalbibliothek verzeichnet diese Publikation in der Deutschen Nationalbibliografie; detaillierte bibliografische Daten sind im Internet über http://dnb.d-nb.de abrufbar.

Internet: www.fink.de

Einbandgestaltung: Evelyn Ziegler, München
Herstellung: Brill Deutschland GmbH, Paderborn

ISBN 978-3-7705-6437-8 (hardback)
ISBN 978-3-8467-6437-4 (e-book)

Für Hans G. Kippenberg zum achtzigsten Geburtstag

Dank

Der Großteil der Forschungen zu diesem Buch entstand während Freisemestern, die ich in Berlin verbracht habe, wo sich seit einigen Jahren mein Lebensmittelpunkt befindet. Berlin ist ein Ort, an dem die Geschichte allgegenwärtig ist, an dem Licht und Schatten wie in kaum einer anderen Stadt nebeneinander bestehen und bestehen dürfen, eine Stadt, die mit einer unglaublichen Lebenskraft sich selbst immer wieder neu erfindet, ohne jemals prätentiös zu sein, eine Stadt, in der Scheitern und Wiederaufstehen zu einer Lebensform werden, die Kreativität schafft und Luft zum Atmen. Berlin hat eine Präsenz, die sich in der Begegnung mit Orten und Personen entfaltet. Der ganze erste Teil dieses Buches ist voll von Personen, die Berlin geprägt haben und mit denen Berlin Geschichte geschrieben hat.

Viele der Personen, die an diesem Buch mitgeschrieben haben, gehören nicht der menschlichen Gattung an. Die Vögel, Füchse, Eichhörnchen, Mäuse, Hunde, Bäume und Pflanzen Wilmersdorfs sind meine ständigen Begleiter. Ihnen gilt mein Dank. Besonders möchte ich mich bei unserer Yorkie-Dame Genki bedanken, von der wir uns 2017 schmerzlich verabschieden mussten, und bei Oskar, der einen festen Platz in unserer Mitte gefunden hat – beide waren und sind eine fortwährende Quelle von Weisheit, Freude und Lebensenergie.

Nicht nur Berlin hat an diesem Buch mitgeschrieben. In den letzten Jahren habe ich viele Orte besucht, an denen die Grenze zwischen den Wirklichkeitsebenen durchlässig ist. Zu diesen *thin places* gehört die Westküste der USA, allen voran Redwood Forest, doch auch Schottland und Nordskandinavien. Besonders möchte ich mich bei dem Berg Gisuris bedanken, der heute zusammen mit Akka und Nijak den Eingang zum Sarek-Nationalpark beschützt und der seit 65 Millionen Jahren einer der Ein- und Ausatmungspunkte Lapplands ist.

In diesem Buch führe ich Forschungen weiter, die mich in den letzten zwanzig Jahren immer wieder beschäftigt haben. Viele Gespräche mit Kolleginnen und Kollegen sowie mit Studierenden haben mir dabei geholfen, meine Argumente zu formulieren und zu verbessern. Besonderer Dank gilt Whitney A. Bauman, der 2018 mit mir das Forschungs- und Begegnungszentrum Counterpoint: Navigating Knowledge gegründet hat und der mir ein wichtiger Freund und Gesprächspartner ist. Wertvolle Anregungen zu diesem Buch habe ich außerdem von Jay Johnston, Bron Taylor, Jens Schlieter, Claudia Bruns und den Mitgliedern der Forschergruppe zu *new animism*, allen voran Sarah Pike, Graham Harvey und David Haberman, erhalten. Meinem Freund und Kollegen Dylan Burns verdanke ich viele Anregungen während unserer

Lunchpausen in der Mensa der Freien Universität Berlin oder bei abendlichen Gesprächen.

Anne Koch, Helmut Zander, Andreas Sommer und Stefan Mekiffer haben das Buchmanuskript oder Teile davon gelesen und mir wichtige Rückmeldungen gegeben, die ich versucht habe, so gut es geht umzusetzen. Für diesen Gedankenaustausch bin ich sehr dankbar.

Einen besonderen Dank möchte ich Hans G. Kippenberg aussprechen. Ich werde nie vergessen, wie ich ihn 1995 in seinem Büro an der Bremer Universität aufsuchte, um ihm ein Dissertationsprojekt zur antiken Astrologie vorzuschlagen. Er war sofort interessiert, obwohl er mich gar nicht kannte. Seine Begeisterung für kulturwissenschaftliche Forschung, auch und gerade wenn sie überkommenes Wissen gegen den Strich bürstet, hat mich seitdem fortwährend motiviert und inspiriert. Hans G. Kippenberg war es auch, der mich auf die Spur einer diskursorientierten Religionsforschung gesetzt hat, und das meiste, was ich seit meiner Zeit als Doktorand gelernt habe, geht direkt oder indirekt auf ihn zurück. Über die Jahre ist eine Freundschaft gewachsen, die mich mit Dankbarkeit erfüllt. Aus Anlass seines achtzigsten Geburtstags sei ihm dieses Buch gewidmet.

Auch Alissa Jones Nelson gebührt ein besonderer Dank. Sie war nicht nur eine geduldige Zuhörerin, wenn ich sie einmal mehr mit Fragen zur Geschichte der Seele behelligt habe, sondern sie hat mich auch mit Autorinnen und Autoren sowie mit Themen und Fragestellungen bekannt gemacht, die in vielfältiger Weise in dieses Buch eingeflossen sind. Und was noch wichtiger ist: Sie teilt mit mir das Abenteuer des Lebens. *Love is touching souls.*

Inhaltsverzeichnis

TEIL II

Von Europa nach Amerika und zurück: Die Seele von 1950 bis heute

Prolog: Die Krise der Seele im zwanzigsten Jahrhundert

Dieses Buch begann mit einer Beobachtung: Wenn man sich darüber informieren möchte, was die Psychologie heute zum Thema „Seele“ zu sagen hat, wird man schnell enttäuscht. Viele psychologische Wörterbücher enthalten nicht einmal einen Eintrag zu „Seele“. Das gilt zum Beispiel für das doch sehr renommierte *Oxford Dictionary of Psychology*. Auch die American Psychological Association scheint in ihren Datenbanken ohne Seelenbegriff auszukommen. Dieser Seelenvergessenheit der Psychologie steht eine andere Beobachtung gegenüber: Schaut man sich in der heutigen Kultur Europas und Nordamerikas, aber im Grunde auch weltweit, um, so scheint die Seele Hochkonjunktur zu haben. Wie ist diese Diskrepanz zu erklären? Und wie kommt es, dass die Seele zu Beginn des zwanzigsten Jahrhunderts auch in der professionellen Psychologie nicht wegzudenken war? Wann ist der Psychologie die Seele abhanden gekommen, und wann begann die Karriere der Seele in Literatur, Spiritualität, Ökologie und Politik?

Um Fragen wie diese zu beantworten, muss man sich genauer ansehen, welche Rolle der Seelenbegriff in kulturellen Debatten seit dem neunzehnten Jahrhundert gespielt hat und wie sich diese Rolle im Laufe der Zeit verändert hat. Wo finden sich Kontinuitäten und Diskontinuitäten? Und was leistete der Seelenbegriff in wechselnden Zusammenhängen für die Gesellschaften des zwanzigsten Jahrhunderts? Mit welchen anderen Begriffen wurde er kombiniert, um dadurch neue Bedeutungen anzunehmen oder alte Bedeutungen weiterzugeben? Dieses Buch versucht Antworten auf solche Fragen zu geben. Was ich hier vorlege, ist deshalb auch keine Geschichte der Psychologie. Solche Geschichten gibt es zur Genüge, und das in ausgezeichneter Qualität. Dieses Buch ist eine Kulturgeschichte, und damit ist schon angedeutet, dass ich die Seele an sehr unterschiedlichen Orten aufsuche und analysiere – von Literatur und Poesie über naturwissenschaftliche und geisteswissenschaftliche Interpretationen bis hin zu spirituellen Praktiken und politischen Dokumenten. Es ist gerade das Zusammenspiel dieser kulturellen Orte, die gegenseitige Beeinflussung jener Systeme, wodurch Bedeutung entsteht. Anders ausgedrückt: Das kulturelle Wissen über die Seele wird in gesellschaftlichen Aushandlungsprozessen organisiert. Es entstehen Wissensordnungen, die für große Teile der Bevölkerung Orientierungen und selbst Handlungsanleitung sein können. Diese Ordnungen sind immer wandelbar, und doch zeigen sie eine gewisse Beständigkeit, die der historische Blick rekonstruieren kann.

 | DOI:10.30965/9783846764374_002

Wenn ich hier von Wissensordnungen spreche, so ist damit nicht die Frage gemeint, welche Behauptung über die Seele „wahr" ist oder wie man die Seele wissenschaftlich definieren sollte. Ich verwende den Begriff so, wie er in kulturwissenschaftlichen und wissenssoziologischen Traditionen eingeführt worden ist, nämlich als Darstellung und Rekonstruktion dessen, was Gruppen und Gesellschaften jeweils als Wissen konzipieren und akzeptieren. Der Begriff der Wissensordnungen spielt auch für die Diskursforschung eine große Rolle, und oft wird hier auf Michel Foucault Bezug genommen, der sich für die „Genealogie" heutiger Wissensbestände interessierte und wichtige Beiträge zu deren kultureller „Archäologie" geleistet hat. Diese Kulturgeschichte der Seele versucht etwas Ähnliches. Indem ich mir ganz unterschiedliche, doch jeweils einflussreiche historische Beiträge zur gesellschaftlichen Diskussion ansehe, beschreibe ich die Genealogie heutiger Wissensordnungen zur Seele. Ich schaue mir an, wie der Seelenbegriff in wechselnden historischen Bezügen mit Bedeutung aufgeladen wird, anders gesagt: wie gesellschaftlich geteiltes Wissen über die Seele legitimiert oder delegitimiert, verstetigt oder verändert wird, und wie es mit anderen Wissensbeständen verschränkt wird.

Das vorliegende Buch ist deshalb nicht nur eine Kulturgeschichte, sondern auch eine Diskursgeschichte der Seele. Da der Begriff des Diskurses, trotz (oder gerade wegen?) seiner bisweilen inflationären Verwendung, oft verwirrend ist, möchte ich ganz kurz erläutern, wie ich ihn hier verwende (für eine ausführlichere Diskussion s. von Stuckrad 2014, 1–18; von Stuckrad 2020). Sehr brauchbar für unsere Zwecke ist hier eine „offene" Definition von Diskurs, wie Franz. X. Eder sie vorgeschlagen hat: Diskurse sind Praktiken, „die Aussagen zu einem bestimmten Thema systematisch organisieren und regulieren und damit die Möglichkeitsbedingungen des (von einer sozialen Gruppe in einem Zeitraum) Denk- und Sagbaren bestimmen" (Eder 2006, 13). Es geht bei der Diskursanalyse deshalb nicht nur um die textliche und sprachliche Dimension, sondern auch um Praktiken, die Wissensordnungen tragen oder verändern. Das können auch Institutionen sein. Wenn zum Beispiel ein neues Studienfach „Psychologie" an Universitäten eingerichtet wird, so stellt dies die gesellschaftliche Manifestation einer Wissensordnung dar, die durch die Existenz dieses Studienfachs legitimiert und weiter verstetigt wird. Dasselbe gilt für die Schaffung von Vereinen und Gesellschaften, für die Publikation von populären Büchern und Zeitschriften oder auch für juristische und politische Entscheidungen. In der Diskursforschung nennt man solche institutionellen Träger von Diskursen gern „Dispositive". Dispositive sind gewissermaßen die „Infrastruktur", die einen Diskurs trägt und verbreitet.

Bedeutung und „Wissen" über die Seele entstehen also im Zusammenspiel ganz unterschiedlicher Zeugnisse und Beiträge zum gesellschaftlichen

Gespräch. Dabei steht der Begriff der Seele niemals für sich allein. Wie bei allen anderen Diskursen auch, gewinnt der Seelenbegriff erst durch die Kombination mit anderen Begriffen seine spezifische Bedeutung. Wenn „Seele" zum Beispiel mit „Kosmos" verbunden und als „Weltseele" beschrieben wird, oder mit Begriffen wie „Leben", „Atem" oder „Geist" kombiniert wird, so verändert dies die Wissensordnung, in welcher der Seelenbegriff seine Bedeutung erhält. In der Diskursforschung nennt man dies einen „Diskursknoten" – einzelne Diskursstränge (also individuelle Begriffe wie „Seele" oder „Leben") werden miteinander „verschränkt" und ergeben ein Diskursarrangement, das erst im Zusammenspiel der Einzelelemente Bedeutung generiert.

Was ich in diesem Buch tue, ist eigentlich ganz einfach: Ich schaue mir eine Vielzahl von historischen Quellen an und analysiere die jeweiligen Diskursknoten, in denen der Seelenbegriff seine Bedeutung erhält. Bei der Auswahl der Quellen beschränke ich mich nicht auf ein bestimmtes Genre; vielmehr kommt alles, was gesellschaftlich geteilte Meinungen beeinflussen kann, als mögliche Quelle in Frage. Parallel dazu, und oft in Wechselwirkung zu textlichen Quellen, schaue ich mir die jeweiligen Dispositive an, welche die Quellen tragen und verbreiten. Die populäre Schrift eines Nobelpreisträgers für Physik oder ein Bestsellerroman haben mehr diskursiven Einfluss (und damit auch „Macht") als andere Quellen; die Etablierung von Studienfächern, Vereinen und Akademien ist eine Institutionalisierung von Wissensbeständen, die ihrerseits den Diskurs beeinflussen können.

Der Wissenssoziologe Reiner Keller hat in einer Diskussion einmal gesagt, Diskursanalyse sei Handarbeit. Das ist sicher richtig, denn das Material, das man für die Rekonstruktion eines Diskurses heranziehen kann, ist so riesig, und die Entscheidungen, welchen Diskursformationen man genauer nachgehen möchte, sind so stark von den Präferenzen der Wissenschaftlerin oder des Wissenschaftlers abhängig, dass es niemals *die* Diskursgeschichte der Seele (oder irgendeines anderen Begriffes) geben kann. Das vorliegende Buch ist deshalb auch nur *eine* Kulturgeschichte der Seele im zwanzigsten Jahrhundert. Es erhebt keinerlei Anspruch auf Vollständigkeit, schon allein deshalb, weil es sich auf Europa (mit einem Schwerpunkt auf Deutschland) und Nordamerika beschränkt. Da der Begriff der „Seele" der europäisch-amerikanischen Geschichte entstammt, kommen entsprechende Überlegungen (mit jeweils ganz anderen Worten und Bedeutungen) außerhalb dieses Kulturraumes nur dann zur Sprache, wenn sie mit euro-amerikanischen Seelendiskursen direkt verschränkt sind (zum Beispiel über Prozesse von Kolonialismus und Globalisierung).

Trotz der exemplarischen Vorgehensweise sind die Wissensarrangements, die ich in diesem Buch rekonstruiere, meines Erachtens repräsentativ für eine einflussreiche kulturelle Entwicklung in Europa und Nordamerika. Sie zeigen, wie über den Seelenbegriff zentrale Ansichten zur Stellung des Menschen in der Welt, zur Verbindung zwischen materiellen und spirituellen Dimensionen der Wirklichkeit sowie zur Evolution menschlichen und planetarischen Lebens verhandelt werden. Auch zeigen sie, wie stark wissenschaftliche und nichtwissenschaftliche Auffassungen und Praktiken sich gegenseitig beeinflussen und bereichern. Wir haben es hier mit einer „Diskursgemeinschaft" zu tun, die im Zusammenspiel unterschiedlicher kultureller Orte an der Schaffung von Bedeutungen zur Seele arbeitet. Einige Grundlinien dieser Diskursformation nachzuzeichnen, ist das Anliegen meines Buches.

Um die verschiedenen Diskursstränge, die in den jeweiligen Beiträgen zu finden sind, überzeugend sichtbar zu machen, muss ich immer wieder auch längere Zitate verwenden. Ich möchte ja nicht einfach nur ein bestimmtes Diskursarrangement behaupten, sondern es aus den Quellen selber rekonstruieren. Nur auf diese Weise können sich Leserinnen und Leser selber ein Bild machen von den Kontinuitäten und Diskontinuitäten in der Kulturgeschichte der Seele im zwanzigsten Jahrhundert. Diese Linien lasse ich außerdem im neunzehnten Jahrhundert beginnen, und ich ziehe sie weiter bis in die Gegenwart. Es entsteht dabei ein Muster, das in seiner kulturellen Bedeutung noch weit über das hinausgeht, was ich zu Beginn meiner Arbeit an diesem Buch vermutet hatte. „Seele" klingt ja auf den ersten Blick ziemlich langweilig. Doch wenn man dann feststellt, wie stark Seelenbegriffe mit Begriffen wie Bewusstsein, Evolution, Natur, Materie, Energie, Kunst und Erkenntnis verwoben werden, sieht die Sache schon ganz anders aus. Besonders interessant wird es, wenn man den Blick auf vermeintlich „säkulare" Kontexte wirft, auf Bereiche also, die mit der althergebrachten „Religion" nichts mehr zu tun haben wollen und dennoch an metaphysischen und ethischen Fragen interessiert sind, die den Menschen in größere Zusammenhänge einbinden. Deshalb beschreibe ich in diesem Buch vor allem solche Diskurse, die im Zusammenspiel von „säkular-wissenschaftlichen" und „spirituell-metaphysischen" Beiträgen entstanden sind, und weniger Seelendiskurse, wie sie sich in traditionell „religiösen" Bereichen – allen voran in der katholischen Theologie – entwickelt haben. Es ist gerade das Potenzial des Seelendiskurses, „religiöse" und „säkulare" Sichtweisen spielerisch zu überbrücken, was die Kulturgeschichte der Seele von der Romantik bis in die Gegenwart so faszinierend macht.

Vielleicht ist es also gar nicht die Seele, die in der Krise steckt. Vielleicht ist es nur ihre wissenschaftlich-kulturelle Wahrnehmung, die etwas aufzuholen hat.

TEIL I

Die Seele im kulturellen Diskurs zwischen 1870 und 1930

KAPITEL 1

Naturforschung, Psychologie und Okkultismus im neunzehnten Jahrhundert

Die Seele in der europäischen Kulturgeschichte

Die Seele hat eine jahrtausendealte Geschichte, die von der Antike bis in die Gegenwart reicht. Babylonische, ägyptische und griechische Philosophien und Religionen formten eine breite Basis, auf der in der Spätantike ein Seelendiskurs entstand, der die Idee der Seele in Europa – und über vielfältige Kontakte weit darüber hinaus – lange Zeit prägte. Verschiedene Namen wurden dem gegeben, was wir heute mit der Seele assoziieren: Das griechische *pneuma* verwies auf „Luft", „Hauch" oder „Atem". Auch das altgriechische Substantiv *psychē* und das Verb *psychein* („atmen") referieren an diese Begriffe und können außerdem das „Leben" selber meinen. Ähnlich war es später im Lateinischen, wo der Begriff *anima* („Atem") die Seele bezeichnet (Kantor 1963, 61–293; Doucet 1971, 15–78; Bremmer 1983; Jüttemann et al. 1991, 15–93; Sorabji 1999).

Hinter diesen Bezeichnungen stehen Grundfragen, die immer wieder neu aufgebracht wurden. Was ist der Mensch zusätzlich zu seinem Körper? Gibt es eine denkende und fühlende Instanz im Menschen? Wo ist diese angesiedelt? Gibt es etwas, das den Tod des Körpers überdauert? Und wenn das die Seele ist, was geschieht dann mit ihr? Fragen wie diese sind es, die in der Spätantike Mythologie, Religion, Philosophie und auch das praktische Leben beeinflussten. Die zentrale Bedeutung dieser Diskussionen hat Burkhard Gladigow gut auf den Punkt gebracht:

> Für den europäischen Bereich gehört der Seelenbegriff wahrscheinlich zu den universellsten und folgenreichsten Begriffen. Die Grundmuster, die Versatzstücke des Diskurses gewissermaßen, sind praktisch bereits in der Antike präsent: Vereinheitlichung und Binnendifferenzierung (die Seele ist „eine", hat aber „Teile"), die Seele als Wissen akkumulierendes Ich, das „dauert" und das eine eigene Verschuldungs- und Aufstiegsgeschichte hat. (Gladigow 1993, 126)

Die entscheidende Wende, auf die sich Gladigow bezieht, wurde von griechischen Philosophen (vor allem Heraklit) im Anschluss an die Vorsokratiker vorbereitet: Während man zuvor von einer Mehrzahl von Seelen

 | DOI:10.30965/9783846764374_003

ausging, war es nun die *eine* Seele, die die menschliche Erkenntnisfähigkeit der Welt repräsentiert. Eine zweite Wende bestand darin, dass griechisches Denken die Vorstellung entwickelte, die Seele existiere unabhängig vom Körper. Diese Vorstellung, erstmals von Sokrates überliefert, hatte gewaltige Auswirkungen auf die nachfolgende Kulturgeschichte, denn sie machte die „Erfindung des inneren Menschen" möglich und eine Trennung zwischen dem „nur" körperlichen und dem „echten" seelischen Menschen (Dodds 1970; Assmann 1993; Gladigow 1993; Baumgarten et al. 1998; Zander 1999, 57–152; Bremmer 2002).

Man kann in der Folgezeit zwei große Linien in der europäischen Seelenvorstellung unterscheiden. Die eine geht auf Platon zurück und interessiert sich für die Einheit zwischen Makrokosmos und Mikrokosmos, und damit für die menschliche Seele als Abbild der kosmischen Seele. Diese schon von Plotin (204–270) formulierte Vorstellung kommt in holistischen Ideen der „Weltseele" und der mystischen Schau des Kosmos zum Vorschein und wird uns in den folgenden Kapiteln immer wieder begegnen. Plotin interessierte sich für die Frage, in welchem Verhältnis die Einzelseele zum Absoluten, zur Weltseele steht. Er erklärte dies damit, dass die Seele sich zwar von der reinen geistigen – intelligiblen – Welt getrennt habe, indem sie ihre Wirkungskraft auf etwas Einzelnes gerichtet habe, doch bleibe sie noch immer mit dieser Welt verbunden, da sie als Teilseele das Ganze repräsentiere. Die Seele, die aus dem *Nous* („Geist", „Intellekt", „Verstand") entstanden ist, nimmt daher eine Zwischenstellung zwischen geistiger und materieller Welt ein. Sie „läßt sich sozusagen als die Gelenkstelle zwischen zwei Welten begreifen; ihr Wesen ist durch Energeia gekennzeichnet, durch die Wirksamkeit an der Nahtstelle zwischen Nous und Materie. Daher hat Plotin ihr Teilbarkeit wie Unteilbarkeit zugesprochen; wendet die Seele sich der Erscheinungswelt zu, wird sie teilbar, wendet sie sich dem Nous zu, bleibt sie unteilbar" (Zintzen 1991, 46). Tatsächlich kann der Einfluss dieser Argumentationslinie für die europäische Kulturgeschichte kaum hoch genug bewertet werden. Nicht nur die Trennung von Körper und Seele wurde hier eingeführt, sondern auch die Teilbarkeit der Seele, ohne die eine Theorie multipler Persönlichkeiten kaum denkbar wäre (Corcilius und Perler 2014.)

In Weiterführung von Platons Überzeugung, dass die Seele sozusagen im Körper exiliert sei, oder der Körper gar zum „Grab der Seele" werde (so etwa in Gorgias 43a, Phaidros 250c und Nomoi 958c), brachten Plotin und andere Neuplatoniker nun auch das Motiv der Erlösung ins Spiel, christlich gewendet als die Hinwendung der Seele zum christlichen Gott und damit als ihre Reise zurück in die Lichtheimat, von der sie gekommen sei (Schmidt-Biggemann 1998). Für die mehr „offizielle" christliche Theologie und Philosophie dagegen wurde die Linie entscheidend, die sich auf Aristoteles bezieht und die einen Dualismus zwischen Körper und Seele propagiert. Die als Scholastik bekannte christliche Philosophie des Mittelalters verfestigte diesen Dualismus, der bis heute vor allem die katholische Theologie beeinflusst. Thomas von Aquin (1225–1274) kommt hierbei eine entscheidende Rolle zu. Seine als offizielle „Psychologie" der Kirche festgeschriebene Lehre geht davon aus, dass der Mensch zwei Seelen besitzt. Die *anima vegetativa* ist eine angeborene Seele, die auch Tiere oder selbst Pflanzen besitzen können. Erst mit der Taufe jedoch, in einer Art göttlichem Schöpfungsakt, erhält der Mensch die sogenannte *anima rationalis* oder *anima intellectiva*, also eine Vernunftseele, die nur der Mensch besitzt. Im Anschluss an diese Einteilung entspricht die Dreiheit von Gedächtnis, Denken und Wollen der christlichen Trinität. Mit solchen theologischen Entwürfen der Seele hat die katholische Kirche wichtige Impulse zur Entstehung von „Psychologie" geliefert. Dies markiert einen Unterschied zu islamisch dominierten Kulturkreisen, in denen der für Europa entscheidende Seelendiskurs viel weniger sichtbar ist (zum Kontext europäischer Kulturgeschichte s. Zander 2016). Übrigens ist diese starke Prägung christlicher Theologie auch für die Konstanz des Seelenbegriffs innerhalb großkirchlicher Zusammenhänge verantwortlich. In der katholischen Kirche gab es im letzten Viertel des zwanzigsten Jahrhunderts eine intensive Debatte um die Eschatologie, in der Kardinal Joseph Ratzinger, der spätere Papst Benedikt XVI., sich massiv für die Beibehaltung des Seelenbegriffs aussprach, auch wenn dieser andernorts außer Mode gekommen war. Dass der Seelenbegriff, oft in Verbindung mit Konzepten von Erlösung, in vielen christlich geprägten Kulturen außerhalb Europas und Nordamerikas auch heute noch so stark verankert ist, hat mit diesen theologischen Entscheidungen zu tun.

Aus dieser historischen Konstellation ergibt sich ein ähnliches Problem, wie ich es andernorts als „Tragödie des Nominalismus" bezeichnet habe (von Stuckrad 2010, 100). Die scholastische Philosophie des Thomas von Aquin eröffnet nämlich einerseits die Möglichkeit einer philosophisch und empirisch begründeten Psychologie, insoweit sie sich auf die körperlichen, vegetativen Systeme des Menschen bezieht. Andererseits entzieht sich jede höhere Erkenntnis der Seele dem menschlichen Zugriff und kann nur als theologische Gotteserkenntnis erreicht werden. Die *anima rationalis* als „eigentliche" Seele muss vollkommen sein, da sie göttlich ist; alle Erkrankungen oder Veränderungen der Seele können demnach nur körperlicher Natur und durch Umweltfaktoren – oder, theologisch ausgedrückt, durch das Böse – verursacht sein. Die Vorstellung, dass „Geisteskranke" in einem im Grunde seelenlosen Körper hausen und deshalb nicht wie vollwertige Menschen behandelt werden können, oder dass die Seele nur durch die Verbrennung des Körpers auf dem Scheiterhaufen „gerettet" werden kann, war in Europa bis ins neunzehnte Jahrhundert hinein die Leitidee bei der Beurteilung psychischer Besonderheiten. Es handelt sich im Sinne Michel Foucaults um einen Diskurs, der durch Institutionen wie die christliche Kirche oder Krankenhäuser einen kontrollierenden Zugriff auf den Menschen legitimiert und zugleich die diesen Zugriff tragende Seelenkonstruktion verstetigt.

Die Grundlinien eines solchen Seelendiskurses ziehen sich durch die philosophischen und religiösen Debatten der europäischen Neuzeit und werden auch in der Aufklärung behandelt. Sie sind wichtige Aspekte einer Geschichte der Seele, die als historische Psychologie rekonstruiert werden kann (Jüttemann 1986a; Jüttemann 1988; Jüttemann et al. 1991). René Descartes (1596–1650) hatte einen wichtigen Baustein für die moderne Auffassungen von Seele, Natur und Materie geliefert, indem er dichotomisch zwischen *res cogitans* (der „denkenden Sache") und *res extensa* (der „ausgedehnten Sache") unterschied: Dinge, die räumlich sind, können nicht denken, und umgekehrt hat das denkende Ich, die Seele, keine Ausdehnung. Ich werde noch genauer ausführen, wie stark diese Dichotomie im animistischen Naturdiskurs des zwanzigsten Jahrhunderts in die Kritik geraten ist. Doch auch in Neuzeit und Aufklärung gab es bereits Alternativen zu diesem Modell, etwa in der „Monadenlehre" des Gottfried Wilhelm Leibniz (1646–1716), die die Monade als Punkt ohne Ausdehnung konzipierte und doch mit eigener *agency*, also Handlungskompetenz, ausstattete. Diese Lehre hatte noch den frühen Immanuel Kant (1724–1804) beeinflusst, der sich später jedoch einer strikten Trennung von Denken und Körper verschrieb.

Auf die Details dieser Vorgeschichte des modernen Seelendiskurses kann hier nicht eingegangen werden. Festzuhalten ist aber, dass am Anfang des neunzehnten Jahrhunderts verschiedene Alternativen die Diskussion bestimmten, wobei die führende Position des deutschen Idealismus, der die Entscheidungs- und Handlungshoheit allein im menschlichen Bewusstsein verortete, zunehmend kritisch beurteilt wurde. Die sich entwickelnde Romantik schloss denn auch stärker bei Denkern wie Friedrich Wilhelm Joseph Schelling (1775–1854) und Johann Wolfgang von Goethe (1749–1832) an, während sie sich an Descartes und Kant wund rieb. Es bildete sich ein Diskursarrangement, das einerseits die aus der mediterranen und europäischen Kulturgeschichte übernommenen Assoziationen der Seele mit Leben, Lebendigkeit, Animismus, Immaterialität und Kosmos fortschrieb, andererseits die Seele nun noch stärker als zuvor in einen Zusammenhang mit Naturbetrachtung stellte.

Seele und Natur in der romantischen Philosophie

Sowohl Schelling als auch Goethe sind gute Ausgangspunkte, um den romantischen Diskurs zur Seele und zur Natur zu vermessen (Jüttemann 1988, 21–130). Die Universität von Jena war um 1800 ein Zentrum der deutschen Naturphilosophie, und viele später als Romantiker bekannt gewordene Denker kamen, um Schelling und seinen Auseinandersetzungen mit Johann Gottlieb Fichte (1762–1814) und Georg Wilhelm Friedrich Hegel (1770–1831) zu folgen. Zu den Naturphilosophen, die Schellings Vorlesungen in Jena besuchten und später in je eigener Weise in ihre Arbeiten integrierten, gehörten Lorenz Oken (1779–1851), Friedrich Hufeland (1774–1839), Dietrich Georg von Kiefer (1779–1862, ab 1812 Professor für Medizin in Jena), Gotthilf Heinrich von Schubert (1780–1860) und Ignatius Paul Vital Troxler (1780–1866). Allen diesen Philosophen war gemeinsam, dass sie von Schellings Modell der Natur als Organismus fasziniert waren und die Idee der Belebtheit des Kosmos weiterentwickelten.

Lorenz Oken konzipierte in seinem *Lehrbuch der Naturphilosophie* von 1809 die Naturphilosophie als notwendige Voraussetzung der Geistesphilosophie (Oken 1843, § 15, S. 2). Das Ewige und Absolute bildet eine Einheit mit dem Realen und Materiellen, indem Letzteres aus dem Ersteren hervorgeht (§ 38, S. 6). Das Hervorgehen des Organisch-Realen folge jedoch dem Grundprinzip alles Seienden, der Polarität, also einer gestalterischen Dynamik, die von Anbeginn existierte, „eine Idee, ein bewegter Gedanke Gottes, der Uract selbst mit allen seinen Folgen", wie es in § 88 heißt. Da es kein Ding gebe, das ohne eine solche Dynamik und Bewegung sei, schließt Oken sich Schelling an und sagt: „Es gibt nichts eigentlich Todtes in der Welt; nur das ist todt, was nicht ist, nur das Nichts" (§ 90, S. 19).

Auch die Materie ist also lebendig, sofern sie überhaupt existiert. Existieren wiederum kann sie nur „durch fortwährendes Entstehen, durch Leben. Es gibt keine tote Materie; sie ist durch ihr Sein lebendig, durch das Ewige in ihr." Und pantheistisch heißt es dann: „Die Materie hat an sich keine Existenz, sondern es existiert nur das Ewige in ihr. Es ist alles Gott, was das ist, und außer Gott gibt es schlechterdings nichts" (§ 162, S. 31). Jene Materie, die das ganze Universum erfüllt, nennt Oken „*Urmaterie*, Weltmaterie, cosmische Materie, *Äther*" (§ 169, S. 32, Hervorhebung im Original).

Wenn alles Seiende aus der rhythmischen Dynamik des Werdens entstanden ist, dann besteht der Unterschied zwischen dem Organischen und dem Unorganischen lediglich darin, dass das Unorganische der Bewegung entbehrt, also nur Masse ist. Das Organische ist belebt und beseelt, denn, so Oken: „Die Bewegung ist [...] die Seele, wodurch sich das Organische über das

Unorganische erhebt" (§ 993, S. 161). Man sieht hier gut, wie die Diskursstränge von Seele und Natur mit denen des Organischen und Unorganischen, aber auch mit naturwissenschaftlichen Begriffen wie „Äther" verschränkt werden. Auf allen ihren Entwicklungsebenen spiegelt die organische Welt die Natur in ihrer Totalität wider. Der Mensch verkörpert für Oken jedoch die höchste Ebene und vereinigt dadurch alle anderen Reiche – also auch das Tier- und Pflanzenreich – in sich. „Der höhere Organismus ist ein Universum im Kleinen; im tiefsten, wahrsten Sinne *kleine Welt, Microcosmus*" (§ 1019, S. 165, Hervorhebung im Original).

Hatte Schelling sich noch um einen analytischen Zugriff auf die Natur bemüht, der den *Begriff* der Natur in einen großen philosophischen Entwurf einarbeiten wollte, sieht man bei Oken ein stärker im Ästhetischen und Emotionalen gründendes Verständnis der Natur. Odo Marquard nennt dies die Überwindung der „Kontrollnatur" durch die „Romantiknatur". Die Kontrollnatur als „die Natur der Verstandesgesetze und Regeln", als „die Natur der Naturgesetze" (Marquard 1987, 56), wird sichtbar in Descartes' Feststellung, dass „wir uns zum Meister und Besitzer der Natur machen" („[...] ainsi nous rendre comme maîtres et possesseurs de la nature"; Descartes 1976 [1627], 62) oder in Kants einflussreicher Definition der Natur als „das Dasein der Dinge, sofern es nach allgemeinen Gesetzen bestimmt ist", in einer Natur also, die der menschlichen Kontrolle unterworfen ist (so Kant in seinen „Prolegomena zu einer jeden künftigen Metaphysik, die als Wissenschaft wird auftreten können" von 1783, zitiert nach Marquard 1987, 56). Diesem Zugriff auf Natur steht für Marquard die „Romantiknatur" gegenüber, nämlich Natur als „die vornehmlich als Organismus gesehene erhabene oder schöne und jedenfalls heile außergeschichtliche Lebendigkeit", die in Kunst und Gefühl aktualisiert wird (ebd., 57).

Was das bedeutet, zeigt Gotthilf Heinrich von Schubert in seiner *Symbolik des Traumes* aus dem Jahre 1814 und in seiner *Geschichte der Seele*, erschienen 1830. Ähnlich wie in Goethes *Werther* wird das Fühlen der Natur hier zur Grundinstanz der Naturbetrachtung. Für Schubert stellt die Symbolsprache des Traumes, wie sie auch in den Mythologien der Antike noch greifbar war, eine Möglichkeit dar, die Sprache der Natur zu entschlüsseln. „Vielleicht könnte es gelingen, durch Hülfe dieser Verwandtschaft den verloren gegangenen Schlüssel auch für den bisher noch nicht enträthselten Theil jener Naturzeichensprache zu finden, womit dann für uns mehr als eine bloße Erweiterung unserer archäologischen und mythologischen Kenntnisse würde gewonnen werden: eine Ansicht von der Bedeutung der uns umgebenden Natur, von welcher sich unsre gewöhnliche Naturkunde nichts träumen lässet" (Schubert 1821, 31).

Auf den ersten Blick erscheint eine solche Naturbetrachtung subjektiv und willkürlich. Doch wir können sie auch als eine Naturforschung interpretieren, die die Natur nicht als Objekt dem menschlichen Blick unterwirft, sondern sich von den natürlichen „Dingen" verändern und inspirieren lässt. Im Anschluss an William Blake nennt Amanda Jo Goldstein dies „sweet science", und sie weist nach, wie ein solches Verständnis einer nicht-domestizierenden Naturforschung bei Johann Wolfgang von Goethe und Percy Bysshe Shelley (1792–1822) einen besonders starken Ausdruck gefunden hat. Zwar wendet sich diese Naturforschung gegen die „Kontrollnatur" im Sinne Marquards, doch stellt sie ihr nicht eine schlichte Einfühlungs- und ästhetisierende Natur gegenüber, wie Marquard sie als „Romantiknatur" identifiziert. Die Alternative ist komplizierter, und sie ist subversiv:

> Romantische, revisionistische poetische Wissenschaften [...] forderten die sich entwickelnden lebenswissenschaftlichen und ästhetischen Protokolle heraus, die „rohe" Empfindung selbst als empfänglich und schöpferisch für soziale und rhetorische Transformation zu verstehen; die gegenseitige materielle Beeinflussung zwischen den Subjekten und den Objekten eines Experiments zu akzeptieren; und schließlich Verletzlichkeit – durch Eindruck, Einfluss und Verfall – als zentral, nicht als nachteilig für das biologische Leben zu betrachten. Gegenüber dem vitalistischen Ideal einer sich selbst generierenden „organischen Form", mit dem die romantische Biologie häufig identifiziert wird, begreifen die *sweet sciences* Lebendigkeit als relationalen Effekt von Kontakt und Kontext; den zweigleisigen wissenschaftlichen und ästhetischen Idealen der unparteiischen Beobachtung im Anschluss an Kant stellen sie ein Ethos der unvermeidlichen Teilhabe an dem, was gefühlt oder gewusst wird, entgegen. (Goldstein 2017, 8; alle Übersetzungen von Zitaten ins Deutsche, sofern nicht anders angegeben, stammen vom Verfasser)

Goethe nennt eine solche Art von Naturforschung „zarte Empirie". In *Wilhelm Meisters Wanderjahre* schreibt er: „Es gibt eine zarte Empirie, die sich mit dem Gegenstand innigst identisch macht und dadurch zur eigentlichen Theorie wird. Diese Steigerung des geistigen Vermögens aber gehört einer hochgebildeten Zeit an" (Kapitel 43). Schon 1931 machte Arthur Titius in seinem Buch *Natur und Gott* darauf aufmerksam, dass für Goethe Naturerkenntnis und Intuition direkt zusammengehörten. „Durch Spinozas ‚intuitives Erkennen' glaubt sich Goethe direkt auf die Erkenntnis der Dinge hingewiesen, um in Pflanzen und Steinen das Göttliche zu suchen" (Titius 1931, 266). Diese methodischen Grundüberlegungen gilt es ernst zu nehmen. Goldstein geht deshalb noch einen Schritt weiter und deutet sie als kritische Reaktion auf objektivierende Ansätze, wie vor allem Kant sie propagiert hatte.

> Die „Zärtlichkeit“ in Goethes „zarter Empirie“ ist eine doppelte Tugend, die an die *sweeet science* in Blakes Antamon erinnert: eine Art der „Betrachtung“ eines Objektes in „schönen, beweglichen Händen“, welche die Gewalt experimenteller Praxis vermeidet, indem sie die Objekte behutsam behandelt, aber auch, indem sie die anpassungsfähige Geschmeidigkeit und die Verletzlichkeit des Experimentators durch ihre Berührung anerkennt. Tatsächlich [...] legt Goethes „objektiv aktive“ poetische Wissenschaft auf subtile Weise die kantische Ethik einer distanzierten „Unparteilichkeit“ bei ästhetischer und wissenschaftlicher Beobachtung bloß, die darauf ausgerichtet ist, sich vor der Zärtlichkeit im zweiten Sinne zu schützen. (Ebd., 101; s. auch das Kapitel „Goethe's Scientific Revolution“ in Richards 2002, 407–502)

An dieser Stelle sei auch daran erinnert, dass die heute vertretene Auffassung von Objektivität als einer „vom Betrachter unabhängigen“ Methode erstaunlich neu ist. Lorraine Daston und Peter Galison halten fest:

> [Diese Auffassung] entstand in der Mitte des neunzehnten Jahrhunderts und hat sich in wenigen Jahrzehnten nicht nur als wissenschaftliche Norm, sondern auch als wissenschaftliche Praxis etabliert [...]. So dominant die Objektivität in den Wissenschaften seit etwa 1860 auch geworden sein mag, niemals hatte sie das erkenntnistheoretische Feld für sich allein, auch heute nicht. Bevor die Objektivität kam, galt die Wahrheitstreue zur Natur; mit der Objektivität kam geschultes Urteil. (Daston und Galison 2007, 28–29; s. auch Goldstein 2017, 13)

Naturforschung als „zarte Empirie“ und als „Wahrheitstreue zur Natur“ führt in Gotthilf Heinrich von Schuberts *Geschichte der Seele* zu interessanten Überlegungen. Schubert widersetzt sich der Position Descartes' und Kants, Tiere seien leblose „Maschinen“. Stattdessen hält er fest, es gebe „auch in dem organischen Ganzen des Thierleibes einen gemeinsamen Ausgangs- und Endpunkt des willkürlichen Bewegens sowie der Empfindungen; ein Organ, das vor allen andren Theilen des Leibes ein Seelenorgan genannt werden kann. Weder der Krystall noch das Gewächs haben eine solche herrschende Mitte des leiblichen Werdens“ (Schubert 1850, 80). Die Seelen der Tiere, mit *agency* ausgestattet, drängen nach einer Erkenntnis, die sie im Menschen vermuten. „Der Blick, selbst des sterbenden Thieres, sagt es seinem ‚mit Vernunft begabten' Pfleger oder Mörder: daß es die geisterhafte Tiefe des menschlichen Wesens zwar nicht verstehe, wohl aber ahnde" (ebd., 84). Tiere haben ein „selbstständig geistiges Vermögen der Erinnerung" und können „aus der singenden Nachtigall, mitten in finstrer Nacht, das Sehnen der sie hörenden Wesen" wahrnehmen (ebd., 86). Die Welt der Tiere und Pflanzen ist mit der Welt der Menschen auf eine Weise verknüpft, dass „das Thierreich in allem seinem Suchen und Bewegen ein äußeres Abbild der Thätigkeit des Geistes im Menschen [ist], wie im Leben der Pflanze sich das Geschäft der Seele abspiegelt" (ebd., 87).

Für Schubert geht es um das organische Ganze. „In der ganzen Geschichte des Entstehens, des Wachsens und Wirkens der organischen Wesen wiederholt sich ohne Aufhören die Schöpfung eines Sichtbaren und sinnlich Wahrnehmbaren aus einem Unsichtbaren und Uebersinnlichen" (ebd., 90). Schubert schlägt damit eine Brücke zwischen dem empirisch Wahrnehmbaren und Messbaren einerseits und dem Transzendenten oder Übersinnlichen andererseits. Inwieweit sich diese Bereiche gegenseitig beeinflussen und ob es sich vielleicht um zwei Dimensionen einer *einzigen* Wirklichkeit handeln könnte, die in einer Universalwissenschaft erfassbar wäre, sind Fragen, die in der zweiten Hälfte des neunzehnten Jahrhunderts zunehmend an Bedeutung gewannen. Die Debatten kristallisierten sich mehr und mehr am Begriff des „Okkultismus" aus, der auch für die Diskursgeschichte der Seele im zwanzigsten Jahrhundert von großer Bedeutung ist. Dass der Okkultismus eine entscheidende Rolle nicht nur bei der Herausbildung der akademischen Psychologie, sondern bei der Entwicklung von Naturwissenschaft, Kunst und Politik insgesamt gespielt hat, ist von neueren Studien überzeugend dargelegt worden (Treitel 2004; Owen 2004; Sommer 2013a; Asprem 2014; Bauduin und Johnsson 2017; Josephson-Storm 2017). Eine historische Diskursanalyse zur Seele bestätigt diese Beobachtungen, wie ich in den folgenden Kapiteln ausführlicher darstellen werde. Deshalb genügt es an dieser Stelle, kurz auf die Vorgeschichte jener Debatten einzugehen.

Die Bedeutung des Okkultismus

Wenn man die Faszination des späten neunzehnten Jahrhunderts für die Verbindung zwischen dem Metaphysischen und dem Materiellen, dem Übersinnlichen und dem empirisch Fassbaren verstehen will, muss man sich vor Augen halten, dass es in dieser Zeit eine ganze Reihe von Entdeckungen und Erfindungen gab, die eben diesen Zusammenhang auf die Tagesordnung setzten. Ulrich Linse betont, dass die Entdeckung der elektromagnetischen Wellen, der Röntgenstrahlen und der Radioaktivität eine besondere Herausforderung für die philosophische und wissenschaftliche Verortung unsichtbarer und psychischer Phänomene darstellte.

> Führte der Materialismus zu einer reduktionistischen Auffassung seelischer und geistiger Vorgänge auf „Kraft und Stoff" (Ludwig Büchner, 1855), so trennte andererseits das traditionelle christliche Weltbild die materiell-natürliche Ebene von der geistigen. Der Spiritismus aber verband gerade die physikalische Welt mit der übernatürlichen, indem er eine tiefergehende Kluft zwischen beiden leugnete, ja geradezu ihre wechselseitige Durchdringung postulierte. Die Geister konnten sich „materialisieren", und beim neuen Bild des Todes war der Unterschied zwischen Diesseits und Jenseits ein ganz fließender, beides nach Carl du Prel „nur subjektiv getrennte Welten". (Linse 1996, 16; zum Ganzen auch Hahn und Schüttpelz 2009)

Zu Recht weist Linse hier auf Carl du Prel (1839–1899) hin, dessen Arbeiten auf der Schnittstelle von kulturgeschichtlicher Forschung, Naturwissenschaft, Mystik und Okkultismus angesiedelt waren (Sommer 2013a, 87–93; Josephson-Storm 2017, 184–191). Sein Standardwerk, die *Philosophie der Mystik* (1885), wurde durch eine englische Übersetzung auch international bekannt, und Wissenschaftler wie Sigmund Freud rezipierten das Buch. Aber auch sein Buch *Die Mystik der alten Griechen* (1888) sowie Aufsätze wie „Der Dämon des Sokrates" oder „Moderner Tempelschlaf" (du Prel 1887; du Prel 1890) trugen dazu bei, dass sich diese Diskurse in einer breiteren wissenschaftlichen und öffentlichen Debatte verfestigten.

Wenn es um die Einführung des Begriffes „Okkultismus" in die gelehrte deutschsprachige Diskussion geht, wird zudem oft der Name Karl Kiesewetter (1854–1895) genannt. Und in der Tat kommt seinem Werk – sowohl dem über 900-seitigen Band *Der Occultismus des Altertums* als auch der ebenso umfangreichen *Geschichte des neueren Occultismus* – eine große Bedeutung zu. In Letzterer unternimmt es Kiesewetter, die okkultistischen Beiträge zwischen 1500 und 1900 in einer Gesamterzählung zu präsentieren und damit einer kritischen Forschung zugänglich zu machen. Der Okkultismus ist für Kiesewetter das Gebiet „der occulten Erscheinungen des Seelenlebens", das oft zum Versuch geführt hat, „eine übersinnliche Weltanschauung zu konstruieren" (Vorwort zur ersten Auflage; Kiesewetter 1909, vii).

Kiesewetters Rekonstruktion okkulter Traditionen ähnelt in vielerlei Hinsicht der Beschreibung von Sachverhalten, die heute auch unter dem Begriff der Esoterik verhandelt werden. Kiesewetter selbst verwendet diese

Bezeichnung, und zwar im Sinne von „Geheimwissenschaft“: Der Okkultismus sei „im Kern“ seit Jahrtausenden derselbe, doch „[n]atürlich wechselten mit den verschiedenen Staatsreligionen seine *Formen*, und wir haben deshalb den stets gleichen *esoterischen Kern* unter den wechselnden Hüllen der *Dogmen* nachzuweisen sowie auch seine fortschreitende Weiterbildung und Ausreifung“ (Kiesewetter 1896, 3; Hervorhebung im Original). Die Unterscheidung zwischen Okkultismus und Esoterik, wie sie etwa Antoine Faivre vorgeschlagen hat, greift hier also zu kurz:

> Richtig angewendet, bezieht sich der Begriff *Okkultismus* auf eine große Anzahl von Praktiken, die von Astrologie und Alchemie bis hin zu okkulter Medizin und Magie reichen und die auf die eine oder andere Weise auf dem homoanalogischen Prinzip oder der Korrespondenzlehre beruhen. [...] Okkultismus als eine Gruppe von Praktiken ist von Esoterik zu unterscheiden, welche, grob gesagt, die Theorie liefert, die okkulte Praktiken ermöglicht. (Faivre 1987, 36)

Eher lässt sich mit Karl Hoheisel festhalten, dass der Begriff Okkultismus seit Kiesewetter als Sammelbezeichnung „aller mit ‚übersinnlichen‘, ‚übernatürlichen‘ Kräften befaßten Lehren und Praktiken“ fungiert, dabei stark mit „Esoterik“ überlappt und praktisch häufig mit „Parapsychologie“ identisch ist (Hoheisel 2003, 498). Dies gilt aber, so muss man einschränkend betonen, vor allem für die deutschsprachige Begriffsbildung.

Nach einer kurzen Darstellung mittelalterlicher und frühneuzeitlicher Quellen – von Roger Bacon über Albertus Magnus zu Marsilio Ficino, Giovanni Pico della Mirandola, Johannes Reuchlin und Johannes Trithemius von Sponheim – beginnt Kiesewetter nicht zufällig seinen detaillierten Bericht zum „neueren Occultismus“ mit Heinrich Cornelius Agrippa von Nettesheim (1486–1535). Denn Agrippa, so Kiesewetter, „faßte [...] in seiner *Occulta Philosophia* alles, was die alten Philosophen, Mystiker, Kirchenväter, Scholastiker und Naturforscher über den transcendentalen Phänomenalismus geschrieben und gelehrt hatten, zusammen und brachte es in ein System, indem er von dem unserem Werk vorangestellten Grundsatze ausging, daß der in uns lebende Geist Magie und Wunder bewirke“ (Kiesewetter 1909, 3).

Kiesewetter weitet den Begriff des Okkultismus damit aus und bildet einen Diskursknoten, der aus Okkultismus, Seele, Transzendenz, Phänomenologie, Geist, Magie und Wunder besteht, der aber auch die Philosophie, die Mystik, die übersinnliche Weltanschauung und die Geheimwissenschaft (Kiesewetter 1894) mit einschließt. Damit markiert er einen Trend, der am Ende des neunzehnten Jahrhunderts breite Teile der europäischen – aber auch der amerikanischen (Kerr und Crow 1983) – Bevölkerung erfasste. Alex Owen betont zudem, wie stark die Verbindungen zwischen Okkultismus und einer neuen Konzeption von Subjektivität waren, „jenem innovativen Selbstgefühl, das so charakteristisch für die selbsterklärten ‚wir Modernen' des Fin de Siècle gewesen ist". Okkultismus, so Owen, war „ein integraler Bestandteil dessen, was an der Schwelle des zwanzigsten Jahrhunderts selbstbewusst als neu präsentiert wurde" (Owen 2004, 7). Und zusammenfassend hält sie fest:

> In den 1890er Jahren hatten sich die Begriffe „Mystik" (*mysticism*) und „mystische Erneuerung" (*mystical revival*) als Bezeichnung für einen der wichtigsten Trends des Jahrzehnts allgemein etabliert: die großflächige Entstehung einer neuen esoterischen Spiritualität und das Aufblühen von spirituellen Gruppen und Identitäten, die zusammen das bildeten, was Zeitgenossen die neue „spirituelle Bewegung der Epoche" nannten. Kennzeichnend für diese „spirituelle Bewegung" war ein gesteigertes Interesse an christlicher Mystik des Mittelalters und der Renaissance, an neuen und inspirierenden Formen heterodoxen Christentums, vor allem aber an nichtkonfessioneller – bisweilen auch nichtchristlicher – „esoterischer Philosophie" oder am Okkultismus. (Ebd., 4)

Es waren diese neuen Diskursformationen, die auch an der Wiege der akademischen Psychologie standen. Das Interesse an der Seele war am Ende des neunzehnten Jahrhunderts in vielen Bereichen gesellschaftlicher Meinungsbildung überaus stark. Dabei waren die Fragen, wie eine „Wissenschaft von der Seele" aussehen könne, ob sie an der medizinischen, naturwissenschaftlichen oder philosophischen Fakultät ihren Platz habe, und mit welchen Methoden sie ans Werk gehen sollte, Teil heftiger Auseinandersetzungen.

Kontroversen um die „Wissenschaft von der Seele" und ihre Institutionalisierung

Verwissenschaftlichung und Institutionalisierung gesellschaftlich gültigen Wissens sind zwei Dimensionen einer Diskursgeschichte, die vielfältig miteinander verknüpft sind. Steven Shapin hat darauf hingewiesen, dass die Mechanismen der Zuschreibung von „Wahrheit" und Gültigkeit an bestimmte gesellschaftlich geteilte Meinungen sich seit dem siebzehnten Jahrhundert stark verändert haben. Waren es früher persönliche Beziehungen und soziale Werte, die über die Zuschreibung von Wahrheit entschieden, so sind es seit dem neunzehnten Jahrhundert die Institutionen, denen die Gesellschaft am meisten vertraut – was Niklas Luhmann „Systemvertrauen“ nennt. Selbst das Fachwissen von Individuen gilt heute nur dann als wirklich vertrauenswürdig, wenn es über die Institutionen kommuniziert wird, mit denen diese Experten verbunden sind (Shapin 1994, 412).

Die institutionelle Verfestigung von gesellschaftlichem Wissen über die Seele sagt also viel über Legitimierung und Delegitimierung von Wissensbeständen. Auch Kurt Danziger betont die soziale und organisatorische Dimension von Wissen über die Seele.

> Es gibt eine sehr enge Beziehung zwischen allgemeinen Formen von Vorurteilen, Forschungsinteressen und Forschungspraktiken, einschließlich ihrer spezifischen Formgebung. Wenn die Gemeinschaft der Wissensproduzenten wächst, entwickelt sie interne Normen und Werte, die ihre externen Allianzen widerspiegeln. Ihr wissenschaftliches Projekt hat zum Ziel, Nischen im professionellen Ökosystem der Gesellschaft zu bilden und zu besetzen, und die internen Normen wiederum reflektieren die Erfolgsbedingungen für dieses Unterfangen. Tendenziell bestimmen diese Normen sowohl die Produktion von Wissen als auch die Produktion von Wissensproduzenten, und zwar durch entsprechende Trainingsprogramme. (Danziger 1990, 182)

Schaut man sich nun die gängige Rekonstruktion der Geschichte der Psychologie an, stellt man fest, dass diese oft erst mit der Etablierung des Faches an europäischen Universitäten um 1900 beginnen (die besten Darstellungen sind Balmer 1976; Ellenberger 1970; vor allem auch Smith 1997, 492–529 und 575–870). Tatsächlich hatte die Verwissenschaftlichung und Professionalisierung psychologischer Forschung aber schon zu Beginn des neunzehnten Jahrhunderts eingesetzt (Bruder 1991; Gripentrog 2016, 250–255). Die Institutionalisierung psychologischen Wissens in neuen Zentren und Studiengängen ist demnach eher als Materialisierung und Verfestigung von Diskursen zu deuten, die in der zweiten Hälfte des neunzehnten Jahrhunderts zunehmend an Bedeutung gewannen. Dabei ist es keineswegs so, dass diese Geschichte linear verlief. Vielmehr gab es zum Teil erbitterte Auseinandersetzungen über Art und Charakter der Psychologie, und es entstanden unterschiedliche „Schulen“, die das Fach bis ins zwanzigste Jahrhundert hinein prägen sollten. Der Begriff der Seele spielte in diesen Auseinandersetzungen eine nicht unwichtige Rolle. Helmut Zander konstatiert ganz Ähnliches, wenn er diesen Abschnitt seiner *Geschichte der Seelenwanderung in Europa* mit „Jahrhundertwende. Das große Laboratorium der Seelenwanderung“ überschreibt (Zander 1999, 505–550). Im Sinne Bruno Latours könnte man auch sagen, dass wir zum Verständnis der Prozesse eine

„symmetrische Historiografie“ brauchen, die keineswegs eine „Evolution“ der Psychologie hin zu einer normativen Disziplin konstatiert, welche fortan entscheiden konnte, was als „Seele“ oder „Psyche“ galt, sondern die das gleichzeitige Vorhandensein unterschiedlicher Ansätze zu Beginn des zwanzigsten Jahrhunderts betont, die sich in je eigener Weise entwickelt haben.

In der Mitte des neunzehnten Jahrhunderts war die Psychologie bereits in ihren Theorien und Methoden durchaus etabliert, wobei der Begriff der Seele zunehmend an Begriffe wie Empirie und Bewusstsein gekoppelt wurde. Doch man konnte noch von der materiellen Präsenz der Seele sprechen, wie es Joseph Beck in seinem *Grundriß der Empirischen Psychologie und Logik* 1846 tat:

> Das Mittel, wodurch die Seele, als eine *innerlich seyende in blos zeitlicher Thätigkeit erscheinende, d. i. geistige Kraft*, mit der *äußern gegenständlichen Welt* in Verbindung tritt, ist eigentlich der ganze Leib, durch den und dessen Organe sie Eindrücke von Außen empfängt, und Bewegung nach Außen hervorbringt. Die Physiologie und Erfahrung lehren uns aber, daß die Seele mit den manchfachen Theilen des Leibes in theils *mittelbarer*, theils *unmittelbarer* Wechselwirkung stehe, und daß insbesondere das *Nervensystem* es sey, durch welches im gesunden Zustande die letztere vermittelt werde; darum heißt es auch vorzugsweise das *Seelenorgan*. (Beck 1846, 16; Hervorhebung im Original)

In dieser Periode gingen viele Impulse von Johann Friedrich Herbart (1776–1841) aus, der seit 1809 Nachfolger auf dem Lehrstuhl Immanuel Kants in Königsberg war. In seinem 1834 erschienenen *Lehrbuch der Psychologie* unterscheidet er zwischen Psychologie als der Disziplin der „inneren Erfahrung“ und der Naturphilosophie als der Disziplin der „äußeren Erfahrung“.

> Wie die beiden Erfahrungskreise verschieden und doch verbunden sind, so auch die beiden Wissenschaften. Sie hängen in Ansehung der Grundbegriffe gemeinschaftlich von der allgemeinen Metaphysik ab; jedoch hat zur letztern die Psychologie das eigenthümliche Verhältniß, daß in ihr manche Fragen, die bey Gelegenheit der Metaphysik sich ergeben, und dort zurückgelegt werden müssen, zur Beantwortung gelangen. Den Vortrag der Psychologie läßt man schon deshalb gern dem Vortrage der Metaphysik vorangehn; und sucht dabey Anfangs den metaphysischen Begriff der *Seele* (der Substanz des Geistes) zu vermeiden. (Herbart 1834, 1; Hervorhebung im Original)

Die Seele, so Herbart, sei weder räumlich klar zu lokalisieren noch zeitlich klar zu erfassen (ebd., 122–123). Auch das „Einfache *Was* der Seele ist völlig unbekannt, und bleibe es auf immer; es ist kein Gegenstand der Speculativen so wenig, als der empirischen Psychologie“ (ebd., 123; Hervorhebung im Original). Eine empirisch begründete Erforschung innerer Erfahrungen ist für ihn nur dann möglich, wenn begriffliche Klarheit herrscht.

> Wenn nun zu den unwissenschaftlich entstandenen Begriffen von dem, *was in uns geschieht*, die Voraussetzung von *Vermögen, die wir haben*, hinzugefügt wird, so verwandelt sich die Psychologie in eine *Mythologie*; von der zwar Niemand bekennen will, daß er im Ernste daran glaube, von der man aber gleichwohl die wichtigsten Untersuchungen dergestalt abhängig macht, daß nichts Klares davon übrig bleibt, wenn jene Grundlage weggenommen wird. (Ebd., 3; Hervorhebung im Original)

Eine ähnliche Argumentationsrichtung schlug auch Friedrich Eduard Beneke (1798–1854) ein, der die Psychologie als „die Naturwissenschaft von der menschlichen Seele“ definierte (Beneke 1853, 1), um dann sein Lehrbuch um den zentralen Begriff der Seele herum zu entwickeln. Auch in seinem 1833 erschienenen *Lehrbuch der Psychologie als Naturwissenschaft* war der Begriff der Seele noch keineswegs dem Begriff der Naturwissenschaft oder Empirie gegenübergestellt; Beneke kann die Seele noch definieren „als ein durchaus immaterielles Wesen“, das „aus gewissen Grundsystemen“ besteht, „welche nicht nur in sich, sondern auch mit einander auf das innigste Eins sind, oder eben Ein Wesen bilden“. Dieses Wesen sei „ein sinnliches Wesen, d.h. die Urkräfte der Seele sind gewisser Anregungen von außen fähig durch Reize, welche von diesen Kräften angeeignet und festgehalten werden“ (Beneke 1877, 28). Dennoch kann Beneke als Vorläufer einer „empirisch begründeten Psychologie“ gelten, und er war es auch, der den Begriff „Neue Psychologie“ einführte. Was Friedrich Herbart, Friedrich Eduard Beneke und der hier nicht näher behandelte Jakob Friedrich Fries (1773–1843) gemein haben, ist ihr Versuch, „Kants Einwände gegen die Möglichkeit einer ‚naturwissenschaftlichen Psychologie‘ zu ‚widerlegen‘, indem sie diese als Handlungsanleitungen für die Entwicklung einer wissenschaftlichen Psychologie umdeuteten“ (Bruder 1991, 322–323).

In der sich entfaltenden wissenschaftlichen Psychologie geriet der Seelenbegriff zunehmend unter Druck. Besonderes Augenmerk verdient dabei Wilhelm Wundt (1832–1920), der Benekes Begriff der „Neuen Psychologie“ übernahm. Die Gründung von Wundts Institut für experimentelle

Psychologie an der Universität Leipzig im Jahr 1879 wird oft als die Geburtsstunde moderner Psychologie beschrieben, auch wenn es natürlich Vorläuferprogramme gegeben hat (Danziger 1990, 17–48; Sommer 2013a, 202–229). In Wundts *Vorlesungen zur Menschen- und Thierseele* – gemäß dem Vorwort zur zweiten Auflage eine „Jugendsünde", deren gröbste Fehler Wundt im Licht seiner neueren Forschungen zur experimentellen Psychologie korrigieren musste – findet man den Begriff der Seele nur noch im Buchtitel. Stattdessen werden die Gefühle und Sinneseindrücke des Menschen über physiologische Prozesse erklärt. In der 22. Vorlesung kommt Wundt sodann auf Phänomene wie Traum, Schlafwandeln, Hypnose und Suggestion zu sprechen. Diese seien in ihrer Wichtigkeit sehr überschätzt, denn, so Wundt:

> In allen Lebensverhältnissen macht man die Erfahrung, dass der Mensch die Neigung besitzt, das Ungewöhnliche für wunderbarer zu halten als das Gewohnte und Normale. Der Schimmer des Räthsels umgibt das Seltene eben darum, weil es selten ist, während die geläufigen Erscheinungen, die so oft die schwierigeren Probleme in sich bergen, für selbstverständlich gelten. So hat eine frühere Zeit in den Wahnsinnigen je nach Umständen bald von den Göttern begnadete und einer höheren Erleuchtung gewürdigte, bald von Dämonen besessene Wesen gesehen; und noch heute sind diese Meinungen, die in den verschiedenen Formen des Irreseins ihre Quelle hatten, zuweilen auf die subjectiven Vorstellungen der Irren selber von Einfluss. (Wundt 1897, 366)

Wundt macht in diesem Zusammenhang auch klar, was er von okkulten Theorien hält:

> Einen um so freieren Spielraum haben phantastische Hypothesen, zu denen der ungewöhnliche, den Laien verblüffende Charakter der Erscheinungen einlädt. Und zu den psychologischen Laien gehören in diesem Fall leider häufig auch diejenigen, die sich die Beobachtung der Hypnose zur Aufgabe gemacht haben. Die meisten dieser Hypnotismusforscher sind entweder Aerzte, die sich ihrer zu Heilzwecken bedienen, oder Philosophen, die in dem Hypnotismus eine Quelle neuer Weltanschauungen entdeckt zu haben glauben, und die nun, statt die Erscheinungen im Lichte klar erkannter psychologischer Gesetze zu untersuchen, umgekehrt ihre ganze Psychologie auf den Hypnotismus gründen wollen. So ist es denn nicht zu verwundern, dass die moderne Hypnotismus-Psychologie zuweilen zu einem Ableger des Spiritismus geworden ist. Hellsehen und magische Fernewirkungen von Seele

> zu Seele haben in ihr eine bedenkliche Rolle gespielt; und wenn besonnener gebliebene Beobachter auch nicht an allen diesen Verirrungen theilnehmen, so verräth sich doch auch bei manchen von ihnen der verwirrende Einfluss dieses Treibens darin, dass sie jene abergläubischen Dinge immerhin für „offene Fragen" halten, die der näheren Erforschung werth und bedürftig seien. Wie der wissenschaftliche Aberglaube aller Zeiten, so pflegt sich aber auch dieser mit Gewändern zu schmücken, die er von der wirklichen Wissenschaft erborgt hat. (Ebd., 379)

Diese Position schließt direkt bei der Kampfschrift gegen den Spiritismus an, die Wundt fast zwanzig Jahre zuvor verfasst hatte (Wundt 1879; s. Sommer 2013b, 35). Am Ende des neunzehnten Jahrhunderts kann die neu etablierte empirisch-wissenschaftliche Psychologie bereits als Richterin über medizinische und philosophische Ansätze zur Erklärung des Seelenlebens auftreten. Die diskursiven Prozesse von Inklusion und Exklusion von Wissen werden erneut deutlich, wenn Wundt Bestrebungen kritisiert, das Gebiet hypnotischer Mystik „experimentelle Psychologie" zu nennen oder „Gesellschaften für psychologische Forschung" zu gründen, die nichts anderes seien als Legitimation für laienhaft durchgeführte hypnotische Experimente. „Man darf wohl hoffen, dass solche Missbräuche und Verirrungen in dem Maße verschwinden werden, als dieses Gebiet aus den Händen der dilettirenden Laien und Aerzte allmählich in die der Berufenen, das heißt in diesem Fall der psychologisch und naturwissenschaftlich vorgebildeten Vertreter der medicinischen Wissenschaft übergehen wird" (ebd., 380).

Ähnliches können wir bei Wilhelm Jerusalem konstatieren (ebenso wie bei Külpe 1893, auf den ich hier nicht näher eingehe). In seinem *Lehrbuch der Psychologie* (^{3}1902) sind die Diskursstränge „Bewusstsein", „Nervensystem", „Empfindung", „Wahrnehmung", „Vorstellung", „Denken", „Sprache", „Fühlen" und „Wollen" die zentralen Bedeutungsträger, und nur im Anhang kommt er auf „Unterbrechungen und Störungen des Seelenlebens" zu sprechen, wobei er auf Schlaf, Traum, Hypnose, Halluzinationen, Illusionen, Störungen der Sprache und Geisteskrankheiten eingeht (Jerusalem 1902, 206–213). Der Seelenbegriff kommt in seinem Lehrbuch nur beiläufig zur Sprache, und nur aus einem Grund:

> Der Glaube an ein vom Körper verschiedenes Seelenwesen, das den Leib nach dem Tode verläßt und dann ein selbständiges Dasein führt, ist tief in der Menschennatur begründet und findet sich tatsächlich schon bei den primitivsten, auf der niedrigsten Kulturstufe zurückgebliebenen Völkern. Fast sämtliche Religionssysteme der Erde haben diesen Glauben zum

> Dogma erhoben, und derselbe ist als selbstverständliche Voraussetzung in viele philosophische Systeme übergegangen. Die wissenschaftliche Psychologie findet somit den *Seelenbegriff* vor und muß dazu Stellung nehmen. (Ebd., 14; Hervorhebung im Original)

Doch ein wissenschaftlicher Status könne der Seele nicht zugebilligt werden.

> So wie aber die Mechanik nichts über das Wesen der Materie auszusagen vermag, sondern nur die Gesetze des Gleichgewichtes und der Bewegung erforscht, so muß auch die Psychologie es ablehnen, über das Wesen der Seele Behauptungen aufzustellen. Die Seele ist für den Psychologen nichts anders als der innige Zusammenhang des Seelenlebens. Die Fragen nach dem Wesen, dem Ursprung, den Schicksalen der Seele nach dem Tode gehen über die Erfahrung hinaus. Mit diesen Fragen beschäftigt sich die *Metaphysik*, deren Aufgabe es ist, die Tatsachen der Erfahrung zu einem widerspruchslosen System zu verbinden. Die Psychologie beschränkt sich auf die Erforschung der Gesetze des Seelenlebens. (Ebd., 15; Hervorhebung im Original)

Was man hier sieht, ist die diskursive Trennung von Psychologie und Metaphysik. Dies geschieht sogar dann, wenn der Autor selber Philosoph ist, wurde doch das „Eindringen der Physiologie in den Bereich der Philosophie [...] von seiten der Philosophie selbst begrüßt“ (Bruder 1991, 322). Ein Beispiel dafür ist Friedrich Jodl, Professor für Philosophie an der Universität Wien. In seinem *Lehrbuch der Psychologie*, zuerst 1896 erschienen, hält er fest:

> Die Summe der in der inneren Wahrnehmung gegebenen Bewußtseinserscheinungen pflegt man unter der substantivischen Bezeichnung „Seele“ zusammenzufassen und die Seele auch als den substantiellen Träger der bewußten Prozesse anzusehen. Dies ist unbedenklich, solange der symbolische Charakter dieses Ausdrucks strenge gewahrt und stets im Auge behalten wird, daß derselbe nichts weiter bedeutet als eine sprachliche Abbreviatur für die Totalität dessen, was in den Bewußtseinserscheinungen selbst gegeben ist und sich (nach III, 1) als Erlebnis, Zustand oder Tätigkeit eines Ich oder einer Person darstellt. Ob der Versuch gerechtfertigt sei, die logisch-grammatikalische Geltung dieses Ausdrucks in eine ontologische zu verwandeln, die Seele der Gesamtheit dessen, was im Bewußtsein vorgeht, als reales Subjekt zu unterlegen und dem physischen Organismus als eine selbständige, von demselben verschiedene und trennbare Substanz gegenüberzustellen, kann erst in folgenden Erörterungen klargestellt werden. (Jodl 1908, 38)

Die Seele also als „sprachliche Abbreviatur für die Totalität" der Bewusstseinserscheinungen, des „Ich" oder der „Person". Die neue Diskursordnung ist unverkennbar. „Bewusstsein" selber, gemeinsam mit „Empfindung" nun als Kernbegriff der Psychologie gehandelt, wird bei Jodl ebenfalls physiologisch definiert, und zwar als „eine Verknüpfung singulärer Reize, eine Summation von Eindrücken, Vorstellungen, und Leitung von Bewegungen durch Vorstellungen", weshalb die Idee, Tiere verfügten möglicherweise ebenfalls über Bewusstsein, „mit der größten Entschiedenheit zurückgewiesen werden" müsse (ebd., 45–46).

Auch Otto Klemm, Privatdozent für Philosophie an der Universität Leipzig, betrachtet das Bewusstsein als den zentralen Begriff und Gegenstand der Psychologie (Klemm 1911, 175–221). Das Auseinanderdriften von Diskursformationen zur Seele und solchen zu Bewusstsein und physiologischen Erklärungen drückt sich in Klemms *Geschichte der Psychologie* in zwei Richtungen aus, die er historisch unterscheidet – die „metaphysische Psychologie" einerseits und die „empirische Psychologie" andererseits. Es sei der Antagonismus dieser beiden Richtungen, der historisch relevant gewesen sei, der jedoch erst in der Erscheinung der „wissenschaftlichen" Psychologie ihr vorläufiges Ende gefunden habe.

> Zwar tritt die Psychologie als Wissenschaft von der Seele schon überraschend frühe in der Hierarchie der Wissenschaften auf, aber doch haben sich Jahrhunderte hindurch in ihren Lehren nur die Voraussetzungen oder Folgerungen der philosophischen Systeme dokumentiert. Wenn die Gesichtspunkte einer metaphysischen Weltanschauung auf das Gebiet der Bewußtseinsinhalte übertragen wurden, dann erwiesen sich diese als Erscheinungen oder Betätigungsweisen einer meist substantiell gedachten Seele. Aus dem begrifflichen Wesen der Seele, das in ihrer Definition zum Ausdruck kam, wurden die einzelnen Erscheinungen abgeleitet. Neben dieser *metaphysischen* Psychologie steht die *empirische*, welche die psychischen Erscheinungen als Inhalte der Selbstbeobachtung bestehen läßt und sie in einen wissenschaftlichen Zusammenhang zu bringen sucht. Dabei schließen sich diese metaphysische und empirische Richtung der Psychologie keineswegs gegenseitig aus. (Ebd., 12–13; Hervorhebung im Original)

Hiermit befinden sich Klemm und seine Kollegen am Beginn des zwanzigsten Jahrhunderts in einer zwiespältigen Situation: Auf der einen Seite scheint der Begriff der „Seele" durch seinen allgemeinen Gebrauch unabdingbar zu sein, doch auf der anderen Seite entbehrt er der wissenschaftlichen Zugriffsmöglichkeit empirischer Psychologie. Der Versuch, den Seelenbegriff durch den

Bewusstseinsbegriff zu ersetzen, ist eine Antwort auf dieses Dilemma – und wie ich in Kapitel 6 ausführen werde, eine entscheidende Diskursformation für die bleibende Verbindung zwischen Psychologie und Seelendiskursen im zwanzigsten Jahrhundert. Doch bei Wundt, Jerusalem, Klemm und anderen geht die Verwissenschaftlichung des Seelenbegriffs mit seiner Eliminierung einher. Anders ausgedrückt, die Seelendiskurse und die Psychologiediskurse driften langsam auseinander, wobei der Begriff der Seele in der akademischen Psychologie, wenn er überhaupt noch Verwendung findet, zu einem leeren Wort ohne ontologischen Referenzpunkt wird.

Dies wurde auch um 1900 schon erkannt, und so spricht K. O. Beetz vom „Übergang zur ‚Psychologie ohne Seele'":

> Das beharrliche Streben, sich der Fesseln der Metaphysik zu entledigen, treibt also die Psychologie immer entschiedener auf die allgemeine Heerstrasse der Erfahrung. […] Von dieser Seite her werden neue Begriffe entwickelt, neue Gesetze zur Grundlage aller Forschung gemacht. Die Psychologie konnte sich sehr bald dieser Einwirkung nicht mehr entziehen, und so endete die von Herbart angeregte Strömung, der Seele alle Vermögen und Kräfte abzusprechen, folgerichtig mit der Preisgabe der Seele selbst. (Beetz 1900, 40)

Auch Wilhelm Dilthey (1833–1911) hatte schon 1894 die sich neu entwickelnde experimentelle Psychologie, für die „Herbart […] das glänzende Beispiel" (Dilthey 1894, 195) sei, wegen ihrer „Seelenlosigkeit" kritisiert. Eine wirklich wissenschaftliche Psychologie, so Dilthey, könne niemals experimentell und mit einem Anspruch auf „Erklären" konzipiert werden, sondern müsse immer deskriptiv-hermeneutisch und damit auf „Verstehen" ausgerichtet sein. „Das Verfahren der erklärenden Psychologie ist aus einer unberechtigten Erweiterung der naturwissenschaftlichen Begriffe über das Gebiet des Seelenlebens und der Geschichte entstanden. Das Naturerkennen wurde eine Wissenschaft, als es im Gebiet der Bewegungsvorgänge Gleichungen zwischen Ursachen und Effekten herstellte." Dies sei „unserem lebendigen Denken aufgedrungen worden" (ebd.). Diltheys Kritik richtete sich gegen Herbart, doch besonders auch gegen Wilhelm Wundt, dessen Psychologie, wie gesehen, im Grunde ohne Seelenbegriff auskommt.

Die hier nur stichwortartig angedeuteten Diskussionen machen klar, dass es am Ende des neunzehnten Jahrhunderts keineswegs ausgemacht war, welche Richtung die wissenschaftliche Psychologie einschlagen solle und wo sie institutionell und methodisch zu verankern sei. Selbst innerhalb der Psychologie gab es so viele unterschiedliche Positionen, dass William James

(1842–1910) sich 1893 in einem Brief an seinen Freund und Kollegen Théodore Flournoy (1854–1920) beklagte: „Jeder scheint heutzutage eine eigene Psychologie zu veröffentlichen" (31.12.1893, ed. Le Clair, 31; zitiert nach Shamdasani 2003, 3). Sonu Shamdasani fasst die Situation wie folgt zusammen:

> Am Ende des neunzehnten Jahrhunderts versuchten viele im Westen, eine wissenschaftliche Psychologie zu etablieren, die unabhängig von Philosophie, Theologie, Biologie, Anthropologie, Literatur, Medizin und Neurologie sein sollte, doch die zugleich deren traditionelle Themen übernehmen sollte. Ob Psychologie überhaupt möglich war, hing von der erfolgreichen Aushandlung dieser disziplinären Übergänge ab. [...] Indem sie zur Wissenschaft wurde, so die Hoffnung, würde die Psychologie Fragen beantworten können, die die Denker seit Jahrhunderten umgetrieben hatten. Außerdem würde die Psychologie Aberglauben, Volksweisheit und metaphysische Spekulation durch die Regeln universeller Gesetze ersetzen. (Shamdasani 2003, 4)

Die Diskussionen um den Wissenschaftsstatus der Psychologie wurden auch deshalb so erbittert geführt, weil mehr auf dem Spiel stand. Am Ende des neunzehnten Jahrhunderts waren diese Debatten Dreh- und Angelpunkt der Möglichkeit von wissenschaftlicher Methode und Naturerklärung überhaupt (Daston 1982).

In dem breiten Feld möglicher Spielarten der Psychologie gab es sodann extreme und gemäßigte Positionen. An den jeweiligen Außenpolen dieses Spektrums befanden sich die romantische metaphysisch orientierte Psychologie einerseits (die an der „Nachtseite der Seele" interessiert war) und die experimentelle Psychologie andererseits, wie vor allem Wilhelm Wundt sie etablieren wollte (interessanterweise wandte sich Wundt selber später der Mystik zu; zur heftigen Auseinandersetzung darüber in Deutschland s. Sommer 2013a, 210–262). Doch es gab auch Zwischenpositionen, die den Wissenschaftsstatus der Psychologie zwar forderten, doch zugleich auch in Frage stellten. Théodore Flournoy, der 1892 den Lehrstuhl für Psychologie an der Universität Genf übernahm (den ersten Lehrstuhl, der innerhalb der Naturwissenschaften angesiedelt war), ist ein gutes Beispiel dafür. Ebenso wie für seinen Freund William James, der 1890 mit seinen zweibändigen *The Principles of Psychology* ein bis heute nachwirkendes Werk vorgelegt hatte, war auch für Flournoy klar, dass es zwar einen großen Anspruch auf Wissenschaftlichkeit und Überprüfbarkeit der Psychologie gab, doch war es für ihn keinesfalls sicher, dass die Psychologie diesen Ansprüchen jemals genügen würde (Shamdasani 2003, 4–11; zu James s. Sommer 2013a, 108–125).

Aus der Sicht einer Kulturgeschichte der Seele – die ja eine andere Fragestellung hat als eine Institutionengeschichte der Psychologie – fällt außerdem auf, dass die Verschränkung psychologischer und okkulter Diskurse das Interesse an der Seele sowohl innerhalb als auch außerhalb der akademischen Landschaft entfachte und wachhielt. Keineswegs voneinander getrennt, beeinflussten die sich professionalisierende empirische Psychologie und die mit einer großen Breitenwirkung auftretende philosophisch-mystisch-okkulte Psychologie sich gegenseitig. Hinzu kam die Faszination neuer Technologien und naturwissenschaftlicher Theorien, die der Erforschung der Seele ungeahnte Möglichkeiten zu bieten schienen. Dies alles führte schließlich dazu, dass Okkultismus und die damit zusammenhängenden psychologischen und philosophischen Positionen, vor allem in Deutschland, zu einer Massenbewegung wurden, wie Corinna Treitel herausgearbeitet hat (Treitel 2004, 56–80). Die Seele wurde zu einem Faszinosum im Spannungsfeld von Religion, Kunst, Philosophie und Wissenschaft.

KAPITEL 2

Faszination der Seele im Spannungsfeld von Religion, Kunst, Philosophie und Wissenschaft

Parallel mit der sich an Universitäten etablierenden Psychologie wurde die Seele auch in vielen anderen Kulturbereichen um 1900 intensiv diskutiert. Aus kulturwissenschaftlicher Sicht lässt sich die Seele ja ohnehin nicht auf Psychologie oder Philosophie beschränken, vielmehr waren die entsprechenden Diskurse immer auch in Religion, Kunst und Literatur deutlich sichtbar. Diesen Querverbindungen, die romantisches Denken weiterführten und mit neuen Entwicklungen in Wissenschaft und Kunst ins Gespräch brachten, möchte ich im Folgenden nachgehen.

Entsprechende Diskurse beeinflussten auch die historische Einbildungskraft, besonders im Hinblick auf Vorstufen der „modernen" Kultur in der Antike oder in „vorgeschichtlichen" Stadien. Geschichtswissenschaft war und ist immer auch Arbeit an der Gegenwart. Die antike Mythologie stellte sich als eine Fundgrube für Kulturtheorien und psychologische Erklärungsmuster heraus. Man kann um 1900 geradezu von einer Mythologisierung der Seele sprechen, die auch Philosophie und Wissenschaft erfasste. Ein einflussreiches Beispiel hierfür ist die mythische Figur des Orpheus, jenem Spezialisten für die Kommunikation mit Tieren und mit der Natur, der zugleich im neunzehnten Jahrhundert auch zu einer Gegenfigur der Aufklärung wurde; er war der Künstler, der durch seine Kunst Zugang zu verborgenen Dimensionen der Wirklichkeit erlangte – ein Reisender in Raum und Zeit, der dem reinen „Vernunftmenschen" der Aufklärung als Alternative gegenübergestellt wurde. Tatsächlich sind die Diskursstränge, die ich als „orphisches Geflecht" bezeichnen möchte, von überragender Bedeutung für die Kulturgeschichte der Seele, und ich werde immer wieder darauf zurückkommen, etwa im Rahmen der schamanischen Bewegung in Nordamerika und Europa (s. Kapitel 8), für die Michael Harner explizit herausstellt, dass „der griechische Mythos des Orpheus eine Version desselben Mythos ist, wie man ihn in zahlreichen schamanischen Kulturen auf der ganzen Welt findet" (Nicholson 1996, 6). Auch Piers Vitebsky konstatiert: „Dieses grundlegende schamanische Thema findet sich bei Malern – von Tizian bis Picasso – und bei Schriftstellern – von E. A. Poe bis zu Ezra Pound" (Vitebsky 2001, 99). Diese literarischen Weiterführungen des orphischen Diskurses wiederum werde ich in Kapitel 9 behandeln. Doch wie ist dieser Diskursknoten eigentlich entstanden?

 | DOI:10.30965/9783846764374_004

Orpheus und Dionysos als Kulturträger

Das neunzehnte Jahrhundert war von Orpheus in mehrfacher Hinsicht fasziniert. In der Romantik wurde er zum Inbegriff einer heldenhaften Liebe. Durch sein tief beseeltes Leierspiel konnte er wilde Tiere und Unterweltgötter besänftigen, um seine Geliebte, Eurydike, aus dem Totenreich zu befreien. Er hatte sich jedoch der Liebe so sehr hingegeben, dass er tragisch scheitern musste – er schaffte es nicht, das Verbot einzuhalten, sich nach Eurydike umzudrehen, und so verlor Orpheus seine Geliebte erneut. Neben diesen Aspekten des Orpheusmythos waren moderne Interpretinnen und Interpreten vor allem von Orpheus als Seher und Reisendem fasziniert, der mit Hilfe seiner Musik unbekannte und unsichtbare Welten öffnete. Im neunzehnten Jahrhundert inspirierte dieser Gedanke eine Vielzahl französischer Romantiker, von Victor Hugo über Honoré de Balzac bis zu Alphonse de Lamartine (von Stuckrad 2003, 84–88). Ähnlich wie in Frankreich kam es auch in Deutschland zu einer Bewegung, die die „Moderne" als eine Kulturkrise erfuhr und eine Rückbesinnung auf antike Mythologie propagierte. Diese Bewegungen standen auch an der Wiege wissenschaftlicher Disziplinen wie der Religionswissenschaft und der Soziologie (Kippenberg 1997, 146–152; Lichtblau 1996).

Wie einflussreich dieser Diskurs war, lässt sich am Werk Friedrich Nietzsches (1844–1900) ablesen (s. zum Folgenden ausführlicher von Stuckrad 2003, 89–101). Nietzsche griff eine Diskussion auf, die im neunzehnten Jahrhundert schon seit längerem geführt wurde, und in der die Figur des Orpheus mit Apollo und Dionysos verbunden wurde (Bäumer 1977). In Nietzsches Denken wurde Orpheus zum Prinzip des „Dionysischen" erhoben und damit zum Gegenpol dessen, was Nietzsche das „Apollinische" nannte. Diese Polarität wurde für Nietzsche zum entscheidenden Interpretament antiker Kultur, ja von Kultur überhaupt. Die Grundlagen dieser Kulturtheorie entfaltete er in seinem Werk *Die Geburt der Tragödie aus dem Geiste der Musik* (1872). Zwei Jahre zuvor, in seiner Abhandlung *Die dionysische Weltanschauung*, hatte er erstmals das Gegensatzpaar „apollinisch – dionysisch" zur Deutung der griechischen Tragödie verwendet. Dionysos verkörpert die unbezwungene Natur, einen wilden und ekstatischen Kult, der aus „Asien" nach Griechenland gekommen war. Nietzsche beschreibt den Kult folgendermaßen:

> Die dionysische Kunst [...] beruht auf dem Spiel mit dem Rausche, mit der Verzückung. Zwei Mächte vornehmlich sind es, die den naiven Naturmenschen zur Selbstvergessenheit des Rausches steigern, der Frühlingstrieb und das narkotische Getränk. Ihre Wirkungen sind in

> der Figur des Dionysos symbolisiert. Das principium individuationis wird in beiden Zuständen durchbrochen, das Subjektive verschwindet ganz vor der hervorbrechenden Gewalt des Generell-Menschlichen, ja des Allgemein-Natürlichen. Die Dionysos-Feste schließen nicht nur den Bund zwischen Mensch und Mensch, sie versöhnen auch Mensch und Natur. (Nietzsche 1999, I, 554–555)

Das bewusste Überschreiben von Grenzen – die persönliche Entgrenzung – ist also ein zentrales Merkmal dionysischer Welterfahrung, die auch eine „Versöhnung" mit der Natur in Aussicht stellt. Durch die Aufgabe der Individualität gehen die Beteiligten in die Gemeinschaft der Gruppe ein und erfahren zugleich die mystische Kraft der Natur. Die Verbindung von Dionysos mit den Themen der mystischen sozialen Gemeinschaft und der Naturerfahrung wird explizit, wenn Nietzsche ausführt:

> In immer wachsenden Schaaren wälzt sich das Evangelium der „Weltenharmonie" von Ort zu Ort: singend und tanzend äußert sich der Mensch als Mitglied einer höheren idealeren Gemeinsamkeit: er hat das Gehen und das Sprechen verlernt. Noch mehr: er fühlt sich verzaubert und er ist wirklich etwas Anderes geworden. Wie die Thiere reden und die Erde Milch und Honig giebt, so tönt auch aus ihm etwas Übernatürliches. Als Gott fühlt er sich, was sonst in seiner Einbildungskraft nur lebte, jetzt empfindet er es an sich selbst. (Nietzsche 1999, I, 555)

Im nächsten Kapitel werde ich zeigen, wie stark diese Thematik in die mythische Aufladung der „Volksseele" einfließen konnte; die hier sichtbare Diskursverflechtung zeigt die inneren Verbindungen zwischen der späteren völkischen Religion und der Naturverehrung, die stets Teil dieser Bewegung war. Für Nietzsche jedoch war es wichtig, dem Dionysischen das Apollinische gegenüberzustellen, welches er mit der Sublimierung und „Bändigung" des ungezähmten Dionysischen identifizierte. Aus Dionysos wurde das Dionysische, aus Apollo das Apollinische. „Mit der Umdeutung der künstlerischen Stilmerkmale – des Apollinischen und Dionysischen – zu metaphysischen Lebensmächten hat Friedrich Nietzsche im Sommer 1870 den alles entscheidenden Schritt in seiner intellektuellen Biographie getan. Von nun an hält er einen Schlüssel in der Hand, mit dessen Hilfe er das Betriebsgeheimnis der Kulturen, ihre Geschichte und Zukunft glaubt verstehen zu können" (Safranski 2000, 59).

Nietzsche findet, wie Schopenhauer und manche Romantiker vor ihm, in der Musik das Wesen der Welt wieder, die Verbindung zur ursprünglichen

Wirklichkeit, die er nun mit dem Dionysischen zu fassen versucht. War die apollinische Veredelung der wilden Raserei und die Auseinandersetzung mit den Schatten der Triebhaftigkeit in der Antike die Aufgabe der Tragödie, so sieht Nietzsche in den Musikdramen Richard Wagners ein entsprechendes Projekt seiner eigenen Epoche, das der zunehmenden Intellektualisierung und Kommerzialisierung der Musik das wahre Kunsterlebnis entgegenhält. Ein solches Kunsterlebnis ist natürlich etwas ganz anderes als bloßer Genuss. Für Nietzsche ist es das Lauschen an der „Herzkammer des Weltwillens" (1999, I, 135). Dabei wird nicht oberflächliche Schönheit gesucht, sondern der Kontakt mit dem „Ungeheuren" hergestellt, mit der „Tiefe". An seinen engen Freund Erich Rohde schreibt Nietzsche am 27. Oktober 1868, nachdem er die Ouvertüre zu Wagners „Meistersingern" gehört hat: „[J]ede Faser, jeder Nerv zuckt an mir, und ich habe lange nicht ein solches andauerndes Gefühl der Entrücktheit gehabt" (Nietzsche 1923, II, 332). Entrücktheit, Ekstase, Rausch – dies ist das Dreigespann, welches nicht nur für Schopenhauer und Nietzsche, sondern später für Rohde selbst und die ihm folgenden Denker zum Generalschlüssel der Interpretation des griechischen „Irrationalismus" werden sollte (von Stuckrad 2003, 96–101).

Kurz nach dem Erlebnis mit den „Meistersingern" sucht Nietzsche den Kontakt mit Wagner und baut dessen Musik nach und nach – bis es später zur Entfremdung und 1878 zur endgültigen Trennung kommt – zum Paradebeispiel einer dionysisch-apollinischen Initiation auf. In der *Geburt der Tragödie* prägt er dafür den Satz: „Die Tragödie saugt den höchsten Musikorgiasmus in sich hinein" (Nietzsche 1999, I, 134). Im Gegensatz zu jenen, die nur an der Oberfläche der Musik bleiben und dies zu „Kunstgenuss" stilisieren, wendet er sich an jene, die, wie er, „Musik als Muttersprache" haben:

> An diese ächten Musiker richte ich die Frage, ob sie sich einen Menschen denken können, der den dritten Act von „Tristan und Isolde" ohne all Beihülfe von Wort und Bild rein als ungeheuren symphonischen Satz zu percipiren im Stande wäre, ohne unter einem krampfartigen Ausspannen aller Seelenflügel zu verathmen? Ein Mensch, der wie hier das Ohr gleichsam an die Herzkammer des Weltwillens gelegt hat, der das rasende Begehren zum Dasein als donnernden Strom oder als zartesten zerstäubsten Bach von hier aus in alle Adern der Welt sich ergiessen fühlt, er sollte nicht jählings zerbrechen? Er sollte es ertragen, in der elenden gläsernen Hülle des menschlichen Individuums, den Wiederklang zahlloser Lust- und Weherufe aus dem „weiten Raum der Weltennacht" zu vernehmen, ohne bei diesem Hirtenreigen der Metaphysik sich seiner Urheimat unaufhaltsam zuzuflüchten? (Nietzsche 1999, I, 135–136)

Man erkennt hier deutlich die Spur, die sich von der Romantik durch die deutsche Literatur bis zu Thomas Manns *Tod in Venedig* und Hermann Hesses *Glasperlenspiel* zieht (von Stuckrad 2010).

Das von Nietzsche hergestellte Diskursgeflecht von Seele, Musik, Entgrenzung, Ekstase und Metaphysik schließt auch die Natur ein. Jürgen Habermas konstatiert: „Die Kunst öffnet den Zutritt zum Dionysischen nur um den Preis der Ekstase – um den Preis der schmerzhaften Entdifferenzierung, der Entgrenzung des Individuums, der Verschmelzung mit der amorphen Natur innen wie außen" (Habermas 1998, 117). Nicht ohne Grund haben Peter Sloterdijk und Thomas H. Macho deshalb den Passus ‚Vor Sonnen-Aufgang" aus Nietzsches *Also sprach Zarathustra* in ihrer Sammlung unter „Im achten Himmel: Frequenzen der Ekstase" aufgenommen (Sloterdijk und Macho 1991, II, 710–713). Doch ich möchte noch einen anderen Beleg anführen, nämlich Nietzsches Bemerkung über die Musik der „deutschen Meister" in der vierten *Unzeitgemäßen Betrachtung*. Diese Musik, so Nietzsche, „ist Rückkehr zur Natur, während sie zugleich Reinigung und Umwandelung der Natur ist; denn in der Seele der liebevollsten Menschen ist die Nöthigung zu jener Rückkehr entstanden, und *in ihrer Kunst ertönt die in Liebe verwandelte Natur*" (Nietzsche 1999, I, 456; Hervorhebung im Original). Die Natur kommt für Nietzsche im menschlichen Bewusstsein zu ihrer teleologischen Bestimmung, auch wenn jenes Bewusstsein stets gebrochen bleibt in der Schwierigkeit, das Ungeheure in sich zu fassen. Diese Konzeption hatte starke Nachwirkungen im zwanzigsten Jahrhundert. Etwas vereinfachend, aber im Grundsatz richtig, formuliert Safranski: „Nietzsches ‚Dionysos', Heideggers ‚Sein' und Adorno/Horkheimers ‚Natur' sind verschiedene Namen für dasselbe, für das Ungeheure" (Safranski 2000, 360). Zugleich barg jenes Ungeheure ein enormes Potenzial zur Ergründung des absoluten Seins und für einen Kontakt mit dem Urgrund der Wirklichkeit – ein Potenzial, das seine Faszinationskraft behalten sollte.

Das orphische Geflecht bei Rainer Maria Rilke

Zu Beginn des zwanzigsten Jahrhunderts können wir die Faszination jenes Diskursgeflechtes im poetischen Werk Rainer Maria Rilkes (1875–1926) in unübertroffener Weise erkennen. „Rilkes Werk", so Walter Strauss, „repräsentiert den Zusammenfluss von französischen und deutschen Strömungen zu Orpheus; war Nerval in bestimmter Hinsicht der logische Nachfolger von Novalis, so könnte man Rilke als Erben von Mallarmé bezeichnen" (Strauss 1971, 140). Rilkes Behandlung des antiken Stoffes schließt dabei nicht nur an romantischen Gedankenwelten an, sondern verarbeitet auch die für die Jahrhundertwende typischen Auseinandersetzungen mit der Moderne, die später, durch die Erfahrungen des Ersten Weltkriegs, existenziell zugespitzt wurden. So hält Ian R. Leslie in seinem Vergleich von Rilke und D. H. Lawrence fest: „In den *Sonetten an Orpheus* werden die Götter als das Faktum genannt, das durch die Industrialisierung aus dem Leben der Menschen verdrängt worden ist" (Leslie 1990, 138; s. auch Eckel 1994, 175–204). Neben den *Sonetten an Orpheus*, die im Februar 1922 entstanden, ist das 1904 geschriebene Gedicht *Orpheus. Eurydike. Hermes* für das Thema der Seele von besonderer Bedeutung.

Wie schon Vergil es getan hatte, stellt auch Rilke in *Orpheus. Eurydike. Hermes* den entscheidenden Fehler Orpheus', sich nach der Geliebten umgedreht zu haben, in den Mittelpunkt des Geschehens. Allerdings ist nicht Orpheus die Hauptperson des Gedichts, sondern Eurydike, womit eine bewusste Veränderung der Perspektive erreicht wird (Strauss 1971, 172–175). Das äußere Geschehen wird darüber hinaus in einen inneren Vorgang transformiert, was dazu führt, dass die Seele das eigentliche Thema des Gedichts ist. Dies macht schon die erste Strophe deutlich:

> Das war der Seelen wunderliches Bergwerk.
> Wie stille Silbererze gingen sie
> als Adern durch sein Dunkel. Zwischen Wurzeln
> entsprang das Blut, das fortgeht zu den Menschen,
> und schwer wie Porphyr sah es aus im Dunkel.
> Sonst war nichts Rotes. (Rilke 1999, 488)

Dieses „Bergwerk der Seele" stellt eine eigene Welt dar, eine Toten- und Schattenwelt, die von Leere und Klage gekennzeichnet ist:

> Felsen waren da
> und wesenlose Wälder. Brücken über Leeres
> und jener große graue blinde Teich,
> der über seinem fernen Grunde hing
> wie Regenhimmel über einer Landschaft.
> Und zwischen Wiesen, sanft und voller Langmut,
> erschien des einen Weges blasser Streifen,
> wie eine lange Bleiche hingelegt
>
> Und dieses einen Weges kamen sie. (Ebd.)

Noch bevor Orpheus seinen entscheidenden Fehler begeht, gehört Eurydike bereits jener Welt an. Sie ist so sehr eingetaucht in die Parallelwelt, dass sie später gar nicht begreift, wohin Orpheus' Verhalten führt. Die seelische Welt der orphischen Leier wird wie folgt beschrieben:

> Die So-geliebte, daß aus einer Leier
> mehr Klage kam als je aus Klagefrauen;
> daß eine Welt aus Klage ward, in der
> alles noch einmal da war: Wald und Tal
> und Weg und Ortschaft, Feld und Fluß und Tier;
> und daß um diese Klage-Welt, ganz so
> wie um die andre Erde, eine Sonne
> und ein gestirnter stiller Himmel ging,
> ein Klage-Himmel mit entstellten Sternen – :
> Diese So-geliebte. (Ebd., 490)

Rilke variiert die aus der älteren Lyrik bekannte Thematik der Vergänglichkeit in dem Sinne, dass Eurydike in sich das Hervorbringen des Lebens und das Verfallensein an die Erde verkörpert. Der Tod ist hier nicht mehr Ende und Antithese des Lebens, sondern sein integraler Bestandteil. Er ist eine Prüfung der innerseelischen Transformation, ganz ähnlich wie im Gedicht „Der Schauende", wo es heißt:

> Wen dieser Engel überwand,
> welcher so oft auf Kampf verzichtet,
> *der* geht gerecht und aufgerichtet
> und groß aus jener harten Hand,
> die sich, wie formend, an ihn schmiegte.
> Die Siege laden ihn nicht ein.
> Sein Wachstum ist: der Tiefbesiegte
> von immer Größerem zu sein. (Rilke 1999, 406; Hervorhebung
> im Original)

Für den Seelendiskurs sind zwei Aspekte dieser Metaphern wichtig: Einerseits das Wirklichkeitsmodell, das neben der sichtbaren Welt eine unsichtbare, durch Kunst und Mystik zugängliche Parallelwelt konzipiert, andererseits die Rolle des Psychopompos als Virtuose des Sterbens und des Lebens.

Wie stellt sich dieses Thema nun in den *Sonetten an Orpheus* dar? Jener Zyklus von 55 Gedichten ist in weniger als drei Wochen entstanden; „der ganze erste Teil ist", wie Rilke an Xaver von Moos schreibt, „in einem einzigen atemlosen Gehorchen, zwischen dem 2. und 5. Februar 1922 niedergeschrieben, ohne daß ein Wort im Zweifel oder zu ändern war" (Brief vom 20.4.1923; Rilke

1935, III, 195). Die Eurydike der Sonette ist Wera Knoop, eine Tänzerin, die im Alter von 19 Jahren starb. Rilkes Widmung „Geschrieben als ein Grab-Mal für Wera Ouckama Knoop“ nimmt das thematische Dreigespann Liebe – Kunst – Tod, das für Orpheus seit der Antike Geltung besaß, in einer einzigen Zeile vorweg.

Es muss hier genügen, einen kurzen Blick auf die Motive der Natur und der Kunst zu werfen, da sie den Seelendiskurs in besonderer Weise aufnehmen und fortschreiben. Schon das erste Sonett schlägt einen Ton an, der durch die ganzen folgenden Gedichte weiterklingt:

> Da stieg ein Baum. O reine Übersteigung!
> O Orpheus singt! O hoher Baum im Ohr!
> Und alles schwieg. Doch selbst in der Verschweigung
> ging neuer Anfang, Wink und Wandlung vor.
>
> Tiere aus Stille drangen aus dem klaren
> gelösten Wald von Lager und Genist;
> und da ergab sich, daß sie nicht aus List
> und nicht aus Angst in sich so leise waren,
>
> sondern aus Hören. Brüllen, Schrei, Geröhr
> schien klein in ihren Herzen. Und wo eben
> kaum eine Hütte war, dies zu empfangen,
> ein Unterschlupf aus dunkelstem Verlangen
> mit einem Zugang, dessen Pfosten beben; –
> da schufst du ihnen Tempel im Gehör. (Sonett I/1; Rilke 1999, 675)

Orpheus' Fähigkeit, wilde Tiere zu besänftigen, wird hier nicht als eine machtvolle Demonstration seiner Überlegenheit dargestellt, sondern als die Herstellung eines Einklangs, einer Harmonie zwischen den Wesenheiten, die aus Liebe und Poesie geboren wird. Aus diesem „einigen Glück von Sang und Leier“ ging Eurydike hervor „und machte sich ein Bett in meinem Ohr / Und schlief in mir. Und alles war ihr Schlaf“ (Sonett I/2; ebd., 675). Damit ist erneut die verborgene Wirklichkeit gemeint, die schon in *Orpheus. Eurydike. Hermes* beschrieben wurde und die von Eurydike verkörpert wird: „Sie schlief die Welt“ (ebd.). Renate Breuninger betont den Einfluss von Nietzsches Zivilisationskritik auf Rilkes Konzeption von Wirklichkeit, ebenso wie von Nietzsches „Diagnose einer Gespaltenheit zwischen Innen und Außen. Die Welt der Erscheinungen, die Sinnenwelt birgt kein Wesen mehr, verhüllt oder verdeckt, gelangt dieses nicht mehr in der Phänomenwelt zur Sichtbarkeit. [...] Rilkes

Auffassung von ‚Wirklichkeit' liegt ein klar monistischer Begriff der ‚Wirklichkeit' zugrunde" (Breuninger 1991, 295), einer Wirklichkeit nämlich, die nur durch die Kunst zugänglich ist.

Die mystische Einheit zwischen den Welten wird auch am Beispiel der Tiere deutlich, die von Orpheus nicht bezwungen, sondern durch seinen Tod auf paradoxe Weise erst zum Leben geführt werden. Als die Mänaden ihn in ihrer Raserei zerrissen, „hast ihr Geschrei übertönt mit Ordnung, du Schöner, / aus den Zerstörenden stieg dein erbauendes Spiel" (Sonett I/26; Rilke 1999, 691). Und weiter:

> Schließlich zerschlugen sie dich, von der Rache gehetzt,
> während dein Klang noch in Löwen und Felsen verweilte
> und in den Bäumen und Vögeln. Dort singst du noch jetzt.
>
> O du verlorener Gott! Du unendliche Spur!
> Nur weil dich reißend zuletzt die Feindschaft verteilte,
> sind wir die Hörenden jetzt und ein Mund der Natur. (Ebd., 692)

Mit diesen letzten Versen des ersten Teils der *Sonette* macht Rilke deutlich, wie wichtig ihm Natur und Tiere als Bestandteile des orphischen Mythologems sind (der erste Teil der Sonette beginnt keineswegs zufällig mit dem „steigenden Baum" und endet mit der Natur). Durch die Verbindung mit der Leier, also mit Kunst, Musik und Poesie, werden die Menschen als „Hörende" und als „Mund der Natur" der einstigen Harmonie teilhaftig, die nur scheinbar zerstör ist, in Wahrheit jedoch in jedem Stein, in jedem Baum und jedem Vogel weiter klingt. Es ist deswegen die Natur selber gemeint, nicht allein der Dichter, wenn Rilke sagt: „Ein für alle Male / ists Orpheus, wenn es singt" (Sonett I/5; ebd., 677).

Im zweiten Teil wird dieser Aspekt wieder aufgenommen, indem die ganze Natur als von Orpheus durchklungen beschrieben wird und die Tiere und Elemente jene Kraft in sich tragen. Im 28. Sonett heißt es, die Natur

> [...] regte
> sich völlig hörend nur, da Orpheus sang.
> Du warst noch die von damals her Bewegte
> und leicht befremdet, wenn ein Baum sich lang
>
> besann, mit dir nach dem Gehör zu gehen. (Sonett II/28; ebd., 713–714)

Auch im 14., 20. und 21. Sonett geht es um eine mystische Verbindung mit den beseelten Tieren und Pflanzen, und im 17. Sonett fragt der Dichter: „Giebt es denn Bäume, von Engeln beflogen, / und von verborgenen langsamen Gärtnern so seltsam gezogen, / daß sie uns tragen, ohne uns zu gehören?" (ebd., 706). Dass es sich dabei um eine Pluralität von Wirklichkeiten handelt, die in traumhaften Zuständen zusammenfließen, geht wiederum aus dem 26. Sonett hervor, wo es vom Vogelgeschrei heißt:

> [...] In Zwischenräume
> dieses, des Weltraums, (in welchen der heile
> Vogelschrei eingeht, wie Menschen in Träume –)
>
> [...] Ordne die Schreier,
> singender Gott! daß sie rauschend erwachen,
> tragend als Strömung das Haupt und die Leier. (Sonett II/26; ebd., 712–713)

Die Verbindung mit den Elementen schließlich bildet den Abschluss des ganzen Werkes:

> Und wenn dich das Irdische vergaß,
> zu der stillen Erde sag: Ich rinne.
> Zu dem raschen Wasser sprich: Ich bin. (Ebd., 715)

Wir können festhalten, dass Rainer Maria Rilke mit seinem literarischen Werk einen Beitrag zur Verfestigung einer Diskursfigur geleistet hat, in der der Seelenbegriff mit Motiven der belebten Natur, der Kunst und einer Schau der absoluten Wirklichkeit verschränkt wurde. Rilke war Teil einer breiten intellektuellen Bewegung des frühen zwanzigsten Jahrhunderts, die aus einer Zivilisationskritik heraus die Seele metaphysisch auflud und als Vehikel zur Naturerkenntnis betrachtete. Auch Hermann Hesse war Teil dieser Bewegung. Schon im Jahr 1904 schrieb er das Gedicht „Manchmal" nieder, das ebenfalls als ein animistisches Zeugnis gelesen werden kann:

> Manchmal, wenn ein Vogel ruft
> Oder der Wind geht in den Zweigen
> Oder ein Hund bellt im fernsten Gehöft,
> Dann muß ich lange lauschen und schweigen.
>
> Meine Seele flieht zurück,
> Bis wo vor tausend vergessenen Jahren
> Der Vogel und der wehende Wind
> Mir ähnlich und meine Brüder waren.

Meine Seele wird ein Baum
Und ein Tier und ein Wolkenweben.
Verwandelt und fremd kehrt sie zurück
Und fragt mich. Wie soll ich Antwort geben? (Hesse 1998, 231)

Es ist keineswegs ein Zufall, dass dieses Gedicht (in englischer Fassung) 90 Jahre später im Seminarprogramm des Scandinavian Center for Shamanic Studies in Kopenhagen abgedruckt wurde (Herbst/Winter 1998/99), und dass Joan Halifax es in ihrem Buch *The Fruitful Darkness* anführt (Halifax 1994, 91). Der von Rilke, Hesse und anderen angeschlagene Ton fand seinen Widerhall in schamanischer und naturzentrierter Spiritualität des zwanzigsten Jahrhunderts. Dieser Diskurs wurde von anderen, vor allem englischsprachigen Autorinnen und Autoren weiter konsolidiert, wie ich unten in den Kapiteln 9 und 10 näher ausführen werde.

Doch noch einmal zurück zu Rilke und seinem künstlerischen Netzwerk, einem der Kristallisationspunkte des hier interessierenden Diskurses. Der Dichter, der zeitweilig auch der Sekretär des Pariser Bildhauers Auguste Rodin war, verkehrte in der Berliner Boheme, wo er gute Kontakte zur Kunst- und Intellektuellenszene, doch auch zu Fürstin Taxis, Edith Andreae, der Schwester Walther Rathenaus, Anton und Katharina Kippenberg und anderen pflegte. In Berlin machte er auch am Ende des Ersten Weltkriegs die Bekanntschaft mit Renée Sintenis (1888–1965). Sintenis war gerade dabei, sich als Bildhauerin und Künstlerin einen Namen zu machen, und Rilke war überaus fasziniert von der Dynamik und Eigenwilligkeit von Sintenis' Arbeiten. Renée Sintenis verkörperte für viele Beobachterinnen und Beobachter die „neue Frau“, eine androgyne, selbstbewusste und moderne Persönlichkeit, die sich den vorgegebenen Geschlechterrollen spielerisch entzog (zur Verbindung von Okkultismus und „neuer Frau“ s. Hales 2010). Sie wurde „zu einer der Frauen, die man kennen muss in Berlin, über die man spricht, wenn man mitreden will“ (Kettelhake 2010, 63). Rilkes Begeisterung für ihre Kunst trug mit dazu bei, dass sie sich als Künstlerin etablieren konnte.

Sintenis wurde nicht zuletzt durch ihre kleinen Tierfiguren bekannt, die ab 1915 entstanden. Die Figur eines aufrecht stehenden Bären mit erhobenen Armen wurde zum Wahrzeichen Berlins, und große Bronzeplastiken dieses Bären wurden 1957 und 1962 an Berliner Stadtautobahnen aufgestellt. Zudem dient die Figur bis heute als Modell des Goldenen Bären der Berlinale.

Ihre größten Erfolge feierte Sintenis in den 1920er Jahren. Ihre Arbeiten wurden durch Mitglieder der Freien Secession, der wichtigsten Berliner Künstlervereinigung, zu der Max Beckmann, Max Liebermann und Karl Schmidt-Rottluff zählten, sehr geschätzt. Durch die Eröffnung einer Galerie in Berlin wurde sie 1922 zu einer der wichtigsten Persönlichkeiten des

Flechtheimer Kunstkreises. Es folgten Ausstellungen in der Berliner Nationalgalerie, in Paris, der Tate Gallery in London, dem Museum of Modern Art New York, in Glasgow und Rotterdam. 1931 wurde sie als erste Bildhauerin – und zweite Frau nach Käthe Kollwitz – in die Berliner Akademie der Künste aufgenommen.

Renée Sintenis war die meistfotografierte Frau der Weimarer Republik. Ihre Kunst und ihr Lebensstil sind ein Beispiel für die orphische Verbindung von Natur, Kunst, Tod und Liebe. Ähnlich wie Rilke griff auch Sintenis antike Mythologie auf und brachte sie in ein Gespräch mit der Moderne – beispielsweise in *Des Longus Hirtengeschichten von Daphnis und Chloë*, die 1939 mit 31 Holzschnitten von Sintenis erschienen. Der Lyriker und Essayist Paul Appel verband in einer Ehrung ihres Werkes das Thema Tod – „Viel, zuerst unbewußt, später bewußt, muß der Tod sie umschwebt haben" (Appel in Hagelstange, Heise und Appel 1947, 31) – mit dem Thema Natur, Seele, Mystik und Religion. Sie verkörpere „modernes Seelentum" (ebd., 25). Die von ihr geschaffenen „Tiere und Menschen sind Geschöpfe, sind ganz, sind sich selbst gegeben und sich selbst genug" (ebd., 26). Und weiter: „Wie elementar Renée Sintenis durch ein dichtes Seelentum bestimmt ist, ist daraus zu ersehen, daß die Tiere, die sie macht, zwar gattungsmäßig die Art vertreten, zu der sie gehören, daß sie aber, darüber hinaus, viel mehr allgemeiner Ausdruck allen Tierwesens sind. Ich sehe ihre Tiere oft wie *ein* Tier allein" (ebd., 28; Hervorhebung im Original). Dies sei eng mit dem „Mystikergenie" verbunden, das Sintenis wie keine andere verkörpere. Paul Appels Begeisterung gipfelt in der Aussage:

> Ist es noch etwas Besonderes, zu sagen, daß das Gesamtwerk von Renée Sintenis mich sehr religiös anspricht? Ich fühle Ströme von Frömmigkeit. Die Stummheit, die Schweigsamkeit der Tierhäupter ist Frömmigkeit. Das Zitterigsein der ganz jungen Geschöpfe ist Frömmigkeit. Ihre Grazie, ihr sanfter und wilder Charme ist Frömmigkeit. Die vielen Locken bei Mähne und Schweif, wie ist das Frömmigkeit! Ich zähle nicht weiter auf; ich sage nur: wenn Renée Sintenis eine pädagogische Mission auf Erden aufgetragen wäre, dann wäre es die, daß sie dem Begriff des Religiösen seine plumpe und armselige Enge nehmen, daß sie es wieder jung, ganzteilig, unverdorben und lesbar machen sollte. (Ebd., 31)

Rilkes dichterisches Werk und Sintenis' bildhauerisches und grafisches Werk trafen den Nerv der Zeit. Aus künstlerischer Sicht trugen sie zu einem orphischen Diskursgeflecht von Kunst, Natur, Tod und Seele bei, das die intellektuelle Kultur der Zeit faszinierte. Diese Faszination ergriff auch die Religionsforschung.

Rausch, Ekstase und Tanz in der Religionsforschung

Die Faszinationsgeschichte des Rausches und der Ekstase, die am Ende des neunzehnten Jahrhunderts mit Nietzsches Konzeption des Dionysischen einen vorläufigen Höhepunkt erlebte, hatte auch starke Auswirkungen auf die Kultur- und Religionsforschung der Zeit. Umgekehrt stifteten Religionsforscherinnen und -forscher die Theorien, die ästhetischen, künstlerischen und politischen Auffassungen zur Entgrenzung der Seele und anderen damit verbundenen Themen eine wissenschaftliche Plausibilität unterlegten (s. zum Ganzen auch Greisiger, Schüler und van der Haven 2017). Das sich aus dieser Kombination ergebende diskursive Geflecht kann in seiner Wirkmächtigkeit zu Beginn des zwanzigsten Jahrhunderts kaum überschätzt werden. Es wirkte auch auf die US-amerikanische Kultur der Zeit ein, wie jetzt Lytton Naegele McDonnell gezeigt hat (McDonnell 2018).

In der klassischen Altertumskunde und der Kulturforschung wurden Nietzsches Überlegungen vor allem durch Erwin Rohde (1845–1898) bekannt. Rohde, der Nietzsche bisweilen mit „lieber Bruder in Dionysos" anredete, war an der Entstehung von Nietzsches *Geburt der Tragödie* beteiligt, und auch danach standen die „Waffenbrüder" in einem regen Gedankenaustausch (von Stuckrad 2003, 96–101). In seiner einflussreichen zweibändigen Studie *Psyche. Seelencult und Unsterblichkeitsglaube der Griechen* (1894) setzt Rohde Nietzsches Programm um und wendet es mit einigen Anpassungen auf die antike griechische Kultur an, übrigens ohne Nietzsches Namen ein einziges Mal zu erwähnen. Rohde verweist auf die griechische Urbedeutung von *Ekstase* und schreibt, sie sei „ein ‚vorübergehender Wahnsinn', wie der Wahnsinn eine dauernde Ekstasis ist. Aber die Ekstasis, die zeitweilige *alienatio mentis* im dionysischen Cult, gilt nicht als ein flatterndes Umirren der Seele in Gebieten eines leeren Wahnes, sondern als eine Hieromanie, ein heiliger Wahnsinn" (Rohde 1910, II, 19; Hervorhebung im Original). Der dionysische Kult spreche dabei vor allem die Frauen an. Durch die „Befreiung der Seele aus der beengenden Haft des Leibes", so Rohde, erfahren die Teilnehmerinnen einen gewaltigen Energieschub, der sie in Sphären reisen lässt, die der normalen Wahrnehmung verborgen sind. „Wie [die Seele] jetzt frei als Geist mit Geistern verkehrt, so vermag sie auch, von der Zeitlichkeit befreit, zu sehn, was nur Geisteraugen erkennen, das zeitlich und örtlich Entfernte" (ebd., 20).

Nietzsches und Rohdes Konstruktionen dionysischer Entgrenzung hatten großen Einfluss auf die Religionsforschung der Zeit, die gerade erst begann, sich institutionell zu festigen. Besonders interessant ist dabei die Rezeption dieser Theorien in Großbritannien, allen voran bei der Altertumsforscherin Jane Ellen Harrison (1850–1928). Harrison stand im Mittelpunkt religionsgeschichtlicher

Forschung der Zeit und wandte kulturtheoretische, ethnologische und philosophische Fragestellungen auf die Deutung der Antike an. Ihre Faszination für das Thema der dionysischen Raserei und der Tötung des Orpheus durch die Mänaden war zugleich auch in den damals herrschenden Geschlechterverhältnissen begründet. Für Harrison, so Ulrike Brunotte, war die dionysische Antike „ein Laboratorium weiblicher Identitäts- und Vergemeinschaftungsmodelle zwischen oder jenseits von Matriarchat und Patriarchat. [...] Die Utopie eines solchen Netzwerks von Frauen erhielt im Kontext des Lebens in den Frauencolleges von Newnham und Girton, den neu gegründeten Frauenclubs und den damals vermehrt in Künstlerkreisen und unter den Suffragetten sich bildenden Frauengruppen konkrete soziale Evidenz“ (Brunotte 2013, 214). Die Befreiung der Seele aus den „Fesseln des Leibes“ konnte geradezu als Chiffre für die Entgrenzung von Geschlechterkonstruktionen gelesen werden und für die Bildung neuer Gemeinschaftsformen. Was der Anthropologe Victor Turner später *Communitas* nennen sollte, wird von Harrison schon zu Beginn des zwanzigsten Jahrhunderts theoretisch vorweggenommen; besonders in Tanz, Musik und Ritual sieht Harrison die entscheidenden Mittel zur Verwandlung des Individuums und zur Herstellung neuer Formen von Gemeinschaft (Brunotte 2013).

Theorien zur Entgrenzung der Seele in Ritual, Tanz und Musik waren nicht nur bei den sogenannten *Cambridge Ritualists*, zu denen Harrison gehörte, wichtige Eckpfeiler historischer und anthropologischer Religionsforschung, sondern formten auch einen Beitrag zur Entstehung der Religionsphänomenologie. Religion wird hier, so Hans G. Kippenberg, zu einer Form des Selbst-Erlebens, die dem Prozess von Industrialisierung, Bürokratisierung und Verwissenschaftlichung des Lebens entgegengehalten wird. Der Mystik – von der Faszination antiker Mysterienkulte bis hin zur Entdeckung „östlicher“ Weisheitslehren – kommt dabei eine große Rolle zu. Die Mystik „wird zum Mittel, die Herrschaft des Verstandes über den Menschen zu stürzen und durch eine Wesensverschmelzung des Menschen mit Gott eine Lebensführung ohne rationalistische Beschädigungen zu erlangen“ (Kippenberg 1997, 245). Kippenberg führt zu Recht Martin Buber (1878–1965) an, der in seiner einflussreichen Sammlung *Ekstatische Konfessionen* (1909) provokativ festhält, die Ekstase sei Gottes höchste Gabe an den Menschen (Kippenberg 1997, 246). Buber meint dies ganz ernst. Er stellt die Frage: „Aber ist der Mythus ein Phantasma? Ist er nicht eine Offenbarung der letzten Wirklichkeit des Seins? Ist nicht das Erlebnis des Ekstatikers ein Sinnbild des Urerlebnisses des Weltgeistes? Ist nicht beides ein Erlebnis? Wir horchen in uns hinein – und wissen nicht, welches Meeres Rauschen wir hören“ (Buber 1923 [1909], 22). Auch bei Buber und anderen jüdischen Intellektuellen der Zeit sehen wir die Inspiration von Nietzsche (Roemer 2010; von Stuckrad 2014, 117–124; mehr zu Buber in Kapitel 3).

Was gewissermaßen als die Verinnerlichung des Ekstatischen im religiösen Gefühl beschrieben werden kann, fand auch Ausdruck im Werk Rudolf Ottos (1869–1937). Sein Buch *Das Heilige. Über das Irrationale in der Idee des Göttlichen und sein Verhältnis zum Rationalen*, das während des Ersten Weltkriegs 1917 erschien und sofort eine große Wirkung entfaltete, war der Versuch einer Rehabilitierung der religiösen Erfahrung gegenüber materialistischer und rationalistischer Tendenzen der Zeit.

> Die Widersprüchlichkeit des Buches, etwas Unaussprechliches in Worte zu fassen, weist Rudolf Otto als genuinen Vertreter „deutscher Mystik" aus. Über lange Zeit war in Deutschland eine Tradition gewachsen, nach der Gott sich nicht nur in der Welt, sondern auch in der Heiligen Schrift und in der Seele des Einzelnen offenbare. Diese „deutsche Mystik" war trotz ihrer gegenteiligen Behauptung eines unaussprechlichen Erlebens philosophisch in der Argumentation und literarisch in der Präsentation. R. Otto hat sie in der Nachfolge Schleiermachers in die Religionswissenschaft übernommen. Wie alle bekannten historischen Religionen sich aus dem Urgrund einer „Vorreligion" erhoben hätten, so entstünde in jedem Einzelnen Religion immer wieder neu. (Kippenberg 1997, 252–253)

In der sich aus dieser Tradition entwickelnden Religionsphänomenologie wurde das Heilige als eine Realität aufgefasst, deren Wirken in der Religionsgeschichte im Allgemeinen und dann auch in der Seele des Einzelnen sichtbar und erfahrbar wird (zur Bedeutung Rudolf Ottos insgesamt s. jetzt Lauster et al. 2014). Auf diese Weise kann die Religionswissenschaft eng an die Psychologie gebunden werden, wie dies bei William James in den USA und bei Carl Gustav Jung in Deutschland geschah. Hierauf werde ich später zurückkommen. Für die religionsphänomenologische Ausrichtung des Seelendiskurses sei jedoch an dieser Stelle der niederländische Theologe und Religionswissenschaftler Gerardus van der Leeuw (1890–1950) angeführt. Van der Leeuw wurde 1918 auf einen Lehrstuhl für Religionsgeschichte und Theologiegeschichte in Groningen berufen, der 1945 den Titel „Religionsphänomenologie" bekam. Sein Einfluss umfasste nicht nur die Religionsphänomenologie, sondern auch die politische und kulturelle Arbeit. Van der Leeuw war Minister für Bildung, Kunst und Wissenschaften im ersten niederländischen Kabinett nach dem Zweiten Weltkrieg. Auch war er maßgeblich beteiligt an der Gründung der niederländischen Vereinigung für Religionswissenschaft (1947) und der

Internationalen Vereinigung für Religionsgeschichte (1950). Er war zudem der Vorsitzende der niederländischen Bachgesellschaft, der Groninger Orchestergesellschaft und anderer Organisationen. Er spielte selbst Orgel und war als Sänger aktiv. In seiner Zeit als Minister unterstützte er persönlich eine Reihe von niederländischen Künstlerinnen und Künstlern. Sein diskursiver Einfluss ist deswegen als hoch anzusetzen. Für uns ebenfalls interessant ist die Tatsache, dass van der Leeuw an den Eranos-Konferenzen der Jahre 1948, 1949 und 1950 in Ascona (Schweiz) teilnahm (s. dazu unten Kapitel 5).

Die Religionsphänomenologie des zwanzigsten Jahrhunderts wandte sich, trotz Unterschieden im Einzelnen, grundsätzlich gegen reduktionistische Zugänge in den empirischen Sozialwissenschaften. Für sie war die Religion eine Kategorie *sui generis*, also von ganz eigener, unvergleichlicher Art. Van der Leeuw war in der theoretischen Ausformulierung dieser Anschauungen jedoch viel nuancierter als beispielsweise Rudolf Otto. So sah er die Religionsphänomenologie auch nicht als einen Teil der Theologie, und er beharrte darauf, dass die Wissenschaft das Handeln von Menschen untersuche und nicht die vermeintliche Kraft des Heiligen selbst.

Für van der Leeuw ist Religion Teil kultureller Prozesse. Dabei ist er vor allem an Religion als ästhetisch kommuniziertem Phänomen interessiert, was ihn mitten in den Diskurs stellt, der sich um Kunst, Mystik und Ekstase gebildet hatte. In seinem Buch über Mystik (niederländisch als *Mystiek*, 1924) rekurriert er auf Goethe als den Höhepunkt wissenschaftlichen Verständnisses von Religion und Mystik in der Nachfolge von Platon und Plotin (van der Leeuw 1924, 4). Ähnliche Gedanken finden sich auch in seinem Buch *Uren met Novalis* („Stunden mit Novalis", 1943). Als öffentlich auftretender Intellektueller vermischte van der Leeuw häufig die Genres seiner Publikationen. Für ihn war klar, dass Wissenschaft Antworten auf die brennenden Fragen der Zeit formulieren müsse. Seine Faszination für Tanz, Erotik und Mystik war sehr deutlich an eine Diagnose von „Moderne" gekoppelt. In seinem Buch *Vom Heiligen in der Kunst* (1957; niederländisch zuerst als *Wegen en Grenzen: Een studie over de verhouding van religie en kunst*, 1932) legt er dar, dass Kunst und vor allem Tanz die ältesten Ausdrucksformen menschlicher Kommunikation mit dem Heiligen seien. In der heutigen Zeit jedoch sieht van der Leeuw wenig Zeugnisse für diese Kommunikation. „Der Tanz ist für uns, mit Ausnahme unserer Kinder, zu einem Problem geworden. Die Wirkung, die magische Kraft des Tanzes können wir noch am besten verstehen, wenn es sich um den erotischen Tanz handelt" (van der Leeuw 1957, 45). Die „natürliche" Verbindung mit dem Heiligen durch Tanz, die für die „Primitiven" noch selbstverständlich war, ist dem modernen Menschen mehr oder weniger verschlossen. Eine Rückkehr zum „primitiven" Zustand ist keine Option, und doch: „Zeitweise war der Tanz als selbständige

Kunst verlorengegangen. Zeitweise – denn sterben kann er nicht. Je mehr man sich der Einheit von Körper und Seele bewußt wird, um so mehr wird auch der Tanz als Lebensfunktion seine Rechte wiedererlangen" (ebd., 46). Dies erklärt auch van der Leeuws Begeisterung für die kalifornische Tänzerin Isadora Duncan (1877–1927), die in Europa Karriere machte mit Auftritten in Wagners *Tannhäuser* in Bayreuth und in anderen bekannten Produktionen. Van der Leeuw schreibt über sie:

> In diesem Zusammenhang nenne ich wieder mit Ehrfurcht den Namen derjenigen, die uns die Herrlichkeit des Tanzes zum ersten Male wieder offenbart hat: Isadora Duncan. Sie hat schon viele vorzügliche Nachfolger gehabt, aber sie war die erste. Erst wenn der Tanz als Kunst wieder zu Ehren gekommen ist, wenn die in ihm liegenden Möglichkeiten universellen Ausdrucks durch schöne Beispiele wieder zutage getreten sind, erst dann wird er auch wieder Ausdruck des Heiligen werden können. Die Metaphysik der Musik können wir erleben, diejenige des Tanzes nur – und nicht ohne Mühe – begreifen. Aber warum sollte nicht die Menschheit wieder in ihrer ältesten Sprache sprechen von dem großen Geheimnis der Bewegung und der Gegenbewegung: der einen Bewegung, die von dieser Erde ausgeht zu Gott, und der anderen Bewegung, die von Gott ausgeht zu dieser Erde? (Ebd., 81)

Van der Leeuw verschränkt in seiner Hermeneutik religiösen Tanzes die Diskurse zur Seele mit jenen zu Kunst, Tanz, Religion, Metaphysik und der Einheit zwischen Seele und Körper. Dabei greift auch van der Leeuw die Überlegungen Nietzsches auf und unterscheidet zwischen der „apollinischen" und der „dionysischen Bewegung" (ebd., 70–77). Die dionysisch-ekstatische Bewegung sei es, die die Seele mit dem Absoluten und Göttlichen verbinde. „Darum", so van der Leeuw, „beschreibt Plato den ewigen Aufstieg der Seelen von Göttern und Menschen zum wahren Sein als eine gewaltige Prozession" (ebd., 76); und aus demselben Grund könnten wir die „Metaphysik des Tanzes verstehen, wenn wir den höchsten Formen der Tanzmusik lauschen. Beethovens Siebente, nicht zu Unrecht eine Apotheose des Tanzes genannt, ist beseelt von einer wahrhaft dionysischen Leidenschaft, die nicht zu ruhen scheint, ehe die ganze Welt mittanzt" (ebd., 77).

Man sollte kaum erwarten, dass van der Leeuw ausgerechnet in seinem theologisch anmutenden Buch *Sakramentales Denken. Erscheinungsformen und Wesen der außerchristlichen und christlichen Sakramente* (1959) noch deutlicher wird über seine Auffassungen zum Zustand der gegenwärtigen Zivilisation. Doch in diesem Buch wendet sich der Autor entschieden gegen die seiner Meinung nach prüde Theologie und Kulturwissenschaft der Zeit. Zunächst macht er unter Bezug auf Rudolf Otto klar: „Das Sakramentale ist der Gegenpol zu dem Technischen" (1959, 151). Und die geschlechtliche Handlung sei der Moment, in dem der Mensch dem ursprünglichen Schöpfungsakt am nächsten komme. „Die Gefahr unserer Zeit liegt aber gerade darin, daß es zu etwas Gewöhnlichem wird" (ebd.). In den antiken und „primitiven" Kulturen nehme „das sexuelle Moment" noch einen sehr großen Raum ein.

> Menschen, die durch moderne Technisierung einerseits, andererseits durch die zur Prüderie erstarrte platonisch-christliche Auffassung von der Geschlechtshandlung als *der* Sünde beeinflußt sind, sind naiv erstaunt über diesen großen Raum. Zum Glück wird in der modernen Welt das Sexuelle wieder mit größerer Unbefangenheit betrachtet, und gerade das gibt eine Hoffnung, daß unsere Zeit das Sakramentale hier wieder entdecken wird. Sie hat es leichter als die Zeit der Königin Viktoria, in der es, nach Punch, eine ungelöste Frage war, ob die Frauen Beine hatten, und in der das Sexuelle eine Angelegenheit war, über die man entweder schwieg oder schmunzelnd lächelte. (Ebd., 152; Hervorhebung im Original)

Kurzum: Für den männlichen Blick des Professors muss die Vereinigung von Seele und Körper mit dem Heiligen, welche die moderne Zivilisation nötiger habe als alle Kulturphasen zuvor, aus der dionysisch-ekstatischen Erneuerung von Sexualität, Tanz und sakramentaler Handlung kommen.

Seele und Natur in der neoromantischen Philosophie

Das neu entstandene Interesse an Mystik, Transzendenz und Natur, das wir um die Jahrhundertwende beobachten können, ergriff auch die Philosophie der Zeit. Lebensphilosophische und neoromantische Entwürfe wurden in der Öffentlichkeit breit diskutiert, und hierbei spielte der Eugen Diederichs Verlag, der sich im Grenzbereich von Philosophie, Religion, Mystik und Wissenschaft positionierte, eine besondere Rolle (Hübinger 1996). Der diskursive Einfluss solcher Publikationen ist als hoch einzuschätzen, zumal Verlage wie Diederichs – aber auch andere wie S. Fischer (gegründet 1886) und Ernst Rowohlt (gegründet 1908, Neugründung 1919) – Fachleuten ein Podium boten, mit dem sie ein breites Publikum erreichen konnten.

Ein relevantes Beispiel für den Seelendiskurs sind die Werke von Karl Joël (1864–1934), der in Breslau bei Wilhelm Dilthey Philosophie studierte, 1886 in Leipzig promovierte, sich 1893 in Basel habilitierte und dort 1897 als Professor berufen wurde. Joël versuchte in seinen Schriften, die Implikationen neuer wissenschaftlicher und technologischer Entwicklungen auf die Grundlagen der Philosophie zu erfassen und für eine integrative Philosophie fruchtbar zu machen. Die physikalische Entdeckung etwa, dass Farben oder Töne aus Schwingungen zusammengesetzt sind, führte ihn dazu, die ganze Welt als einen zusammenhängenden Organismus zu deuten. Unter Rekurs auf Evolutionstheorie, Elektrodynamik, aber auch auf Psychologie kam er zu einem dynamischen Weltbild, das Seele und Kosmos in sich vereinigt. Der Titel seines Hauptwerks, *Seele und Welt. Versuch einer organischen Auffassung*, 1912 bei Diederichs erschienen, fasst dieses Programm sehr gut zusammen. Doch schon in seinem sechs Jahre zuvor ebenfalls von Diederichs publizierten *Der Ursprung der Naturphilosophie aus dem Geiste der Mystik* deutet sich jenes spezifische Diskursarrangement an. In diesem Buch entwickelt Joël die These, dass in den drei großen Epochen der Naturphilosophie – von ihm als Vorsokratiker, Renaissance und Romantik identifiziert – die Wesenseinheit von Göttlichem, Seele und Natur auf eine Weise ausformuliert gewesen sei, die durch den Einfluss rationalistischer und technologischer Entwicklungen dem Menschen in der Moderne erst wieder zugänglich gemacht werden müsse (Joël 1906, 15). Er bezieht sich auf „unsere neuesten Freunde, die Romantiker" (ebd., 161; s. auch ebd., viii), und möchte Holismus, Mystik und Pantheismus als Konstante europäischer Geistesgeschichte erweisen. An Sebastian Franck und Jakob Böhme anschließend – „Tiefste, frömmste Mystik drängt hier zu einer Wertung der Natur, die auch der Materialist nicht übertreffen kann. Man entdeckte die Natur, indem man Gott in ihr suchte" (ebd., 11) – sagt er über den mystischen Kern der Naturphilosophie: „Etwas fühlen heißt gar nichts anderes als etwas in Einheit mit sich selbst fassen" (ebd., 13).

In *Seele und Welt* führt Joël diese Gedanken weiter und entwickelt ein großangelegtes philosophisch-kosmologisches Programm. Schon im ersten Kapitel, überschrieben „Die Seele als modernes Gespenst", nimmt Joël sich die reduktionistische Psychologie vor:

> Unterm grünen Lampenschirm prüft der moderne Forscher den Seelenglauben aller Zeiten, Völker und Religionen bis zur Hauch- und Blutseele der Naturvölker, bis zu dem altägyptischen Gespräch mit der Seele, vor soviel Jahrtausenden verfaßt, und er sammelt alle Innigkeit der Mystik, alle eschatologische Sehnsucht, aller Himmel Seligkeit und aller Höllen Grauen in sauber edierte, wohlkommentierte Bändchen – wie man Pfahlbautenreste sammelt und etikettiert. Hoch von der Kanzel läßt man die „Seele" noch sprechen – doch wenn die Seele spricht, spricht, ach, schon die Seele nicht mehr; nur die Mütterlein drunten in gotischer

> Dämmerung nicken der alten Seele zu, nicken, bis sie einnicken –. Draußen aber dröhnt der Tram: haben die Modernen denn Zeit für Worte einstiger Gefühle? Wer wird heute noch an die Seele glauben? Alle Zeiten sonst sprachen von der Seele, fühlten in ihr gar Hohes und Heimliches, Himmel und Hölle zittern. Heute von der Seele zu reden ist fast so unanständig, wie von der Tugend zu reden; denn es klingt ja beinahe theologisch. Wenn es aber durchaus nicht anders geht, reden unsere Mediziner höchstens von der Psyche. Hat doch die humanistische Bildung ihre treuesten Anhänger in den Materialisten – denn das sicherste Rezept die altidealistischen Begriffe unschädlich zu machen ist ja: sie ins Griechische zu übersetzen. (Joël 1912, 1–2)

Einen Schuldigen an der Misere hat Joël auch ausgemacht: „Um aber nun der Seele ganz den Garaus zu machen, hat man eine besondere Wissenschaft erfunden und sie Psychologie genannt. Und mit experimentellen Foltern aus den Schlünden von hundert Laboratorien ist es gelungen, die Seele zu exorzistieren [sic!], und die Psychologie ist erst zur blühendsten aller modernen Wissenschaften erwachsen, seit es keine Seele mehr gibt" (ebd., 2). Man hört hier noch die im vorigen Kapitel genannte Kritik seines Lehrers Dilthey an der akademischen Psychologie heraus. Gegenüber jener Psychologie, die auf eine Weltanschauung und Philosophie vollständig verzichtet habe, verweist Joël darauf, dass Ansichten zur Seele und ihrer Verbindung zur Welt seit jeher den Kern philosophischen Nachdenkens gebildet hätten. „Wie du die Seele siehst, so siehst du die Welt. Am Rätsel der Welt hängen alle andern Rätsel. Nur die Modernen meinen, sie könnten sich blind stellen gegen die Frage der Seele, könnten die Analyse der Seele nach innen leisten, ohne Synthese nach außen" (ebd., 4–5).

Was wir hier sehen, ist die Verschränkung von Diskurssträngen zu Seele, Natur, Welt, Philosophie und Mystik, und zugleich die negative Positionierung dieses Arrangements gegenüber der professionellen Psychologie einerseits und der modernen Kultur andererseits. Joël trägt damit zur Formierung einer Diskursstruktur bei, die sich in der zweiten Hälfte des zwanzigsten Jahrhunderts als überaus einflussreich erweisen sollte.

Der Erste Weltkrieg verstärkte diese Positionen weiter. Das traumatische Geschehen eines brutalen Vernichtungskrieges, das die Zwiespältigkeit der Moderne offenlegte, forcierte die Suche nach einer metaphysischen Einheitsphilosophie, einem moralisch-spirituellen Ruhepol (Beßlich 2000). Und wieder war es der Diederichs Verlag, der mit seiner Reihe „Gott – Natur. Schriftenreihe zur Neubegründung der Naturphilosophie" die deutsche Diskussion prägte. Karl Joëls Buch von 1906 wurde 1926 innerhalb der Reihe neu aufgelegt, und im selben Jahr brachten Christoph Bernoulli und Hans Kern ihren Sammelband *Romantische Naturphilosophie* heraus, den sie Ludwig Klages (1872–1956) widmeten. Dieser Band ist insofern bemerkenswert, als er den tiefen Riss innerhalb der damaligen deutschen Philosophie dokumentiert, der sich zwischen Neukantianern, Neuhegelianern und an die Romantik anschließenden Naturmystikern aufgetan hatte. Für Letztere war Goethe die unangefochtene Autorität, deren Licht die Versuche aller anderen Philosophen, Dichter und Naturwissenschaftler weit überstrahlte. Dies hatte schon Karl Joël so gesehen, doch auch Bernoulli und Kern (die dann freilich Ludwig Klages als neue Lichtfigur inthronisierten) stimmten in den Chor der Lobeshymnen ein. Die Goethe-Rezeption diente so als Brücke zwischen naturphilosophischen Perspektiven jener Zeit und theosophisch-mystischen Strömungen, allen voran Rudolf Steiners Anthroposophie, die einem wahren Goethekult huldigte.

Bernoulli und Kern grenzen sich dabei nicht nur von Kant ab – „unseres Erachtens im ganzen von geradezu verhängnisvollem Einfluß auf die Folgezeit" (Bernoulli und Kern 1926, v) – sondern auch von Schelling. Diesem werfen sie vor, er sei viel zu stark dem „blutleeren, verstiegenen Ideologismus" Kants und Fichtes gefolgt und habe die Sprache über das Erleben gestellt. Doch damit habe die Romantik aufgeräumt: „Genug! Die späteren Verstümmelungen der Schellingschen Naturphilosophie durch ihren eigenen Urheber beweisen, daß Schelling *logozentrisch*, nicht aber *biozentrisch* gerichtet war (um mit einem schönen Wort von Ludwig Klages zu reden)" (ebd., viii; Hervorhebung im Original). Der Verweis auf Klages und die weiteren Ausführungen der Herausgeber in ihrer Einleitung machen deutlich, dass es hier durchaus um etwas anderes geht als in der Romantik oder im amerikanischen Transzendentalismus der Jahrhundertwende. Es geht nicht nur um ein sensitives Verhältnis zur Natur, aus dem sich eine biozentrische Ethik entwickeln ließe, sondern auch um die metaphysisch-existenzialistische Aufladung der Natur als Ort der absoluten Erkenntnis, die gnostisch überhöht wird. Diese Linie führt in Deutschland über Ludwig Klages bis zu Martin Heidegger. Das „Jahrhundert der Extreme" (Hobsbawm) hatte seine ersten Spuren hinterlassen.

Klages' biozentrische Ethik entstand aus einer Zivilisationskritik, in der naturphilosophische und mystische Elemente eine große Rolle spielten. Besonders einflussreich war dabei Klages' Grußwort an den Ersten Freideutschen Jugendtag, der 1913 auf dem Hohen Meißner stattfand. Unter dem Titel „Mensch und Erde" beklagt der Philosoph das Artensterben in Deutschland und auf dem gesamten Planeten, das durch den modernen „Vernichtungskrieg" der Religion und „Zivilisation" ausgelöst worden war. „Unter dem schwachsinnigsten aller Vorwände, daß unzählige Tierarten ‚schädlich' seien, hat er nahezu alles ausgerottet, was nicht Hase, Rebhuhn, Reh, Fasan und allenfalls noch Wildschwein heißt" (Klages 1937, 10). Und weiter: „Was der Reichsdeutsche Hochwald nennt, ist jung aufgeforstetes Stangenholz; der wirkliche Hochwald aber, der bei uns zur frommen Sage wurde, geht auf dem ganzen Erdball seinem Ende entgegen" (ebd., 12). „Eine Verwüstungsorgie ohnegleichen hat die Menschheit ergriffen, die ‚Zivilisation' trägt die Züge entfesselter Mordsucht, und die Fülle der Erde verdorrt vor ihrem giftigen Anhauch. So also sähen die Früchte des ‚Fortschritts' aus!" (ebd., 16). Die Zerstörungswut der menschlichen „Zivilisation" macht auch vor dem Menschen selber nicht halt. „Kein Zweifel, wir stehen im Zeitalter des *Unterganges der Seele*" (ebd., 23, Hervorhebung im Original).

Als Ursache für diese technische und zivilisatorische Entfremdung des Menschen von der Natur benennt Klages das Christentum.

> Wenn schon „Fortschritt", „Zivilisation", „Kapitalismus" nur verschiedene Seiten einer einzigen Willensrichtung bedeuten, so mögen wir uns erinnern daß deren Träger ausschließlich die *Völker der Christenheit* sind. Nur innerhalb ihrer wurde Erfindung auf Erfindung gehäuft, blühte die „exakte", will sagen die zahlenmäßige Wissenschaft und regte sich rücksichtslos der Erweiterungsdrang, der die außerchristlichen Rassen knechten und die gesamte Natur verwirtschaften will. [...] Mit Menschheitsgeltung oder „Humanität" verschleiert das Christentum, was es eigentlich meint: daß alles übrige Leben wertlos sei, außer sofern es dem Menschen *diene*! Seine „Liebe" hat es vordem nicht gehindert, mit tödlichem Haß den Naturdienst der Heiden zu verfolgen, und hindert es heute nicht, mit Geringschätzung die heiligen Bräuche kindlicher Völker abzutun. (Ebd., 29–30; Hervorhebung im Original)

Die These, dass das Christentum die entscheidende Ursache für die gegenwärtige ökologische Katastrophe sei, wird zumeist mit dem Namen des amerikanischen Historikers Lynn White in Zusammenhang gebracht. Die „Lynn-White-These" wurde erstmals 1967 in Whites *Science*-Aufsatz „The Historical Roots of Our Ecologic Crisis" vorgestellt, und bis heute beeinflusst sie die politische, ökologische und philosophische Diskussion (LeVasseur und Peterson 2017; s. auch Kapitel 10 unten). Doch dies sollte nicht darüber hinwegtäuschen, dass die These eine diskursive Vorgeschichte hat, und Ludwig Klages hat entscheidend zu dieser Vorgeschichte beigetragen, auch wenn dies in der Geschichtsschreibung zur Ökologie oft übersehen wird.

Noch ein Weiteres ist in diesem Zusammenhang bemerkenswert. Ludwig Klages stand über den Kreis der Münchener „Kosmiker" im engen Kontakt mit Rainer Maria Rilke, Stefan George, Karl Wolfskehl, Franziska Reventlow, aber auch mit Max Weber, von dem er den Begriff der „Entzauberung der Welt" übernahm, um die Distanz des modernen Menschen vom „kosmogonischen Eros“ zu erläutern (Klages 1963). 1913 hatte Weber am Monte Verità in der Schweiz Urlaub gemacht und die dortige neopagane alternative Kommune kennengelernt. Weber ließ sich sogar von Klages die Handschrift psychologisch interpretieren. Dies zeigt, dass Weber alles andere als ein „Säkularisierungstheoretiker“ war. Für ihn waren Magie und Zauber niemals aus der modernen Welt verschwunden; sie äußerten sich nun lediglich in Wissenschaft, Kunst und anderen gesellschaftlichen Kontexten (s. dazu Josephson-Storm 2017, 210–221; 269–278; Josephson-Storm 2018).

Die Vielschichtigkeit der hier beschriebenen Entwicklungen zeigt, dass wir es tatsächlich mit einem einflussreichen Diskursarrangement zu tun haben. Dass sich diese Wissensordnungen auch politisch und nationalistisch manifestierten, ist Gegenstand des folgenden Kapitels.

KAPITEL 3

Die Mobilisierung der Seele im politischen und nationalistischen Umfeld

Im bisherigen Verlauf der Untersuchung bin ich den Grundlinien nachgegangen, die sich im Seelendiskurs um 1900 zeigen. Konzeptionen der Seele erweisen sich dabei als eingeschrieben in wissenschaftliche, philosophische und literarisch-künstlerische Debatten. Interessant ist nun, dass diese Debatten auch Teil von politischen Entwicklungen wurden und Ideen von Staat und Nation beeinflussten. Die Nationalstaatsidee wurde mit Überlegungen zu kollektiven Strukturen der Seele verbunden, doch auch andere gesellschaftliche Gruppen wie die jüdische Minderheit – nun als „Nation" konstruiert – konnten mit kollektiven Merkmalen von Seele identifiziert werden. In diesen Prozessen laufen Eigenwahrnehmung und Fremdwahrnehmung oft durcheinander und beeinflussen sich gegenseitig. Die Seele wird dabei zu einem Träger dessen, was Benedict Anderson *Imagined Communities* nennt.

Mit seinem 1983 erschienenen Buch *Imagined Communities: Reflections on the Origin and Spread of Nationalism* leitete Anderson einen Umbruch in der Nations- und Nationalismusforschung ein. Zwar waren seine Ideen nicht ohne Vorläufer, doch die These, Gemeinschaften seien „vorgestellt" – so die in ihrer Zweideutigkeit treffende deutsche Übersetzung – war noch nicht in dieser Weise vertreten worden. Eine Nation sei eine imaginierte oder vorgestellte Gemeinschaft, die Zusammengehörigkeit produziere, auch wenn die meisten ihrer Mitglieder sich niemals wirklich begegnen würden. Die Gemeinschaft, so Anderson weiter, sei durch zwei Vorstellungen bestimmt: Zum einen durch ihre Begrenztheit, denn es müsse immer Menschen geben, die nicht dazugehören, um Gemeinschaft zu generieren (dies im Unterschied zu Religionen, die nicht selten auf die ganze Menschheit als potenzielle Mitglieder abzielten); zum anderen durch ihre Souveränität, also durch das Bedürfnis, ihre Angelegenheiten selber zu regeln. Dies sei auch der Grund dafür, dass Nationen die Idee eines nationalen Staates hervorbringen.

Anderson ist nicht der Meinung, der Nationalismus habe die Religionen abgelöst. „Meiner Auffassung nach ist der Nationalismus nur zu verstehen, wenn man ihn nicht in eine Reihe mit bewußt verfochtenen Ideologien stellt, sondern mit den großen kulturellen Systemen, die ihm vorausgegangen sind und aus denen – und gegen die – er entstanden ist" (Anderson 2005, 20). Dabei komme der religiösen Gemeinschaft und dem dynastischen Reich eine besondere

 | DOI:10.30965/9783846764374_005

Rolle zu. Durch seinen marxistischen Deutungszugriff war für Anderson klar, dass Nation und Nationalismus nicht durch Ideologen sozusagen erfunden werden (eine Position, wie Ernest Gellner sie vertrat), sondern dass ihnen materialistische Bedingungen zu Grunde liegen, allen voran Kapitalismus, Sprache, Infrastruktur und Medien, wodurch ein kohärenter Kommunikations- und Lebenszusammenhang erzeugt wird. Diesem wird zudem eine nationale Ursprungsgeschichte unterlegt, die das ganze Projekt legitimiert. Anderson nennt dies die „Biographie von Nationen" (Anderson 2005, 205–208).

Auch 35 Jahre nach Erscheinen von *Imagined Communities* sind Andersons Überlegungen zur Entstehung von Gemeinschaften als „Nationen" noch immer aktuell. Heute werden sie mit postkolonialen und kulturwissenschaftlichen Zugriffen kombiniert (Blok, Kuitenbrouwer und Weeda 2018). Für die hier interessierende Frage nach dem Zusammenhang von Seele und Nation sind die Prozesse der Beschwörung einer gemeinsamen Vorgeschichte (einschließlich der Schaffung von Erinnerungsmomenten), die eine von anderen Völkern und Nationen unterscheidbare Identität und „Seele" hervorgebracht habe, von großer Wichtigkeit, aber auch die Visualisierung eines gemeinschaftlichen Erlebnisraums – etwa in Naturkonstruktionen oder im Medium von Film und Theater – und die materielle Verbundenheit einer Gemeinschaft durch Verkehr, Infrastruktur, Sprache und – ja, auch das – durch Krieg. Alle diese Faktoren lassen sich in der Zeit zwischen Gründung des Deutschen Kaiserreiches 1871 und dem Aufkommen von Nationalsozialismus und europäischem Faschismus sehr deutlich aufweisen.

Die Rede von der „Seele einer Nation" oder der „Volksseele" ruft emotionale Assoziationen hervor. Es ist aber keineswegs so, dass man die Gleichung „Emotion – Nation" als gegeben hinnehmen sollte. Wie Dieter Langewiesche gezeigt hat, geht die Nationsforschung bei der Wirkungsmacht nationaler Gefühle häufig zu Unrecht von einer „common-sense"-Psychologie aus, die im empirischen Material viel differenzierter zu beurteilen ist. Anhand zweier Briefserien deutscher Bildungsbürger aus dem Ersten Weltkrieg untersucht er, inwieweit der private Raum sich gerade gegen die emotionale Rhetorik der Nation als Letztinstanz zur Wehr setzt (Langewiesche 2012). Am Beispiel der Konstruktion einer „jüdischen Seele" als Gegenpol zu „Europa" werde ich unten auf eine ähnliche Dynamik zu sprechen kommen.

Ernest Renan: Die Nation als „Seele und geistiges Prinzip"

Aus der Geschichtsschreibung Europas wissen wir, dass am Ende des neunzehnten Jahrhunderts ein „Kulturkampf" herrschte, der insbesondere zwischen

Deutschland und Frankreich einen schier unüberbrückbaren Graben schuf. Der Begriff hatte in Bismarcks Krieg gegen katholische Politik auch eine ganz handfeste politische Funktion. Die Rede vom „Kulturkampf" übersieht bisweilen aber die allgemeinen Diskursformationen, die in verschiedenen Ländern Europas auf ähnliche Weise in Erscheinung traten. Kolonialismus, Nationenbildung, Kritik an Monarchien und Kampf um demokratische Rechte, gepaart mit Industrialisierung, Kapitalismus und neuen wissenschaftlichen Entwicklungen, waren Phänomene, die keineswegs auf einige Länder in Europa beschränkt waren, sondern zu einem gesamteuropäischen Prozess führten, der Europa zugleich in einen globalen Diskursraum einband. Mit anderen Worten: Auch wenn im neunzehnten und frühen zwanzigsten Jahrhundert die Verbindung zwischen Seelenbegriff und Nationenbegriff rhetorisch zugespitzt wurde und zur Mobilisierung von nationaler Identität und „Kampf" eingesetzt wurde, sind die diese Mobilisierung steuernden Prozesse durchaus ähnlicher Natur.

Was das bedeutet, kann man gut am Beispiel von Ernest Renan (1823–1892) aufzeigen, nach Aussage eines seiner Biografen ein großer Menschheitslehrer und „Weiser des Westens" (Millepierres 1961, 10). Renan studierte zunächst katholische Theologie und wurde in verschiedenen Priesterseminaren aufgenommen. Doch 1845 verließ er das Seminar, da er sich gegen die historischen Wahrheitsansprüche der Bibel wandte und die katholische Geschichtsschreibung für falsch hielt. Dem stellte er die Position des deutschen Idealismus und der sich im weiteren Verlauf entwickelnden kritischen Bibelexegese gegenüber. Er begann sich verstärkt mit historisch-linguistischen Fragestellungen zu beschäftigen. Die Verbindung zwischen Sprachgeschichte und Kulturgeschichte, die viele Autorinnen und Autoren des neunzehnten Jahrhunderts herstellten, zeigt sich auch bei Renan, etwa in seinem frühen Werk *L'Âme bretonne à travers la poésie des races celtiques* („Die bretonische Seele durch die Poesie der keltischen Völker", 1854). Ein Jahr später veröffentlichte Renan eine historisch-systematische Konkordanz der semitischen Sprachen, was ihm internationale Bekanntheit einbrachte. Er wurde 1859 als korrespondierendes Mitglied in die Preußische Akademie der Wissenschaften aufgenommen, und 1860 wählte ihn die Bayerische Akademie der Wissenschaften zum auswärtigen Mitglied.

1863 erschien der erste Band seines achtbändigen Hauptwerks *Histoire des origines du Christianisme*. Unter dem Titel *Vie de Jésus* nahm Renan die Ansichten der Leben-Jesu-Forschung auf und beschrieb in romanhafter Form die Person und den Werdegang des Menschen Jesus im Kontext seiner Zeit. Ganz ähnlich wie David Friedrich Strauß dies vor ihm getan hatte (und mit noch mehr internationalem Einfluss), führte Renan eine Entmythologisierung der biblischen Wunder durch. Seine These, Jesus sei erst nach seinem Tod von seinen Anhängerinnen und Anhängern zum „Gott" ausgerufen worden, machte das Buch schlagartig berühmt, doch es brachte Renan auch Probleme ein, da das Episkopat der katholischen Kirche in Frankreich eine historisch-kritische Erforschung des frühen Christentums bekämpfte. Seine Berufung auf einen Lehrstuhl für orientalische Sprachen am Collège de France aus dem Jahre 1862 wurde gestoppt, und erst 1870 wurde Renan rehabilitiert. 1879 wurde er Mitglied der Académie française, und von 1883 bis zu seinem Tod amtierte er als Geschäftsführer des Collège de France.

Ernest Renan wurde nicht nur als Wissenschaftler bekannt, sondern auch als politisch aktiver Intellektueller. Dabei nahm er regelmäßig zu Fragen der Nation, zu „Volksgeist" und Rasse Stellung. Zunächst warb er für ein Zusammengehen von „gallischem" und „germanischem" Wesen, das für die Welt eine Vorbildfunktion haben könne. Der deutsche Biograf Eduard Platzhoff schreibt 1900, die Lösung komme von den „Lehren der Geschichte", die sich zu allen Zeiten „als die Rettung Frankreichs bewährt" habe:

> die Neubefruchtung durch den germanischen Geist, dessen Mischung mit dem gallischen diesem immer zum Segen ward und oft genug erst zur vollen Entfaltung seines Reichtums verhalf. Diesmal aber kann nicht die angelsächsische Form des germanischen Geistes die Mission übernehmen, sondern die teutonische: Das Deutschland der Dichter und Denker, die Heimat der Poesie und des Idealismus, die Wiege alles ernsten Fleißes und aller treuen Arbeit. Wäre nur Frankreich weitblickend genug, diese Größe bewundernd zu erkennen und demütig auf sich wirken zu lassen! Aber es sieht nur die naiven Sitten seiner linksrheinischen [sic!] Nachbarn, ihr oft taktloses, plumpes Wesen und ihre steife, kurzsichtige Schwerfälligkeit. (Platzhoff 1900, 112–113)

Diese Deutung der Ansichten Renans sagt viel über die deutsche Rezeption und den Kulturkampf der Jahrhundertwende (an dem übrigens auch Wissenschaftler wie Rudolf Virchow und Ernst Haeckel beteiligt waren). Auch Walther Küchler widmet 1921 in seiner Biografie ein ganzes Kapitel dem Thema „Renan zwischen Frankreich und Deutschland" und hält fest: „Renan ist nicht erzogen worden in der Liebe zum Vaterlande" (Küchler 1921, 123). Seine Werte seien andere: „Dem faustisch erregten Jüngling verschwindet das Vaterland vor der mit Enthusiasmus ergriffenen, der Erforschung des Ewigen und Göttlichen gewidmeten Wissenschaft" (ebd., 125). Vaterland und Individuum verblassten „vor dem unendlichen Kollektivwesen Menschheit" (ebd.). Küchler beklagt, dass Renan nach 1870 eine viel kritischere Meinung zu Deutschland entwickelt und nun Frankreich als das Vorbild für die Welt betrachtet habe.

Tatsächlich waren Renans Ansichten zu Seele und Nation viel differenzierter als Platzhoff, Küchler und andere es darstellten. Am 11. März 1882 hielt Renan an der Sorbonne in Paris eine Rede zur Frage „Qu'est-ce qu'une nation?" („Was ist eine Nation?"), laut Raoul Girardet ein „texte majeur dans l'histoire de l'idée nationale en France" (Einleitung zu Renan 1996, 21; eine englische Fassung des Textes ist deshalb auch aufgenommen in Bhabha 1990, 8–22). Darin wendet sich Renan gegen die weitverbreitete Gleichsetzung von „Rasse" und „Nation", und er weist darauf hin, dass „Vaterland" (*patrie*) historisch von völlig anderen Kriterien konstituiert wurde als von dem, was erst im neunzehnten Jahrhundert die Nation werden sollte. Die moderne Nation ist, so Renan, das Ergebnis einer Reihe von durchaus heterogenen Faktoren. Die Französische Revolution sei dafür das Paradebeispiel.

> Wir dürfen es also nicht missbilligen, wenn man uns nachahmt. Das Prinzip der Nationen ist unser. Doch was ist eine Nation? Warum ist Holland eine Nation, während Hannover oder das Großherzogtum Parma es nicht sind? Wie kommt es, dass Frankreich weiter eine Nation bleibt, auch wenn das Prinzip, durch das es geschaffen wurde, verschwunden ist? Wie kommt es, dass die Schweiz mit drei Sprachen, zwei Religionen, drei oder vier Rassen eine Nation ist, während beispielsweise die so homogene Toskana keine ist? Warum ist Österreich ein Staat, aber keine Nation? Worin unterscheidet sich das Nationalitätenprinzip von dem der Rasse? (Renan 1993, 296; französischer Originaltext der Rede in Renan 1996, 223–243)

Zum Problem der „Rasse" führt Renan aus:

> Die Wahrheit ist, dass es keine reine Rasse gibt und dass man die Politik auf eine Chimäre bezieht, wenn man sie auf die ethnographische Analyse gründet. Die edelsten sind jene Länder – England, Frankreich, Italien –, bei denen das Blut am stärksten gemischt ist. Ist Deutschland in dieser Hinsicht eine Ausnahme? Ist es ein rein germanisches Land? Welche Illusion! Der ganze Süden war gallisch, der ganze Osten, von der Elbe an, ist slawisch. Und sind die Teile, die angeblich rein sind, es wirklich? Wir rühren hier an eines jener Probleme, über die man sich unbedingt klare Vorstellungen bilden und bei denen man Missverständnissen vorbeugen muß. (Ebd., 300)

Er kommt zu dem Ergebnis: „in der Politik hat die Rasse nichts zu suchen" (ebd., 302), eine Aussage, die man angesichts der weiteren politischen Entwicklung in

Europa als geradezu visionär bezeichnen muss. Nachdem er auch die Unmöglichkeit skizziert hat, die Nation über Sprache, Religion, Interessengemeinschaft, Geografie oder militärische Notwendigkeiten zu definieren, kommt er zur Antwort auf seine Ausgangsfrage:

> Eine Nation ist eine Seele, ein geistiges Prinzip [*Une nation est une âme, un principe spirituel*]. Zwei Dinge, die in Wahrheit nur eins sind, machen diese Seele, dieses geistige Prinzip aus. Eines davon gehört der Vergangenheit an, das andere der Gegenwart. Das eine ist der gemeinsame Besitz eines reichen Erbes an Erinnerungen, das andere ist das gegenwärtige Einvernehmen, der Wunsch zusammenzuleben, der Wille, das Erbe hochzuhalten, welches man ungeteilt empfangen hat. Der Mensch improvisiert sich nicht. Wie der einzelne ist die Nation der Endpunkt einer langen Vergangenheit von Anstrengungen, von Opfern und von Hingabe. (Ebd., 308)

Die Nation sei eine „Solidargemeinschaft", die gerade von den Erfahrungen der vergangenen Opfer getragen werde. An die Stelle von metaphysischen und theologischen Spekulationen, die man aus der Politik zu Recht vertrieben habe, sei der Mensch getreten mit seinen Wünschen und Bedürfnissen. Es folgt eine weitere visionäre Aussage: „Die Nationen sind nichts Ewiges. Sie haben einmal angefangen, sie werden enden. Die europäische Konföderation wird sie wahrscheinlich ablösen. Aber das ist nicht das Gesetz des Jahrhunderts, in dem wir leben" (ebd., 310).

Der Diskursbeitrag Renans besteht darin, dass er das Konzept der Seele mit den Diskurssträngen Nation, Gemeinschaft, Volk, Rasse, Politik, Geist, Geschichte und Opfer verbindet. Seine spezifische Verwendung dieses Diskursarrangements war eine Warnung vor nationalistischen und rassistischen Aufladungen des Nationenbegriffs und ein Hinweis auf die zeitgebundene und vorübergehende Eigenschaft von „Nation". Derselbe Diskursknoten wurde von vielen anderen ganz anders verwendet, nämlich gerade im Sinne einer mythischen Aufladung von Volk, Nation und Seele. Werfen wir einen Blick auf Deutschland.

Die „deutsche Seele" von der Romantik bis zu Alfred Rosenberg

Die mythische Aufladung der Seele war in Deutschland besonders stark. Dies hat nicht zuletzt auch damit zu tun, dass das Adjektiv „deutsch" zur Kennzeichnung nationaler Eigenheiten sich lediglich auf die sprachliche Einheit einer Gruppe, nicht jedoch, wie bei „englisch“, „französisch“ oder „italienisch“ auf eine ethnische Größe bezog. Dieter Borchmeyer konstatiert deshalb in seiner nuancierten Übersicht:

> Die Frage nach der eigenen Identität hat sich kaum eine andere Nation so oft gestellt wie die deutsche. Das Problem „Was ist deutsch?“ ist im 19. und 20. Jahrhundert in zahllosen Traktaten erörtert worden. Kein Wunder: Dürfte sich doch keine europäische Nation so spät erst ihrer selbst bewußt und gewiß geworden sein. Und wie immer, wenn man sich seiner Sache nicht sicher ist, wird diese Unsicherheit oft kompensiert durch Übertreibung, durch Überbetonung dessen, was einem gerade mangelt. (Borchmeyer 2010, 3)

Die Beschwörung einer „deutschen Seele“ ist Teil dieser Identitätsarbeit. Seit Ende des achtzehnten Jahrhunderts, besonders dann in der Romantik, entstand ein einflussreicher Diskurs, der die Seele mit Natur und Nation verband, weshalb Elias Canetti diese Figur zu Recht in seinem 1973 erschienenen Werk *Masse und Macht* behandelt (Canetti 1998). Es war besonders der Wald, der immer wieder im Hinblick auf nationale Identität beschworen wurde, und zwar in einem Zusammenspiel von Kulturtheorie, Kunst, Literatur, Philosophie und Politik (s. dazu Akademie der Künste, Berlin 1987). Für die Frühromantik sei hier stellvertretend für viele andere Johann Gottfried Herders „Der Wanderer“ zitiert:

> Rauschen Geister in den Lüften?
> Spricht die Nymphe mir im Quell?
> Oder steigen Götter nieder?
> Denn mein Blick wird rein und hell.
>
> Mit der Fichte Gipfel steiget
> Meine Seele himmelwärts;
> Mit der Birke Zweigen neiget
> Sanft zur Ruhe sich mein Herz.
>
> Und die grüne Fußtapete
> Wiegt mich ein auf seidnem Moos;
> Neben dieser goldnen Blume
> Bin ich selig, und wie groß!
>
> Horch! aus jener alten Eiche
> Tönt ein Bardenton hervor,

Und der Fichten Gipfel sausen
Himmlischer; der Wald wird Chor:

„Wir, des Paradieses Geister,
In der Ruhe Aufenthalt,
Segnen Dich. Genieße fröhlich
Unsern heil'gen stillen Wald!" (Herder 1827, 221)

Der Wald wird hier zum Tempel, aus dem die Seele zum Himmel emporsteigt und in dem das menschliche Herz sich mit der Natur verbindet. Die Wirkung Herders, aber auch Friedrich Gottlieb Klopstocks und anderer, auf die Entstehung eines Diskurses, in dem die deutsche Seele eng mit dem „deutschen Wald" – und darin mit der „deutschen Eiche" – in Verbindung gebracht wurde, kann man im neunzehnten Jahrhundert deutlich feststellen. „Von den Helden des Teutoburgers [sic!] Waldes nimmt man die Kraft, um gegen kulturelle Überfremdung, später auch gegen napoleonische Fremdherrschaft aufzubegehren. So steht am Beginn eines erwachenden deutschen Nationalbewußtseins eine Rückbesinnung." Doch die Vergegenwärtigung germanischer Waldvergangenheit setzt voraus, „daß der Wald als ein der unmittelbaren Gegenwart entzogener Ort erlebt werden kann" (Weyergraf 1987, 6).

In der Gründerzeit nach 1871 zeigten die Erneuerung der Reichsidee und die Sehnsucht nach kolonialer Herrschaft zunächst nicht unbedingt die klare Tendenz, den Wald und die Natur zum Zentrum der Konstruktion der „deutschen Seele" zu machen. Andere Identifikationsfaktoren, etwa die Großstadt, traten als Alternativen hinzu und formten die Kultur des deutschen Jugendstils. Friedrich Rothe betont, dass die Jugendbewegungen um 1900 Protestbewegungen waren, die erst im Vorfeld des Ersten Weltkrieges die Naturschwärmerei in nationale Kriegsbegeisterung verwandelten.

> Die Liebe zur Natur war eben nicht rein, sondern lediglich Kompensation für ein Verlangen nach Destruktion, das verdrängt werden mußte. Die zahllosen begeisterten Kriegsfreiwilligen von 1914 waren in diesem Sinn keine betrogenen Jugendlichen, deren selbstloser Idealismus ausgebeutet wurde, sondern im bruchlosen Übergang von der Friedenszeit in den Krieg kam eine Aggressionsbereitschaft zum Zuge, die davor im Hang zur Schwärmerei für die Natur und einen verstiegenen Idealismus abgewehrt worden war. (Rothe 1987, 72)

Die nationalistische Kehre der Naturbegeisterung zeigt sich sogar bei Künstlern der Avantgarde wie Franz Marc und dessen „Briefen aus dem Feld". In Karl Kraus' *Die letzten Tage der Menschheit* (1919) wird der „tote Wald" zur Anklage, dass mit dem Weltkrieg auch die Herrlichkeit des Waldes zugrunde gegangen war (Rothe 1987, 72–73).

Zur selben Diskurskonstellation gehört auch der im letzten Kapitel schon erwähnte Ludwig Klages, der in seinem Buch *Vom kosmogonischen Eros* (im letzten Jahr des Ersten Weltkriegs konzipiert, erschienen 1921) die metaphysische und ekstatische Erfahrung von Wald folgendermaßen beschreibt:

> Hundertmal kann ich den Wald vor meinem Fenster gesehen haben, ohne etwas anderes als eben nur das Ding zu erleben, jenes selbe Ding, das auch der Botaniker meint; aber einmal, während er flammt in Gluten der Abendsonne, vermag mich der Anblick meinem Ich zu entreißen; und da erschaut meine Seele plötzlich, was ich nie noch zuvor gesehen, vielleicht nur eine Minute lang, ja vielleicht nur sekundenlang; indes, ob nun lang oder kurz, das jetzt Erschaute war das Urbild des Waldes, und *dieses* Bild kehrt weder für mich noch für irgend sonstwen jemals zurück. (Klages 1963, 110; Hervorhebung im Original)

Nach dem verlorenen Weltkrieg kam es in Deutschland zu einer verstärkten Politisierung der „deutschen Seele", oft in Verbindung mit Natur und Wald (Williams 1996a; 1996b; Schama 1996, 91–152). Besonders die nationalsozialistische Bewegung, die sich in den 1920er Jahren formierte, griff die vorhandenen Diskursstränge auf und radikalisierte sie in einer Weise, die den Weg zu Führerkult, Antisemitismus und Kriegsbegeisterung ebnete. Unzählige Beispiele für die neue Diskursordnung wären hier zu nennen, doch die Wirkungsmacht dieser Rhetorik lässt sich besonders anhand der Schriften Alfred Rosenbergs (1892–1946) studieren. Schon in der Weimarer Republik trat Rosenberg als Autor von antisemitischen und nationalistischen Publikationen hervor, und er spielte in der Geschichte der NSDAP eine zentrale Rolle. Nicht zu Unrecht bezeichnet ihn Ernst Piper in seiner Biografie deshalb als „Hitlers Chefideologe" (Piper 2005).

1930, im selben Jahr, in dem Rosenberg auch als Abgeordneter der NSDAP in den Reichstag einzog, veröffentlichte er das Buch, das ihn wie kein anderes als führenden Denker (und Demagogen) des Nationalsozialismus bekanntmachen sollte (und das natürlich auch Kritik herausforderte, zum Beispiel Kurt Huttens 1935 erschienene Verteidigung des Christentums im „Kampf um die deutsche Seele"). *Der Mythus des 20. Jahrhunderts*, im Untertitel als *Eine Wertung der seelisch-geistigen Gestaltenkämpfe unserer Zeit* bezeichnet, ist der großangelegte Versuch einer politischen, philosophischen, religiösen und biologischen Legitimierung der „deutschen Wiedergeburt", die im Programm der Nationalsozialisten ihren vollendeten Ausdruck finde. Das über 700 Seiten starke Buch, das Rosenberg als Fortsetzung von Houston Stewart Chamberlains *Die Grundlagen des neunzehnten Jahrhunderts* (1899) konzipierte, entwirft in drei „Büchern" ein Bild der „deutschen Seele", das unauflöslich mit Rassendenken und mystisch konnotierter Religion verbunden ist. Der Weltkrieg von 1914 wird als „Beginn einer Weltrevolution auf allen Gebieten" bezeichnet, doch habe der Krieg, so Rosenberg in seiner Einleitung zur Erstauflage von 1930,

> die tragische Tatsache gezeitigt, daß zwar Millionen ihr Leben opferten, dies Opfer aber anderen Kräften zugute gekommen ist, als wofür die Heere zu sterben bereit waren. Die Toten des Krieges sind die Opfer der Katastrophe einer wertelos gewordenen Epoche, zugleich aber – und das beginnt in Deutschland eine wenn auch heute noch geringe Zahl von Menschen zu begreifen – die Märtyrer eines neuen Tages, eines neuen Glaubens. (Rosenberg 1933, 1)

Nicht zufällig beginnt Rosenberg sein „Erstes Buch: Das Ringen der Werte" mit dem Kapitel „Rasse und Rassenseele". Gegen Darwinismus und Positivismus beschwört Rosenberg eine Seele, die sich von individuellen Strukturen löst und im Kollektiven aufgeht. „Menschheit, All-Kirche und das von den Blutzusammenhängen gelöste, selbstherrliche Ich sind uns keine absoluten Werte mehr, sondern zweifelhafte, ja zum Teil ganz brüchig gewordene Satzungen einer polaritätslosen Naturvergewaltigung zugunsten von Abstraktionen" (ebd., 22). Und weiter:

> Rasse ist das Gleichnis einer Seele, das gesamte Rassengut ein Wert an sich ohne Bezug auf blutleere Werte, die das Naturvolle übersehen, oder in bezug auf Stoffanbeter, die nur das Geschehen in Zeit und Raum erblicken, ohne dies Geschehen als das größte und letzte aller Geheimnisse zu erfahren.
>
> Rassengeschichte ist deshalb Naturgeschichte und Seelenmystik zugleich; die Geschichte der Religion des Blutes aber ist, umgekehrt, die große Welterzählung vom Aufstieg und Untergang der Völker, ihrer Helden und Denker, ihrer Erfinder und Künstler. (Ebd., 23)

Die diskursive Verschränkung von Seele, Natur, Mystik, Religion und Rasse dürfte in kaum einem anderen Dokument der Zeit so deutlich zum Vorschein kommen wie im *Mythus des 20. Jahrhunderts*. Auch für die von Benedict Anderson genannte Rolle der nationalen Ursprungsgeschichte liefert Rosenbergs Buch ein klares Beispiel. Der Weltkrieg von 1914 sei lediglich der Beginn einer Bewegung, die letztlich die revolutionäre Wiederherstellung der deutschen Ursprungsseele zeitigen werde. In einer eigenwilligen rhetorischen Geschichtskonstruktion geht Rosenberg zu den Ursprüngen der Menschheitsgeschichte zurück und entwirft eine Linie der Konfrontation zwischen unterschiedlichen Rassen und Bewusstseinskonzepten, in denen sich die nordisch-arische Rasse als vitales Gestaltungsprinzip durchsetzen sollte. Rosenberg hält als „das tiefste Gesetz jeder *echten* Kultur“ fest: *„sie ist Bewußtseinsgestaltung des Vegetativ-Vitalen einer Rasse“* (ebd., 140; Hervorhebung im Original). Das spezifisch „Deutsche“, das er vor allem vom „Semitischen“ und „Jüdischen“ abgrenzt, komme in allen kulturellen, künstlerischen, religiösen und wissenschaftlichen Aspekten des Lebens zum Ausdruck.

> Da nun der nordische Mensch von eben diesem werdenden Leben, vom *Tage* ausgeht, so ist er ganz „natürlich“ Vitalist. Die größte Leistung seiner Geschichte aber war die *germanische* Erkenntnis, *daß die Natur sich nicht durch Zauberei* (wie Vorderasien es meinte tun zu können), *aber auch nicht durch Verstandesschemen* (wie es das späte Griechenland tat) *meistern ließe, sondern nur durch innigste Naturbeobachtung*. Hier rückt denn der fromme Albrecht von Bollstedt (Albertus Magnus) dicht an Goethe heran; der Schwärmer Franziskus an den religiösen Skeptiker Leonardo. Diesen Vitalismus hat sich das germanische Abendland auch von der römischen Kirche nicht rauben lassen trotz Exkommunikationen, Gift und Scheiterhaufen. Und dieser mystische Vitalismus war zugleich kosmisch, oder umgekehrt, *weil* der germanische Mensch kosmisch-solar empfand, deshalb entdeckte er auch Gesetzlichkeit im ewigen Werden auf der Erde. (Ebd., 141–142; Hervorhebung im Original)

Das nationalsozialistische Programm diene der „Wiedervernordung des deutschen Volkes“ (ebd., 622). Dies geschehe durch eine „opfernde Liebe“, die eine Gehilfin „des *aufzüchtenden* Seelenadels“ sei. Den Begriff „Seelenadel“ verwendet Rosenberg im Zusammenhang mit der Lehre Jesu von Nazareth, bevor „jüdische“ Einflüsse das Christentum zerstört hätten.

> Von dem „Adel der Seele“ ging auch sein größter Nachfolger, Meister Eckehart, aus, dessen Liebe im Dienste dieses Wertes gleichfalls eine starke, bewußte, durchaus unsentimentale war. Diese Liebe diente nicht in „schlotternder Furcht“, wie es Ignatius forderte, sie diente nicht einem System der Seelenknechtung und Rassenvernichtung, sondern sie diente einzig und allein der ehrbewußten Freiheit. Und auch Martin Luther wußte nur zu gut, was er sagte, als er kurz vor seinem Tode schrieb: „Diese

> drei Worte, frei – christlich – deutsch, sind dem Papst und römischen Hofe nichts denn eitel Gift, Tod, Teufel und Hölle." (Ebd.)

Meister Eckhart, Luther, Herder und Goethe – das sind die nationalen Helden, die als Vorbilder der mystischen „deutschen Seele" dienen. Für Frauen ist hier kein Platz, denn sie sind lediglich passive und an die Natur gebundene Erhalterinnen der Rasse (Rosenberg wird nicht müde, dies in langen antifeministischen Kapiteln zu betonen und damit dem Stereotyp der „deutschen Mutter" weitere Nahrung zu geben). Für den Vordenker der Nationalsozialisten sind diese Helden zudem Beispiele für das germanische Wesen, das sich nur der Freiheit verpflichtet weiß. Interessant ist, dass der Begriff „Führer" hier nicht verwendet wird; vielmehr ist es die Treue zu sich selber, die „eine innere und äußere deutsche Wiedergeburt erfolgen" lässt (ebd., 623). „Ehre und Freiheit sind Ideen, die Treue eine Betätigung. Ehre äußert sich in freier Treue zu sich selbst" (ebd.). Adolf Hitler, dessen Name im Buch nicht genannt wird – doch dessen *Mein Kampf* vom Verlag im Anhang als „Standardwerk des Nationalsozialismus" beworben wird – ist, so lässt sich implizit folgern, gewissermaßen ein Teil der deutschen Seele selber. Das Volk kann sich diesem höchsten sichtbaren Teil seiner eigenen Seele demnach bedingungslos hingeben.

Nach 1933 wurde die Inszenierung dieses Seelenbandes zum festen Bestandteil nationalsozialistischer Propaganda. Das zeigte sich in öffentlichen Ritualen, doch auch in filmischen Ästhetisierungen wie Leni Riefenstahls „Triumph des Willens" (1935). Häufig wurden diese Ästhetisierungen mit Diskursen von Natur und Wald verbunden, beispielsweise im Dokumentarfilm „Ewiger Wald" von 1936 (Regie: Hanns Springer und Rolf von Sonjevski-Jamrowski). Wenn die Kamera von den Beinen junger Soldaten auf Baumreihen schwenkt, heißt es ganz im Sinne der nationalsozialistischen Blut-und-Boden-Ideologie: „Ewiger Wald, ewiges Volk – es lebt der Baum, wie du und ich, er strebt zum Raum, wie du und ich" (s. dazu Guldin 2014). Man denke auch an den Biologen und Naturschützer Walter Schoenichen, der die nationalsozialistische Ideologie im Sinne einer „Reinhaltung" der Natur propagierte. 1934 publizierte er *Urwaldwildnis in deutschen Landen. Bilder vom Kampf des deutschen Menschen mit der Urlandschaft*, ein Buch mit Fotografien von Bäumen als Sinnbildern der deutschen Seele (s. Akademie der Künste, Berlin 1987, 280–281). Die Naturschutzgesetze der Nationalsozialisten waren die strengsten, die moderne Staaten bis dahin entwickelt hatten. Ganz im Sinne Benedict Andersons sind diese politischen Instrumente Mittel zur Generierung einer „vorgestellten Gemeinschaft". Es sind diskursive Handlungen, die die Wissensordnung von Seele, Natur und Volk festigen und legitimieren.

Immer wieder sind es Klassik und Romantik, die fast raunend beschworen werden, wenn es um die deutsche Seele geht. So schreibt Günther Müller 1939 in seiner *Geschichte der deutschen Seele. Vom Faustbuch zu Goethes Faust*: „Aber was Klopstock und Lessing auf ihren besonderen Bahnen erfahren hatten, was Hamann und Herder in ihren Ergriffenheiten verkündigten, das war durch diese klassische Bändigung nicht aus dem Bewußtsein des Gesamtvolks auszuschalten." Es sei sodann der Geist der Goethezeit, der die höchste Blüte der seelischen Verwirklichung des Deutschen hervorbrachte:

> Bei den führenden literarischen Prägern [...] ist es vor allem die Erfahrung der eigenen Innerlichkeit, der überpersönlichen Lebensgesetzlichkeit, die neue Gestaltung erzwingt. Nicht nur die Zweiung von Verstand und Gefühl fordert aus tieferen Gründen eine neue Auswiegung und Vereinigung. Auch die empfindenden und erkennenden Seelenkräfte führen zurück in einen gemeinsamen und unberechenbaren Quell und heben sich vereint empor zu einer unbegrifflichen und ungefühligen seelischen Fähigkeit, die man wohl als Schaugeist bezeichnen kann. (Müller 1939, 378)

Die nationalsozialistische Ideologie formte den Höhepunkt einer Beschwörung der „deutschen Seele", doch diese Beschwörung hatte eine lange Vorgeschichte. Hinzu kommt, dass die Kombination von Seele und Nation keineswegs nur auf Nationalstaaten ausgerichtet war, sondern auch andere Gruppen betreffen konnte. *Imagined Communities* waren demnach nicht nur nationale, sondern auch soziale Gebilde. Wie man sich das vorzustellen hat, möchte ich am Beispiel jüdischer Beiträge jener Zeit erläutern.

Die „jüdische Seele" in der Selbstorientalisierung jüdischer Intellektueller

Prozesse der nationalen Mobilisierung der Seele bringen es mit sich, dass Alteritätskategorien erzeugt werden, mit deren Hilfe Gruppen ausgeschlossen werden, die nicht zum „Volk" gehören. In nationalsozialistischer Rede von der „revolutionären Wiedergeburt des deutschen Volkes" dienten Rasse, sexuelle Orientierung und Religion als zentrale Merkmale von Alterität, und vor allem die Juden wurden als Parias aus dem „deutschen Volk" ausgegrenzt und zum Feind erklärt. Aus kulturwissenschaftlicher und postkolonialer Forschung wissen wir, dass derartige Prozesse keine Einbahnstraße sind, dass vielmehr die als unterprivilegiert ausgegrenzten Gruppen ihrerseits Strategien entwickeln, um ihre Identität zu sichern. Es entsteht ein „dritter Raum“ (Homi Bhabha), in dem neue Identitäten und Bezugspunkte ausgehandelt werden. Genau das lässt sich auch am Beispiel jüdischer Identität unter Bedingungen von Antisemitismus zeigen.

In seiner Studie zu Orientalismus und jüdisch-hebräischer Imagination hält Yaron Peleg fest: „Zu einer Zeit, in der Europa entlang ethnischer Linien geteilt wurde und in der es sich immer mehr in politischen Entitäten entsprechend zuvor unwichtiger Kriterien wie Geschichte, Sprache, Kultur und Ethnizität neu ordnete, wurde der Orient oder der Osten zum wichtigen Referenzpunkt als das endgültige Anderswo“ (Peleg 2005, 3). In dieser Neuordnung von Wissen und Politik am Ende des neunzehnten Jahrhunderts entstanden Alteritätskategorien und „Figuren des Dritten“. Eine der wichtigsten diesbezüglichen Kategorien war, wie Klaus Holz ausführt, der „Jude“ als „Dritter der Nationen“ (Holz 2005; s. auch Peleg 2005, 5). Auffassungen darüber, was als jüdisch galt, finden sich in komplexen diskursiven Strukturen von Gender, Orientalismus und der Entstehung der Nationalstaaten (Boyarin und Boyarin 1997; Kalmar und Penslar 2005).

Um diese Dynamik zu verstehen, müssen wir noch einmal ins frühe neunzehnte Jahrhundert schauen. Als Abraham Geiger, Immanuel Wolf, Leopold Zunz und andere die neu geschaffene „Wissenschaft des Judentums“ als ein Instrument zur Emanzipation deutscher Juden präsentierten, begann eine Diskussion unter jüdischen Intellektuellen, die bis ins zwanzigste Jahrhundert hinein zu teilweise erbitterten Auseinandersetzungen führte. Diskurse zu Nationalismus, „Deutschtum“, Gender, Orientalismus, aber auch Mystik und Gnosis kamen zusammen in dem Versuch der Klärung dessen, was jüdische Identität sei und inwieweit das Judentum in europäischer Kultur assimiliert werden könne.

Juden waren ein wichtiger Faktor in deutschen kolonialen Fantasien. Dabei konnte jüdische Emanzipation durchaus die Funktion einer „internen Kolonialisierung“ (Hess 1998) bekommen. An der Debatte hierüber nahmen sowohl jüdische Historiker als auch christliche Theologen (meist Protestanten) teil. Jüdische Wissenschaft im neunzehnten Jahrhundert war ein Versuch der Schaffung eines subversiven „dritten Raumes“. In dem entstehenden Raum wurde die Debatte über die jüdische Aufklärung (Haskalah) einerseits und mystische, ekstatische und kabbalistische Formen jüdischer Tradition andererseits zu einem zentralen Motiv der Identitätsarbeit. Michael Brenner konstatiert: „Der Gnostizismus, ein scheinbar weit entferntes und obskures religiöses Phänomen der Spätantike, wurde zu einem weiteren heiß umstrittenen Thema jüdischer Wissenschaft, wobei zeitgenössische Interessen und Überzeugungen die Erforschung der Vergangenheit oft überschatteten“

(Brenner 1999, 46). Während Heinrich Graetz der Meinung war, die Gnosis sei ein nicht-jüdisches Element und eine Gefahr für das „echte" Judentum, betonte Moritz Friedländer gerade die jüdischen Ursprünge der Gnosis und des Gnostizismus.

Im Laufe des neunzehnten Jahrhunderts interessierten sich jüdische Gelehrte in zunehmendem Maße für osteuropäische jüdische Traditionen, und nicht wenige unter ihnen entwarfen das Judentum des Schtetl als eine authentischere Form dieser Religion denn jene Formen, die man im Westen Europas fand. Dieser orientalistische Diskurs fand seinen Niederschlag um 1900 in den Arbeiten vieler Literaten, so etwa bei Franz Kafka, Alfred Döblin, Joseph Roth, Lion Feuchtwanger oder Arnold Zweig (Aschheim 1982; Mendes-Flohr 1991). Viele dieser Autoren standen in einem Gedankenaustausch mit Wissenschaftlern, die ebenfalls den „Ostjuden" als Gegenentwurf zum „blutleeren rationalen" Judentum Westeuropas aufbauten.

Ein Beispiel hierfür ist der Briefwechsel zwischen Arnold Zweig (1887–1968) und Martin Buber. Als Zweig im Jahr 1918 bei einer deutschen Presseabteilung in Litauen stationiert war, kam er zum ersten Mal in Kontakt mit osteuropäischem Judentum. An Martin Buber schrieb er, dass er über diese Erfahrungen einen Bericht verfassen würde, der dann auch zwei Jahre später unter dem Titel *Das ostjüdische Antlitz* erschien, angereichert mit Lithografien von Hermann Struck, der zusammen mit Zweig in Litauen stationiert war. Im Buch finden sich Beschreibungen des „echten" und „ursprünglichen" Judentums als orientalisch-ekstatisch in Abgrenzung zum europäisch-modern-rationalen Judentum. Der folgende Passus steht für viele andere:

> Der Gebetsmantel, der Tallith, im „liberalen" Westen oft nur ein koketter und überflüssiger Ritualschmuck, zur schmalen Stola verschämt gefaltet und blitzend mit seiner goldenen oder silbergewirkten Borte – im Osten hüllt er den Beter ein, entwest den Kontur seiner Gestalt, trennt ihn aus der Welt und, oft auch über den Kopf gezogen, löscht ihm das Licht dieser Welt, damit das göttliche Licht ihm um so heller scheine. Ja, das Gebet ist noch laut im Osten, zu jeder Stunde des Betens entzündet sich allgemach die Glut des Ansturms auf die Höhe des Herrn, und für oberflächliche und westliche Ohren und Augen ist das ein peinlicher und geschmackloser Eindruck, diese rücksichtslosen Stimmen, diese geschüttelten Gestalten, diese fremdartig artikulierten, geheulten, gestöhnten Melodienteile, die zu einem wilden schreienden Chorus zusammenbrausen und die sogar außerhalb der Mauern des Hauses wie das Brausen der fernen Brandung, wie das Rufen wilder Menge tönen. Wer aber je in einer Moschee der Islamländer geweilt hat und es durfte während des Gebetes, der erkennt

im Juden den Orientalen. Der Rhythmus, der dort die Körper bewegt, ist entgeisteter, weniger persönlich, geregelter durch die Vorschrift, ist in den objektiven Teil des Gebetes eingegangen; beim Juden blieb er subjektiv, mehr vom Antrieb geformt und aus der einzelnen Seele des Beters nach der Gewalt der Stunde brechend. Aber das auch findet sich im Orient, und kurz, der betende Ostjude in seiner äußersten Verzückung ist dem Derwisch näher als irgend einem modernen Juden. (Zweig 1920, 32)

In der Ekstase entgrenzt sich die Seele und wird eins mit dem Göttlichen. Dem „wahrhaft Frommen", so Zweig, ist klar, „daß die Brücke zu Gott nicht in irgendeiner Räumlichkeit fußt, sondern in der Seele des Betenden" (ebd., 34).

Martin Buber schloss sich dieser Interpretation voll und ganz an. Im vorigen Kapitel habe ich ja bereits erwähnt, dass Buber – von Friedrich Nietzsche ausgehend – die Ekstase als Mittel der Selbstentgrenzung und mystischen Schau des Weltgeistes betrachtete. In einem handgeschriebenen Zusatz zu seiner Dissertation beschrieb er Jakob Böhmes Mystik in dionysischer Begrifflichkeit:

Gott und Natur sind ihm eins, wie Seele und Körper, oder vielmehr wie Energie und Organismus ... Was wir Gott nennen, ist die wirkende Lebensidee. --- Weil aber die Einheit aller Kraft nur durch das Wirken der Kräfte in der Natur offenbar wird, ... darum ist die Welt kein Sein, sondern ein Werden.... Die Wirklichkeit selbst aber ist neu an jedem Tag und an jedem Morgen bietet sie sich aufs Neue unseren gestaltenden Händen dar.... So sind wir nicht die Sklaven, sondern die Geliebten unserer Welt. (Zitiert aus Mendes-Flohr 1978, 67)

Buber entwickelt gewissermaßen einen Pantheismus, der die individuelle Seele mit dem Weltgeist und mit der Natur vereint. Paul R. Mendes-Flohr hält fest: „Unter Nietzsches Schülern am Ende des neunzehnten Jahrhunderts war es durchaus verbreitet, seiner Lehre einen solchen pantheistischen Anstrich zu verleihen; unter ihnen sind zu nennen Stefan George, Rainer Marika [sic!] Rilke, Karl Wolfskehl und Karl Joël, die alle auf ihre Weise pantheistische Nietzscheaner waren" (Mendes-Flohr 1978, 71–72; zu Nietzsche und „spiritual/religious Zionism", vor allem bei Buber und Hillel Zeitlin, s. ferner Golomb 2004, 155–214). Buber webt hier dieselben Diskursstränge zusammen, die sich in vielen anderen Kontexten finden, gerade auch im Zusammenhang mit Vitalismus und naturwissenschaftlichen Vorstellungen (mehr dazu in Kapitel 5). Doch er gibt diesen Diskursen eine eigene Wendung, indem er die Meinung vertritt, das „Wesen" des Judentums verkörpere die volle Realisierung jenes mystischen Potenzials im Menschen. Wie er in seinen *Reden über das Judentum* erläutert, war das ursprüngliche Judentum von den Ideen „Einheit", „Tat" und „Zukunft" gekennzeichnet. Dieses Urjudentum war zugleich Ostjudentum. In der Rede „Das Judentum und die Menschheit" weist er Asien als den Ursprung dieses Geistes an:

> Denn das ist der Urprozeß des Juden, der Urprozeß, den die großen Juden, in denen das tiefste Judentum lebendig wurde, an ihrem persönlichen Leben mit der ganzen Gewalt asiatischer Genialität zur Erscheinung gebracht haben: das Einswerden der Seele. Das große Asien lebte sich in ihnen dem Okzident vor, das Asien der Schrankenlosigkeit und der heiligen Einheit, das Asien Laotses und Buddhas, welches das Asien des Moses und der Jesaiasse, des Johannes, des Jesus und des Paulus ist. Am Streben nach Einheit entzünden sich im Juden die schöpferischen Kräfte. Im Einswerden der Seele wurzelt seine schöpferische Tat. (Buber 1919, 48–49)

Deshalb betrachtete Buber alles Kreative im Christentum als letztlich jüdisch und alles nicht-Jüdische im Christentum als letztlich unkreativ. Ein „Dialog" zwischen Judentum und Christentum sei deshalb sinnlos („Die Erneuerung des Judentums", Buber 1919, 82–85). Das Urjudentum, so Buber, sei „der Apostel des Orients vor der Menschheit", denn die jüdische Erfahrung innerer Entzweiung und Erlösung habe dem Judentum die Kraft und die Leidenschaft gegeben, um „die Menschenwelt das eine zu lehren, das not tut" („Das Judentum und die Menschheit", Buber 1919, 55–56). Und in „Die Erneuerung des Judentums" schreibt er: „Dies darf ja wohl überhaupt als ein fundamentaler Unterschied zwischen Orient und Okzident angesehen werden: für den Orientalen ist die Tat, für den Okzidentalen der Glaube die entscheidende Verbindung zwischen Mensch und Gott. Dieser Unterschied hat sich beim Juden besonders nachdrücklich ausgeprägt", nämlich in der jüdischen Akzentuierung der Tat (Buber 1919, 79).

Mit seiner Darstellung des Ostjudentums als ursprünglichem Lehrer der Menschheit partizipiert Buber an einem Orientalismusdiskurs, wie er auch bei der Theosophin Helena P. Blavatsky und anderen sichtbar ist, doch im Unterschied zu den oft antijüdischen Positionen der Theosophie glorifiziert Buber die östliche jüdische Tradition. Auch wenn er das Judentum als „Nation" betrachtete, in der „das Blut als die tiefste Machtschicht der Seele" anzusprechen sei („Das Judentum und die Juden", ebd., 22), konnte für ihn das Ostjudentum als Vorbild für die ganze Menschheit dienen. „An dem großen Prozeß des Judentums wirkt jeder mit, der die Einheit seiner Seele gewinnt" („Das Judentum und die Menschheit", ebd., 52) und den „Urjuden" aus dem Einflussbereich des „Galutjuden" (von hebräisch *galuth* = Exil) befreit. „Urjude aber nenne ich den, der in sich der großen Kräfte des Urjudentums bewußt wird und sich für sie, für ihre Aktivierung, für ihr Werkwerden entscheidet" (ebd., 53).

Alle drei von Buber propagierten Grundideen des Judentums werden mit einer Art Wiedergeburt der jüdischen Seele in Verbindung gebracht.

> [D]ie Tendenz der Einheit, indem wir unsere Seele zu einer Einheit bilden, auf daß sie fähig werde, Einheit zu konzipieren; die Tendenz der Tat, indem wir unsere Seele mit Unbedingtheit erfüllen, auf daß sie fähig werde, die Tat zu bewähren; die Tendenz der Zukunft, indem wir unsere Seele aus dem Getriebe der Zwecke losbinden und sie hinwenden auf das Ziel, auf daß sie fähig werde, der Zukunft zu dienen. („Die Erneuerung des Judentums", ebd., 102)

Ähnlich wie Arnold Zweig hatte Martin Buber einen Dritten Raum geschaffen, indem er das „jüdische Wesen" in kritischer Distanz zum Geist Westeuropas definierte. Trotz sehr unterschiedlicher ideologischer Zielsetzungen kann Buber deshalb durchaus mit den Historikern der Wissenschaft des Judentums verglichen werden (Davidowicz 1995, 1–21).

Eine ähnliche „Grenzarbeit" sehen wir auch bei Bubers Zeitgenossen Gershom Scholem (1897–1982). Allerdings propagierte Scholem eine spiritualisierte Form des Zionismus als beste Antwort auf das Scheitern von jüdischer Emanzipation und Assimilation in Europa. Kabbalah, Mystik und Esoterik wurden zu Eckpfeilern seiner „Gegen-Geschichte" (Biale 1979), die wir erneut als die Errichtung eines Dritten Raumes für europäische Juden betrachten können (zu Buber und Scholem als Teil einer „jüdischen Metagnosis" s. auch Sloterdijk und Macho 1991, I, 249–255). In einem Tagebucheintrag vom 4. Januar 1916 schreibt Scholem: „Wenn die Aufopferung der Wissenschaft geschähe, um der Erneuerung des Orients aus orientalischem Geiste heraus zu dienen, da wäre nichts gegen zu sagen" (Scholem 1995, 226). Kurz darauf hält er fest: „Es scheint übrigens – scheint es nur so oder *ist* es auch wirklich der Fall? – eine Paradoxie zu sein, daß ich, der ich durchaus und unverändert ein Europafeind und Anhänger des neuen Orients bin, der auf seiner starken Welle auch das neue Juda tragen wird, vorläufig mit der Absicht mich begnügen muß, als Lehrer der eben europäischen Wissenschaft hinüberzugehen" (ebd.; Hervorhebung im Original).

Vor diesem Hintergrund spricht Klaus Samuel Davidowicz von einem „utopischen Rückzug" Scholems und Bubers: „Der utopische Rückzug in die eigene Geschichte hieß Zionismus für Scholem. Für Buber wiederum bedeutete der Zionismus ein Hineinschauen in die eigene Person, um die ‚andere' Tradition auszugraben" (Davidowicz 1995, 67). Das zeigt sich auch in der Art und Weise, wie Scholem die „Verlorenheit" und „Einsamkeit" geradezu als *conditio humana* betrachtete, aus der die jüdische Religion im Allgemeinen und die zionistische Bewegung im Besonderen einen Ausweg bot. Am 16. März 1918 notiert Scholem in seinem Tagebuch:

> Wenn man auf den Grund geht, so sind alle wertvollen Menschen in irgendeinen unentrinnbaren Abgrund des Unglücks versunken, sie sind abgeschnitten von der Lehre und Überlieferung unter den Menschen. Dies zu ändern wäre die erste und wesentlichste aller Arbeiten, die man an andern verrichten kann. Der Zionismus eben soll ja grade in seiner tiefsten Schicht das Unglück unseres Daseins zum *tikkun* bringen. (Scholem 2000, 151; *tikkun* im Original in hebräischen Buchstaben geschrieben)

Und am 24. März schreibt er:

> Auch die Tradition darf nicht mythisch sein, und hier ist noch eine unendliche Aufgabe, die ein im innersten geistigen Zentrum erneuertes Judentum zu erfüllen hätte. Nur in der Lösung dieser Aufgabe vermag sich – das scheint mir wahrscheinlich – der jüdische Geist adäquat auszusprechen. / Der Zionismus ist eine Bewegung innerhalb der Thora. Die Welt der Lehre ist die, in der der Zionismus allein begründet werden kann. Zion ist die gemeinsame Einsamkeit aller Menschen und darum die Quelle der wirklichen messianischen Gemeinschaft der Menschen, der „Menschheit". [...] In dieser Einsamkeit kann es uns allen gelingen, den Anschluß an die Lehre wiederzugewinnen, den wir verloren haben, als wir uns verkauften in Europa. Die Gemeinschaft der Menschen beruht also darauf, daß ihre Grundlage eine allen identisch gegebene ist. Diese Grundlage hat zwei Namen: Schweigen und Offenbarung. Menschen, die kein Schweigen haben, geschwätzige Menschen, haben keine Gemeinschaft. / Dies ist ein tiefer Einwand gegen das heutige deutsche Volk. / Dostojewski sagte, er könne sich keinen Juden ohne Gott vorstellen. Das ist die größte Wahrheit, die je ein Nichtjude über uns gesagt hat. Er hat in ihr den Grund der jüdischen Gemeinschaft, unseres Volkstums, erkannt. *Nicht mit jemand, dessen Dasein dieselben Strahlen aussendet wie das meinige, kann ich in Gemeinschaft leben, sondern nur und allein mit dem, dessen Dasein auf dieselbe Grundlage bezogen ist wie das meinige.* Dies ist das heilige Volkstum. Denn die Strahlen unseres Daseins *müssen*

> verschieden sein. […] Und doch haben wir ja alle an Gott gezweifelt! Dies gehört zu den Paradoxen des Welt-Golus. // Geschichte und Mathematik sind die beiden Versuche, die Lehre zu entwickeln. Die Tradition ist der einzige, absolute, Gegenstand der Mystik. (Ebd., 159–160; Hervorhebung im Original)

Die jüdische Selbstorientalisierung vollzog sich in direkter Anlehnung an eine allgemeinere Bewegung, die den Blick nach Osten richtete, um spirituelle Inspiration und Weisheitslehren zu erhalten, die der rationalisierten europäischen Kultur gegenübergestellt werden konnten. Es ist kein Zufall, dass Buber und Scholem später bei den Eranos-Konferenzen auftraten, die ihrerseits aus einer, wie Thomas Hakl es nennt, „Sehnsucht nach dem Osten" in Bewegungen wie Monte Verità und Hermann Graf Keyserlings „Schule der Weisheit" hervorgingen (Hakl 2001, 63–79).

Was ich in diesem Kapitel nachgezeichnet habe, sind Versuche einer Definition kollektiver seelischer Qualitäten. Die diskursiven Verschränkungen zwischen Konstruktionen der Seele einerseits und der Mobilisierung dieser Vorstellungen für nationalistische und kollektive Abgrenzungen andererseits sind ein wichtiges Merkmal der Zeit zwischen 1880 und 1930, und zugleich bereiteten sie die spätere Massenpsychologie und Medientheorie vor (Gamper 2009). Dies geht einher mit akademischen Forschungen zur Kollektivseele. Schon seit Anfang des neunzehnten Jahrhunderts wurde der Begriff der „Völkerpsychologie" diskutiert, unter anderem bei Wilhelm von Humboldt, Herder, Hegel und Herbart. Doch es war Wilhelm Wundt, der mit einem Aufsatz aus dem Jahr 1888 („Über Ziele und Wege der Völkerpsychologie") die Forschung psychologisch weiterführte. Seine zehnbändige *Völkerpsychologie. Eine Untersuchung der Entwicklungsgesetze von Sprache, Mythus und Sitte* (1900–1920) betrachtet sodann umfassend die Gebiete Kunst, Gesellschaft, Recht, Kultur und Geschichte. Auch wenn dieses Werk als wichtiger Teil der diskursiven Formierung nationaler und kollektiver Psychologien, wie ich sie in diesem Kapitel beschrieben habe, zu betrachten ist, sollte für die Kulturgeschichte der Seele des zwanzigsten Jahrhunderts ein anderer Denker noch wichtiger werden: Carl Gustav Jung.

KAPITEL 4

Carl Gustav Jung: Psychologie als allumfassende Erfahrungswissenschaft von der Seele

In einer Diskursgeschichte der Seele im zwanzigsten Jahrhundert kommt Carl Gustav Jung (1875–1961) ein prominenter Platz zu. Sein breites psychologisches, philosophisches und religionsgeschichtliches Interesse brachte ihn dazu, sich ausführlich mit kulturellen und intellektuellen Fragestellungen der Zeit auseinanderzusetzen. Er nahm Diskussionen aus anderen Disziplinen – von der Ethnologie bis zur Quantentheorie – auf und integrierte sie in ein System, in dem die Psychologie als Grundlagenwissenschaft diente. Immer wieder stellte Jung die Querverbindungen zu anderen Disziplinen heraus, allen voran zur Philosophie und zur Religionsforschung.

> Man hat mir schon den Einwand gemacht, die Deutung auf der Subjektstufe sei ein philosophisches Problem, und die Durchführung dieses Prinzips stoße an die Schranken der Weltanschauung und höre deshalb auf, Wissenschaft zu sein. Es scheint mir nicht erstaunlich, daß die Psychologie an die Philosophie rührt, denn das der Philosophie zugrunde liegende Denken ist eine psychische Tätigkeit, die als solche Gegenstand der Psychologie ist. Ich denke bei der Psychologie immer an den ganzen Umfang der Seele, und da ist Philosophie und Theologie und so vieles andere mit dabei. Denn gegenüber allen Philosophien und allen Religionen stehen die Tatsachen der menschlichen Seele, welche vielleicht in letzter Instanz über Wahrheit und Irrtum entscheiden. („Allgemeine Gesichtspunkte zur Psychologie des Traumes", GW 8, § 525; zuerst auf Englisch erschienen als „The Psychology of Dreams" in *Collected Papers on Analytical Psychology*, London 1916; dann, als stark erweitertes Manuskript, aufgenommen in *Über die Energetik der Seele*, Zürich: Rascher 1928, sowie in weiterer Bearbeitung in *Über psychische Energetik und das Wesen der Träume*, Zürich: Rascher 1948)

Wenn es um das Werk von Carl Gustav Jung geht, stößt man auf ein ganzes Arsenal unterschiedlicher Bewertungen und Einschätzungen, die oftmals nicht nur von einander erheblich abweichen, sondern auch von dem, was man dem riesigen Werk von Jung tatsächlich entnehmen kann. Das beginnt schon

 | DOI:10.30965/9783846764374_006

mit dem Namen der „Schule", die Jung nach gängiger Meinung gegründet haben soll. Während er tatsächlich zunächst den Begriff „Analytische Psychologie" für sein Anliegen verwendete, sprach er nach 1930 von „Komplexer Psychologie", nämlich einer psychologischen Deutung, die auf empirischer Basis das Wirken des Unbewussten in vielerlei kulturellen Zusammenhängen erforscht. Jung hatte nie die Absicht, eine „Schule" zu begründen, und dass heute noch von der „Analytischen Psychologie" im Singular gesprochen wird, ist, wie Sonu Shamdasani konstatiert, ein höchst irreführender Anachronismus (Shamdasani 2003, 13–15; s. auch ebd., 344–348).

Erst seit einigen Jahren ist es zu einer grundlegenden Neuorientierung in der historischen Jungforschung gekommen (neue Biografien sind Bair 2005 und Shamdasani 2012; zur Problematik s. zudem Shamdasani 2005). Das hat auch damit zu tun, dass bislang unzugängliche Originaltexte von Jung inzwischen der wissenschaftlichen Forschung zur Verfügung stehen und publiziert wurden. Besonders zu nennen ist hierbei das legendäre *Rote Buch* (*Liber Novus*), das unser Wissen über Jungs spirituelle und mystische Interessen nachhaltig bereichert. Das *Rote Buch* wurde von Sonu Shamdasani herausgegeben, und Shamdasani ist es auch, der federführend in der Neubewertung der Arbeit C. G. Jungs ist. Für eine Diskursgeschichte der Seele ergibt sich aus dieser Quellenlage eine gewisse Spannung, denn einerseits gilt es, historische Kontexte und neue Quellen genau zu studieren, andererseits sind es auch – und manchmal vor allem – die „kreativen Missverständnisse", die nachfolgende Generationen beeinflussen und zur Etablierung von Wissensordnungen beitragen, die sich mitunter von ihrem Ursprung weit entfernt haben. Letzteres ist sicherlich bei C. G. Jung der Fall. Das *Rote Buch*, zum Beispiel, erlaubt uns sehr wichtige Rückschlüsse auf das tatsächliche Ausmaß von Jungs Interesse an Alchemie, Mystik, Ikonografie und vergleichender Religionsforschung, ein diskursiver Einfluss des Buches ist jedoch nur indirekt nachzuweisen, nämlich über tatsächlich publizierte Werke Jungs. Zugleich müssen wir konstatieren, dass eine vereinfachte und vereinfachende Deutung von Jungs Positionen Klischees erzeugt hat, die in der zweiten Hälfte des zwanzigsten Jahrhunderts tiefe Spuren hinterlassen haben. „Die Figur ‚Jung' steht am Schnittpunkt akademischer Psychologie, Psychiatrie, Psychotherapie, populärer Psychologie und den Psychologien des New Age. Die Entstehung dieser Disziplinen und Bewegungen ist eine der entscheidenden Entwicklungen westlicher Gesellschaft im zwanzigsten Jahrhundert. Es könnte durchaus ihr erstaunlichstes Vermächtnis sein" (Shamdasani 2003, 3). Während Jungs Theorien nach seinem Tod innerhalb akademischer Psychologie und Psychiatrie (vor allem in Europa) in Vergessenheit geraten sind, steht der Name Jungs außerhalb der universitären Forschung für eine nicht-reduktionistische Psychologie, welche die menschliche Seele in überpersönliche, ja kosmische Zusammenhänge einbindet und spirituelle Erfahrungen nicht pathologisiert, sondern ernstnimmt.

Diskurstheoretisch ist es aus diesem Grunde sinnvoll, das Wirken C. G. Jungs innerhalb seiner Zeit zu verorten und die Wechselwirkungen zu studieren, die sich zwischen einer breiteren intellektuellen Debatte und seinen Ansichten zu Seele, Psychologie und Wissenschaft zeigen. Jung ist keine Ausnahme vom Diskurs seiner Zeit, und Jung selbst hat nie behauptet, originäre Theorien vorgelegt zu haben. Vielmehr sind seine Positionen in einem internationalen Netzwerk von Wissenschaftlerinnen und Wissenschaftlern entstanden, mit einem klaren Bezug zu Vorgängertheorien des neunzehnten Jahrhunderts (Shamdasani 2003, 67). Hinzu kommt, dass Jung selber einen wichtigen Teil seiner Karriere außerhalb akademischer Institutionen verbrachte. Zwischen 1914 (als er sowohl sein Lektorat an der Universität Zürich als auch den Vorsitz der Internationalen Psychoanalytischen Vereinigung aufgab) und 1933 (als er zum Professor an die ETH Zürich berufen wurde) forschte Jung unabhängig vom psychiatrischen Krankenhaus einerseits und von der Universität andererseits, von Institutionen also, die später für die Entwicklung von Psychiatrie (Krankenhaus) und Psychologie (Universität) leitend wurden (Shamdasani 2003, 63). In dieser Zeit formulierte Jung auch seine wichtigsten psychologischen Theorien. Dass er zudem ausgedehnte Reisen unternahm – 1924/1925 zu den Pueblo in Nordamerika, 1925/1926 nach Nord- und Ostafrika zu den Ethnien am Mount Elgon, 1937 dann nach Indien – trug wesentlich zur Formierung seiner Ideen bei.

Es sind insbesondere zwei Themenfelder, auf denen C. G. Jung den Seelendiskurs des zwanzigsten Jahrhunderts entscheidend mitgeprägt hat. Das eine hat mit der Öffnung der Psychologie hin zu kollektiven und überpersönlichen Faktoren zu tun, das andere mit der Idee, die Seele zeige Regelmäßigkeiten und Muster, die in allen Kulturen und zu allen Zeiten nachzuweisen seien. Beide Themen sind mit der Frage verbunden, inwieweit die Psychologie eine Wissenschaft sein kann.

Von der Biografie zum Kollektiv

Das Werk Carl Gustav Jungs kann nur im Zusammenhang mit den Diskussionen seiner Zeit sinnvoll eingeordnet werden. Wie kaum ein anderer nahm Jung psychologische, historische, religionswissenschaftliche und naturwissenschaftliche Forschungen auf und versuchte sie in eine integrative Wissenschaft einzufügen. Seine noch immer existierende Bibliothek im schweizerischen Küsnacht ist ein Zeugnis dieses breiten Interesses. Schon während seines Studiums der Medizin in Basel (ab 1895) beschäftigte er sich mit Phänomenen des Okkultismus und Spiritismus. Er nahm an Séancen seiner Cousine Hélène („Helly") Preiswerk teil und besuchte zwei Jahre lang die wöchentlichen Séancen eines „Gläser- und Tischrücker-Kreises", der sich um ein fünfzehnjähriges Medium gebildet hatte. Weitere sogenannte „Poltergeistphänomene" brachten ihn zu einem intensiven Studium dieser Erscheinungen (Bair 2005, 73–79). Nach seinem Staatsexamen arbeitete Jung als Assistent von Eugen Bleuler in der „Irrenheilanstalt" Burghölzli in Zürich. Seine Erfahrungen im okkultistischen und spiritistischen Bereich flossen in die Studien zur gespaltenen Persönlichkeit ein, und 1902 legte er die Dissertation *Zur Psychologie und Pathologie sogenannter occulter Phänomene* vor.

In seinen weiteren Forschungen, zunächst als Fortsetzung der Assoziationsstudien von Wilhelm Wundt, arbeitete Jung eng mit Franz Beda Riklin in Zürich, Pierre Janet in Paris und Théodore Flournoy in Genf zusammen (Shamdasani 2012, 35–41). Dies ist insofern wichtig, als Jungs Werk oft über seine Zusammenarbeit und Auseinandersetzung mit Sigmund Freud gedeutet wird. Jung selber hatte jedoch betont, dass es gerade Bleuler, Janet und Flournoy waren, die seine Theorien maßgeblich vorbereitet und beeinflusst hatten (Shamdasani 2003, 92–93; zu „Jung without Freud" ebd., 11–13). In der Reihe von Wissenschaftlern, denen Jung wichtige Impulse verdankte, ist zudem William James zu nennen. 1936 schreibt Jung in „Über den Archetypus mit besonderer Berücksichtigung des Animabegriffs":

> Ich verdanke es hauptsächlich diesen beiden Forschern [Flournoy und James], daß ich das Wesen der psychischen Störung im Rahmen des Ganzen der menschlichen Seele begreifen lernte. Ich habe selber mehrere Jahre lang experimentelle Arbeit geleistet; durch meine intensive Beschäftigung mit Neurosen und Psychosen mußte ich aber einsehen, daß – so wünschenswert quantitative Bestimmung ist – es ohne die qualitativ beschreibende Methode nicht geht. [...] Die Seele kommt nicht da zum Ende, wo die Reichweite einer physiologischen oder sonstigen Voraussetzung aufhört, das heißt wir haben in jedem einzelnen Falle, den wir wissenschaftlich betrachten, die Gesamterscheinung der Seele in Erwägung zu ziehen. (Jung, GW 9/1, § 113; zu James und Jung s. Taylor 1980)

Auch wenn Jung zwischen 1906 und 1912 eng mit Freud zusammenarbeitete, waren die theoretischen Unterschiede, die letztlich zum Bruch zwischen den beiden Psychologen führten, schon von Anfang an sichtbar. Jung konnte die Fixierung Freuds auf die Sexualtheorie sowie seine prinzipielle Ablehnung aller metaphysischen Erscheinungen – Positionen, die Jung später der neurotischen Persönlichkeitsstruktur Freuds zuschrieb (Shamdasani 2003, 91) – nicht nachvollziehen. Für Jung ging es, wie gesehen, um „das Ganze der menschlichen Seele", und darum ließ sich psychisches Geschehen nicht auf den Sexualtrieb oder auf rein biografische Erfahrungen reduzieren (trotz der Wichtigkeit, die auch Jung dem Sexualtrieb zubilligte). Wenn man die menschliche Seele auf die individuelle Biografie und die individuellen Erscheinungsformen reduziere, folgerte Jung, ergebe sich die Schwierigkeit, die Psychologie als eine wissenschaftliche Disziplin zu etablieren, da man es lediglich mit einer Aneinanderreihung von subjektiven Erlebnissen zu tun habe. Deshalb entwickelte Jung die Idee des Unbewussten weiter und fügte diesem Konzept eine kollektive Dimension hinzu. Zuerst in einem Vortrag für die Internationale Psychoanalytische Vereinigung im Jahr 1916, später in wechselnden Definitionen und Bezügen, arbeitete er an einem Konzept des „kollektiven Unbewussten", das überpersönliche Erfahrungen und kollektive Erinnerungen bereithält, welche in Träumen und anderen individuellen Situationen abgerufen werden können.

Nun ist es keineswegs so, dass Jung das Konzept des Unbewussten neu entwarf. Wie wir schon an vielen Stellen gesehen haben, waren Überlegungen zur Verbindung zwischen individueller Seele und kollektiven und kosmischen Strukturen bereits seit der Romantik fest etabliert. Jung selber hat immer wieder betont, dass seine Ideen zum kollektiven Unbewussten in einer langen Linie von Carl Gustav Carus, Eduard von Hartmann, Arthur Schopenhauer und Friedrich Nietzsche stehen, dagegen kaum Verbindung zu Freud haben. In einem Geleitwort zu Olga von Koenig-Fachsenfelds Buch *Wandlungen des Traumproblems von der Romantik bis zur Gegenwart* (1935), das er als einen sehr guten Beitrag zur „Problematik der modernen Komplexen Psychologie" empfiehlt, bezeichnet Jung seine Psychologie als romantisch und alchemistisch, doch zugleich wissenschaftlich:

> Es ist nun das große Verdienst der vorliegenden Arbeit, die Fundgrube der besinnlichen, romantischen Dichtkunst für die moderne Psychologie erschlossen zu haben. Der Parallelismus mit meinen psychologischen Auffassungen rechtfertigt es, meine Ideen als „romantisch" zu bezeichnen. Eine entsprechende Untersuchung in philosophischer Hinsicht würde diese Bezeichnung ebenfalls rechtfertigen, denn jede Psychologie, welche die Seele als Erlebnis kennt, ist im Sinne der Geschichte „romantisch" und „alchymistisch". Unterhalb der Erlebnisstufe ist aber meine Psychologie auch wissenschaftlich-rationalistisch, was ich den geneigten Leser nicht zu übersehen bitte. (Jung, GW 18, § 1740)

Auch in seiner Abhandlung „Über die Archetypen des kollektiven Unbewussten“, zuerst erschienen im *Eranos-Jahrbuch* 1934, zeigt sich der für uns relevante Diskursknoten sehr deutlich. Jung beginnt seine Überlegungen folgendermaßen:

> Die Hypothese eines kollektiven Unbewußten gehört zu jenen Begriffen, die zuerst das Publikum befremden, dann aber bald als geläufige Vorstellungen in dessen Besitz und Gebrauch übergehen, wie dies mit dem Begriff des Unbewußten überhaupt geschehen ist. Nachdem die philosophische Idee des Unbewußten, wie sie sich hauptsächlich bei C. G. Carus und E. v. Hartmann findet, unter der überbordenden Woge des Materialismus und Empirismus, ohne erhebliche Spuren zu hinterlassen, untergegangen war, tauchte sie innerhalb der naturwissenschaftlich orientierten, medizinischen Psychologie wieder allmählich auf.
>
> Zunächst beschränkte sich der Begriff des Unbewußten darauf, den Zustand verdrängter oder vergessener Inhalte zu bezeichnen. Bei Freud ist das Unbewußte, obschon es – wenigstens metaphorisch – bereits als handelndes Subjekt auftritt, im wesentlichen nichts als der Sammelort eben dieser vergessenen und verdrängten Inhalte und hat nur vermöge dieser eine praktische Bedeutung. Dementsprechend ist es nach dieser Ansicht ausschließlich persönlicher Natur, obschon andererseits schon Freud die archaisch-mythologische Denkweise des Unbewußten gesehen hat.
>
> Eine gewissermaßen oberflächliche Schicht des Unbewußten ist zweifellos persönlich. Wir nennen sie das *persönliche Unbewußte.* Dieses ruht aber auf einer tieferen Schicht, welche nicht mehr persönlicher Erfahrung und Erwerbung entstammt, sondern angeboren ist. Diese tiefere Schicht ist das sogenannte *kollektive Unbewußte.* Ich habe den Ausdruck „kollektiv“ gewählt, weil dieses Unbewußte nicht individueller, sondern allgemeiner Natur ist, das heißt es hat im Gegensatz zur persönlichen Psyche Inhalte und Verhaltensweisen, welche überall und in allen Individuen cum grano salis die gleichen sind. Es ist, mit anderen Worten, in allen Menschen sich selbst identisch und bildet damit eine in jedermann vorhandene, allgemeine seelische Grundlage überpersönlicher Natur. (Jung, GW 9/1, § 1–3; Hervorhebung im Original)

Diese Zitate machen klar, dass Jung im Anschluss an romantische Diskurse zur Seele und in Abgrenzung zu materialistischen und empiristisch-reduktionistischen Zugängen die Psychologie als Wissenschaft etablieren möchte, die interessanterweise gerade die naturwissenschaftlichen

Forschungen als relevant einbezieht. Dies allerdings auf eine Art und Weise, die das Überpersönliche der Seele und den metaphysischen Bezug der Psychologie anerkennt. Philosophiegeschichtlich können wir mit Marilyn Nagy festhalten: „Man kann durchaus sagen, dass die direkte Abstammungslinie von Jungs eigener Theorie Anfang des achtzehnten Jahrhunderts mit Berkeley und Leibniz beginnt und dann über Kant, Schopenhauer und von Hartmann bis zu den akademischen Streitigkeiten der Jahrhundertwende reicht und zur Frage, ob Kant die Zuverlässigkeit unseres Wissens von den Erscheinungen nun zu bestätigen oder zu leugnen getrachtet hatte" (Nagy 1991, 55).

Ein Weiteres kommt hinzu: Da die kollektiv unbewussten Inhalte der menschlichen Seele für Jung vererblich und damit evolutionär begründet sind, gibt es keinen fundamentalen Unterschied zwischen der Seele von Menschen und der Seele von Tieren. In seiner Abhandlung „Über das Unbewußte" etwa, zuerst 1918 erschienen und mit starkem Bezug zum Ersten Weltkrieg verfasst, spricht Jung über „das Tier in uns" und über die Entfremdung von der Tierseele, die vor allem das Christentum in der europäischen Kultur ausgelöst habe. Das Christentum habe vorchristliche, „heidnische" Symbole unterdrückt, „aber in dem Moment, wo die Gültigkeit des christlichen Glaubens erschüttert erscheint, drängt sich auch jenes Element wieder in den Vordergrund" (Jung, GW 10, § 31). Wenn das Animalische jedoch verdrängt werde, wie in Europa geschehen, breche sich seine urtümliche Kraft auf unkontrollierbare Weise Bahn, wie der Weltkrieg gezeigt habe. „Unsere Weltanschauung hat sich als zu eng erwiesen, um diese Gewalten in einer Kulturform zu fassen" (ebd.).

Es sei, so Jung weiter, kein Zufall, dass das Christentum „kein Verhältnis zum Tiere hat" (ebd., § 32), ganz im Unterschied zum Buddhismus.

> Durch die Verdrängung ins Unbewußte, in die Quellen, aus denen es erfloß, wird das Tierische noch tierischer, darum ist wohl keine Religion dermaßen mit unschuldigem, grausam vergossenem Blute besudelt wie die christliche Kirche, und nie hat die Welt einen blutigeren Krieg gesehen als den Krieg der christlichen Nationen. Darum erscheint das verdrängte Tierische unter gefährlichen Formen, wenn es aus sich zur Oberfläche kommt, und führt, wenn es durchbricht, zur Selbstzerstörung, zum Selbstmord der Nationen. Wenn aber jeder Einzelne ein besseres Verhältnis zu seinem „Tiere" hätte, so hätte er eine andere Wertschätzung des Lebens. Dann wäre ihm „Leben" ein unbedingtes, moralisches Prinzip, und er würde sich schon aus Instinkt gegen jede Institution oder Organisation sträuben, welche die Macht hat, das Leben in großem Umfange zu vernichten. (Ebd.)

In „Über die Psychologie des Unbewussten", 1917 zunächst als *Die Psychologie der unbewußten Prozesse* erschienen, verbindet Jung diese Überlegungen mit den Begriffen „Instinkt" und „Trieb", wie vor allem Nietzsche und Freud sie geprägt hatten. Das Dionysische und Ekstatische sei im Grunde nicht wirklich ein Fortschritt, denn es sei nicht in der Lage, die Tierseele zu integrieren. Ein „ekstatisches Tier ist ein Unding. Ein Tier erfüllt sein Lebensgesetz, nicht mehr und nicht weniger. Man kann es gehorsam und fromm nennen. Der Ekstatiker aber überspringt das Lebensgesetz und benimmt sich, im Sinne der Natur, unordentlich" (Jung, GW 7, § 41).

Mit diesen Ausführungen schließt Jung bei der oben besprochenen orphisch-dionysischen Diskursstruktur an, doch auch bei Ludwig Klages' ökologischer Christentumskritik, und gibt ihr zugleich einen eigenen Dreh. Für ihn steht das „innere Tier" für die menschlichen Triebe und Instinkte, während die Ekstase eine Überschreitung der Tierseele ist, nicht wie bei Nietzsche, Rilke und anderen die Verwirklichung der dionysischen Kraft im Menschen. Trotz dieser Unterschiede verstärkt Jung die Verbindung zwischen Tierseele, Evolution und Kulturdeutung in einer Weise, die ihn in den zeitgenössischen Diskurs einbindet. Hinzu kommt, dass seine vielen Interpretationen von Tieren in Träumen eine Betonung des „inneren Tieres" möglich machten, die später in vielen Formen schamanischer und naturzentrierter Spiritualität erneut sichtbar werden sollte.

Wenn die menschliche Seele überpersönliche Anteile hat, so muss sie auch konkret fassbare Strukturen und wiederkehrende Muster aufweisen, die in der Komplexen Psychologie interdisziplinär erforscht werden. Dies ist der zweite Themenbereich, für den Jungs Denken große Bedeutung hatte.

Alchemie und die Grundmuster der Seele

Jung betrachtete das kollektive Unbewusste also als ein kulturell gebundenes inneres Geschehen, dessen Dynamik mit ererbten Strukturen zusammenhängt. Was hier ererbt wird, sind jedoch nicht die konkreten Bilder und Repräsentationen kollektiver Strukturen, sondern „*vererbte instinktive Antriebe und Formen*, wie sie bei allen Lebewesen zu beobachten sind" (*Die Schizophrenie*, erstmals 1958 erschienen, in GW 3, § 565; Hervorhebung im Original). Aus seinem breiten Interesse für vergleichende Mythen- und Religionsforschung kam Jung zu der Überzeugung, „daß gewisse Ideen fast überall und zu allen Zeiten vorkommen und sich sogar spontan von selber bilden können, gänzlich unabhängig von Migration und Tradition. Sie werden nicht vom Individuum gemacht, sondern sie passieren ihm, ja sie drängen sich dem individuellen Bewusstsein geradezu auf. Das ist nicht platonische Philosophie, sondern empirische Psychologie“ (Jung, *Psychologie und Religion*, erstmals 1939 erschienen, in GW 11, § 5).

Um die hinter kollektiven Strukturen stehende Dynamik sichtbar zu machen, entwickelte Jung den Begriff des „Archetypus“, der in der zweiten Hälfte des zwanzigsten Jahrhunderts zum wohl bekanntesten Merkmal der Psychologie Jungs wurde. Der Archetyp, so Jung in einem Text, der zuerst im *Eranos-Jahrbuch* 1946 erschien, ist ein hinter der Struktur stehender numinoser Faktor, der „die Art und den Ablauf der Gestaltung [unbewusster Prozesse] mit einem anscheinenden Vorwissen oder *im apriorischen Besitze des Zieles*“ bestimmt (Jung, *Theoretische Überlegungen zum Wesen des Psychischen*, in GW 8, § 411; Hervorhebung im Original). Anschließend heißt es: „Der Archetypus ist reine, unverfälschte Natur, und es ist die Natur, die den Menschen veranlaßt, Worte zu sprechen und Handlungen auszuführen, deren Sinn ihm unbewußt ist, und zwar so unbewußt, daß er nicht einmal darüber denkt“ (ebd., § 412; in einer Fußnote fügt Jung hinzu, dass „Natur“ hier „die Bedeutung des schlechthin Gegebenen und Vorhandenen“ habe). In *Die Wandlung der Libido* (erste Fassung 1912) hält Jung fest: „Es handelt sich selbstverständlich nicht um vererbte Vorstellungen, sondern um eine angeborene Disposition zu parallelen Vorstellungsbildungen, beziehungsweise um universale, identische Strukturen der Psyche, welche ich später als das kollektive Unbewußte bezeichnet habe. Diese Strukturen nannte ich Archetypen. Sie entsprechen dem biologischen Begriff des ‚pattern of behaviour‘“ (Jung, *Die Wandlung der Libido*, in GW 5, § 224). Das kollektive Unbewusste als „die gewaltige geistige Erbmasse der Menschheitsentwicklung, wiedergeboren in jeder individuellen Hirnstruktur“ enthält die Archetypen als „Quelle der treibenden seelischen Kräfte und die diese regulierenden Formen oder Kategorien“. Die Archetypen sind nach Jung für alle „stärksten Ideen und Vorstellungen der Menschheit“ verantwortlich.

> Aber auch wissenschaftliche, philosophische und moralische Zentralbegriffe machen davon keine Ausnahme. Sie sind in ihrer gegenwärtigen Form durch bewußte Anwendung und Anpassung entstandene Varianten der Urvorstellungen, denn es ist die Funktion des Bewußtseins, nicht nur die Welt des Äußeren durch die Sinnespforten aufzunehmen und zu erkennen, sondern auch die Welt des Inneren schöpferisch in das Außen zu übersetzen. (Jung, *Die Struktur der Seele*, erste Fassung 1927, GW 8, § 342)

In der europäischen Kulturgeschichte war es die Alchemie, die für Jung den Beweis der Existenz von Archetypen erbrachte, im außereuropäischen Bereich fand er ähnliche Bestätigung im Schamanismus und in indigenen religiösen Systemen, aber vor allem auch im Buddhismus. Durch die Publikation des *Roten Buches* wissen wir, dass Jung seine Forschungen zur Alchemie auf einer sehr persönlichen Ebene betrieb. Das *Rote Buch*, von Jung *Liber Novus* (lateinisch für „Neues Buch") genannt, entstand zwischen 1914 und 1930. Nach seiner Trennung von Sigmund Freud begann Jung ein Experiment, das er als „Auseinandersetzung mit dem Unbewussten" bezeichnete und in dem er seine Fantasien oder „aktiven Imaginationen" als Notizen und Skizzen in „schwarzen Büchern", nämlich Notizbüchern, aufzeichnete. Diese Notizen überarbeitete er später und ergänzte sie mit weiteren Gedanken, um sie dann mit kunstvollen Illustrationen und in kalligrafischer mittelalterlicher Schrift in ein in rotes Leder gebundenes Buch zu übertragen. Deshalb der Name „Rotes Buch". 2009 wurde der *Liber Novus* erstmals im Rubin Museum of Art in New York der Öffentlichkeit vorgestellt, 2010–2011 folgte eine Ausstellung im Museum Rietberg in Zürich (zur Einführung Shamdasani 2009; zur psychoanalytischen Rezeption Arzt 2015).

Der *Liber Novus* ist ein eindrucksvolles Dokument, das uns die Ernsthaftigkeit vor Augen führt, mit der Jung die tiefen Schichten seines Unbewussten zu ergründen suchte und die Brücke schlug zur Kunst einerseits und zur Geschichte der Alchemie, Mystik und Naturphilosophie andererseits (Hanegraaff 2017). Doch das ganze Projekt Jungs war keineswegs eine private Angelegenheit: „Die Schaffung des *Liber Novus* war keineswegs eine ungewöhnliche und eigenwillige Aktivität, noch war sie das Produkt einer Psychose. Vielmehr zeigt sie die engen Verknüpfungen zwischen psychologischem und künstlerischem Experimentieren, mit dem sich viele Menschen in jener Zeit beschäftigten" (Shamdasani 2009, 204, mit Hinweis auf Ludwig Staudenmaiers Experimente mit Magie; zu diesem weiteren Beleg der Diskursverschränkung von Magie, Wissenschaft, Okkultismus und Psychologie s. Staudenmaier 1912). In seinem „Experiment" fand Jung in der Figur des Philemon einen spirituellen Lehrer, wie in Jungs von Aniela Jaffé aufgezeichneten Erinnerungen berichtet wird:

> Bald nach dieser Phantasie tauchte eine andere Gestalt aus dem Unbewußten auf. Sie hatte sich aus der Figur des Elias entwickelt. Ich nannte sie Philemon. Philemon war ein Heide und brachte eine ägyptisch-hellenistische Stimmung mit einer gnostischen Färbung herauf. Seine Gestalt erschien mir zuerst in einem Traum. [...] Philemon und andere Phantasiegestalten brachten mir die entscheidende Erkenntnis, daß es Dinge in der Seele gibt, die nicht ich mache, sondern die sich selber machen und ihr eigenes Leben haben. Philemon stellte eine Kraft dar, die ich nicht war. (Jaffé 1971, 186; s. auch Shamdasani 2009, 201–202

> mit dem Hinweis auf Jungs Bericht an Mircea Eliade, dass die Traumereignisse von 1914 ihn davon überzeugten, dass die Informationen aus dem kollektiven Unbewussten kamen und dass er nun lediglich noch diese Erkenntnisse bestätigen und vertiefen müsse, eine Arbeit, die ihn die letzten 40 Jahre beschäftigt habe)

Im November 1914 hatte Jung außerdem erneut Nietzsches *Also sprach Zarathustra* gelesen, das er aus Jugendzeiten kannte. Diese Lektüre hatte starken Einfluss auf die Struktur des *Liber Novus*. „Wie Nietzsche es im *Zarathustra* tat, teilte auch Jung das Material in eine Reihe von Büchern ein, die aus kurzen Kapiteln bestanden. Doch während Zarathustra den Tod Gottes verkündete, beschrieb der *Liber Novus* die Wiedergeburt Gottes in der Seele. [...] Die Rolle des Philemon in Jungs Werk weist Analogien zu Zarathustra bei Nietzsche und zu Vergil in Dantes Werk auf" (Shamdasani 2009, 202). Und als eine weitere psychologische Verbindung zu Nietzsche sei hier noch einmal Ludwig Klages genannt, der zeitgleich mit Jung die Philosophie Nietzsches als eigentliche Psychologie beschrieb, und zwar als Ansatz einer Universalwissenschaft im Sinne Jungs. Klages zitiert Nietzsches Forderung in *Jenseits von Gut und Böse*, „daß die Psychologie wieder als Herrin der Wissenschaften anerkannt werde, zu deren Dienste und Vorbereitung die übrigen Wissenschaften da sind" (Klages 1926, 10). Für Klages ist es eine Tatsache, „daß mit Nietzsche die Seelenforschung (= Psychologie) im allereigensten Sinne überhaupt erst begonnen" hatte (ebd.).

In sein publiziertes Werk sind die Erfahrungen und Gedanken des *Liber Novus* in vielfältiger Weise eingeflossen, blieben aber stets implizit. So schreibt Jung 1954 im Vorwort zu einem seiner einflussreichsten Werke zur Alchemie, *Mysterium Coniunctionis*, es habe mehr als zehn Jahre gedauert, „bis alles, was zu diesem zentralen Problem gehört, einigermaßen gesammelt und gestaltet war" (Jung, *Mysterium Coniunctionis. Untersuchungen über die Trennung und Zusammensetzung der seelischen Gegensätze in der Alchemie*, GW 14/1, S. XI). Begonnen nach der Lektüre eines Aufsatzes von Karl Kerényi zum „Ägäischen Fest in Goethes *Faust*" und dem Rückgriff dieser Szene auf die „Chymische Hochzeit" des Christian Rosenkreutz, hatte sich Jung in den Folgejahren ausführlich mit dem Zusammenhang zwischen Alchemie und Traumdeutung, zwischen Hermetik und Psychologie beschäftigt.

> Ich habe bei dieser Gelegenheit den Ideen- und Symbolreichtum, der in den vernachlässigten Traktaten dieser vielfach mißverstandenen „Kunst" verborgen liegt, mehr angedeutet, als – wie er es verdienen würde – ausführlich dargestellt; war es doch ein vordringlicheres Anliegen,

> zunächst den Beweis zu erbringen, daß die alchemistische Symbolwelt keineswegs und ausschließlich auf den Schutthaufen der Vergangenheit gehört, sondern vielmehr in lebendigster Beziehung zu den neuesten Erfahrungen und Erkenntnissen der Psychologie des Unbewußten steht. Es stellte sich nämlich heraus, daß nicht nur diese moderne psychologische Disziplin den Schlüssel zum Geheimnis der Alchemie liefert, sondern daß umgekehrt auch letztere der ersteren eine sinnreiche historische Basis verschafft. (Ebd.)

Diese Erkenntnis, so Jung weiter, sei dringend nötig, denn „[n]icht nur war die Alchemie als Naturphilosophie und als religiöse Bewegung fast gänzlich unbekannt, sondern auch die moderne Entdeckung der Archetypen war den meisten verborgen oder wenigstens unverstanden geblieben" (ebd., S. XII, mit Hinweis auf Lucien Lévy-Bruhl und sein verwandtes Konzept der *représentations collectives*). Der Diskurs zur Alchemie verband zu Beginn des zwanzigsten Jahrhunderts Naturwissenschaft, Philosophie und Spiritualität (von Stuckrad 2014, 56–75). Es verwundert deshalb, wenn Wouter J. Hanegraaff notiert: „Wissenschaftliche Forschung zu den ‚okkulten Wissenschaften' schien am Ende des neunzehnten Jahrhunderts praktisch tot zu sein, doch Jungs Psychologie schien imstande, dieses Ödland wieder zum Blühen zu bringen" (Hanegraaff 2012, 294). Eher gilt es mit Mark S. Morrisson die bemerkenswerten Überschneidungen zwischen naturwissenschaftlichen und alchemistischen Interessen der Zeit zu konstatieren.

> Um zu verstehen, wie stark die Wissenschaft der Radioaktivität bei alchemistischen Tropen und Bildern anschloss, müssen wir ein anscheinend unwissenschaftliches Phänomen betrachten: das riesige neuerliche Interesse des Fin de Siècle an Alchemie und esoterischer Religion. Grandiose Meilensteine der Atomforschung traten Seite an Seite mit einem Aufblühen des Okkultismus auf, der Fragen zur Natur von Materie und Energie tiefe Bedeutung beimaß. (Morrisson 2007, 5)

Jung ist Teil dieser breiteren Bewegung, wobei er die vorhandenen Diskursstränge von Alchemie, Naturphilosophie, Religion und Vitalismus mit seinen Konzepten von Traum, Unbewusstem und den Archetypen kombinierte.

Die Interpretation von *Symbolen*, die sich aus diesem Ansatz ergab, hat viel zur Popularität der Psychologie Jungs beigetragen. Ein Beispiel hierfür ist das Baumsymbol. Jung widmete dem „philosophischen Baum" eine eigene Abhandlung und stellte dieser Goethes Zitat aus dem *Faust* als Motto voran: „Grau, teurer Freund, ist alle Theorie / Und grün des Lebens goldner Baum". In einer detaillierten Collage aus Bilderserien, die von seinen Patientinnen und Patienten stammten, angereichert mit Beispielen aus der Kulturgeschichte, vor allem der Alchemie, möchte Jung die Existenz kollektiver Strukturen erweisen, denn „[t]rotz der Mannigfaltigkeit des Symbols ergeben sich charakteristische Grundzüge" (Jung, *Der philosophische Baum*, GW 13, § 305). Interessant ist, wie Jung die Diskurse von Grundmustern der Seele (Archetypen), Bewusstsein, Alchemie und Schamanismus zusammenfügt:

> Mein kasuistisches Material ist insofern unpräjudiziert, als in keinem einzigen Falle vorher eine Kenntnis der Alchemie noch eine solche des Schamanismus vorhanden war. Die Bilder sind spontane Produkte freischaffender Phantasie, und ihr einziges bewußtes Motiv ist die Absicht, jenes Erlebnis auszudrücken, welches sich ergibt, wenn unbewußte Inhalte im Bewußtsein so aufgenommen werden, daß dieses nicht davon entwurzelt und das Unbewußte nicht vergewaltigt wird. (Ebd.)

Die hier implizierte Kritik an der zeitgenössischen Entwurzelung des Unbewussten greift Jung an anderer Stelle in seiner Studie erneut auf. Er hält fest, dass sowohl der historische Alchemist als auch der moderne Metaphysiker die Psychologie als verbindende und erklärende Wissenschaft braucht. Die Autoren der alchemistischen Texte „erkannten offenkundig einen Parallelismus zwischen dem alchymischen Prozeß und den religiösen Vorstellungen, eine Beziehung, die uns allerdings nicht ohne weiteres einleuchten will." Es sei das „Psychologische", das als *tertium comparationis* eine Brücke zwischen diesen verschiedenen Gebieten zu schlagen vermag.

> Der Alchemist hätte sich natürlich ebenso entrüstet gegen die Zumutung, daß seine Vorstellungen von der chemischen Materie Phantasien seien, gewehrt, wie der Metaphysiker von heute, der auch noch meint, daß seine Aussagen mehr seien als Anthropomorphismen. Wie der Alchemist zwischen den Dingen an und für sich und den Vorstellungen, die er sich von ihnen machte, nicht unterscheiden konnte, so glaubt der Metaphysiker auch heute noch, daß seine Anschauungen ihren metaphysischen Gegenstand gültig ausdrücken. Es ist beiden offenbar nie aufgefallen, daß über ihre Gegenstände von jeher die allerverschiedensten Auffassungen herrschten. Im Notfall begnügte man sich damit, daß der andere natürlich unrecht hatte. Im Gegensatz zu den Metaphysikern und insbesondere den Theologen bekunden die Alchemisten keine polemischen Tendenzen, sondern beklagen sich höchstens über die Dunkelheit eines ihnen unverständlichen Autors.

> Es leuchtet jedem vernünftigen Menschen ein, daß wir es in beiden Fällen in erster Linie mit Phantasievorstellungen zu tun haben, womit keineswegs gesagt ist, daß deren unerkannter Gegenstand nicht existiere. Gleichgültig, worauf sich Phantasievorstellungen beziehen, immer sind sie von denselben psychischen Gesetzen angeordnet, nämlich von den *Archetypen*. Das haben die Alchemisten in ihrer Art bemerkt, wenn sie auf dem Parallelismus ihrer und der religiösen Anschauungen bestehen. (Ebd., § 356–357; Hervorhebung im Original)

In einer Diskursanalyse geht es nicht so sehr darum, die historische Tragfähigkeit dieser Darstellung von Alchemie zu prüfen (zur Kritik an Jung, Eliade und anderen s. Principe und Newman 2001). Vielmehr steht die Frage im Vordergrund, wie das gesellschaftliche Wissen über die Alchemie neu geordnet wird. Und in dieser Hinsicht muss Jungs Konzept der Alchemie als eines Systems, das mit Hilfe seelischer Archetypen individuelle Erkenntnis ermöglicht, in seiner Wirkung auf die euro-amerikanische Kulturgeschichte des zwanzigsten Jahrhunderts als hoch eingeschätzt werden.

Psychologie und Naturwissenschaft: Weltseele, Quantenmechanik, Hermetik

In seinem Bemühen, die Psychologie als Grundlagendisziplin sowohl für die Geisteswissenschaft als auch für die Naturwissenschaft zu entwickeln, nahm Carl Gustav Jung regen Anteil an den Neuentwicklungen in Physik, Chemie und Biologie seiner Zeit. Mit dem Aufkommen von Relativitätstheorie und Quantenmechanik wurde der Newtonschen Mechanik, die durch ihre Grundannahme des Determinismus natürlicher Vorgänge gekennzeichnet war, eine radikale Alternative an die Seite gestellt. Die Implikationen der hiermit einhergehenden Paradigmenwechsel sind, so schreibt Thomas Arzt am Ende des zwanzigsten Jahrhunderts, „bislang kaum innerhalb eines kollektiven Bewußtseins präsent geworden in dem Sinne, daß heute schon eine substantielle Wandlung im Verhältnis zwischen Mensch und Welt konstatiert werden könnte“ (in der Einführung zu Arzt et al. 1992, 14; s. den ganzen Band zum Thema). Unter den vielen namhaften Wissenschaftlerinnen und Wissenschaftlern, die an der Entwicklung der physikalischen Weltbilder des zwanzigsten Jahrhunderts und deren philosophischen Implikationen Anteil gehabt haben, kommt Wolfgang Pauli (1900–1958), der 1945 den Nobelpreis für Physik verliehen bekam, sicherlich eine Sonderstellung zu. Seine Arbeiten im Grenzbereich von Physik, Philosophie und Psychologie behandeln die Problematik der Kausalität, der

Determiniertheit sowie der Objektivität von Wissenschaft und Realität (s. vor allem Pauli 1994). Erstaunlicherweise ist die Erinnerung an diesen Denker im Vergleich zu Einstein, Heisenberg und Bohr längst nicht so präsent, wie man es erwarten sollte. Erst gegen Ende des zwanzigsten Jahrhunderts, als die Holismus-Debatte erneut die Gespräche zwischen Physik, Philosophie und Spiritualität prägte, lässt sich eine Rückbesinnung auf das Denken Paulis feststellen (Laurikainen 1988; Peat 1991).

Pauli war mit den Grundzügen der hermetischen Philosophie und ihrer Rezeption in Mystik, Naturphilosophie und Religion vertraut. In einem Vortrag auf dem viel beachteten „Internationalen Gelehrtenkongress" in Mainz zu „Europa – Erbe und Aufgabe" (1955) sprach Pauli über die grundlegenden Antagonismen der Wissenschaft in Europa, in der die hermetische Philosophie einerseits und die von Newton und anderen bestimmte Naturwissenschaft andererseits in einem ständigen Konflikt standen. Kepler gegenüber Fludd und Newton gegenüber Goethe bildeten dieselbe Spannungsfigur, und noch heute sei in der Quantenmechanik der Antagonismus spürbar. Er beendete seinen Vortrag mit den Worten:

> Gewarnt durch den Mißerfolg aller verfrühten Einheitsbestrebungen in der Geistesgeschichte will ich es nicht wagen, über die Zukunft Voraussagen zu machen. Entgegen der strengen Einteilung der Aktivitäten des menschlichen Geistes in getrennte Departemente seit dem 17. Jahrhundert, halte ich aber die Zielvorstellung einer Überwindung der Gegensätze, zu der auch eine sowohl das rationale Verstehen wie das mystische Einheitserlebnis umfassende Synthese gehört, für den ausgesprochenen oder unausgesprochenen Mythos unserer eigenen, heutigen Zeit. (Pauli 1956, 79)

Für Pauli bildeten metaphysische Aspekte also einen integralen Bestandteil der Physik selber. Die Entstehung nicht-deterministischer Physik beschrieb er als die Rückkehr der *anima mundi* , also der „Weltseele", die man im siebzehnten Jahrhundert verbannt hatte (Jung und Pauli 1952, 115). Pauli schrieb dies in einem Buch, das er 1952 gemeinsam mit Jung herausgab. *Naturerklärung und Psyche* enthält Jungs Aufsatz „Synchronizität als ein Prinzip akausaler Zusammenhänge" (auch aufgenommen in Jung, GW 8) sowie Paulis Abhandlung „Der Einfluß archetypischer Vorstellungen auf die Bildung naturwissenschaftlicher Ideen bei Kepler" (zur gemeinsamen Arbeit von Jung und Pauli am Konzept der Synchronizität s. Donati 2004). Jung versteht unter dem Phänomen der Synchronizität eine „sinngemäße Koinzidenz" mehrerer in einem „akausalen Zusammenhang" stehender Ereignisse (GW 8, § 827). Damit zeigt sich eine große Nähe von Jungs Verständnis der Synchronizität zum hermetischen Prinzip des „Wie oben, so unten", also zu einem Entsprechungsdenken, das auch in der Astrologie vorausgesetzt ist. Darum überrascht es nicht, dass Jung im genannten Aufsatz auf die Sternkunde zu sprechen kommt (eine Übertragung, die Pauli übrigens nie nachvollziehen konnte). Der Schwerpunkt liegt in diesem Falle auf der Gleichzeitigkeit von Phänomenen, die durch die Ähnlichkeit ihrer Bedeutung miteinander verbunden sind, nicht jedoch durch ein kausales Verhältnis (Jung und Pauli 1952, 44–69).

Die Quantenmechanik bietet interessante Ausblicke auf eine physikalische Deutung der Synchronizität, was im Laufe des zwanzigsten Jahrhunderts zu einer intensiven Diskussion führte, und zwar im direkten Rekurs auf Jung und Pauli (s. dazu Kapitel 6 und 7 unten). An dieser Stelle ist es wichtig zu betonen, dass sowohl Jung als auch Pauli die *anima mundi* als Brücke zwischen Psychologie und Naturwissenschaft, vor allem der Quantenmechanik, betrachtete. Jung verwendete immer wieder Begriffe der Alchemie, um dies zu verdeutlichen, und identifizierte die Weltseele sogar mit dem kollektiven Unbewussten (so in der Abhandlung zur Baumsymbolik, GW 13, § 337 Anmerkung 16). Es ist besonders Mercurius, der die Weltseele verkörpert, wie Jung in einer eigenen Abhandlung „Der Geist Mercurius", zuerst als Vortrag auf der Eranos-Konferenz in Ascona 1942, darstellt (Jung, GW 13, § 263). Über die Alchemie konzipiert Jung also einen Diskursknoten, der die Seele mit Naturwissenschaft, Kosmos und hermetischer Philosophie verbindet, und der zugleich die Komplexe Psychologie als die Wissenschaft darstellt, die allein in der Lage ist, die alte Spannung zwischen den Disziplinen zu überwinden. In seiner Untersuchung zum Baumsymbol formuliert Jung diesen Anspruch sehr deutlich, wenn er die Forschungen Robert Fludds mit denen Johannes Keplers vergleicht:

> Es ist, im Grunde genommen, der alte Universalienstreit, der Gegensatz zwischen Realismus und Nominalismus, der in unserem naturwissenschaftlichen Zeitalter in nominalistischer Richtung quasi entschieden ist. Während der naturwissenschaftliche Standpunkt sich bestrebt, auf Grund sorgfältiger Empirie die Natur aus sich selbst zu erklären, setzt sich die hermetische Philosophie zum Ziele, eine die Psyche miteinbegreifende Beschreibung und Erklärung, das heißt eine ganzheitliche Anschauung der Natur herzustellen. Der Empiriker sucht mit mehr oder weniger Erfolg, seine archetypischen Erklärungsprinzipien, das heißt seine zum Erkenntnisprozeß unerläßlichen psychischen Voraussetzungen zu vergessen oder zu verdrängen zugunsten seiner „wissenschaftlichen Objektivität". Der hermetische Philosoph aber betrachtet

> umgekehrt gerade die psychischen Voraussetzungen, nämlich die Archetypen, als unabdingbare Bestandteile des empirischen Weltbildes. Er ist vom Objekt noch nicht dermaßen in Anspruch genommen, daß er die fühlbare Gegenwart seiner psychischen Voraussetzung in Gestalt der als real empfundenen ewigen Ideen außer acht lassen könnte. Der empirische Nominalist dagegen hat bereits die moderne Einstellung zur Psyche, daß diese als „subjektiv" ausgeschaltet werden müsse und könne, indem deren Inhalte nichts als nachträglich formulierte Begriffe – flatus vocis – seien. Daher hofft er, ein vom Beobachter in jeder Hinsicht unabhängiges Weltbild erzeugen zu können. Diese Hoffnung hat sich im Verlaufe der Geschichte nur zum Teil erfüllt, wie die Ergebnisse der modernen physikalischen Forschung erwiesen haben: der Beobachter kann nicht endgültig ausgeschaltet werden, das heißt die psychische Voraussetzung bleibt wirksam. (Jung, GW 13, § 378)

Wenn es um die Etablierung der Komplexen Psychologie als notwendiges Bindeglied zwischen Naturwissenschaft und Geisteswissenschaft geht, ist für Jung noch ein weiterer Begriff wichtig: Energie. Schon 1912 hatte er das Thema in einem ersten Entwurf von *Wandlungen und Symbole der Libido* behandelt, doch er entwickelte seine Überlegungen kontinuierlich weiter bis hin zur Abhandlung *Über die Energetik der Seele* (1928; zur Entwicklung des Textes Shamdasani 2003, 243–249). Diese Studie ist auch eine Reaktion auf Missverständnisse, die seine frühere Behandlung des Themas der Libido hervorgerufen hatte. Jung unterscheidet einen „mechanistischen" von einem „energetischen" Blick auf physische Geschehnisse. Den energetischen Standpunkt nennt er auch „final", ein Begriff, der zwar Gerichtetheit impliziert, nicht jedoch eine teleologische Vorwegnahme des Zieles (Jung, *Über die Energetik der Seele*, GW 8, § 1–3). In diesem Sinne ähnelt Jungs Konzept der „schöpferischen Evolution" Henri Bergsons. „Der energetische Ablauf", so Jung weiter, „hat bestimmte Richtung (Ziel), indem er unabänderlich (irreversibel) dem Potentialgefälle folgt. Die Energie ist keine Anschauung einer im Raume bewegten Substanz, sondern ein aus den Bewegungsbeziehungen abstrahierter *Begriff*. Seine Grundlagen sind also nicht die Substanzen selber, sondern ihre Beziehungen, während die Grundlage des mechanistischen Begriffs die im Raume sich bewegende Substanz ist" (ebd., § 3; Hervorhebung im Original). Beide Gesichtspunkte seien für das Begreifen des physischen Geschehens unerlässlich (ebd., § 4).

Interessant ist nun die Frage, wie die psychische Energie mit der physikalischen Energie zusammenhängt, was im Grunde eine Variation des alten Leib-Seele-Problems darstellt. Während Jung einerseits die Seele als ein „relativ geschlossenes System“ beschreibt (ebd., § 7), das damit eine Quantifizierung von Energie ermögliche, besteht er zugleich darauf, dass die Psychologie, ebenso wie die Physik, das Recht habe, eigene Begriffe und Interpretationssysteme für Energie zu entwickeln (ebd., § 28). Dabei verweist er auf die Vorarbeiten von Friedrich Schiller, Nicolas von Grot, Theodor Lipps und William Stern, die den Begriff der „psychischen Energie“ eingeführt hatten und, wie Lipps, vom Begriff der „Kraft“ unterschieden. Um hier zu einer begrifflichen Klärung zu kommen, schlägt Jung vor, den psychischen Prozess schlicht als einen „Lebensvorgang aufzufassen. Damit erweitern wir den engeren Begriff einer psychischen Energie zum weiteren Begriff einer *Lebens-Energie*, welche die sogenannte psychische Energie als eine Spezifikation subsumiert“ (ebd., 31; Hervorhebung im Original). Jung fährt fort:

> *Der Begriff einer Lebens-Energie hat nun nichts zu tun mit einer sogenannten Lebenskraft*, denn diese wäre als Kraft nichts anderes als eine Spezifikation einer universalen Energie, womit das Sonderrecht einer Bioenergetik gegenüber der physischen Energetik unter Übergehung der bis jetzt noch unausgefüllten Kluft zwischen dem physischen Prozeß und dem Lebensprozeß aufgehoben wäre. Ich habe vorgeschlagen, die hypothetisch angenommene Lebens-Energie mit Rücksicht auf den von uns beabsichtigten psychologischen Gebrauch als *Libido* zu bezeichnen und sie so von einem universalen Energiebegriff zu unterscheiden, in Wahrung des biologischen und psychologischen Sonderrechtes eigener Begriffsbildung. Ich will damit dem Bioenergetiker keineswegs zuvorkommen, sondern ihm freimütig zugeben, daß ich in Absicht auf *unseren* Gebrauch den Terminus Libido angewendet habe. Für seinen Gebrauch mag er eine „Bioenergie“ oder „Vitalenergie“ vorschlagen. (Ebd., 32; Hervorhebung im Original)

Mit diesen Differenzierungen versucht Jung, sein Konzept der Libido von vitalistischen Modellen zu unterscheiden. Er teilte zwar mit Neovitalisten wie Hans Driesch die Ablehnung eines mechanistischen Modells und die Notwendigkeit eines finalen Verständnisses des „Werdens“, doch er wollte die Reduzierung der Psychologie auf Biologie vermeiden. Auf die „Frage des psychophysischen Parallelismus und der Wechselwirkung“ (ebd., § 33) wollte er sich nicht einlassen. Jung „wählte für sein Konzept der Libido oder der psychischen Energie die Alternativen, die der Vitalismus favorisierte – eine energetische oder finale Sicht der Seele, ein relativ geschlossenes System und die Möglichkeit einer kausalen Beziehung zwischen Psyche und Körper“ (Nagy 1991, 255; s. die ausführliche Behandlung des Themas ebd., 237–264). Dabei räumte Jung ein, dass der *Beweis* einer Verbindung zwischen psychischem und physischem Energieprozess noch nicht erbracht ist. Doch „auch den Gegnern einer solchen Möglichkeit ist es nicht gelungen, den psychischen Prozeß vom physischen mit Sicherheit abzutrennen“ (Jung, *Über die Energetik der Seele*, GW 8, § 33).

Wie ich im nächsten Kapitel zeigen möchte, waren die vitalistischen und monistischen Bewegungen in der Zeit, in der Jung sein Modell der Libido als seelische Energie entwickelte, überaus stark. Der Begriff der Energetik wurde von Wilhelm Ostwald zum Dreh- und Angelpunkt sowohl naturwissenschaftlicher als auch psychologisch-geisteswissenschaftlicher Modelle erklärt. Jung kannte Ostwalds Arbeiten zur Typentheorie der Menschheit (Bair 2005, 410) und verweist in *Über die Energetik der Seele* auf dessen hypostatischen Energiebegriff (GW 8, § 5, Anmerkung 6), sodass wir davon ausgehen können, dass er auch mit Ostwalds monistischen Ansichten zur Energetik vertraut war.

Insgesamt zeigen die besprochenen Arbeiten, wie stark Jung in den Diskurs seiner Zeit eingebunden war, sowohl innerhalb der vielfältigen psychologischen Forschungsansätze als auch im weiteren Kontext von Religionsforschung, Philosophie und Naturwissenschaft. Auch wenn seine Lehren in der akademischen Psychologie auf Dauer wenig Beachtung fanden, ist sein Einfluss auf die Konsolidierung eines Diskurses, der die Seele mit metaphysischen und spirituellen Aspekten ausstattete und in ein ganzheitliches Wissenschaftsverständnis einband, kaum zu überschätzen. Das Diskursarrangement von Seele, Bewusstsein, Kosmos, Natur, Energie und Lebenskraft, wie Jung es vorfand und weiterführte, war Teil eines intellektuellen Gesprächs der Zeit bis in die frühen 1930er Jahre, das eine breite Öffentlichkeit erreichte. Monistische, vitalistische und okkultistische Lesarten der Seele hatten damals Hochkonjunktur. Diesen Debatten möchte ich mich nun zuwenden.

KAPITEL 5

Okkultismus, Naturwissenschaft und Spiritualität bis 1930

Vor dem Hintergrund der bisher skizzierten intellektuellen, wissenschaftlichen, literarischen und politischen Diskussionen zur Seele möchte ich nun etwas genauer auf die naturwissenschaftlichen Debatten schauen, die in vielfältiger Weise mit psychologischen und philosophischen Fragestellungen verwoben waren. Auch für die Zeit der Weimarer Republik zeigt sich, dass der Okkultismus eine Schlüsselstellung im Diskursgeflecht zur Seele einnimmt. Zusammen mit Monismus und Vitalismus bilden die Forschungen zu okkulten Kräften der Seele einen wichtigen Ausgangspunkt für die weitere Entwicklung des Seelendiskurses. Es ist dies auch die vorläufig letzte Phase, in der die Seele in universitären Kontexten behandelt wurde. Nach 1930 verschwand die Seele aus der akademischen Psychologie und Wissenschaft, um außerhalb der Universitäten nur umso stärker rezipiert zu werden. Wie kam es zu dieser Entwicklung?

Die Seele in Monismus und Vitalismus

Biologische Erklärungen für psychologische Sachverhalte hatten schon im neunzehnten Jahrhundert eine gewisse Konjunktur (Richards 2002; Reill 2005). In England waren es Alexander Bain und Herbert Spencer, die dieser Richtung Impulse verliehen, doch Kurt Danziger weist darauf hin, dass die Bewegung größer war als zumeist gedacht. „Es ging um eine neue Anerkennung der Relevanz biologischer oder physiologischer Perspektiven für die Psychologie. Anstatt eine Welt für sich darzustellen, wurde der Geist nun im Hinblick auf seinen Platz in der Natur studiert“ (Danziger 1982, 120). Ein Grund für die Missachtung dieser Richtung im späteren Rückblick auf die Psychologiegeschichte war die Tatsache, dass die Forscher der psycho-physiologischen Richtung „völlig den Anschluss verloren hatten, was Experiment und Quantifizierbarkeit angeht“ (ebd., 119). Während also eine biologistische Ausprägung der Seelenkunde gegenüber der experimentellen wie auch der metaphysischen Ausprägung zurücksteckte, erhielt sie um die Jahrhundertwende ausgerechnet von Nichtpsychologen Auftrieb. In Deutschland war es Ernst Haeckel (1834–1919), der diesem Ansatz neue Nahrung verschaffte.

 | DOI:10.30965/9783846764374_007

Haeckel legte den wohl radikalsten biologistischen Entwurf der Zeit vor. In einem seiner einflussreichsten Werke, *Die Welträthsel. Gemeinverständliche Studien über Monistische Philosophie* (1899, in der „Volks-Ausgabe" von 1903 in einer Auflage von 170.000 mit einem Nachwort „Das Glaubensbekenntniß der Reinen Vernunft"), widmet er der Seele ein ganzes Kapitel. Für ihn ist die Seele vollständig an ihre materielle Existenz gebunden.

> Alle Erscheinungen des Seelenlebens ohne Ausnahme sind verknüpft mit materiellen Vorgängen in der lebendigen Substanz des Körpers, im *Plasma* oder *Protoplasma*. Wir haben jenen Theil des letzteren, der als der unentbehrliche Träger der Psyche erscheint, als *Psychoplasma* bezeichnet (als „Seelensubstanz" im monistischen Sinne), d.h. wir erblicken darin kein besonderes „Wesen", sondern wir betrachten die *Psyche als Kollektiv-Begriff für die gesammten psychischen Funktionen des Plasma.* „Seele" ist in diesem Sinne ebenso eine physiologische Abstraktion wie der Begriff „Stoffwechsel" oder „Zeugung". (Haeckel 1903, 47; Hervorhebung im Original)

Die vollständige Biologisierung der Seele hat enorme Konsequenzen, die Haeckel ausführlich beschreibt (ebd., 39–86). Da die Seele als Teil evolutionärer Entwicklung betrachtet wird, ist die menschliche Seele nicht grundsätzlich verschieden von den Seelen anderer Wesen, insbesondere der evolutionär mit dem Menschen verwandten Tiere. Neben der „Keimesgeschichte" (Ontogenese) hat die Seele auch eine „Stammesgeschichte" (Phylogenese) als Entwicklung des Seelenlebens in der tierischen „Ahnen-Reihe des Menschen". Charaktermerkmale und Seeleneigenschaften sind also vererbbar, eine Lehre, die später im Nationalsozialismus rassistische Ideologien untermauern sollte. Schließlich widmet sich Haeckel auch den religiös-metaphysischen Ansichten über die Seele und weist insbesondere die Idee der Unsterblichkeit der Seele als völlig unwissenschaftlich von der Hand.

Indem Haeckel die Seele in Körperlichkeit und Substanz auflöst, entwickelt er eine Diskurskonstellation, die einerseits ohne traditionellen Religionsbegriff auskommt, andererseits jedoch die Seele im Sinne monistischer Philosophie sakralisiert. Das universelle Substanzgesetz nämlich, das Haeckel entwickelt, führt ihn in kosmologische Zusammenhänge, die metaphysische Qualitäten annehmen. Der neue Diskursknoten wird von ihm sogar konkret benannt: „Welt (=Natur=Substanz=Kosmos=Universum=Gott)" (ebd., 93). Die Seele ist lediglich eine Unterfunktion in diesem größeren Schema kosmischer Evolution.

Diese Überlegungen stehen bei Haeckel in direktem Zusammenhang mit seinem Interesse für die Verbindung zwischen Organischem und

Anorganischem, und vor allem der Frage, wie das Organische aus dem Anorganischen entstehen kann. Schon in seinem 1866 erschienenen frühen Hauptwerk *Generelle Morphologie der Organismen* mit dem Untertitel *Allgemeine Grundzüge der organischen Formen-Wissenschaft, mechanisch begründet durch die von Charles Darwin reformirte Descendenz-Theorie* hatte Haeckel im zweiten Band diese Frage explizit gestellt, doch erst durch die weitere Entwicklung der Biologie und der Psychologie fühlte er sich in die Lage versetzt, eine theoretisch und empirisch fundierte Antwort zu liefern. Im Vorwort zu seinem letzten großen Werk, 1917 unter dem Titel *Kristallseelen. Studien über das anorganische Leben* erschienen, verweist Haeckel auf mehrere fundamentale Arbeiten, die im Jahr 1904 erschienen waren und die unser Verständnis des Zusammenhangs zwischen organischem und anorganischem (Seelen-)Leben massiv verändert hätten. Es handelt sich dabei um Otto Lehmanns (Karlsruhe) Entdeckung der „flüssigen, scheinbar *lebenden* Kristalle", Richard Semons (München) Nachweis der „*Mneme* als erhaltendes Prinzip im Wechsel des organischen Geschehens", die Begründung des Seelenlebens der Pflanzen durch die experimentelle Erforschung ihrer Sinnesorgane durch Haberlandt, Nemec, Francé und andere, und schließlich der Nachweis von „kernlosen Zellen", womit „die Reform der Zellentheorie und ihr Ersatz durch die *Plastidentheorie* durchgeführt" wurde, die Haeckel ebenfalls schon 1866 angestrebt hatte (Haeckel 1917, vii; Hervorhebungen im Original). Erst jetzt, so Haeckel, war er in die Lage versetzt, in seinem Buch über *Lebenswunder* (1904) das Programm einer neuen „Biologischen Philosophie" zu entwerfen, welches zugleich die in den *Welträthseln* gemachten Aussagen ergänzte. Begeistert ruft er aus, das Jahr 1904 sei damit

> ein Markstein in der Geschichte der Naturphilosophie. Als wichtigste Errungenschaft desselben betrachten wir die definitive Überzeugung von der fundamentalen *Einheit aller Naturerscheinungen*, die im Begriffe des „Monismus" ihren einfachsten und klarsten Ausdruck findet. Es fielen jetzt mit einem Schlage die künstlichen Grenzen, die man bisher zwischen anorganischer und organischer Natur, zwischen Tod und Leben, zwischen Naturwissenschaft und Geisteswissenschaft errichtet hatte. *Alle Substanz besitzt Leben*, anorganische ebenso wie organische; *alle Dinge sind beseelt*, Kristalle so gut wie Organismen. Unerschütterlich erhebt sich aufs neue die alte Überzeugung von dem inneren einheitlichen Zusammenhange alles Geschehens, von der unbegrenzten Herrschaft allgemeingültiger Naturgesetze. (Ebd., viii; Hervorhebung im Original)

Wie stark die Genealogie dieses Diskurses mit Goethe zusammenhängt, macht Haeckel selbst klar, wenn er den „Markstein" von 1904 mit der Erfüllung des

Goetheschen Programms der Naturphilosophie identifiziert. Kein Wunder, dass gleich drei Zitate von Goethe das Motto der *Kristallseelen* bilden. Eines ist dabei besonders relevant für die zentrale Diskursstruktur der Seele im zwanzigsten Jahrhundert:

> Wem es nicht zu Kopfe will, daß Geist und Materie, Seele und Körper, Gedanke und Ausdehnung, Wille und Bewegung, die *notwendigen Doppel-Ingredienzien des Universums* waren, sind und sein werden, die *beide gleiche Rechte* für sich fordern, und deswegen beide zusammen wohl als *Stellvertreter Gottes* angesehen werden können, – wer zu dieser Vorstellung sich nicht erheben kann, der hätte das Denken längst aufgeben und auf gemeinen Weltklatsch seine Tage verwenden sollen. (Johann Wolfgang von Goethe, zitiert in Haeckel 1917, ii; Hervorhebung im Original. Das Originalzitat stammt aus einem Brief von Goethe an Karl Ludwig von Knebel vom 8. April 1812; s. Goethe 1965, 180; dort ohne Hervorhebungen)

Die Verbindung mit Goethe zeigt sich auch in der Rolle der Ästhetik für den Prozess der Naturerkenntnis. Die Ästhetik der Kristalle und die *Kunstformen der Natur* insgesamt (so der Titel eines der einflussreichsten Bücher Haeckels; s. Haeckel 1904) bieten einen direkten empirischen Zugang zum Wissen über die Natur. Dies schafft Querverbindungen, die in der Weimarer Republik erkannt wurden. Mit Verweis auf Haeckel notiert Arthur Titius: „Werden aber Verbindungslinien der Naturerkenntnis zur Kunst und zur Spekulation hin anerkannt, so wird man eine Berührung auch zwischen Naturerkenntnis und Religion, die Berechtigung einer religiösen Naturanschauung, nicht mehr von vornherein in Abrede stellen können" (Titius 1931, 14).

In *Kristallseelen* entfaltet Haeckel eine breit angelegte Theorie der Kristalle, die er „Kristallotik" oder „Kristallkunde" nennt. Er unterscheidet aufgrund der neueren Studien vier „Ordnungen" von Kristallen. Während die „Sterrokristalle" das sind, was die meisten als „echte", starre Kristalle verstehen, sind die „Kollokristalle" Gallertkristalle, die in Wasser aufquellen und ihr Volumen erweitern, ohne ihre Form aufzugeben (zum Beispiel Eiweißkristalle in Pflanzenzellen). „Biokristalle" sind feste Mischkristalle, entstanden aus lebendigem Plasma und mineralischer Substanz (Kalk, Kiesel usw.), und „Rheokristalle" schließlich sind die „scheinbar lebenden" Kristalle, die Otto Lehmann nachgewiesen hatte (Haeckel 1917, 2). Diese Unterscheidungen sind Voraussetzung dafür, dass Haeckel im vierten Kapitel mit der *Psychomatik* als „Fühlungskunde" (Lehre von der Empfindung der Materie) die unüberbrückbaren Gegensätze, die er zwischen medizinischer Psychiatrie und metaphysischer Psychologie ausmachte, zu überwinden glaubte.

Unter dem Stichwort „Fühlung“ oder „Ästhesis“ kommt Haeckel auf die Weltseele zu sprechen.

> Die „*Weltseele*“ (Psychoma) ist als psycho-physisches Prinzip eines der drei „Essential-Attribute“ aller Substanz; sie ist überall mit den beiden anderen Grundeigenschaften (Energie und Materie) untrennbar verbunden, ebenso in der organischen („belebten“), wie in der anorganischen („leblosen“) Natur. Als *Fühlung* oder unbewußte „Empfindung“ ist sie die wirkliche „*Innerung*“ der Substanz, im Gegensatze zu deren „Äußerung“, der Energie. Die Fühlung unterscheidet das Subjekt von der Umgebung der Außenwelt (dem Objekt), während die Energie als „Kraft“ auf sie wirkt (sich äußert). In der Ästhese stehen sich zwei wechselnde „Urzustände“ gegenüber, das positive *Lustgefühl* als Neigung oder Attraktion, das negative *Unlustgefühl* als Widerstand oder Repulsion. Der Antagonismus der positiven und negativen Fühlung entspricht der alten Lehre vom „Lieben und Hassen der Elemente“. (Ebd., 96; Hervorhebung im Original)

In seinem Versuch, die monistische Weltanschauung zu begründen, wusste Haeckel sich verbunden mit Wilhelm Ostwald (1853–1932). Beide waren sich einig in ihrer Überzeugung, dass aufgrund der naturwissenschaftlichen Entwicklung die philosophische und kulturelle Deutung des Verhältnisses von Natur und Mensch völlig neu gedacht werden müsse. Wie stark sich beide Wissenschaftler in dieser Intention gegenseitig unterstützten, zeigt ihr Briefwechsel, der 2006 aus Anlass des 100. Jahrestages der Gründung des Deutschen Monistenbundes veröffentlicht wurde (Nöthlich et al. 2006; s. auch den historischen Überblick ebd., 1–40). Der Deutsche Monistenbund wurde 1906 auf Anregung Haeckels gegründet, und Haeckel war es auch, der Ostwald dazu bewegte, 1911 den Vorsitz des Bundes zu übernehmen, den er dann bis 1915 bekleidete.

Ostwald, der 1909 den Nobelpreis für Chemie bekam, sah im Monismus ebenso wie Haeckel eine Verbindung zwischen Naturwissenschaft, Geisteswissenschaft und Religion. Seine Wahl zum Vorsitzenden des Deutschen Monistenbundes kombinierte er mit anderen Aktivitäten – politisch in der Friedensbewegung von Berta von Suttner, künstlerisch als leidenschaftlicher Maler. Seine Ideen zur Farbenlehre, stark auf Goethe zurückgehend, beeinflussten Künstler wie den jungen Paul Klee und Mitglieder der niederländischen Künstlergruppe De Stijl, einschließlich Piet Mondrian. Ostwalds

Werk umfasst mehr als 40.000 Seiten. Als Vertreter der monistischen Bewegung propagierte Ostwald Sozialdarwinismus, Euthanasie und Eugenik, und nach dem verlorenen Krieg 1917 verband er den Monismus mit deutsch-nationalem Revanchismus (zu Ostwald s. Daser 1980; Braune 2009; von Stuckrad 2014, 80–85; allgemein Jacobsen 2005).

Ostwalds Philosophie der „Energetik" unterschied sich von Haeckels Monismus dadurch, dass Ostwald Materie und Substanz geringer einschätzte als Haeckel und sich mehr auf die kulturellen und spirituellen Aspekte von „Energie" konzentrierte, eine Kritik, die Hans Driesch (s.u.) übrigens teilte. Ostwald dagegen sah im Begriff der Energie, den er aus dem Konzept der „Arbeit" entwickelte, die Überwindung des Dualismus zwischen Naturwissenschaft und Geisteswissenschaft. Er tat dies in seinem 1910 erschienenen Buch *Die Forderung des Tages*. Im Kapitel „Allgemeine Energetik" macht er klar, dass auch der Begriff der „Materie", „soweit ein solcher Begriff sich überhaupt als zweckmässig erweisen sollte, auf energetischer Grundlage zu definieren" sei (Ostwald 1910, 22). Genau dies sah Haeckel ganz anders. Ostwald sollte auf diese Unterschiede zwischen ihm und Haeckel ausdrücklich zurückkommen, und zwar in seiner 35. „Monistischen Sonntagspredigt", die „Haeckel und Ostwald" überschrieben ist. Diese Kontroverse ist auch für den Seelendiskurs wichtig, denn der Autor widerspricht Haeckels Überzeugung, die er von Spinoza und Fechner übernommen hatte, dass Materie nie ohne Geist, und Geist nie ohne Materie bestehen könne, und dass man darum selbst die Existenz von „Atomseelen" annehmen könne. Haeckel habe, so Ostwald, schließlich „die Materie bis in ihre letzten kleinsten Teilchen als mit Seele verbunden oder beseelt angesehen" (Ostwald 1912, 277). Diese Ansicht habe sich jedoch aufgrund der neuesten Entwicklung der Naturwissenschaft als grundfalsch erwiesen. Vor dem Hintergrund der Gesetze der Energie könne von einer Verbindung zwischen Materie und Seele keine Rede sein (ebd.). „Der Energiebegriff ist vielmehr weit und umfassend genug, um auch die psychischen Phänomene in seinen Rahmen aufzunehmen, was bei der allzu engen Mechanik nicht möglich war" (ebd., 279).

Ganz ähnlich liest sich dies im Kapitel „Psychologie und Biographie" in *Die Forderung des Tages*, wenn Ostwald klarstellt: „Die energetische Auffassung der psychologischen Erscheinungen stellt ein besonders auffallendes Beispiel von der bereits erwähnten Eigenschaft der Energetik dar, sich unbewusst und fasst wider Willen als erklärendes Prinzip in die Auffassung anscheinend ganz fernliegender Gebiete einzudrängen. [...] Demgemäss hat sowohl die Physiologie, wie auch die Psychologie und die Kulturwissenschaft ihre energetischen Grundlagen" (Ostwald 1910, 211). Schon im ersten Teil der „Monistischen Sonntagspredigten" hatte er unter dem Stichwort „Unsterblichkeit" notiert:

> Es ist also durchaus ein Gesamtergebnis der gegenwärtigen Wissenschaft, *daß der Geist eine Funktion des Körpers ist.* Wenn der eine Wert der funktionellen Beziehung nämlich der Körper oder vielmehr das Leben an ihm Null wird, so verschwindet auch für unsre Beobachtung durchaus und in jeder Beziehung der davon abhängige Wert, das, was wir *Seele* oder *geistiges Leben* nennen. Durch den fundamentalen Irrtum, welchen *Platon* in die gesamten Betrachtungen der geistigen Erscheinungen hineingebracht hat, als wäre nämlich die Seele ein selbständiges Individuum, das vom Körper unabhängig zu existieren vermag, und das mit dem Körper nur zeitlich durch gewisse unbekannte Banden zusammengehalten wird, hat sich dieser einfache Tatbestand in unserm Bewustein [sic!] in nachteiligster Weise verschoben und verdunkelt. Unser Urteil über das Verhältnis zwischen Seele und Körper ist noch dadurch weitergehend gestört worden, daß das spätere Christentum diesen Platonismus übernommen und noch weiter bis zum äußersten Gegensatz zwischen Seele und Leib gesteigert hat. (Ostwald 1911, 186–187; Hervorhebung im Original)

Eine ähnliche Kritik an der Religion, insbesondere am Christentum, findet sich auch in Ostwalds 1914 erschienenen Buch *Religion und Monismus*, in dem er den Monismus als die Überwindung historischer Religionen beschreibt. Stück für Stück widerlegt Ostwald die Existenzberechtigung von Christentum und Priesterkaste, und für jedes Problem erweist sich der Monismus als moderne Lösung. So sei es beispielsweise viel angenehmer, am Ende des Lebens „in die Flut der Ununterschiedenen" einzutauchen mit „Aussicht auf einen tiefen und traumlosen Schlaf", statt den „Faktor der Unsicherheit, ja des Grauens" zu durchstehen, den das Christentum in den Abschluss des Lebens hineingebracht habe (Ostwald 1914a, 105). Im selben Jahr formuliert er an anderer Stelle, es bestehe ein Entwicklungsverhältnis zwischen Christentum und Monismus, „indem das Christentum eine frühere und daher unvollkommenere Stufe der Ethik darstellt. Wir Monisten werden also auf das Christentum zurückschauen, wie wir etwa auf unsere Jugendjahre zurückschauen" (Ostwald 1914b, 53).

Ostwald formuliert hier völlig konsequent, hatte er doch schon in seiner Sonntagspredigt zu „Energie" betont, dass alle menschlichen Gedanken und geistigen Funktionen aus Energie abgeleitet werden müssen, und nicht aus mystischen oder transzendenten Dimensionen.

> So ist der ganze Reigen der Himmelskörper, an dem sich eine auf das Großartige gerichtete Phantasie erbaut, eine Energieumwandlung. Und

> ebenso entsteht keiner der Gedanken, die bald klar, bald schattenhaft durch mein Bewußtsein ziehen [...], ohne daß jeder, auch der leisesten dieser Regungen eine Energieumwandlung zu Grunde liegt, bei deren Aufhören auch ein jedes Denken aufhören muß. [...] So kann nichts Größtes und nichts Kleinstes genannt werden, was nicht in dem Rahmen des Energiebegriffes seinen Platz fände, und was nicht dem Gesetz von der Erhaltung der Energie unterworfen wäre. (Ostwald 1911, 88)

Wie kaum ein anderer hat Wilhelm Ostwald zur Verwissenschaftlichung von Religion und zur religiös-metaphysischen Transformation von Naturwissenschaft im zwanzigsten Jahrhundert beigetragen. Das von Ostwald und Haeckel geflochtene Diskursband – in dem „Seele" bei Haeckel stärker betont ist, bei Ostwald dagegen „Energie" – nimmt explizit religiöse, selbst christliche, Semantiken und Begriffe auf und verbindet sie mit psychologischen und naturwissenschaftlichen. Die Rede von „Energie" sollte ebenso wie die spirituell und naturwissenschaftlich konzipierte Rede von „Seele" in der zweiten Hälfte des zwanzigsten Jahrhunderts eine große Breitenwirkung entfalten.

Für Haeckel und Ostwald hatten transzendente Quellen menschlicher Sonderstellung also ausgedient. „Gab es denn nun keine Hoffnung mehr, dass menschliche Werte eine transzendente Quelle haben könnten?", fragt Marilyn Nagy. Ihre Antwort: „Die gab es sehr wohl – die neue Hoffnung kam in der Person von Hans Driesch und den Lehren des Neovitalismus, die er auf wissenschaftlicher Basis entwickelte" (Nagy 1991, 245). Der Vitalismus hat eine lange Vorgeschichte in europäischer Philosophie und Naturwissenschaft. Durch Betonung materialistischer wissenschaftlicher Methoden am Ende des neunzehnten Jahrhunderts in den Hintergrund gedrängt, kam es in der Tat vor allem durch Hans Driesch (1867–1941) zu einer Wiedereinführung vitalistischen Denkens. Als er die Versuche mit Froscheiern, die Wilhelm Roux 1888 durchgeführt hatte, mit Seeigeleiern wiederholte, stellte Driesch fest, dass nur die erste Hälfte des Versuchs gleich verlief; danach jedoch bildete sich eine vollständige und neue Seeigellarve, was der mechanistischen Interpretation Roux' zuwiderlief. Dieses als Morphogenese von Organismen bekannte Forschungsfeld führte Driesch zu der Annahme, es müsse ein teleologisches, ganzheitlich wirkendes Bauprinzip geben, das allen Organismen von Anfang an ein Entwicklungsprogramm verleihe, einen Faktor in der Natur, der die physikalisch-chemischen Vorgänge in der Ganzheit des Organismus erzeuge. Der auf Aristoteles zurückgehende Begriff der „Entelechie" leistete für Driesch genau das. Entelechie bezeichnet einen immateriellen Faktor, eine „vitale Kausalität", die durch ihre Wirkung eine Ganzheit erzeugt. Eine „entelechiale Evolution" ist die ganzheitskausale Entwicklung eines Systems hin zu weiterer

Vielfalt (etwa in der Embryologie), im Unterschied zu „maschineller Entwicklung", die nicht unbedingt auf das Ganze des Werdens abhebt (etwa wenn der Endzustand einer Maschine als Ganzes wieder eine Maschine ist; s. hierzu Driesch 1923b, 290–299, ab S. 300 mit den Grundsätzen des Vitalismus kombiniert).

Wiederholt wandte sich Driesch gegen die Lehre vom sogenannten „psycho-physischen Parallelismus". Diese Lehre unterstellt eine grundsätzliche Trennung zwischen einer physischen und einer psychischen Welt, wobei es keine psychischen Phänomene gebe, die nicht ihre Entsprechung in der physischen Realität hätten, also über mechanische Naturprozesse abbildbar seien (zur wissenschaftstheoretischen und philosophischen Bedeutung der dahinterstehenden Diskussion s. Daston 1982, 100–103). Umgekehrt gilt der Parallelismus jedoch nicht in gleicher Weise, denn das Physische „in seiner Gesamtheit ist durchaus und lediglich ein mechanisches (oder energetisches oder elektrodynamisches) System", wie Driesch kritisiert (Driesch 1923a, 2; im Original gesperrt gedruckt). Stattdessen versucht Driesch zu verdeutlichen, dass der psycho-physische Parallelismus tatsächlich zwei Seiten einer einzigen Wirklichkeit betrifft. „Wir dürfen diese Parallelität als Ganzes mit dem kurzen Namen *Mein beseelter Leib* oder *Die unmittelbare psycho-physische Person* bezeichnen" (ebd., 107; Hervorhebung im Original). Die Verbindung der individuellen Seele oder Person mit der intersubjektiven und Naturwelt geschieht für Driesch über die Konzepte „Psychoid" und „Seele". „Es gibt nun viele Naturkörper", so führt Driesch aus, „welche sich gleich oder ähnlich ihrer Werdegesetzlichkeit nach verhalten, wie mein Leib; die ‚anderen Menschen' nämlich und die Tiere. Sie darf ich fassen, *als ob* ihrem Psychoid eine *Seele* parallel zugeordnet sei. Das ergibt den Begriff: *Die andere psycho-physische Person*" (ebd.; Hervorhebung im Original). In seiner *Ordnungslehre* verwendet Driesch auch den Begriff des „Seelischen" anstatt der „Seele", da das Seelische bereits die Verbindung mit „fremd-seelischen" Phänomenen abbilden kann; die „Organisation der Seele" sorgt für das Ordnen des Innenlebens und wirkt in die Natur hinein (Driesch 1923b, 364–371).

Diese Überlegungen gehören in das Diskursarrangement des Okkultismus. Driesch selber hatte schon in seiner bekannten Abhandlung *Der Vitalismus als Geschichte und als Lehre* (1905) darauf hingewiesen, dass die sogenannten „okkulten Erscheinungen" auch für die Philosophie von großer Relevanz seien. Mit Überraschung notierte er außerdem, dass die Psychologie die Erkenntnisse des Vitalismus noch nicht rezipiert hätte, obwohl das Leib-Seele-Problem, für das der Vitalismus eine Lösung anbiete, auch für psychologische Phänomene relevant sei. Dies brachte Driesch in die Nähe von Überlegungen Carl Gustav Jungs, den er 1934 traf und dessen Arbeit er schätzte, da beide vor allem auf parapsychologischem Gebiet ähnliche Ansichten vertraten („Wir fanden uns in Vielem zusammen, auch in Sachen der Parapsychologie", schreibt Driesch in seiner Autobiografie; Driesch 1951, 274). Der vitalistische Diskurs ist deshalb als viel breiter anzusetzen als der Vitalismus im engeren Sinne (von Stuckrad 2014, 64–70; zu Rudolf Steiners Rolle in dieser Bewegung ebd., 110–112; s. ferner die ausführlichen Analyse dieses Diskurses bei Asprem 2014).

Es liegt in der Linie dieser Überlegungen, dass Driesch sich in den 1920er Jahren zunehmend mit paranormalen Erscheinungen und deren wissenschaftlicher Erforschung beschäftigte. Schnell wurde er bekannt als Autorität auf diesem Gebiet. In den Jahren 1926–1927 war er Präsident der Society for Psychical Research, und 1932 publizierte er ein Methodenbuch zur Parapsychologie, das eine große Wirkung entfaltete und mehrmals neu aufgelegt wurde. Die dritte Auflage von 1952 enthält ein mehr als 40-seitiges Nachwort „Zur Entwicklung der Parapsychologie von 1930–1950" von Hans Bender. Im Untertitel des Buches zur Parapsychologie setzt Driesch das Wort „okkult" bereits zwischen Anführungszeichen. Das ist programmatisch, denn: „Eben weil die Parapsychologie echte Aufklärungsarbeit leistet, sollte man endlich aufhören, sie ‚Okkultismus' zu nennen" (Driesch 1932, 6). Die Unterscheidung zwischen Okkultismus und Parapsychologie spiegelt im deutschen Sprachraum – durchaus im Unterschied zum französischen und englischen Kontext – nicht unbedingt verschiedene Weltanschauungen wider. Parapsychologische Forscher wie beispielsweise Julian Ochorowicz, Albert von Schrenck-Notzing oder Enrico Agostino Morselli waren Positivisten, wenn nicht gar Materialisten (wie auch Charles Richet in Paris), bestanden aber dennoch auf der Realität parapsychologischer Phänomene (Sommer 2013a; Sommer 2013b).

In seiner Lehre spricht Driesch von einem „Seelenfeld", das die individuelle Seele mit anderen Seelen verbindet. Deshalb kann es zu einem Austausch von Wissen zwischen Seelen und Personen kommen, wie es in parapsychologischen Phänomenen allenthalben beobachtet wurde. Driesch geht noch weiter und stattet das übergeordnete „Weltbewusstsein" ebenfalls mit *agency* aus. „Das Überpersönliche ist nicht nur ein unbestimmter, personale lebende Seelen verbindender und paranormale unmittelbare Wissensübertragung zwischen ihnen möglich machender Rahmen, sondern eine Art von überpersönlichem *Subjekt*. Dieses Subjekt aber hat alle Lebenspläne aller Menschen fest geformt in sich" (ebd., 123; Hervorhebung im Original).

Auch den Begriff „Medium" möchte Driesch durch einen besseren ersetzen, da das Wort noch stets einen spiritistischen Beigeschmack habe. Von Eugène Osty, der von 1924–1938 Direktor des Institut Métapsychique International in Paris war, übernimmt Driesch deshalb den Begriff „Metagnom", den er definiert „als einen Menschen, von dem aus oder in ausdrücklichem Bezug auf welchen parapsychologische Phänomene statthaben, welcher also unerläßlich für parapsychische Dinge ist" (ebd., 58–59). Man kann an solchen Versuchen der wissenschaftlichen Verortung, die mit der Schaffung einer neuen Sprache jenseits des Okkultismus einhergehen, die Veränderung des Seelendiskurses erkennen.

Der Diskurs zu okkulten Wirklichkeiten, der im neunzehnten Jahrhundert maßgeblich zur Entstehung der akademischen Psychologie beigetragen hatte, fand damit eine intensive Fortsetzung in der Zeit der Weimarer Republik. Zu Recht spricht Egil Asprem von einer lebhaften Debatte, die über drei Generationen hinweg geführt wurde (Asprem 2014, 317–412). Zu diesen Diskursformationen haben auch Haeckel und Ostwald beigetragen, selbst wenn man ihre Arbeiten keineswegs unter „Okkultismus" einordnen sollte – ihr Beitrag bestand in der Stärkung und Legitimierung desselben Diskursarrangements, das auch den Okkultismus und den Vitalismus im engeren Sinne trug.

In dieser Zeit vollzog sich einerseits eine Art Normalisierung des Diskurses, weil naturwissenschaftliche und technische Neuerungen des neunzehnten Jahrhunderts mehr und mehr zum Allgemeingut wurden, andererseits zeigte sich eine Tendenz, die Untersuchung okkulter Phänomene weiter zu professionalisieren, sei es durch naturwissenschaftliche Prüfung, sei es durch eine genauere psychologische Terminologie. Hans Driesch ist ein gutes Beispiel hierfür, doch er war keineswegs der einzige.

Der Okkultismus der 1920er Jahre

Richard Baerwald (1867–1929) arbeitete nach seiner Promotion als Dozent für Psychologie und Pathologie des Seelenlebens an der Humboldt-Universität Berlin. Baerwald ist einer der Autorinnen und Autoren, die die experimentell-reduktionistische Psychologie kritisierten. Schon 1905 beklagte er die Tatsache, dass die physiologische Psychologie keine Lösungen für philosophische und pädagogische Fragen anbiete. „Geschichte und Ethnographie" wiederum, so Baerwald, „arbeiten, wo sie auf psychische Faktoren zurückgehen, vielfach mit einer ad hoc geschaffenen Psychologie, die der wissenschaftlich kodifizierten fernsteht" (Baerwald 1905, 583). Um zwischen Psychologie und Geisteswissenschaft eine Brücke zu schlagen, präsentiert Baerwald die „Psychologie der individuellen Differenzen", die darauf abhebt, dass sich unterschiedliche Anlagen und Merkmale von Kulturepochen mit dem Vokabular der individuellen Psychologie abbilden lassen. „Es gibt Zeitgeistindividuen, so gut wie persönliche Individuen" (ebd., 584). Gerade in der deutschen Geistesgeschichte findet Baerwald Extrembeispiele von radikal sich veränderndem Zeitgeist, und der „Zickzackkurs des deutschen Geisteslebens" (ebd., 585) habe scharfe Antithesen hervorgebracht, die den Zusammenhang zwischen Seele und Kulturepoche deutlich machten. Wie zu erwarten in dieser Richtung deutscher Kulturdeutung, bezieht sich Baerwald auf die Goethezeit, die er sodann mit der als radikal anders beschriebenen Gegenwart vergleicht.

Während seiner Zeit in Berlin entwickelte Baerwald ein zunehmendes Interesse für den Okkultismus, den er 1920 definiert als „Wissenschaft von den mediumistischen Phänomenen" (Baerwald 1920, 5; im Original hervorgehoben). In dieser Übersicht, erschienen bei Teubner als „560. Bändchen" der Reihe „Aus Natur und Geisteswelt: Sammlung wissenschaftlich-gemeinverständlicher Darstellungen", führt Baerwald die Leserinnen und Leser in das Gebiet des Okkultismus ein und macht zugleich klar, dass das früher so populäre Gebiet des „physikalischen Okkultismus", in dem „physikalische Medien" vorgeben, Geistern bei der Erscheinung und Materialisierung zu helfen, durch die kritische psychologische Forschung seit 1880 im Niedergang begriffen sei (ebd., 103–125). Sein Gesamturteil zu Spiritismus und Okkultismus ist unmissverständlich:

> Der Spiritismus ist vor unseren Augen zusammengebrochen, der metaphysische Glaube an ein höheres Dasein jenseits der greifbaren natürlichen Erscheinungswelt hat wieder einmal eine Niederlage erlitten. Aber die unausrottbare Sehnsucht des Menschen nach einem Mystischen, Unsichtbaren hinter der gleichgültigen Wahrnehmungswelt bleibt dennoch nicht unbefriedigt, sie findet, was sie sucht, nur an einer anderen Stelle. Ein neues „Jenseits der Seele" (Dessoir) tut sich auf, ein Unterbewußtsein hinter dem normalen, alltäglichen Bewußtsein, so voll von ahnungsvollem Wissen und unbekannten Kräften, daß seine Wunder denen des geträumten Himmels, der angenommenen Geisterwelt kaum nachstehen. Im eigenen Innern, im Psychologischen und Sittlichen, gewinnt der Mensch wieder, was philosophische und naturwissenschaftliche Kritik seinem Glauben draußen im All entrissen haben – mit diesen Worten ist das Entwicklungsgesetz der Weltanschauungen im Jahrhundert nach Kant ausgesprochen. (Ebd., 125)

Mithin haben für Baerwald Spiritismus und physikalischer Okkultismus jede Daseinsberechtigung verloren. Doch jenseits dieser als unwissenschaftlich und ethisch unseriös beschriebenen Anschauungen und Praktiken plädiert Baerwald für einen kritischen Okkultismus: „Wir haben heute ein besseres Mittel, uns zu sichern und gesund zu erhalten: Wir können den okkultistischen Erscheinungen das Sinnbetörende nehmen, indem wir sie auf ihre natürlichen

Ursachen zurückführen" (ebd., 11). Es handelt sich dabei also um eine Art säkularisierten Okkultismus, in dem der Diskursfaktor „Wissenschaft" wie schon bei Ostwald und anderen zum wichtigen Bedeutungsträger wird.

Genau dieses Programm verfolgte Baerwald weiter. Von 1926 bis 1928 war er Herausgeber der *Zeitschrift für kritischen Okkultismus*, die sich einer wissenschaftlichen Erforschung okkulter Phänomene widmete. 1926 erschien Baerwalds *Okkultismus und Spiritismus und ihre weltanschaulichen Folgerungen*. Darin umreißt er das Themenfeld folgendermaßen:

> Das Gebiet, das wir hiermit betreten wollen, nannte man in älterer Zeit „Geheimwissenschaften", aber auch „Magie" oder „Spiritismus". [...] Erst im 19. Jahrhundert kam der von Kiesewetter geprägte Ausdruck „Okkultismus" auf, der zwar an sich nur eine Latinisierung des alten Wortes Geheimwissenschaft (occultus = verborgen) bedeutete, aber doch ein neues Programm enthielt. Unser Wissenschaftsgebiet versuchte unter dieser Parole die Wandlung nachzuholen, die Astronomie und Physik 2–3 Jahrhunderte vorher durchgemacht hatten, es suchte sich von den Geistern und Dämonen zu befreien und Kräfte der Erfahrungswelt, also in diesem Falle psychologische und physiologische Vorgänge, als Ursache der „okkulten Phänomene" zu erkennen. Vielfach, wenn auch nicht durchweg, bekam das Wort „Okkultismus" eine Spitze gegen den Spiritismus. Man nannte sich Okkultist, wenn man andeuten wollte, daß man den tanzenden Tisch oder die erstehende Materialisation nicht für eine Leistung oder Erscheinung von Geistern hielt, sondern einsah, daß man es ausschließlich mit einer Wirkung des Mediums zu tun hatte. Das neue Wort wurde also für die Tendenz, die unerklärlichen und doch z. T. nicht mehr zu leugnenden Phänomene in den gewohnten Naturzusammenhang einzufügen, zur Flagge und zum Symbol. (Baerwald 1926, 7–8)

Er definiert „Okkultismus" denn auch als „Lehre von den mediumistischen Phänomenen" (ebd., 9), die der „Erforschung der mediumistischen Erscheinungen" (ebd., 11) gewidmet sei. Das Inhaltsverzeichnis des Buches kann man als Strukturierung und Systematisierung der genannten Phänomene verstehen: „Das Unterbewußtsein", „Mediumität" (einschließlich der Hysterie), „Steigrohre des Unterbewußtseins" (automatisches Schreiben, Kristallvisionen, Tischrücken und Tischklopfen, der siderische Pendel), „Telepathie", „Die Verkappungen der Hyperästhesie und Telepathie" (Hellsehen, Psychometrie, Doppelgänger, Cross-Correspondence, Spuk), „Prophezeiungen", „Die physikalischen Phänomene" und schließlich „Spiritismus und Unsterblichkeitsproblem".

In den Kreis der einflussreichen deutschen Okkultisten der Zeit gehört auch Traugott Konstantin Oesterreich (1880–1949). Nach seiner Promotion in Berlin mit einer Arbeit zu *Kant und die Metaphysik* (1906) arbeitete Oesterreich fünf Jahre als Privatgelehrter und als Mitarbeiter am Neurobiologischen Institut in Berlin, bevor er sich 1910 an der Universität Tübingen für das Fach Philosophie habilitierte. Erst zwölf Jahre später wurde er zum Planmäßigen Extraordinarius für Philosophie und Psychologie an der Universität Tübingen ernannt. In dieser Stellung konnte er bis 1933 bleiben. Nach dem Machtantritt der Nationalsozialisten wurde er von Kollegen wegen seiner demokratischen und pazifistischen Haltung denunziert. Nach seiner Zwangsemeritierung wurde er erst 1945 wieder in sein Amt eingesetzt.

Von Beginn an ging Konstantin Oesterreichs Interesse weit über das Gebiet der Philosophie hinaus. Er beschäftigte sich mit Psychologie und Psychopathologie, wobei er insbesondere zu Fragen der Ich-Identität und Persönlichkeitsspaltung arbeitete. Es waren diese Fragen, die ihn zum Okkultismus und zur Parapsychologie brachten. Er nahm an Sitzungen mit bekannten Medien der Zeit teil, und die dort gemachten Erfahrungen verstärkten seine Überzeugung, dass die Parapsychologie wichtige zusätzliche Erkenntnisse für Psychologie und Philosophie liefern könne. Gemeinsam mit Hans Driesch und Rudolf Tischner (s.u.) forderte er die Gründung eines deutschen „Zentralinstituts für Parapsychologie", nach dem Vorbild der britischen Society for Psychical Research. In einem Vortrag auf dem Zweiten Internationalen Kongress für Parapsychologische Forschung, der 1923 in Warschau stattfand, kritisierte Oesterreich die Haltung seiner philosophischen Kolleginnen und Kollegen, parapsychische Phänomene als relevant nur für Psychologie, Psychiatrie, Physik und Biologie zu betrachten. „In Wahrheit kann gerade die philosophische Bedeutung der mediumistischen Phänomene nicht leicht zu hoch angeschlagen werden" (Oesterreich 1924, v).

1921 veröffentlichte Oesterreich sein Übersichtswerk *Der Okkultismus im modernen Weltbild*, das schon 1923 in dritter Auflage erschien. Werfen wir einen kurzen Blick auf dieses Werk. Ganz ähnlich wie Richard Baerwald beschreibt auch Oesterreich den Okkultismus als eine wissenschaftliche Tradition, die in England und Frankreich seit einigen Jahren durch kritische Fachliteratur behandelt werde, doch erst jetzt in Deutschland als großes Thema Einzug gehalten habe. In der „Einleitung" geht Oesterreich auf die fundamentale Menschheitskrise nach dem Ersten Weltkrieg ein, aber auch auf die umfassenden Krisen in den Naturwissenschaften. Interessant ist seine Stellungnahme zum Traum der Psychologie, als Wissenschaft anerkannt zu sein:

> Dieser seltsame Traum ist zerronnen. Kein ernsthafter Forscher kann heute mehr glauben, daß die Rolle der experimentellen Psychologie

> innerhalb der Geisteswissenschaften der Rolle der Mechanik innerhalb der Physik auch nur näherungsweise entspräche. Alle Hoffnung, im Seelenleben Gesetze von ähnlicher Struktur wie die Gesetze der Mechanik aufzufinden, ist unerfüllt geblieben. Es gibt im Seelenleben außer dem Ich, als dessen Akte und Zustände sich alle psychischen Erlebnisse darstellen, keinen dauernden Bestand habenden Faktor, während alle mechanische Physik das Vorhandensein und Bestehenbleiben von körperlichen Elementarbestandteilen zur Voraussetzung hat. (Oesterreich 1923, 14)

Doch damit nicht genug. Oesterreich führt aus, dass die Stellung der Psychologie und der Status der Seelen selber eng mit der physischen Welt in Verbindung stehen. „Die Physik hat es mit Objekten zu tun, die eine selbständige Sphäre des Wirklichen darstellen [...], die Erlebnisse der Seelen sind von Vorgängen in der Körperwelt mitbedingt. Jede Seele gilt uns als mit einem körperlichen Organismus verbunden" (ebd., 15). Dieser Zusammenhang zwischen materieller Wirklichkeit und seelischer Existenz habe dazu geführt, dass die „moderne Psychologie und die neue Biologie [...] die ältere materialistische Weltanschauung gemeinsam entwurzelt" hätten. „Dennoch fehlt viel daran, daß sie ein geschlossenes Weltbild an ihre Stelle gesetzt hätten" (ebd., 16–17).

Genau solch ein geschlossenes Weltbild möchte Oesterreich ausarbeiten. Der Begriff „Okkultismus" sei dafür jedoch unglücklich; waren die „okkulten", geheimnisvollen und rätselhaften Phänomene wie Röntgenstrahlen, Radioaktivität und Hertzsche Wellen am Ende des neunzehnten Jahrhundert als neue Entdeckungen noch vom „Gefühl des Weihevollen, Geheimnisreichen" umgeben, habe man diese Erscheinungen inzwischen als Selbstverständlichkeiten akzeptiert. „Nicht anders steht es mit den ‚okkulten' Problemen. Nur solange Dinge wie Telepathie, Hellsehen, Materialisation noch als etwas Ungewohntes erscheinen, umgibt sie der Zauber des Geheimnisvollen" (ebd., 20). Doch die neueren Alternativbegriffe wie „wissenschaftlicher Okkultismus", „Parapsychologie" oder „Metapsychologie" (von Charles Richet, dem Physiologen und Psychologen, der 1913 den Nobelpreis erhielt) sind seiner Meinung nach auch keine Lösung. Vielmehr komme es auf Inhalte an und darauf, dass die Psychologie die wichtigste Partnerin bei dieser interdisziplinären Zusammenarbeit sein müsse (s. ebd., 21).

Oesterreichs Buch ist im Anschluss an die Einleitung ein Versuch der Systematisierung okkulter Tatsachen, jeweils mit ausführlichen Diskussionen konkreter „Fälle". Die behandelten Themen umfassen „Inkarnationszustände", „Hellsehen und Telepathie", „Psychometrie", „Cross-Correspondence", „physikalischen Mediumismus, Telekinesie, Eusapia Palladino", „Materialisationsprozesse" und „Eigene parapsychophysische Beobachtungen". Das letzte Kapitel behandelt „Die Theosophie – Rudolf Steiner"; sowohl Theosophie als auch Anthroposophie betrachtet er als fragwürdige und betrügerische Praktiken, wobei man Steiner doch immerhin seine „hohen sittlichen Tendenzen" zugestehen müsse (ebd., 246).

Die Publikationen von Baerwald und Oesterreich stehen für viele andere. Nur kurz verwiesen sei auf Rudolf Tischner (1879–1961), der als Augenarzt in München wirkte und durch Publikationen zur Homöopathie und zum Okkultismus hervortrat. Seine *Einführung in den Okkultismus und Spiritismus*, 1921 in der Reihe „Grenzfragen des Nerven- und Seelenlebens" erschienen und 1923 bereits in überarbeiteter Fassung neu aufgelegt, folgt im Grunde demselben Programm wie Baerwald und Oesterreich (auch wenn der Autor in seinem Vorwort behauptet, sein Buch sei die erste Übersicht dieser Art; s. Tischner 1923, v). Auch hier wird der Spiritismus als unbewiesene Deutung okkulter Phänomene beschrieben, während der Okkultismus in seinen zwei Ausformungen – der seelischen oder parapsychischen Erscheinungen einerseits und der materiellen oder paraphysischen Erscheinungen andererseits – als wichtiger Bestandteil der Erforschung psychischer und physischer Realität verteidigt wird. Dabei zeigt Tischner durchaus Verständnis für die Menschen, die sich Antworten vom Spiritismus erhoffen, gerade nach den traumatischen Erlebnissen des Weltkriegs. „Man sehnt sich aus der Vereinzelung heraus, in die der moderne Naturalismus die Seele gestellt hat, man will nicht ein Atom im Weltall sein, sondern ein Glied eines sinnvollen Geschehens" (ebd., 119). Und es mutet geradezu wie eine Referenz an Max Webers Theorie von Entzauberung und Wiederverzauberung an, wenn Tischner – ganz ähnlich wie Baerwald – festhält:

> So betrachtet ist der Glaube des Spiritisten nur ein „Ersatz", dem aber immerhin die Berechtigung im Rahmen des Religiösen nicht ganz abgestritten werden soll, vielen Menschen ist die wahrhaft religiöse Einstellung nicht möglich; für andere wieder bildet der Spiritismus zweifellos die Brücke, auf der sie zur Religion zurückkehren. Wie man sieht, ist der Okkultismus und im engeren Sinne der Spiritismus von hoher Bedeutung für die Religion, und jeder an religiösen Fragen Interessierte sollte sich damit auseinandersetzen, sei es als Gegner oder als Bundesgenosse. (Ebd.)

Die Neuordnung von Diskursarrangements in den ersten Jahrzehnten des zwanzigsten Jahrhunderts, in der religiöse Diskurse zunehmend durch Seelendiskurse ergänzt und überlagert werden, zeigt sich an dieser Stelle noch einmal sehr deutlich. Darüber hinaus sind diese Beiträge Zeugnisse dafür, dass in interdisziplinärer Forschung eine Verwissenschaftlichung des Seelenbegriffs stattfand. Der bei Richard Baerwald schon genannte Max Dessoir (1867–1947), ein weiterer Schüler Diltheys und ebenfalls ein wichtiger Teil dieser Diskursgemeinschaft, spricht im Vorwort zur ersten Auflage (1917) seines Übersichtswerkes *Vom Jenseits der Seele* genau diese Verwissenschaftlichung an:

> Auf der anderen Seite ist die Tatsache zu verzeichnen, daß bewährte Vertreter deutscher Wissenschaft seit kurzem dem verrufenen Grenzland ihre Aufmerksamkeit schenken. Nicht nur das Vorbild fremdländischer Gelehrten, nicht nur das rühmliche Beispiel der wenigen deutschen Vorkämpfer hat die freundlichere Stimmung hervorgerufen, sondern die Bewegung der wissenschaftlichen Arbeit selber, die von verschiedenen Punkten aus zu unseren Fragen hingetrieben wurde. Verfeinerte, aber noch innerhalb der Schulmedizin stehende Untersuchungen geistiger und nervöser Störungen, die neue Richtung der Psychoanalyse, die gleichfalls junge Religionswissenschaft, die Völkerkunde, die Volkskunde, die Völker- und Entwicklungspsychologie – sie alle sind mit den uns vorliegenden Erscheinungen in Berührung gekommen. Früher, als das Weltbild des Mechanismus bei uns die Herrschaft besaß, hieß wissenschaftlich sein: blind und unwissend in bezug auf gewisse Tatsachen sein, und namentlich die Psychologie reichte nicht so weit wie die seelischen Vorgänge sich erstrecken, sondern nur bis an die Grenzen, die der Machtspruch ihrer Vertreter zog. Das scheint jetzt anders zu werden, ja es besteht schon die Gefahr, daß auf Grund bloßen Buchwissens zu günstig und zu eilig geurteilt wird. (Dessoir 1920, iv; zu Dessoir s. Sommer 2013a, 95–98)

Dessoir war es auch, der schon Ende der 1880er Jahren den Begriff „Parapsychologie" geprägt hatte, und zwar „in einem Versuch, die wissenschaftliche Erforschung einer spezifischen Klasse ‚außergewöhnlicher', wenn auch nicht unbedingt pathologischer mentaler Phänomene zu definieren" (Sommer 2013b, 19). In seiner Karriere entwickelte sich Dessoir immer mehr vom Wissenschaftler zum Volksaufklärer. Daran kann man erkennen, wie groß die Diskursgemeinschaft in jener Zeit tatsächlich gewesen ist. Sie reicht zudem weiter als die interdisziplinäre universitäre Forschung, was ich nun am Beispiel Carl Ludwig Schleichs zeigen möchte.

Die Seele bei Carl Ludwig Schleich: Chirurgie zwischen Psychologie, Spiritualität und Poesie

Einem „exakten" Naturforscher

Was du nicht im Rohr erschaut,
Nahe vor die Stirn gebaut,
War nie ganz für dich vorhanden,
Und so hast du nie verstanden
Eine Welt von feineren Sinnen
Über uns, um uns und innen.
Das Organische zerpflücken
Heißt ein Kunstwerk kühn zerstücken.
Doch es gilt die Welt im kleinen
Mit dem Höchsten zu vereinen!
Auch die Zelle ist am End'
Unbegreiflich, transzendent,
Und die letzte Lebenseinheit
Schaut nur, der sie schuf, in Reinheit!
Sinne können doch nur streifen
Die Symbole, und begreifen
Jene Welt mit sieben Siegeln
Kann man nur aus Zauberspiegeln,
Die die Ehrfurcht still gestaltet,
Drin ein Lichtrad: Dichtung, waltet.
Was im Bild die Welle hebt,
Ist nicht, was im Grunde lebt:
Nur die Ahnung spinnt ein Band
Zu dem Eiland Unbekannt. (Schleich 1924a, 46)

Dieses Gedicht stammt von Carl Ludwig Schleich (1859–1922), einem Berliner Chirurgen, der als Mediziner vor allem durch die Entwicklung neuer Methoden der Infiltrationsanästhesie von sich reden machte, der jedoch einem breiten Publikum auch als Schriftsteller, Philosoph und Dichter bekannt wurde. Sein Werk verknüpfte naturwissenschaftliche, medizinische, psychologische, religiöse und metaphysische Fragestellungen aufs Engste miteinander und leistete so einen Beitrag zur Festigung einer Diskursformation, die das gesamte zwanzigste Jahrhundert beeinflussen sollte. Schleich steht deshalb stellvertretend für eine intellektuelle und kulturelle Bewegung, die, wie wir schon gesehen haben, in Deutschland eine breite Öffentlichkeit erreichte. Da sein

Leben und Werk wenig Aufmerksamkeit in historischer Analyse gefunden haben, und da gerade die metaphysische Aufladung von Naturwissenschaft einerseits und die naturwissenschaftliche Konzipierung der Metaphysik andererseits das Hauptanliegen dieser Kulturgeschichte der Seele so maßgeblich betrifft, möchte ich etwas ausführlicher auf Schleich eingehen.

Carl Ludwig Schleich wurde 1859 in Stettin geboren. Beide Eltern brachten ihn früh mit der Medizin in Kontakt: Seine Mutter Konstanze war eine Schwester des Chirurgen Ernst Küster und des Berliner Arztes Konrad Küster. Sein Vater Carl Ludwig war Augenarzt und Geheimer Sanitätsrat in Stettin, wo er 35 Jahre lang dem Pommerschen Ärztebund und dem Stettiner Ärzteverein vorstand. Es war denn auch kein Wunder, dass Schleich nach seinem Abitur 1879 Medizin studierte, zunächst an der Universität Zürich – wo er sich auch musikalisch weiterbildete und sich mit dem Dichter Gottfried Keller anfreundete – und danach an der Universität Greifswald. Um ein Haar hätte Schleich seine Meinung noch geändert, denn „der Eintritt in die Vorhallen der medizinischen Wissenschaft" hatte auf ihn „einen geradezu schaurigen und abstoßenden Eindruck" gemacht, wie er in seinen Lebenserinnerungen schreibt (Schleich 1922b, 93). Nicht nur die Unsauberkeit im Anatomiesaal, die überall herumliegenden zerschnittenen Leichen und Körperteile, sondern vor allem das Grauen der Tierversuche erfüllte ihn mit Abscheu. „Als ich [...] als Entreeakt die Enthauptung von sechs Fröschen mittels glatten Scherenschnittes und den blitzartigen Hirnrückenmarkstich (*Noeud vital*) bei einigen armen gurrenden Tauben mit ansehen mußte, da war es aus mit meiner Begeisterung für die Medizin. Mich packte eine Wut, und ich war entschlossen, ihr für immer Valet zu sagen. Mir schien es unmöglich, diese sinnlosen Grausamkeiten mitzumachen" (ebd., 93–94). Sein Vater konnte ihn besänftigen und dazu bringen, sein Studium fortzusetzen. Doch das kleine Detail seiner ersten Erfahrung mit der Medizinforschung sagt etwas über den holistischen Ansatz Schleichs, den er später weiter entwickeln sollte.

Nach dem Physikum in Greifswald absolvierte er sein Erstes Staatsexamen 1886 an der Charité in Berlin. Einer seiner Lehrer in Berlin war der bekannte Arzt Rudolf Virchow. Im Jahr 1887 promovierte Schleich in Greifswald beim Chirurgen Heinrich Helferich. Er arbeitete zunächst als dessen Assistent, bevor er 1889 eine Privatklinik für Gynäkologie und Chirurgie in Berlin-Kreuzberg eröffnete. Diese Klinik, mit zuletzt 15 Betten, betrieb er bis zum Jahr 1901. Schleich wurde zum Professor ernannt und mit dem Titel Geheimrat geehrt. 1900 wurde er Leiter der chirurgischen Abteilung am Krankenhaus der Gemeinde Groß-Lichterfelde (heute im Berliner Kiez Steglitz-Zehlendorf).

Schon früh trat Schleich auch als Schriftsteller und Philosoph hervor. Waren es zunächst kleine Büchlein und Beiträge in Zeitschriften wie der „Zukunft" von Maximilian Harden oder in der „Neuen Rundschau“, herausgegeben von Samuel Fischer, erreichte das 1912 erschienene Buch *Es läuten die Glocken. Fantasien über den Sinn des Lebens* erstmals ein größeres Publikum. Während des Ersten Weltkriegs und danach schrieb er für Zeitschriften wie „Arena“, „Über Land und Meer“ und für die „Gartenlaube“. Er war nun ein überregional bekannter Autor.

Ein Beispiel für diese Publikationstätigkeit ist der 1916 erschienene Band *Zwei Jahre kriegschirurgischer Erfahrungen aus einem Berliner Lazarett.* Das Buch versammelt kurze Serienbeiträge, die zuvor in der „B. Z. [Berliner Zeitung] am Mittag“ erschienen waren. In einer eigenartigen Mischung von nachdenklichem Kriegsjournalismus, medizinischen Details und philosophisch-religiös-psychologischer Reflektion wendet sich der Arzt an die Berliner Öffentlichkeit und begründet sein Vorhaben folgendermaßen:

> [Unsere Lazarette] sind die Stätten, wo man die Seele unseres herrlichen Volkes in ihrer schlicht-großen, überwältigend einfachen und innigen Tiefe staunend bewundern lernt. Dem Arzte ist es ja gewährt, die tiefsten Einblicke in die Seele der Menschheit zu tun, die Stunde des Leides, der Schmerzen, der Gefahr, ja des Todes öffnet ihm noch mehr und häufiger die letzten Winkel der Empfindungswelt seiner Schutzbefohlenen als den Vertretern anderer Berufe. Und da ist es vielleicht auch für ein größeres Publikum nicht uninteressant, den Bericht über vorwiegend chirurgische Dinge in einem unserer Lazarette zu verknüpfen mit einem Versuch, auch die rein psychologischen Eindrücke zu schildern, die eine ganze Schar täglich für das Wohl der Getroffenen arbeitenden Ärzte immer wieder empfangen hat und die in unserem privaten Austausch von Erfahrungen immer wieder als das Staunenswerteste hervorleuchten: Die Entdeckung der Seele unserer Bevölkerung. (Schleich 1916, 3)

Neben Beiträgen wie „Die Technik der Nervennähte“, „Der Weg der Kugel“ oder „Die Heilung von Knochenbrüchen“ schlägt Schleich immer wieder den Bogen zu psychologischen und philosophischen Betrachtungen, etwa in „Gehirnschüsse und Gehirnarbeit“. Unter dem Stichwort „Das Rätsel der Hysterie“ kommt er sodann auf ein Thema zu sprechen, das ihn immer wieder in seiner Arbeit beschäftigte, nämlich jene Fälle, „bei denen sich die Störungen gleichsam rein durch Phantasieeingriff in die organischen Funktionen zu erzeugen scheinen“ (ebd., 21). „Es bleibt ein förmlich metaphysisches Rätsel“, so Schleich weiter, „daß solche Kranke wie in einer hellseherischen Nachahmung realer Krankheitsbilder Zustände zwanghaft offenbaren, von deren Ablauf sie eigentlich gar keine Ahnung haben können“ (ebd., 22).

In seinem Buch *Vom Schaltwerk der Gedanken. Neue Einsichten und Betrachtungen über die Seele* (1917) widmet Schleich der Hysterie als „metaphysisches Problem“ ein ganzes Kapitel. Dabei räumt er zunächst mit dem Vorurteil auf, das Krankheitsbild der „Hysterie“ sei geschlechtsspezifisch. Stattdessen müssen wir konstatieren,

> daß die Herlenkung des Namens der Hysterie (von Hystera = die Gebärmutter) ein in seinen Folgen, die immer noch nachwirken, geradezu entsetzlicher Irrtum ist. Denn die Hysterie könnte mit ebenso gutem resp. zweifelhaftem Rechte eine „Spermerie“ genannt werden, weil gelegentlich auch die gestörte innere Sekretion der sexuellen Drüsen eines Mannes Betriebsschwankungen im geistigen Bereich machen kann. Es sind nicht nur auch viele Männer hysterisch, sondern auch weibliche und männliche Kinder. Die Hysterie ist also geschlechtslos, und es wird endlich Zeit, die Frauen von dem Banne zu befreien, die alleinigen Präger und Träger der Hysterie zu sein, was die Männer wohl nur erfunden haben, um sich glauben zu machen, daß sie die Vernünftigeren seien. (Schleich 1917, 252)

Hier kann man schon sehen, dass Schleich die Hysterie – zu seiner Zeit ein Oberbegriff für alle möglichen Formen von seelischer „Störung“ – als eine Störung und Hemmung der Funktion der Nervenströme betrachtet. Zu einem „metaphysischen Problem“ wird sie, weil die somatische Erklärung der Erscheinungen nicht ausreicht, um das plötzlich auftretende Wissen über Krankheitssymptome und andere okkulte Kenntnisse, welche die Kranken zeigen, verständlich zu machen. Schleich nennt dies das Phänomen eines „mediumistischen Schauens, eine Art Hellsehens von Krankheitsmöglichkeiten“ (ebd., 256) – sicherlich mehr, als was wir heutzutage psychosomatische Erscheinungen nennen würden. Drei Jahre später publiziert Schleich *Gedankenmacht und Hysterie*, eine erweiterte Fassung eines Vortrags in Berlin. Hier zeigt sich noch deutlicher die Brücke, die der Autor zwischen medizinisch-empirischen Phänomenen und einer spirituell-okkulten Wirklichkeit schlägt. Er verweist auf die jüngsten Versuche, „aus den Vorgängen religiöser Verzückungen, Tänze und Konvulsionen zwingende Rückschlüsse auf das eigentliche Wesen der religiösen Grundstimmungen der Seele zu schließen“ (Schleich 1920, 5–6). Schleich reiht sich in diese Erklärungsansätze ein und liefert medizinische Argumente für jenes Forschungsfeld, denn „in gewissem Sinne sind die hysterischen Erscheinungen allein geeignet, sogar über den gesamten Weltprozeß, über die Natur der Schöpfung, über die Konstitution von Kraft und Stoff, von Belebtem und Unbelebtem ein flammendes Licht der reinen Erkenntnis zu ergießen“ (ebd., 6). In unzähligen Beispielen aus seiner Arztpraxis versucht er zu zeigen, dass die Kraft des Gedankens ungeahnte materielle Wirkungen erzielen kann. Mit Genugtuung sieht er „die Bestätigung der alten indischen und philosophischen Gedanken [...], daß nichts entstanden sein kann, was nicht zuvor gedacht war, daß nichts in der sinnlichen Welt ist, was nicht vorher in der schöpferischen Vernunft war“ (ebd., 268).

In den letzten Jahren seines Lebens widmete sich Schleich fast ausschließlich der Erforschung des Zusammenhangs zwischen körperlichen, geistigen und kosmischen Erscheinungen und Kräften. Zwei Bücher sind hier vor allem zu nennen – das erstmals 1910 publizierte und später erweiterte *Von der Seele* und dann *Das Ich und die Dämonien* (1920), in welchem der Autor „versucht, die bisher in frühern Werken (Von der Seele und Vom Schaltwerk der Gedanken) angewandte Methode der physiologischen Analyse geistiger Funktionen bis zu ihren äußersten Konsequenzen durchzuführen“ (Schleich 1924b, 7). Was hat man sich darunter vorzustellen? Nichts weniger als den Versuch einer Synthese von naturphilosophischen und künstlerischen Überlegungen zur Seele, die Schleich vor allem bei Goethe findet, bei einer medizinischen Analyse der Körper- und Nervenfunktionen sowie bei einer religiös-spirituellen Deutung des Weltganzen. Das liest sich dann folgendermaßen:

> Man würde überall fast, wo man von Seele spricht, im gewöhnlichen Sinne weit besser Gemüt, Herz, inneres Gefühl sagen können. Denn der vulgäre Ausdruck Seele trifft nicht den vollen Begriff dessen, was wir als eine Kombination von Verstand, Bewußtsein, Ich mit Grundstimmungen des Gemüts bezeichnen. Funktionell, nach unserer Methode der physiologischen Analyse der Gehirnbegebnisse, erhält beim „Seelischen“ das Tastenspiel der Ganglienklaviatur etwas wie einen Pendeleinschlag, der also hier nicht im Forte oder Piano zum Ausdruck kommt, sondern dem rein geistigen Mechanismus eine Durchtränkung mit Gemütsmotiven, freudiger und wehmütiger Natur, zuteil werden läßt. Während wir ja wissen, daß alles Verstandesgemäße innerhalb der Elfenbeinschale des Schädels sich abspielt, tritt nun schon beim Vernunftgemäßen eine Verbindung mit dem All auf („Eines laß entstehen, was auch mich mit dir, o Gott, verbinde!), indem alles egoistische Denken des Vorderhirns mehr oder weniger getönt und rhythmisiert werden kann durch Rhythmus und Richtung, Willen und Ziel des Weltalls, eben dem Allgeist der Natur, dem weder Wunsch noch Abkehr irgendeines Lebewesens sich ganz entziehen kann. (Schleich 1924b, 139–140)

Die Rhythmisierung des Lebens ist für Schleich der Dreh- und Angelpunkt des Versuchs, „gleichsam bis zu den Müttern des Wissens vordringen“ zu wollen, wie er es in *Von der Seele* ausdrückt. „*Der Rhythmus ist nämlich eine Art Kompromiß zwischen Kraft und Widerstand*, ein wechselseitiges Gegeneinanderprallen, Sichausweichen, Sichfliehen und -finden, ein harmonisches Spiel von Energieentfaltung und Hemmungsbetätigung, das Sichumkreisen und Sichumsprudeln zweier nie ganz vereinbarer Gegensätze“ (Schleich 1922a, 14–15; Hervorhebung im Original).

Im Kapitel „Mutter Erde“ kommt er auf die Vernetzung allen Lebens zu sprechen. „Das Leben des Kosmos, der leuchtende Odem der Welt, überträgt sich auf die Materie in Gestalt rollender Strahlenwellen. In besonders feinen Krafttransformatoren, in kleinen Speichermaschinen hat die organische Materie es gelernt, das Betriebskapital solcher Lichtwellen aufzuhäufen, um auch nachts und im Dunkel des Wintertags die Maschine nicht stille stehen zu lassen: im Grün der Pflanzen, im Rot des Blutes“ (ebd., 294). Die alle Dimensionen des Lebens durchdringende Kraft des Kosmos, die den Menschen in die Rhythmen und Prozesse der Natur einbindet, ist für Schleich eine spirituelle Tatsache. Geradezu euphorisch ruft er aus: „Sie, unsere nach Fechner durchaus lebende, atmende, sich bewegende, Pulse und Kreislauf der Gewässer zeigende Allmutter ist es, welche in jeder ihrer Ackerkrumen, auf felsigem und auf sandigem Boden, ja sogar in ihren atmosphärischen Nebelschleiern überall Wiegen und Brutstätten für ungezählte Geschöpfe trägt, von denen die kleinsten nicht weniger Wunderträger sind als die größten. Mutter Erde!“ (ebd., 296).

Carl Ludwig Schleich ist ein ausgezeichnetes Beispiel für die Etablierung eines Seelendiskurses, der im Sinne einer monistischen und holistischen Wirklichkeitsauffassung naturwissenschaftliche Erkenntnisse mit religiösen und spirituellen Diskurssträngen verknüpft. Auch die Einbindung der Natur als lebendes Wesen und „Mutter Erde“ können wir bei Schleich sehen, eine Diskursfigur, die gegen Ende des zwanzigsten Jahrhunderts äußerst einflussreich werden sollte. Schleich schreibt mit der Autorität des Mediziners, und das gibt auch seinen philosophisch-religiösen Schriften eine zusätzliche Wirkung in der Öffentlichkeit. Dies gilt selbst für seine lyrischen Publikationen, die durch Schleichs Freundschaft mit Gottfried Keller, August Strindberg, Richard Dehmel und anderen Künstlern weitere Anregungen erhielten. Schleich erreichte ein Millionenpublikum mit seinen bei Rowohlt und Fischer veröffentlichten Werken. Sein Buch mit Lebenserinnerungen unter dem Titel *Besonnte Vergangenheit* wurde der erste Bestseller des jungen Rowohlt-Verlages und zählt zu den erfolgreichsten Memoiren in deutscher Sprache. Als 1951 eine

Sammlung von Essays aus Schleichs wichtigsten Büchern unter dem Titel *Die Wunder der Seele* erschien, schrieb Carl Gustav Jung ein ausführliches Geleitwort und verglich Schleich mit Paracelsus, zwei völlig unterschiedlichen Charakteren, und doch seien beide Revolutionäre, „welche eine Übergangszeit als charakteristische Exponenten vertreten" (Jung in Schleich 1951, 5). Beide waren, so Jung, „getragen und beflügelt von der überschäumenden Wallung eines Zeitenumbruches" (ebd., 6), und beide waren Fremdlinge ihrer Zeit und Außenseiter, deren Einfluss erst später sichtbar werden sollte. Jung reiht Schleich ein in denselben Versuch einer nichtreduktionistischen Wissenschaft von der Seele, der auch seiner eigenen Arbeit unterliegt:

> Heute schon wissen wir, daß sein Weg auf jene Ganzheit von seelischem und körperlichem Geschehen zielt, zu welcher das stärkste Bemühen der ärztlichen und biologischen Forschung unserer Tage vorzudringen sucht. Selbst noch befangen in einer naturwissenschaftlichen, dem materialistischen Zeitalter entstammenden Begriffssprache, durchbricht Schleich die ihm enge gewordenen Schranken einer entseelten Stofflichkeit und überschreitet jene mit stachligsten Vorurteilen verbarrikadierte Schwelle, welche die Seele bislang vom Körper trennte und jeden Versuch, diese zu erlösen, im Keime erstickte. Ohne von meinen Bemühungen, die aus dunkeln Gründen dem wissenschaftlichen Publikum in Deutschland auf lange Zeit hinaus unbekannt blieben, zu wissen, hat er doch, in seiner Art, Schulter an Schulter mit mir für die Anerkennung der Seele als eines Faktors ‚sui generis' gekämpft und damit auch für die Psychologie, die bis dahin dazu verdammt war, ohne Seele auszukommen, neue Bahn gebrochen. (Ebd., 6–7)

Jungs Urteil, Schleichs Werke seien „bahnbrechend im Sinne der Befreiung von der Borniertheit des bloß professoralen Fachwissens" (ebd., 11), kann auch als Voraussage der wissenschaftlichen (Nicht)rezeption seines eigenen Werkes nach dem Ende des Zweiten Weltkriegs gelesen werden, das aber außerhalb der psychologischen Wissenschaft eine umso stärkere Wirkung entfaltete.

Die Seele verlässt die Universitäten

Es wird Zeit für eine Zwischenbilanz. Welche großen Linien haben sich in der Kulturgeschichte der Seele bis in die 1930er Jahre hinein abgezeichnet? Wie hat sich das Diskursarrangement zur Seele historisch entwickelt? Eine der großen Linien findet sich in der Verwissenschaftlichung der Seele, was innerhalb der empirischen Psychologie mit der Eliminierung des Seelenbegriffs einherging. In ihrem Versuch, als Wissenschaft anerkannt zu werden, hat sich die professionelle Psychologie auf eine empirische – und das heißt oft auch physiologisch-medizinische – Deutung innerer Vorgänge im Menschen festgelegt. Für einen solchen Zugang ist das Konzept der Seele zu vage, und es ist zudem überflüssig. Was man stattdessen sieht, ist die Propagierung neuer Konzepte, allen voran des Begriffs des „Selbst", jenem Nachfolgemodell des in Europa so zentralen Begriffs des „inneren Menschen" (s. beispielsweise Mummendey 2006 oder die „Selbstpsychologie" von Heinz Kohut). Diskursgeschichtlich wäre es sehr interessant, den Verschränkungen des Präfix „Selbst-" mit ergänzenden Begriffen innerhalb und außerhalb der psychologischen Disziplinen einmal näher nachzugehen, denn solche Begriffe haben die Leerstellen gefüllt, die eine Psychologie ohne Seele hinterlassen hat.

Dass der Seelenbegriff für die Wissenschaft zu vage geworden ist, gilt im Grunde auch für die Parapsychologie, so wie sie sich seit den 1920er Jahren entwickelt hat. Nach dem Zweiten Weltkrieg wurde der Seelenbegriff auch in dieser Forschung mehr oder weniger eliminiert. Die Parapsychologie hat sich vor allem dort halten können, wo sie sich strikt der experimentellen Methode verschrieb. Dies gilt in Deutschland für das „Institut für Grenzgebiete der Psychologie und Psychohygiene" in Freiburg (gegründet 1950) ebenso wie für die wissenschaftlichen Vereinigungen, die nach dem Zweiten Weltkrieg gegründet wurden („Gesellschaft für Parapsychologie und Grenzgebiete der Psychologie", „Freie Forschungsgemeinschaft für Psychologie und Grenzgebiete des Wissens" und andere).

Die Verwissenschaftlichung der Seele hat auch eine zweite große Linie hervorgebracht, die in interessanter Spannung zur Eliminierung der Seele aus der akademischen Psychologie steht. Verwissenschaftlichung heißt hier die Erarbeitung von Seelenkonzepten in Disziplinen wie Biologie und Physik, die als Nachfolgerinnen der Naturphilosophie des neunzehnten Jahrhunderts anzusprechen sind. In Monismus und Vitalismus, aber auch in neoromantischer Philosophie, wurden Diskursarrangements entwickelt, in denen die Seele eng mit Konzepten wie Materie, Kosmos, Natur, Lebenskraft, Energie und Bewusstsein verbunden wurde. Wenn man dieses Arrangement durch „Volk", „Nation" oder „Rasse" ergänzt, bekommt man eben jene nationalistische Aufladung, die in Europa und vor allem in Deutschland zu einer dominanten Erscheinung wurde.

Die dritte Linie lässt sich nicht auf konkrete Wissenschaften beschränken, sondern findet sich in der Etablierung einer Wissensordnung zur Seele, die sowohl im literarischen Diskurs einer „poetischen" oder „orphischen Wissenschaft" sichtbar wird als auch in interdisziplinären Beiträgen, die religionshistorische, philosophische und psychologische Wissensbestände kombinieren. Auch diese Wissensordnung ist durch Begriffe wie Seele, Natur, Wissen, Kosmos und Bewusstsein geprägt, doch zugleich zeigen sich hier Erweiterungen hin zu Kunst, Ekstase und Mystik.

Auch wenn diese Linien sich im konkreten Einzelfall unterscheiden lassen, bilden sie eine Gesamtstruktur, die eine große gesellschaftliche Wirkung entfaltete. Zusammen konstituieren sie den Seelendiskurs der ersten Hälfte des zwanzigsten Jahrhunderts in Europa. Das Abrutschen in den europäischen Faschismus, das Aufkommen des Nationalsozialismus in Deutschland und schließlich die Katastrophe des Zweiten Weltkriegs bedeuteten auch für den Seelendiskurs eine entscheidende Zäsur. Durch die rassistische Aufladung des Seelenbegriffs im Nationalsozialismus war es nach dem Krieg in Deutschland nicht mehr ohne Weiteres möglich, Begriffe wie „Volksseele" zu verwenden. Dies verstärkte zusätzlich die Tendenz, die Seele aus dem wissenschaftlichen Vokabular zu verbannen, und es kam zu einer Vereinheitlichung psychologischer Sprache, die mit anderen Begriffen operierte. Kurt Danziger schreibt dazu: „In der ersten Hälfte des zwanzigsten Jahrhunderts gab es nicht nur eine, sondern zahlreiche Fachsprachen der Psychologie, jede von ihnen mit einer eigenen Vorgeschichte. Doch nach dem Zweiten Weltkrieg wurde die Sprache der amerikanischen Psychologie praktisch überall übernommen, ein Sachverhalt, der sich erst vor relativ kurzer Zeit wieder zu ändern begann" (Danziger 1997, 17). Die Bedeutung Nordamerikas für die zweite Hälfte des zwanzigsten Jahrhunderts gilt nicht nur für die Psychologie, sondern für die Kulturgeschichte der Seele insgesamt. Einerseits brachten Emigranten während der Zeit des Faschismus europäische Debatten nach Amerika und führten diese dort in eigener Weise fort, andererseits griff auch die amerikanische Kultur selber diese Debatten auf und verband sie mit der eigenen wissenschaftlichen, philosophischen und literarischen Tradition.

Auch wenn die Seele aus den Universitäten verbannt wurde, führte dies nicht zum Ende des Seelendiskurses. Die Seele mag in diesem Milieu „erloschen" sein (Kamper und Wulf 1988a), doch das ist nur ein Teil der Geschichte. „Im Rahmen historisch-anthropologischer Arbeit gilt es, das Aufflackern, das Leuchten und das Erlöschen der Seele im Verlauf der abendländischen Geschichte zu rekonstruieren, ohne der Nostalgie zu verfallen" (Kamper und Wulf 1988b, 1). Wie ich im zweiten Teil dieses Buches genauer ausführen werde, wurden die entscheidenden Träger des Seelendiskurses – allen voran die Begriffe Wissenschaft, Natur, Kosmos, Leben und Bewusstsein – in einer breiten kulturellen Rezeption aufgenommen und weiter ausgeformt. Auch die ganzheitlich-spirituell-metaphysische Psychologie, vor allem die Komplexe Psychologie Carl Gustav Jungs, wurde weitergeführt, in den USA unter anderem durch die

Aktivitäten der transpersonalen Bewegung, in Europa durch Initiativen wie die theosophisch orientierten Eranos-Konferenzen. Viele der Diskursvertreter der Kulturgeschichte der Seele haben Beiträge zu diesen Konferenzen geleistet, von Buber und Scholem über van der Leeuw und Eliade bis hin zu Jung und Pauli. Jung selber kam bei den Eranos-Konferenzen eine zentrale Rolle zu (Hakl 2001, 81–92), und das Auftreten von Gershom Scholem und Henry Corbin ab 1949 wird von Thomas Hakl sogar als „Glanzzeit" bezeichnet (ebd., 249–271; s. dazu auch Wasserstrom 1999; Hanegraaff 2012, 295–314). Ein Blick auf die Themen der Eranos-Vorträge zeigt die Ubiquität des Seelenbegriffes und die Kontinuität, mit der Vorkriegsdiskurse nach 1945 in diesem Kreis weitergeführt wurden.

Kurzum: Die Seele hatte als Begriff der empirischen Psychologie ausgedient und wurde doch zum wichtigen Bedeutungsträger, wenn es um Fragen zu Mensch, Natur, Bewusstsein und Kosmos ging. Über Amerika kamen diese Diskurse auch wieder zurück nach Europa und wurden am Ende des zwanzigsten Jahrhunderts auf globale Fragestellungen ausgedehnt. Dies ist das Thema des zweiten Teils dieses Buches.

TEIL II

Von Europa nach Amerika und zurück: Die Seele von 1950 bis heute

KAPITEL 6

Transpersonale Psychologie: Das kosmische Potenzial der Seele

Die Suche nach überpersönlichen und kollektiven Strukturen der Seele hatte, wie wir sahen, zu Beginn des zwanzigsten Jahrhunderts zu einer Reihe von Überlegungen geführt, die sowohl innerhalb der Psychologie als auch im breiteren kulturellen Diskurs aufgenommen wurden. Besonders einflussreich waren die Deutungsansätze Carl Gustav Jungs, dessen Theorien der Archetypen und des kollektiven Unbewussten in der Folgezeit immer wieder rezipiert wurden.

Die nationalsozialistische Diktatur und der Zweite Weltkrieg führten zu einem Niedergang der deutschen intellektuellen Szene. Viele Intellektuelle, Künstlerinnen und Künstler, doch auch Psychologinnen und Psychologen, emigrierten in die USA. Dies ist einer der Gründe, warum nach 1945 die deutschsprachige Psychologie an Einfluss verlor und die amerikanische Psychologie fortan den Diskurs maßgeblich bestimmte. Die an Wilhelm Wundt und andere anschließende empirisch-experimentelle Psychologie blieb eine der einflussreichen Strömungen, sowohl in ihrer direkten Weiterentwicklung als auch in der Wirkung ihrer Grundannahme, dass psychologische Theorien empirischer Prüfung standhalten müssen. Im Behaviorismus und Positivismus der Nachkriegszeit zeigt sich diese Linie am Deutlichsten. Als zweite psychologische Strömung ist die Psychoanalyse in der Tradition Sigmund Freuds zu nennen, die von der Seele des Individuums ausgeht und sich auf die Bewusstmachung unbewusster Prozesse – vor allem der dunklen und triebhaften Kräfte – konzentriert.

In direkter Auseinandersetzung mit Carl Gustav Jung entwickelte sich sodann eine dritte Strömung, die zunächst vor allem in den USA ihre Wirkung entfaltete, auch wenn sie sich auf Theorien bezog, die zu Beginn des zwanzigsten Jahrhunderts in Europa populär waren. Neben kritischer Weiterentwicklung der Psychoanalyse, wie Jung sie betrieben hatte, ergänzt durch die Beiträge von Roberto Assagioli, Wilhelm Reich, Karen Horney, Otto Rank, Erich Fromm und anderen, entstanden etliche neue Ansätze in diesem alternativen Spektrum – von der Ganzheits- und Gestalttherapie über die existentialistische Psychologie bis hin zur personenzentrierten Gesprächstherapie Carl R. Rogers'. Trotz großer Unterschiede im Detail ist für diese neuen Ansätze kennzeichnend, dass sie von einem positiven Menschenbild ausgehen und die Selbstverwirklichung

 | DOI:10.30965/9783846764374_008

des Menschen in einem überindividuellen, ja kosmischen, Deutungsrahmen verorten. „Unzufrieden mit einer ‚Psychologie ohne Seele'", so Erhardt Hanefeld, „tritt hier der Mensch in seiner Ganzheit wieder in den Mittelpunkt" (Hanefeld 1978, 17). 1957 prägte Abraham H. Maslow (1908–1970) für diese Bewegung den Begriff „Humanistische Psychologie", und 1961 gründete Anthony J. Sutich (1907–1976) das *Journal of Humanistic Psychology*, das zu einer sichtbaren Bühne für diese neuen Ansätze avancierte. Im weiteren Verlauf etablierten sich die Gestalttherapie von Fritz Perls (1893–1970), das Psychodrama von Jakob L. Moreno (1889–1974), aber auch die körpertherapeutischen Ansätze – Alexander-Technik, Rolfing, Feldenkrais, Bioenergetik etc. – die bis heute wichtige Angebote im psychotherapeutischen Feld darstellen.

Seit Beginn der „Humanistischen Psychologie" gab es auch Diskussionen über die Vor- und Nachteile dieses Namens, denn viele Vertreterinnen und Vertreter jener Richtung waren der Überzeugung, dass eine voll entwickelte Persönlichkeit eigentlich die Grenzen des traditionell menschlichen Bewusstseins überschreite. Der Begriff „transhumanistisch" kam ins Gespräch, doch in den 1960er Jahren etablierte sich der als passender empfundene Name „Transpersonale Psychologie" – nun verstanden als eine „vierte Kraft" im Spektrum psychologischer Forschung und Therapie. Dies wurde 1969 programmatisch von Anthony J. Sutich im ersten Heft der Zeitschrift *Journal of Transpersonal Psychology* zum Ausdruck gebracht (der Passus dient zudem als Motto zu Tart 1978).

Es kann hier nicht darum gehen, die Geschichte der Transpersonalen Psychologie nachzuzeichnen. Vielmehr möchte ich anhand von zentralen Vertretern dieser Bewegung aufzeigen, wie vorhandene Seelendiskurse nach dem Zweiten Weltkrieg weiterentwickelt wurden und so neue Diskursarrangements entstanden, die ihrerseits großen Einfluss auf die nordamerikanische und europäische Kultur hatten.

Roberto Assagioli und Abraham H. Maslow: Psychosynthese und Transpersonale Psychologie

Für viele Vertreterinnen und Vertreter der frühen transpersonalen Bewegung gilt, dass sie an den psychologischen und kulturellen Debatten zu Beginn des zwanzigsten Jahrhunderts teilnahmen und diese nach dem Zweiten Weltkrieg in neuen Konstellationen weiterführten. Anhand ihrer Biografien lassen sich Kontinuitäten und Wandlungen im europäischen und nordamerikanischen Seelendiskurs nachzeichnen. Roberto Assagioli ist ein gutes Beispiel hierfür (zu seiner Biografie s. Giovetti 2007; Rosselli 2012; zu seiner frühen Schaffensphase

s. auch Berti 1988). 1888 als Kind jüdischer Eltern geboren und damit nur 13 Jahre jünger als Carl Gustav Jung, war Assagioli der erste, der die Psychoanalyse Freuds in Italien bekannt machte. 1905 begann Assagioli sein Medizinstudium am berühmten Istituto di Studi Superiori in Florenz und verlegte sich dabei schon bald auf die Psychiatrie. Zugleich interessierte er sich für Psychologie und Kulturgeschichte, und ab 1906 arbeitete er für die florentinische Zeitung *Leonardo*. Während eines Besuches in Wien im Jahr 1905 hatte er bereits Kontakte zu Kreisen Freuds (Freud selber traf er nach eigenen Aussagen nie persönlich), die er in den nächsten zwei Jahren durch Kontakte mit dem Genfer Kreis um Edouard Claparède und Théodore Flournoy ergänzte. Zugleich machte Assagioli die Bekanntschaft mit Theosophen in Rom, ein Kontakt, der für sein weiteres Werk ebenso wichtig werden sollte wie sein psychologisches Netzwerk: Er wurde Mitglied der „Arkanschule" Alice A. Baileys, arbeitete als Baileys Übersetzer bei Vorträgen in Italien und wurde der italienische Vertreter der Arkanschule.

1907 traf Assagioli auch zum ersten Mal mit Carl Gustav Jung zusammen. Während seines Aufenthalts am Burghölzli, der psychiatrischen Universitätsklinik von Zürich, entschied sich Assagioli, die Psychoanalyse zum Thema seiner Doktorarbeit zu machen. Die Arbeit wurde 1910 unter dem Titel *La Psicoanalisi* in Florenz verteidigt (leider ist kein Exemplar der Doktorarbeit erhalten geblieben).

Im Jahr 1909 besuchte Assagioli den 6. Internationalen Psychologischen Kongress in Genf und war bei der Gründung der Italienischen Psychologischen Gesellschaft beteiligt. Als Teil seiner Dissertation, aber auch darüber hinaus, interessierte sich Assagioli für die Religionspsychologie, die Mystik und für das Studium dessen, was später „außergewöhnliche Bewusstseinszustände" genannt werden sollte. Jung hatte das Burghölzli 1909 verlassen, um sich ganz seiner Praxis in Küsnacht zu widmen, doch Assagioli besuchte ihn mehrfach zu Hause, da er den Gedankenaustausch mit Jung überaus anregend fand. Vermutlich war es bei einem dieser Besuche 1909, dass der Begriff „Psychosynthese" fiel, denn Jung erwähnt dies in einem Brief an Freud. In ihrer detaillierten Analyse des Verhältnisses von Jung und Assagioli halten Massimo Rosselli und Duccio Vanni zudem fest, dass „die Kommunikation zwischen Jung und Assagioli zu dieser Zeit nicht nur ihre psychoanalytischen Interessen betraf, sondern auch ihr gemeinsames Interesse an paranormalen Phänomenen, Okkultismus und asiatischer Mystik" (Rosselli und Vanni 2014, 13).

Nach seiner Promotion arbeitete Assagioli zunächst als Assistenzarzt bei Eugen Bleuler am Burghölzli, bevor er seine eigene psychologische Praxis in Florenz aufmachte. Mit Bleuler und Jung teilte Assagioli seine überaus kritische Haltung gegenüber der Psychoanalyse Freuds, die er als zu begrenzt betrachtete. In der 1912 gegründeten Fachzeitschrift *Psiche* („Psyche") – die Assagioli als Chefredakteur betreute, bis er im Ersten Weltkrieg zum Militärdienst eingezogen wurde und die Zeitschrift eingestellt wurde – kann man deutlich die zunehmende Entfremdung von Freud und die große Nähe zu Jungs Gedankengut erkennen (Rosselli und Vanni 2014, 14–15).

Zwischen den Weltkriegen geriet Assagiolis Leben in Turbulenzen, doch die Grundprinzipien dessen, was später die Psychosynthese werden sollte, wurden in dieser Zeit ausgearbeitet und 1927 unter dem Titel *A New Method of Healing: Psychosynthesis* zum ersten Mal einer breiten Öffentlichkeit bekanntgemacht. 1940 wurde Assagioli von den italienischen Faschisten verhaftet und später in den Untergrund gezwungen. Nach dem Ende des Zweiten Weltkriegs avancierte Assagioli zu einem der wichtigsten Vertreter der neuen Bewegung der Transpersonalen Psychologie. Seine Position wurde durch Kritik an Freud und der experimentellen Psychologie bestimmt, doch auch durch eine Abgrenzung von Jung (die folgende Übersicht nach Rosselli und Vanni 2014, 8–11): Assagioli stimmte mit Jung darin überein, dass es ein kollektives Unbewusstes gibt, das sich durch Archetypen konstituiert, doch er definierte verschiedene Stufen dieses Unbewussten und interessierte sich für die Erweiterung des Bewusstseins auf der Stufe des transpersonalen Selbstes. Auf dieser Ebene ist dann auch der Archetyp selber erfahrbar, der für Jung immer unbewusst bleibt. Was Jung den Prozess der Individuation nennt, ist für Assagioli die Arbeit der Psychosynthese. Die Integration des transpersonalen Selbstes durch eine Verbindung zwischen Personalem und Transpersonalem ist Ziel und Mittel dieses Prozesses. Für Assagioli ist dabei die Rolle des Willens und der aktiven Arbeit der Person wichtiger als in Jungs Überlegungen zur Individuation. Und schließlich ist als Vergleichspunkt auch die Faszination für asiatische Weisheitstraditionen und Mystik zu nennen, die sowohl Jung als auch Assagioli als wichtige Alternativen zur „westlichen" Tradition betrachtete und die in einer komplexen Psychologie integriert werden müssten. Dasselbe galt für europäische Philosophie und Spiritualität. „Während Jung sich von Physikern inspirieren ließ, waren für Assagioli östliche Lehren eine Inspirationsquelle, vor allem Lehren zu Energiesystemen und energetischen Feldern. Er bezeichnete die Psychoenergetik als fünfte Kraft in der Psychologie, die der vierten (transpersonalen) folgte, und er erkundete ihr Potenzial für zukünftige Entwicklungen" (Rosselli und Vanni 2014, 11).

Assagioli entfaltete seine Theorie und deren praktische therapeutische Umsetzung in einem Werk, das sich über mehr als 60 Jahre erstreckt. Einige der einflussreichen Grundlagenwerke zur Psychosynthese wurden erst nach seinem Tod im Jahre 1974 herausgegeben, als die Psychosynthese auch institutionell fest verankert war (über das Istituto di Psicosintesi hinaus, das Assagioli schon

1926 in Rom gegründet hatte). Für die Diskursgeschichte der Seele besonders wichtig sind die Beiträge Assagiolis, die eine Brücke schlagen von den psychologischen Diskussionen des frühen zwanzigsten Jahrhunderts hin zur transpersonalen Bewegung der Nachkriegszeit. Oft geschieht dies explizit, wenn Assagioli zum Beispiel auf William James zurückverweist, der „ein Musterbeispiel für eine unvoreingenommene und wissenschaftliche Auseinandersetzung mit diesem Thema" sei und der „auf die Realität und die Bedeutung der transzendenten Welt nachdrücklich hingewiesen" habe (Assagioli 1992, 20). Es gehe darum, die Realität höherer Bewusstseinsstufen und mystischer Erlebnisse ernst zu nehmen und nicht als „Hysterie" oder krankhafte Phänomene zu pathologisieren. Dabei zitiert Assagioli auch seine eigenen frühen Schriften, etwa einen Beitrag in *Psiche* 3 (1913), in dem es heißt:

> Der intellektuelle und moralische Wert einer Persönlichkeit ist völlig unabhängig von Krankheitssymptomen, die bei ihr auftreten können und die sie mit anderen primitiveren oder wahrhaftig degenerierten Persönlichkeiten gemeinsam haben mag. Wenn es wahr ist, daß die Hl. Theresia, die Hl. Katharina von Genua und viele andere edle religiöse Gestalten von der Hysterie befallen waren, darf dies in keiner Weise unsere Bewunderung für ihre spirituellen Gaben schmälern; eher sollte es uns zu denken geben, was unsere Ansicht über den Charakter der Hysterikerinnen im allgemeinen betrifft. (Assagioli 1992, 150–151)

Vielmehr machten diese Beispiele klar, so Assagioli in seinem Kapitel zu „Mystik und Medizin", dass die wahren Mystikerinnen und Mystiker durch das Erreichen der transpersonalen Ebenen oft in einen physischen Erschöpfungszustand gerieten, der keineswegs pathologisch sei, sondern eine mögliche Begleiterscheinung der spirituellen Arbeit. „Das Erwachen und die Erleuchtung der Seele, die man aus psychologischer Sicht als Hereinbrechen einer mächtigen Woge spirituellen Lebens in die gewöhnliche Persönlichkeit verstehen kann, kann vorübergehende nervöse Störungen hervorrufen" (ebd., 153). Im Prozess der Psychosynthese geht es darum, diese Aspekte und Erfahrungen zu integrieren.

Dem „Erwachen der Seele" widmet Assagioli ein ganzes Kapitel, denn dieses Erwachen ist für ihn „der erste grelle Blitz des spirituellen Bewußtseins, der das ganze Wesen transformiert und erneuert," und „ein Ereignis von fundamentaler Bedeutung und von unvergleichlichem Wert für das innere Leben des Menschen" (ebd., 159). Ganz im Stile William James', Martin Bubers und Rudolf Ottos nennt Assagioli Beispiele von „Erwachten" aus der Geschichte der Religion und Mystik, einschließlich Leo Tolstoi und Walt Whitman. Assagioli webt dabei denselben Diskursknoten, dem wir immer wieder begegnet sind:

> So wie die äußere Natur vom Licht durchdrungen wird, kommt es auch – und dies steht oft im Vordergrund – zu einer inneren Erleuchtung, dank der die Seele neue, wunderbare Wahrheiten entdeckt und in blitzhafter Eingebung die Probleme, die sie bisher gequält haben, zu lösen vermag. Sie sieht dann das Universum als ein lebendiges Ganzes und erkennt sich selbst als ein unzerstörbares Teilchen desselben, winzig klein, aber notwendig – ein Ton, der unauflösbar mit all den anderen verbunden ist und zusammen mit ihnen die kosmische Harmonie ergibt. Die Seele fühlt, wie in dieser höchsten Einheit jeder Gegensatz verschwindet, jede Disharmonie ausgeglichen wird. (Ebd., 166)

Nach einer Erörterung der östlichen Weisheitstradition am Beispiel Rabindranath Tagores und einem Vergleich mit der christlichen Mystik Europas kommt Assagioli zu dem Schluss:

> Dies sind die großen Etappen der Pilgerreise der Seele. Der Weg ist lang, und wenigen ist es gegeben, ihn in diesem Leben zuende zu gehen. Doch allein der Einblick und das Wissen darum, daß es Menschen gibt, denen es gelungen ist, sie zu verwirklichen, stellt einen großen Trost dar und soll uns ein wertvoller Ansporn sein, die eigene Trägheit abzuschütteln und unsere Seele erwachen zu lassen. (Ebd., 175)

Die Psychosynthese bietet konkrete Techniken und Praktiken, die bei der Entfaltung des kosmischen Potenzials der Seele helfen sollen – von der Traumdeutung im Sinne Jungs über Techniken der aktiven Imagination (Visualisierung, auditive Evokation und imaginative Evokation anderer Sinneswahrnehmungen) bis hin zu Meditation und zu Techniken für die Entwicklung des Willens (ausführlich dargestellt in Assagioli 1978).

Man kann an diesen Praktiken und ihrer theoretischen Grundlage sehr gut die diskursive Verbindung zwischen Psychologie, Philosophie und Theosophie erkennen, die Assagioli auch biografisch verkörpert. Die Einflüsse dieses Diskurses sind in verschiedensten Teilen der spirituellen Szene des zwanzigsten Jahrhunderts wahrzunehmen. Neben der transpersonalen Arbeit im engeren Sinne trifft dies auch auf die Astrologie zu, die Assagioli, ebenso wie Jung, als legitime Deutung von „Synchronizität" betrachtete (Rosselli und Vanni 2014, 24–25). Dies führte zu neuen astrologischen Ansätzen, wie sie beispielsweise in der sogenannten „Huber-Schule" entwickelt wurden. Louise Huber (1924–2016) und ihr Mann Bruno (1930–1999) entstammten einem theosophischen Hintergrund. Nachdem sie drei Jahre lang Baileys Arkanschule in Genf mit aufgebaut hatten, durchliefen die beiden eine psychologische Ausbildung bei Roberto Assagioli. Die dort gesammelten Erfahrungen bildeten den Ausgangspunkt dessen, was sie fortan als die wichtigste Aufgabe der Astrologie ansahen: Psychologische Lebenshilfe und spirituelle Orientierung. Diese „neue Richtung in der Astrologie zielt auf das Einbeziehen geistiger Wachstumsgesetze, die weit mehr mit dem Evolutionsgedanken, mit Religion und Meditation zu tun haben, als man ursprünglich angenommen hat" (Huber und Huber 1996, 13). In ihrer Ausbildung spielen deshalb nicht nur kognitiv-analytische Ansätze eine Rolle, sondern auch meditative Zugänge zum Horoskop – etwa Tierkreismeditationen oder die Betrachtung von Aspektfiguren als „kosmische Bilder" – und rituelle Arbeiten, beispielsweise im Vollzug der „Großen Invokation" Alice A. Baileys (Huber 1989, 401–402).

Damit sind wir bei Abraham H. Maslow angelangt, der neben Assagioli als zweiter wichtiger Wegbereiter der transpersonalen Bewegung gilt. Auch Maslow ist in einem jüdischen Elternhaus großgeworden, seine Eltern waren zu Beginn des zwanzigsten Jahrhunderts vor den antisemitischen Pogromen im zaristischen Russland nach New York geflohen. Er studierte Psychologie an der University of Wisconsin, wo er vor allem mit experimentell-behavioristischer Psychologie in Kontakt kam. Später setzte er seine Forschungen an der Columbia University in New York fort. Dort arbeitete er mit Alfred Adler, dem früheren Kollegen Sigmund Freuds. Während seiner Anstellung am Brooklyn College (1937–1951), wo er mit der Anthropologin Ruth Benedict und dem Gestalt-Therapeuten Max Wertheimer zusammenarbeite, aber auch danach als Professor an der Brandeis University (1951–1967), wurde Maslow zunehmend kritischer gegenüber der behavioristischen Psychologie. Auch die Schrecken des Zweiten Weltkriegs brachten ihn dazu, neue Wege zu erkunden, die auf die positiven Aspekte der menschlichen Psyche eingingen und sich auf psychische Gesundheit und das verborgene menschliche Entwicklungspotenzial konzentrierten.

1954 erschien *Motivation and Personality*, das solche Überlegungen einer breiten Öffentlichkeit vorstellte und einen wichtigen Beitrag zu dem leistete, was bald „Humanistische Psychologie" genannt wurde. Im Vorwort führt Maslow aus, dass das Buch eigentlich ganz bescheiden als „Ergänzung" bestehender Theorien gedacht war, mit dem Arbeitstitel *Higher Ceilings for Human Nature*, doch schnell wurde klar, dass es um mehr ging als um Ergänzung. Es ging vielmehr um „die zutiefst ganzheitliche Natur des Menschen im Gegensatz zum analytisch-sezierend-atomistisch-Newtonschen Ansatz der Behaviorismen und der Psychoanalyse Freuds" (Maslow 1970, ix). Das neue

Programm sei Teil einer „humanistischen" Weltanschauung, die nicht nur die Psychologie, sondern auch die Wirtschaftswissenschaften, die Soziologie, Biologie, Rechtswissenschaft, Politik und Medizin erfasse (ebd., x). Das Buch entfaltet sodann die philosophischen und psychologischen Grundgedanken der Humanistischen Psychologie, unter besonderer Betonung des Prozesses der Selbstverwirklichung (*self-actualization*).

Toward a Psychology of Being, zuerst 1962 erschienen, ist eine Fortsetzung von *Motivation and Personality*, und ähnlich aufgebaut wie das Vorgängerbuch. Im Vorwort zur zweiten Auflage 1968 zeigt Maslow sich begeistert über die enorme Entwicklung, die die Psychologie in den letzten Jahren verzeichnen konnte. Die Humanistische Psychologie, so wie sie nun gewöhnlich genannt werde, sei dabei, sich als „dritte Kraft" neben und als Alternative zu „objektivistischer, behavioristischer (mechanomorphischer) Psychologie und zum orthodoxen Freudianismus" zu etablieren (Maslow 1968, iii). Diese Dritte Psychologie, so Maslow weiter, sei deutlich mehr als nur Psychologie; sie sei vielmehr „eine Facette einer allgemeinen Weltanschauung, einer neuen Lebensphilosophie, einem neuen Menschenbild, der Beginn der Arbeit eines neuen Jahrhunderts (natürlich nur, wenn es uns unterdessen gelingt, einen Holocaust zu vermeiden)" (ebd.). Doch so erfreulich diese Entwicklung sei, sie sei seines Erachtens nur der Auftakt zu noch größeren Bewusstseinssprüngen: „Ich halte die Humanistische, Dritte Kraft der Psychologie für eine Übergangserscheinung, eine Vorbereitung auf eine noch ‚höhere' Vierte Psychologie, die transpersonal und transhuman ist, im Kosmos verankert und nicht so sehr in menschlichen Bedürfnissen und Interessen, und die damit über das Menschliche, über Identität, Selbstverwirklichung und so weiter noch hinausgeht" (ebd., iii–iv). Hier zeigt sich schon die Diskurslinie, die am Ende des zwanzigsten Jahrhunderts zu animistischen und objektzentrierten Ontologien führen wird, in denen der Mensch nur ein kleiner Teil eines organischen und lebendigen Kosmos ist. Maslows Analyse geht jedoch noch weiter und ordnet diese Entwicklung in den Zusammenhang von Säkularismus und Entzauberung ein:

> Diese neuen Entwicklungen können sehr wohl eine greifbare, nutzbare, effektive Antwort auf den „frustrierten Idealismus" vieler still verzweifelter Menschen, insbesondere junger Menschen, bieten. Diese Psychologien versprechen die Entwicklung hin zu der Lebensphilosophie, dem Religionsersatz, dem Wertesystem und dem Lebensprogramm, das diesen Menschen fehlt. Ohne das Transzendente und das Transpersonale werden wir krank, gewalttätig und nihilistisch, oder auch hoffnungslos und apathisch. Wir brauchen etwas „Größeres als wir selbst", das uns

> mit Wunder erfüllt und dem wir uns in einem neuen, naturalistischen, empirischen, nicht-kirchlichen Sinne verpflichtet fühlen, vielleicht wie es Thoreau und Whitman, William James und John Dewey getan haben. (Ebd., iv)

Es ist interessant zu sehen, wie in *Toward a Psychology of Being* der Seelenbegriff (den Assagioli noch ohne Bedenken verwendete) durch die Begriffe der Transpersonalen Psychologie ersetzt und zugleich diskursiv weitergeführt wird. Maslow fasst die Grundannahmen dieser Psychologie dahingehend zusammen, dass es „eine biologisch begründete essenzielle innere Natur" im Menschen gebe, eine Natur, die in letzter Instanz unwandelbar sei. „Die innere Natur eines jeden Menschen ist teils individuell und teils artspezifisch" (ebd., 3). Sie ist zugleich der „Wesenskern der Person" (ebd., 4), der sich auf Dauer nicht unterdrücken lasse und der zur Selbstverwirklichung (*actualization*) dränge.

Das Ziel von Heilung und Ganzwerdung sei es, die Verbindung zwischen der kollektiven Person und dem individuellen Selbst herzustellen. Dies sei jedoch in der heutigen Zeit viel schwieriger als früher: „Jedes Zeitalter, außer dem unsrigen, hatte sein Modell, sein Ideal. Unsere Kultur hat all dies aufgegeben; den Heiligen, den Helden, den Gentlemen, den Ritter, den Mystiker. So ziemlich alles, was wir noch haben, ist der ausgeglichene Mann ohne Probleme, ein sehr blasser und zweifelhafter Ersatz" (ebd., 5). Man könne nur hoffen, dass es bald ein neues Rollenmodell geben werde, und zwar eines, das auf dem Ideal des voll integrierten menschlichen Wesens beruhe. Indem er religiöse, philosophische und psychologische Diskursstränge zusammenwebt, kommt Maslow zu einer genaueren Beschreibung dieses neuen Ideals.

> Diese Diskrepanz wirklich erst zu nehmen könnte die Psychologie revolutionieren, daran habe ich keinen Zweifel. Eine ganze Reihe von unterschiedlichen Studien belegt dies bereits, zum Beispiel projektives Testen, Selbstverwirklichung, verschiedene Gipfelerlebnisse (in denen die Kluft überbrückt wird), die Psychologien im Anschluss an Jung, diverse theologische Denker usw.
>
> Doch nicht nur das. Sie behandeln auch die Probleme und Techniken der Integration jener zweifachen Natur des Menschen, seiner niederen und höheren Natur, seiner Kreatürlichkeit und seiner Gottähnlichkeit. Im Grunde haben alle Philosophien und Religion, östliche wie westliche, diese zwei Naturen als Dichotomien betrachtet, und ihre Lehre behauptete, dass der Weg zum „Höheren" in der Abkehr von und der Besiegung des „Niedrigen" besteht. Die Existenzialisten aber lehren, dass *beide* zugleich

> die prägenden Merkmale menschlicher Natur sind. Keine der beiden kann geleugnet werden; sie können nur integriert werden. (Ebd., 11; Hervorhebung im Original)

Roberto Assagioli und Abraham H. Maslow führten damit eine Diskussion weiter, die europäischer Faschismus und Zweiter Weltkrieg unterbrochen hatten. Indem sie das psychische und psychologische Potenzial des Menschen betonten, an überpersönlichen und kosmischen Energien teilzuhaben, und indem sie die Begriffe Ganzheit und Gesundheit mit den Begriffen Seele, Psyche und Spiritualität verbanden, lieferten sie einen wichtigen Beitrag zur Entstehung eines Diskursgeflechts, das sich in der zweiten Hälfte des zwanzigsten Jahrhunderts zunächst in den Vereinigten Staaten, danach auch in Europa, als einflussreich erweisen sollte. Oft werden jene Erscheinungen mit dem Begriff „New Age" bezeichnet, doch die langen Diskurslinien des diese Wissensordnungen und Wissenspraktiken steuernden Arrangements machen klar, dass es sich nur um ein Kapitel in einem viel länger laufenden historischen Prozess handelt. Das gilt auch für die Kernereignisse von „New Age", die in den 1960er und 1970er Jahren in Kalifornien stattfanden.

Die Verfestigung des Diskurses: Esalen und das Human Potential Movement

Im Jahr 1980 gaben Roger N. Walsh und Frances Vaughan den Sammelband *Beyond Ego: Transpersonal Dimensions in Psychology* heraus (deutsche Ausgabe Walsh und Vaughan 1985). Dieser Band kann als eine Art Handbuch der Transpersonalen Psychologie betrachtet werden und als Beleg dafür, dass am Ende der 1970er Jahre die transpersonale Bewegung bereits stark gefestigt war und unterschiedliche Zweige entwickelt hatte. Die Autorenliste umfasst wichtige Namen, die in der Gründerzeit der transpersonalen Bewegung aktiv und einflussreich waren: Neben den beiden Herausgebern selber und dem schon behandelten Abraham H. Maslow sind vor allem Ken Wilber, Fritjof Capra, Stanislav Grof, Ram Dass, Daniel Goleman, Jack Kornfield, Charles Tart und Willis Harman zu nennen. Keine einzige Frau ist als Autorin vertreten – die transpersonale Bewegung war in dieser Zeit nicht weniger androzentrisch als die Psychologie insgesamt.

Liest man die „Einführung" von Roger N. Walsh und Frances Vaughan (1985, 13–24) sowie die 22 Kapitel des Bandes, fällt ferner auf, dass die Vorgeschichte der transpersonalen Bewegung beinah völlig ausgeblendet wird. Zwar gibt es Verweise auf Carl Gustav Jung, William James und die ganzheitlich orientierte europäische Naturphilosophie, doch die Genealogie des transpersonalen Diskurses, wie ich sie oben rekonstruiert habe, scheint für das Selbstverständnis der Autoren unwichtig zu sein – die transpersonale Bewegung wird vielmehr als eine revolutionäre Kraft beschrieben, die erstmals westliche und östliche Weisheitstraditionen verbindet und die transpersonalen Dimensionen der Seele erschließt. Der erste Teil des Bandes ist deshalb auch „Paradigmenwechsel" überschrieben, bevor der zweite Teil dann „Die Natur des Bewußtseins" thematisiert und damit die zunehmende Wichtigkeit des Begriffs *consciousness* / Bewusstsein markiert. Auch der dritte Teil zu „Psychische Gesundheit – Ost und West" kann als programmatische Neukonstellation des Diskurses gelesen werden, indem hier nicht nur die schon seit langem laufende Aufnahme (und Konstruktion) „östlicher" Weisheitslehren wiederkehrt, sondern auch der Fokus auf „Gesundheit" und „Ganzheit" sichtbar wird, der in der Folgezeit weitere Bedeutung gewinnen sollte. Die Teile 4 und 5 thematisieren schließlich die therapeutische Umsetzung dieser Ansätze in konkrete Praxis sowie die interdisziplinären Implikationen der Transpersonalen Psychologie.

Diese Gruppierung von Themen und Diskursen lässt sich direkt vergleichen mit Publikationen C. G. Jungs, der sich immer wieder zum Vergleich westlicher und östlicher mystischer Traditionen und therapeutischer Praxis geäußert hat (s. dazu Band 11 der Gesammelten Werke Jungs mit dem Titel *Zur Psychologie westlicher und östlicher Religion*). Nur ein Beispiel sei hier angeführt, nämlich Jungs Vorwort zu D. T. Suzukis *Die große Befreiung. Einführung in den Zen-Buddhismus* von 1939 (Neuauflage 1958), da es sowohl den Vergleich zwischen „Ost" und „West" als auch den Aspekt von Heilung und Ganzwerdung betrifft. Auch der ironische Rückbezug auf europäische Wunschvorstellungen kommt hier sehr gut zum Ausdruck.

> Zen zeigt, wie viel dem Osten die Ganzwerdung bedeutet. Die Beschäftigung mit den Rätseln des Zen mag vielleicht dem kleinmütigen Europäer den Rücken stärken oder seiner seelischen Kurzsichtigkeit eine Brille aufsetzen, so daß er von seinem „dumpfen Mauerloch" aus wenigstens die Aussicht auf eine Welt seelischer Erfahrung, die bisher vernebelt lag, genießen kann. Schlimm wird es ja nicht ausgehen, denn die allzu Erschrockenen werden durch die hilfreiche Idee der „Autosuggestion" vor weiterem Verderben sowohl wie vor aller Bedeutsamkeit wirksam geschützt werden. Den aufmerksamen und anteilnehmenden Leser aber möchte ich davor warnen, die Geistigkeit des Ostens zu unterschätzen und irgend etwas billiges hinter Zen zu vermuten. Die im Westen so eifrig gepflegte Wortgläubigkeit östlichem Gedankengut gegenüber ist

> in diesem Fall eine geringere Gefahr, da es im Zen glücklicherweise keine so wundersam unverständlichen Wörter gibt, wie im Indischen. Auch spielt Zen nicht mit komplizierten Hata-yoga-Techniken, welche dem physiologisch denkenden Europäer die trügerische Hoffnung vorspiegeln, man könne am Ende den Geist doch noch ersitzen und eratmen. Dagegen fordert Zen Intelligenz und Willenskraft, wie alle größeren Dinge, welche wirklich werden wollen. (Jung, GW 11, § 907)

Die transpersonale Bewegung hat seit den 1960er Jahren eine große Zahl von Publikationen hervorgebracht, einschließlich Fachzeitschriften und Buchreihen. Zur weiteren Verfestigung der Diskursstrukturen hat zudem die Schaffung von entsprechenden Hochschulprogrammen (vor allem in Kalifornien), internationalen Gesellschaften und Ausbildungs- und Seminarzentren beigetragen. Das vielleicht einflussreichste diesbezügliche Zentrum ist das Esalen Institute in Big Sur, Kalifornien. 1962 von Michael Murphy (geboren 1930) und Richard „Dick" Price (1930–1985) gegründet, entwickelte sich das Esalen Institute schnell zu einer wichtigen Drehscheibe der neuen Bewegung. Praktisch alle, die Rang und Namen hatten im Bereich der amerikanischen Gegenbewegung, des Experimentierens mit bewusstseinsverändernden Stoffen und der sich stark verändernden spirituellen Szene der USA haben eine Zeit in Esalen verbracht und dort ihre Spuren hinterlassen. Zu Recht nennt Jeffrey J. Kripal in seiner ausführlichen Geschichte des Esalen Institute diese Spiritualität „the religion of no religion" (Kripal 2007).

Das sogenannte Human Potential Movement, das in diesem Zusammenhang entstand, bringt die Anliegen der dahinterstehenden Forschungen gut auf den Punkt. Im Anschluss an Maslow, Murphy und Price, aber auch im direkten Austausch mit Aldous Huxley (der in den frühen 1960er Jahren Seminare zu „human potential" in Esalen gab) und anderen, zielten diese Forschungen auf den Gesamtentwurf eines „neuen Menschen" und einer „neuen Gesellschaft", die das spirituelle, transpersonale Potenzial des Einzelnen im gesellschaftlichen Miteinander und letztlich im planetarisch-kosmischen Bewusstsein öffnet und erschließt. Theorie und Praxis gehören für die Vertreterinnen und Vertreter dieser Bewegung eng zusammen, sodass alle theoretischen Überlegungen stets auch Implikationen für therapeutische Arbeit und spirituelle Praxis haben – und umgekehrt transpersonale Theorie durch konkrete Erfahrungen geprüft und verändert werden kann.

Betrachten wir einige repräsentative Beispiele. Da ist zunächst Stanislav Grof, der zusammen mit Christina Grof (1941–2014) und Joan Halifax (geboren 1942) die Forschungen zu LSD und *altered states of consciousness* vorantrieb und versuchte, Grundmuster derartiger außergewöhnlicher

Bewusstseinszustände zu identifizieren. Die „Pioniere der transpersonalen Bewegung", wie Roger N. Walsh sie nennt, entdeckten, „daß es ganze Familien von potentiellen transpersonalen Bewußtseinszuständen gibt, daß diese Zustände zu allen Zeiten und in allen Kulturen bekannt waren und gewürdigt wurden, daß sie hingegen in der westlichen Kultur und Gesellschaft weitgehend geleugnet und verworfen worden sind" (Walsh 1995, 8). Grof, der vor allem durch die Forschung zu den von ihm sogenannten „holotropen Bewusstseinszuständen" als einer Untergruppe außergewöhnlicher Bewusstseinszustände bekannt ist, betont, dies sei etwas anderes als „veränderte Bewusstseinszustände". In einer 2012 erschienenen Zusammenfassung seiner Arbeit heißt es: „So betrachtet ist der Begriff der ‚veränderten Bewusstseinszustände', wie er gewöhnlich von etablierten Klinikern und Theoretikern verwendet wird, nicht angemessen, denn er betont einseitig die Verzerrung oder Beeinträchtigung der ‚korrekten Art', sich selbst und die Welt zu erleben" (Grof 2012, 138).

In *Psychology for the Future: Lessons from Modern Consciousness Research* (2000), ebenfalls als Einführung in seine jahrzehntelange Forschung zum Thema zu verstehen, erläutert Grof zudem, dass erst mit dem Aufkommen heutiger Verständnisse von Wissenschaft die Trennung zwischen materieller und transzendenter Wirklichkeitsbereiche durchgeführt wurde. „Vorindustrielle Kulturen hatten ein reiches rituelles und spirituelles Leben, das sich um die Möglichkeit des Erreichens eines direkten Erlebniskontakts mit diesen normalerweise verborgenen Bereichen und Wesenheiten drehte, und um die Möglichkeit, von ihnen wichtige Informationen oder Unterstützung zu erhalten. Sie glaubten, dies sei ein wichtiger und sinnvoller Weg zur Beeinflussung materieller Ereignisse" (Grof 2000, 207).

Im Unterschied zur Schulmeinung in Psychologie und vor allem Psychiatrie besteht Grof auf der Unabhängigkeit des menschlichen Bewusstseins von Prozessen im Gehirn:

> Nach Meinung westlicher Neurowissenschaft ist Bewusstsein ein Produkt physiologischer Prozesse im Gehirn und deshalb ganz entscheidend vom Körper abhängig. Nur wenige Menschen, einschließlich vielen Wissenschaftlern, machen sich klar, dass wir absolut keinen Beweis dafür haben, dass Bewusstsein tatsächlich vom Gehirn erzeugt wird, und dass wir außerdem nicht die geringste Ahnung haben, wie so etwas überhaupt vonstatten gehen könnte. Trotzdem bildet diese metaphysische Grundannahme auch heute noch den zentralen Mythos westlicher materialistischer Wissenschaft, und sie hat einen tiefgreifenden Einfluss auf unsere gesamte Gesellschaft. (Ebd., 208–209)

Hier dreht Grof sozusagen den Spieß um und wirft den Neurowissenschaften genau jene unreflektierte Metaphysik vor, die diese der transpersonalen Bewegung bescheinigen. Für Grof sind die Konzepte der „holotropen Zustände" eine Bestätigung dessen, was C. G. Jung und Rudolf Otto mit der Idee des „Numinosen" intendiert hatten.

> Im Licht der Beobachtungen, die sich aus der Erforschung holotroper Zustände ergeben, erscheint die heutige verächtliche Ablehnung und Pathologisierung von Spiritualität, so kennzeichnend für den monistischen Materialismus, als unhaltbar. In holotropen Zuständen können die spirituellen Dimensionen der Wirklichkeit direkt erfahren werden, und zwar auf eine Weise, die ebenso überzeugend ist wie unsere alltäglichen Erlebnisse in der materiellen Welt. Wir können außerdem Schritt-für-Schritt-Prozeduren beschreiben, die einen Zugang zu diesen Erfahrungen ermöglichen. Ein sorgfältiges Studium transpersonaler Erfahrungen zeigt, dass diese auf ontologischen Tatsachen beruhen und uns wichtige Aspekte des Lebens zeigen, die normalerweise verborgen sind. (Ebd., 209–210)

Was bei Jung die mystische Initiation der Seele in unbewusste kollektive Wirklichkeitsebenen war, wird hier also zur Erfahrung spiritueller Dimensionen der Wirklichkeit und zur Erreichung einer höheren Bewusstseinsstufe. Grof unterscheidet dabei verschiedene Formen spiritueller Erfahrungen. Die erste Form, nämlich die Erfahrung „*des immanenten Göttlichen*, beinhaltet eine subtile, doch zutiefst transformierte Wahrnehmung der alltäglichen Wirklichkeit." Die zweite Form spiritueller Erfahrung, jene „*des transzendenten Göttlichen*, beinhaltet eine Manifestation von archetypischen Wesenheiten und Bereichen der Wirklichkeit, die normalerweise transphänomenal sind, also für die Wahrnehmung im alltäglichen Bewusstseinszustand unzugänglich" (ebd., 210–211; Hervorhebungen im Original). Beide Formen werden sodann anhand historischer Beispiele erläutert, die auf dieselbe Liste von spirituellen Lehrerinnen und Lehrern zurückgreifen, die wir aus anderen Zusammenhängen kennen, nicht nur bei C. G. Jung, Martin Buber und Rudolf Otto – von Hildegard von Bingen über Meister Eckhart bis hin zu Sufi-Meistern und kabbalistischen Weisen. Die heutigen Formen von Religion, allen voran Christentum, Judentum und Islam, hätten den Bezug zur mystischen, „authentischen" Spiritualität verloren, was sich an den Religionskonflikten der Zeit sowie an terroristischen und fundamentalistischen Strömungen zeige. Interessant ist, wie Grof Spiritualität und Religion in ihrer jeweiligen Verbindung zu Wissenschaft differenziert und damit einen Diskursknoten benennt, der sich am Ende des zwanzigsten Jahrhunderts in weiten Teilen der spirituellen Szene etabliert hatte, einschließlich der Einziehung des Differenzmerkmals „Authentizität“:

> Kein Zweifel, die Dogmen der organisierten Religionen stehen im Allgemeinen im direkten Widerspruch zur Wissenschaft, ob diese Wissenschaft nun ein mechanistisch-materialistisches Modell verwendet oder im Paradigma des Werdens verankert ist. Doch wenn es um authentische Mystik geht, die auf spirituellen Erfahrungen basiert, stellt sich die Situation ganz anders dar. Die großen mystischen Traditionen haben massenhaft Wissen über das menschliche Bewusstsein und über die spirituellen Bereiche angesammelt, und zwar auf eine Weise, die den Methoden der Wissenschaft bei der Schaffung von Wissen über die materielle Welt sehr ähnlich ist. Dies beinhaltet Methoden zur Erzeugung transpersonaler Erfahrungen, die systematische Sammlung von Datenmaterial und eine intersubjektive Bewertung. (Ebd., 213)

Unter dem Titel „Die Evolution des Bewusstsein und das menschliche Überleben: Transpersonale Perspektiven auf die globale Krise“ wendet sich Grof der ökologischen Krise zu, die er in letzter Analyse als spirituelle Krise interpretiert. „Die Erforschung holotropischer Bewusstseinszustände“, so Grof, „hat wichtige Implikationen nicht nur für uns alle als Individuen, sondern auch für die Zukunft der Menschheit und des Lebens auf diesem Planeten“ (ebd., 293). In beinah apokalyptischen Szenarien benennt Grof, was er als die Kräfte des Dämonischen in der Welt betrachtet, wozu er nun auch – und durchaus im Unterschied zu transpersonalen Ansichten der 1960er Jahre – die sexuellen Freiheiten von Jugendlichen, „die Gleichstellung von Homosexuellen, die sexuelle Freizügigkeit im Allgemeinen, offene Ehen, hohe Scheidungsraten, explizit sexuelle Bücher, Theaterstücke und Filme, sadomasochistische Experimente und vieles mehr“ zählt. Doch damit nicht genug:

> Das dämonische Element verfestigt sich außerdem immer mehr in der modernen Welt. Das Wiedererstarken von satanischen Kulten und Hexerei, die Popularität von Büchern und Horrorfilmen zu okkulten Themen sowie die Verbrechen aus satanischen Motiven heraus bestätigen diese Tatsache. Die fäkale Dimension ist überdeutlich in der zunehmenden industriellen Verschmutzung, der Anhäufung von Abfallprodukten auf der ganzen Erde und dem rapiden Verfall hygienischer Zustände in großen Städten. [...] Viele Menschen, mit denen wir gearbeitet

> haben, sahen die Menschheit an einer existenziellen Wegscheide – entweder zur kollektiven Auslöschung oder zu einem Evolutionssprung des Bewusstseins in bisher unbekanntem Ausmaß. (Ebd., 319)

Grof ist sich deshalb sicher, dass nur eine grundlegende Transformation des menschlichen Bewusstseins die Menschheit – und den Planeten – vor dem Untergang retten kann (ebd., 321).

Ein weiterer Vordenker der Bewegung ist Ken Wilber (geboren 1949). In seinen Forschungen unterscheidet Wilber zwischen der Tiefenstruktur und der Oberflächenstruktur mystisch-religiöser Erlebnisse, wodurch er Gemeinsamkeiten herauszuarbeiten sucht zwischen so unterschiedlichen Phänomenen wie Begegnungen christlicher Mystikerinnen und Mystiker mit Engelwesen, der Verschmelzung von Hindus mit ihrem *Ishta deva* und den schamanischen Reisen in andere Wirklichkeitsebenen. Es handelt sich dabei um einen phänomenologischen Deutungsansatz, der uns auch aus der Religionswissenschaft bekannt ist und der wegen seines Absehens von historischen Kontexten und der Schwierigkeit beim Definieren konkreter Vergleichskategorien in die Kritik geraten ist. Wilber entwickelt aus diesem Ansatz heraus ein Entwicklungsmodell, das die unterschiedlichen Bewusstseinszustände mit der transpersonalen Tiefenstruktur in Beziehung setzt (Wilber 1990; Wilber 1996, 345–387). Er unterscheidet dabei die Erkenntnis zunehmend feinstofflicher Bereiche des Geistes („subtile Zustände"), das Herausgehen über alle Objekte und Phänomene hin zum „reinen Bewusstsein" („kausale Zustände") und schließlich die Erkenntnis aller Objekte und Erscheinungen als Projektionen des Bewusstseins („absolute Zustände"). Dieses Evolutionsmodell führt zu klaren Bewertungen eines Phänomens im Hinblick auf seine transpersonale Entwicklungsstufe, was Wilber bisweilen Kritik eingebracht hat. Er kontert solche Vorwürfe mit oft polemischen Abgrenzungen von jeder kulturrelativistischen Position, aber auch mit einem Kampf gegen die Inanspruchnahme seiner Theorie durch Anhänger des „New Age", die Wilber als naive Träumer bezeichnet. Nicht jedes spirituelle Erlebnis sei nämlich ein transpersonales, vielfach würde es verwechselt mit einem präpersonalen, also einer psychischen Regression in frühkindliche Allmachtsfantasien, die das Gegenteil seien von einer transpersonalen Überwindung des Selbst (Wilber 1996, 259–261).

In letzter Instanz geht es Wilber aber nicht um das gegenseitige Ausspielen unterschiedlicher Erklärungsansätze der Wirklichkeit, sondern um die Integration westlicher, östlicher und anderer Methoden in einem Gesamtentwurf. Die Unterschiede lägen allein darin, dass sich die einzelnen Perspektiven auf einem anderen Ort im „Bewusstseinsspektrum" befänden, und grobe Verzerrungen entstünden lediglich dann, wenn die Ansätze auf andere

Bereiche des Spektrums angewandt würden (Wilber 1991, zu einer neueren Systematisierung und umfassenden Theorie des menschlichen Bewusstseins s. Wilber 1997; s. auch Grof 1991, 127–132).

Das Interesse an vergleichenden Studien zwischen östlichen und westlichen, indigenen und mystischen Traditionen und Praktiken, die das menschliche Bewusstseinspotenzial auf transpersonale Bereiche ausdehnen, brachte auch ein gesteigertes Interesse an schamanischen Seelenreisen und Bewusstseinszuständen mit sich. In Kapitel 8 werde ich darauf ausführlicher eingehen, doch schon jetzt sei auf Roger Walshs Studie zum transpersonalen Potenzial des Schamanismus verwiesen, da hier die diskursive Verbindung zwischen Bewusstseins- und Seelendiskurs einerseits und der spirituellen Praxis andererseits sichtbar wird. Mit seiner Studie möchte Walsh „neue psychologische Grundlagenforschungen zum Schamanismus" anstoßen (Walsh 1992, 16). Ohne Rekurs auf den wissenschaftlichen Deutungsrahmen zum Schamanismus versucht Walsh, mit direktem Verweis auf Ken Wilber – der das Buch denn auch „ohne Vorbehalte empfehlen" kann (Wilber 1996, 651) – eine Typologie der schamanischen Bewusstseinszustände zu erstellen und die schamanische Theorie und Praxis transpersonal zu interpretieren. Er kommt zu dem Ergebnis, dass die Schamanen auf ihrer Reise mit Sicherheit die subtilen Zustände des Bewusstseins erreicht hätten. Vermutlich müsse man auch davon ausgehe, dass einige besonders Fortgeschrittene Erfahrungen von kausalen und sogar absoluten Zuständen machten. Zur *unio mystica* führt Walsh aus:

> Der Schamane – der sich normalerweise als freie Seele, als von anderen Welten und Wesen getrennt erlebt – vereinigt sich [...] manchmal mit anderen Geistern. In anderen religiösen Traditionen kann das Gefühl, ein abgegrenztes Individuum zu sein, aufgehen im Gefühl einer Verschmelzung nicht nur mit anderen Wesen oder Geistern, sondern mit dem gesamten Universum und mit Gott. In den Höhenregionen der subtilen Ebene kommt es also zu Formen der *unio mystica*, der von den Mystikern der Welt so vielgerühmten und inbrünstig gesuchten großen mystischen Verschmelzung. (Ebd., 293–294)

Walsh hält es für möglich, dass einige Schamanen tatsächlich so etwas wie *unio mystica* erreicht hätten. Ferner „berichten manche Praktizierende aus dem Westen von *unio-mystica*-ähnlichen Erfahrungen" (ebd., 294). „Es scheint" daher, so Walsh in seiner Schlussfolgerung, „daß Schamanen die ersten transpersonalen Helden der Menschheit gewesen sind – die ersten, die systematisch ihre Identifikation mit dem Körper und der Welt durchbrochen haben, die ersten, die systematisch in transpersonale Domänen eingedrungen sind" (ebd., 296).

Auch Christina und Stanislav Grof integrieren den Schamanismus in eine Typologie von transpersonalen Erfahrungen, und zwar im Hinblick auf die spirituelle Krise. Dabei unterscheiden sie zehn Arten: (1) Die schamanische Krise; (2) das Kundalini-Erwachen; (3) das Erleben von Einheitsbewusstsein („Gipfelerlebnisse" oder *peak experiences*); (4) psychologische Erneuerung durch Rückkehr zum Zentrum; (5) die Krise der sensitiven Öffnung; (6) Erfahrungen aus früheren Leben; (7) Kommunikation mit geistigen Führern und „Channeling"; (8) Nah-Todeserfahrungen; (9) Erfahrungen mit dem Erscheinen von UFOs und (10) Zustände von Besessenheit (Grof und Grof 1990, 38–54).

Wilber, Walsh, die beiden Grofs und andere betonen aufgrund ihrer Forschungen, dass die schamanische Reise eng mit außergewöhnlichen Bewusstseinszuständen, mit außerkörperlichen Erfahrungen und transpersonalen Begegnungen zusammenhängt, wie sie auch in anderen kulturellen Zusammenhängen beschreiben werden. Der vergleichende Blick auf die Bewusstseinszustände erlaubt es den Autorinnen und Autoren, den Schamanismus als eine anthropologische Konstante zu beschreiben, die zwar den besonders Begabten vorbehalten sei, aber keineswegs kulturell gebunden erscheine.

Die schamanischen Bewusstseinszustände sind natürlich nur eine Materialisierung kosmischen Seelenpotenzials unter vielen anderen. Wie stark die Transpersonale Psychologie sowohl auf den bestehenden Seelendiskurs zurückgreift als auch neue Diskursformationen entwickelt, kann man gut am Werk von Charles T. Tart (geboren 1937) studieren. In seinem programmatischen Überblickswerk *Transpersonal Psychologies* (1975, deutsch 1978) kommen alle diskursiven Attribute zum Ausdruck, die für unsere Analyse relevant sind. Dies zeigt schon seine „Einführung", die er mit einem langen Zitat aus Robert Ornsteins *The Nature of Human Consciousness: A Book of Readings* (1973) beginnt. Das Zitat lautet:

> Die Psychologie ist in erster Linie Wissenschaft vom Bewußtsein. Die Forscher, die sich mit ihr beschäftigen, befassen sich mit dem Bewußtsein unmittelbar, wann immer das möglich ist, und sie tun es, wenn erforderlich, auch indirekt, und zwar mit Hilfe des Studiums der Physiologie und der Verhaltensforschung. Wir Psychologen kehren jetzt wieder zu den vier essentiellen Fragen unserer Wissenschaftsdisziplin zurück: Wie funktioniert der geistig-seelische Bereich? Welches sind die wichtigsten Dimensionen des menschlichen Bewußtseins? Ist das Bewußtsein individueller oder kosmischer Natur? Welche Möglichkeiten bestehen für eine Erweiterung des menschlichen Bewußtseinsbereichs? Diese Fragen sind im Rahmen der akademischen Wissenschaft noch keineswegs erschöpfend behandelt worden, denn sie wurden von der in den letzten sechzig Jahren vorherrschenden Lehrmeinung unterdrückt.

> Aber heute ist eine kulturelle und wissenschaftliche Evolution – wenn nicht gar eine Revolution – in Gang gekommen. Die Akademiker wurden als Repräsentanten ihrer jeweiligen Kulturkreise zum Spiegel des allgemeinen Interesses an ‚veränderten Zuständen' des Bewußtseins, an der Meditation, an der Wirkung von Drogen sowie an neuen und alten Religionen. (Ornstein, nach Tart 1978, 11)

Tart schließt sich diesen programmatischen Ausführungen vollständig an, ebenso auch Ornsteins Forderung, „die eigentlichen Grundlagen der Psychologie immer wieder neu zu bestimmen und die gegenwärtige Forschung mit den Verfahrensweisen anderer Bewußtseinsforscher wie beispielsweise William James, C. G. Jung, aber auch mit den ‚esoterischen' Psychologien aus anderen Kulturen wie beispielsweise dem Sufismus, dem Yoga und dem Buddhismus in Verbindung zu bringen" (Ornstein, ebd.). Ornsteins Befund fügt Tart noch hinzu, dass es in der transpersonalen Forschung nicht nur um psychologische und akademische Fragestellungen geht, sondern um globale Verantwortung:

> Unsere Kultur befindet sich mitten in einer schweren Krise, die möglicherweise zu nuklearer Vernichtung, weit um sich greifenden Hungersnöten und dem teilweisen, wenn nicht gar totalen Zusammenbruch der Zivilisation führen könnte. Wir pflegen die wirtschaftlichen Verhältnisse, die Politik, die ökologischen Zustände, die hohe Verbrechensrate und ähnliche Faktoren dafür verantwortlich zu machen. In Wirklichkeit sind wir jedoch selber die Schuldigen. Der Durchschnittsmensch, ein Mensch, der sich selbst nicht kennt, der Neurotiker, der Psychotiker – sie alle projizieren ihre eignen Unzulänglichkeiten und seelischen Konflikte nach außen; sie finden die Schuldfaktoren draußen in der Welt und wenden sich gegen sie. In Wirklichkeit sind jedoch Faktoren wie wirtschaftliche Verhältnisse, Politik, ökologische Mißstände und hohe Verbrechensrate nur Manifestationen unserer eigenen Verhaltensweise, unserer Fehleinschätzungen und unserer Deformiertheit. Die Psychologie ist deshalb nicht nur ein interessantes akademisches Studienfach, sie ist der elementare Schlüssel zu unserem Selbstverständnis und – hoffentlich – unserer Selbstrettung. (Ebd., 12)

Diese Passage macht klar, wie stark die politischen und ökologischen Faktoren der Zeit psychologische und philosophische Deutungsansätze veränderten. Die Vernichtungskriege des zwanzigsten Jahrhunderts, die nukleare Krise, der Kalte Krieg, der Vietnamkrieg, doch auch die ökologische Krise, die gegen Ende des zwanzigsten Jahrhunderts zunehmend Besorgnis auslöste, waren Teil der transpersonalen Bewegung, wie auch der kulturellen Veränderungen insgesamt.

Charles T. Tart und andere Vertreterinnen und Vertreter der Transpersonalen Psychologie sehen in einer stärkeren Bewusstmachung dieser Prozesse, die auch mit einem neuen Verständnis des Konzepts „Bewusstsein“ selber einher geht, eine notwendige Antwort auf die globalen Herausforderungen.

Es würde zu weit führen – und viele Redundanzen erzeugen – hier auf alle Aspekte dieses Ansatzes einzugehen. Aus diskursanalytischer Sicht mag es genügen, die Titel der einzelnen Kapitel des Übersichtswerkes *Transpersonale Psychologie* (Tart 1978) aufzuführen, denn die zentralen Diskursstränge werden darin deutlich benannt, bevor sie in den Kapiteln selber weiter erläutert werden. Die meisten Kapitel wurden von Charles T. Tart selber verfasst, andere von Kolleginnen und Kollegen (jeweils in Klammern angegeben):

> 1. Wissenschaft, Bewußtseinszustände und spirituelle Erfahrungen: Die Notwendigkeit bewußtseinszustands-orientierter Wissenschaften; 2. Einige Postulate der orthodoxen Psychologie in der westlichen Welt; 3. Das physikalische Universum, das spirituelle Universum und das Paranormale; 4. Zen-Buddhismus (Claire Nyers Owens); 5. Buddhas Lehre von der Meditation und den Bewußtseinszuständen (Daniel Goleman); 6. Yoga-Psychologie (Haridas Chaudhuri); 7. Gurdjieff (Kathleen Riordan); 8. Sufismus heute (Robert E. Ornstein); 9. Die mystische Tradition des Christentums und die Psychologie (William McNamara); 10. Modelle westlicher Magie. Eine Darstellung aus psychologischer Sicht (William G. Gray).

In der Einführung verweist Tart ferner darauf, dass die Zusammenstellung von „sechs spirituellen Psychologiesystemen [...] keineswegs vollständig“ sei, und dass er aus Platzgründen „auf so wichtige Beispiele wie etwa den Taoismus, die Alchemie, die kabbalistische Tradition, den Tibet-Buddhismus usw.“ verzichten musste. Dies hoffe er in einem Folgeband nachzuholen. Das hat er dann auch in einer ganzen Reihe von Publikationen getan, zuletzt im 2009 erschienenen *The End of Materialism: How Evidence of the Paranormal is Bringing Science and Spirit Together*.

Tarts früheres Werk ist aus einem weiteren Grund relevant für unsere Analyse, zeigt es doch den Übergang von „Religion“ zu „Spiritualität“, wie er sich im Laufe des zwanzigsten Jahrhunderts, vor allem in Selbstzuschreibungen, vollzog. Tart schreibt hierüber:

> Ich spreche lieber vom „Spirituellen“ [*spiritual*] als vom „Religiösen“ [*religious*], denn nach meinem Gefühl schließt der erstgenannte Begriff

> die Erfahrungen mit ein, die die Menschen mit dem Sinn des Lebens, mit Gott, mit ihrer Art zu leben usw. machen; dagegen sind in den Begriff „religiös" allzu nachdrücklich auch die ungeheuren Sozialstrukturen mit eingegangen, die so viel mehr umfassen als das unmittelbare spirituelle Erlebnis, und die der unmittelbaren Erfahrung oft feindselig entgegenstehen oder sie zumindest stark einengen. Wenn ich das Wort „religiös" höre, verbinden sich für mich damit Assoziationen wie Priester, Dogmen, Doktrinen, Kirchen, Institutionen, politische Machenschaften und Gesellschaftsstrukturen. Ich werde daher stets den Begriff „spirituell" dem Begriff „religiös" vorziehen. (Tart 1978, 18, Anmerkung 1)

In den „Assoziationen" Tarts mit dem Begriff des Religiösen finden wir genau die Diskursstränge wieder, die gegen Ende des zwanzigsten Jahrhunderts (teilweise jedoch schon viel früher, wie wir sahen) den Diskurs zu „Religion" bestimmen, während „Spiritualität" in ein neues Arrangement eingebettet ist, in welchem sich der Begriff mühelos mit Diskursen zur Seele, zu Natur und zu Wissenschaft kombinieren lässt.

Kosmos und Seele bei Richard Tarnas

In ihrer Mischung von akademischer Forschung, Psychotherapie und der Arbeit in spirituell orientierten Netzwerken hat die transpersonale Bewegung einen unübersehbaren Beitrag zur Etablierung einer Wissensordnung geleistet, die sich konkret als Alternative zu reduktionistisch-materialistischen Ansätzen versteht und die Notwendigkeit zu einer Transformation des Bewusstseins auf individueller, kollektiver und planetarischer Ebene formuliert. Die transpersonale Kritik am Materialismus (bei Tart, Grof und anderen) erinnert daran, dass wissenschaftshistorisch Naturalismus etwas anderes ist als Materialismus. Schon Wilhelm Wundt und andere seiner Generation begründeten ihre heftigen Angriffe auf den Spiritismus ja damit, dass er in ihren Augen eine besonders grässliche Manifestation des Materialismus war. Die transpersonale Bewegung steht in dieser Deutungslinie. Oft geht das mit der Präsentation großangelegter Narrative zur Genese der modernen Welt einher, in der die geistesgeschichtlichen, philosophischen und spirituellen Linien nachgezeichnet werden, die aus der Sicht der transpersonalen Autorinnen und Autoren zur gegenwärtigen Situation geführt haben. Ken Wilber wäre hier zu nennen, doch auch Richard Tarnas (geboren 1950), dessen *The Passion of the Western Mind: Understanding the Ideas that Have Shaped Our World View* (1991) und *Cosmos and Psyche: Intimations of a New World View* (2006) eine breite Leserschaft gefunden haben und die Entwicklung des Diskursarrangements im Übergang von C. G. Jung zur transpersonalen Perspektive klar aufzeigen.

Nach seinem Studium an der Harvard University kam Tarnas im Jahr 1974 nach Esalen, um bei Stanislav Grof Psychotherapie zu studieren und mit Joseph Campbell, Gregory Bateson, Huston Smith, Elisabeth Kübler-Ross und James Hillman zu arbeiten. 1976 erwarb er den Doktorgrad am Saybrook Institute mit einer Arbeit zu *Psychedelic Therapy*. In Esalen blieb er bis 1984. Jeffrey J. Kripal notiert: „In den ersten fünf Jahren arbeitete er vor allem als Pförtner. In den letzten fünf Jahren war er Esalens Programmmanager. Mit anderen Worten, Tarnas war in Esalen der ‚Türwächter' sowohl im wörtlichen als auch im geistigen Sinne des Wortes" (Kripal 2007, 378). Nach seiner Zeit in Esalen – doch noch immer eng verbunden mit den Aktivitäten des Instituts – wurde Tarnas Professor für Philosophie und Psychologie am California Institute of Integral Studies, wo er das Graduiertenprogramm für „Philosophy, Cosmology, and Consciousness" aufbaute.

The Passion of the Western Mind behandelt die Kulturgeschichte Europas als eine Geschichte, die alle Aspekte eines „großen Dramas" enthält – „das antike klassische Griechenland, das hellenistische Zeitalter und das römische Imperium, das Judentum und der Aufstieg des Christentums, die katholische Kirche und das Mittelalter, Renaissance, Reformation und wissenschaftliche Revolution, Aufklärung und Romantik ... bis mitten hinein in unsere eigene herausforderungsreiche Zeit" (Tarnas 1999, x). Insbesondere im Kapitel „Die Transformation der Moderne" (ebd., 407–518) und im „Epilog" (ebd., 519–559) führt Tarnas die geistesgeschichtlichen Fäden zusammen und beschreibt die sich anbahnende Transformation der Welt als eine notwendige Entwicklung des Bewusstseins. Die Ansätze zu einer Synthese von empirischem und metaphysischem Weltbild, wie sie bei Goethe und C. G. Jung sichtbar seien, müssten in ein neues Bewusstsein aufgenommen werden.

> Als Zivilisation wie als Gattung ist für uns die Stunde der Wahrheit gekommen. Die Zukunft des menschlichen Geistes und die Zukunft des Planeten stehen auf dem Spiel. Wenn Kühnheit, Tiefe und Klarheit des Blicks jemals gefragt waren, dann jetzt. Doch vielleicht ist es gerade dieser Druck, der uns den Mut und die Phantasie nimmt, die wir jetzt brauchen. Die letzten Worte dieses unvollendeten Epos spricht Nietzsches Zarathustra: „Und wie ertrüge ich es, Mensch zu sein, wenn der Mensch nicht auch Dichter und Rätselrater und der Erlöser des Zufalls wäre [... und der] Weg zu neuen Morgenröten." (Ebd., 518)

Um diesen „Morgenröten" konkrete Gestalt zu geben, skizziert Tarnas im „Epilog" die heutige Situation, die sich als Weiterführung von C. G. Jungs Studien zum kollektiven Unbewussten und zur archetypischen Struktur von Seele und Bewusstsein versteht (Jungs „Seele" wird bei Tarnas, wie bei anderen transpersonalen Autorinnen und Autoren, meist mit *psyche* übersetzt). Besonders Stanislav Grofs Studien seien es, die dem neuen Paradigma Gestalt gegeben hätten. Unter Verweis auf seine Arbeit als Programmleiter am Esalen Institute, bei der er „praktisch jede nur denkbare Form von Therapie und Selbsterfahrung kennengelernt habe" (ebd., 535), bescheinigt er Grofs Therapie, die bei weitem wirkungsvollste zu sein.

> Doch der Preis war hoch – in gewissem Sinne absolut: das Wiedererleben der eigenen Geburt wurde im Zusammenhang einer tiefen existentiellen und spirituellen Krise erfahren, mit schweren psychischen Qualen, unerträglichem Druck, einer extremen Verengung der geistigen Horizonte, dem Gefühl hoffnungsloser Entfremdung und Sinnlosigkeit, der Angst, unwiderruflich verrückt zu werden, und schließlich einer erschütternden Todeserfahrung – in der alles verloren schien, physisch, psychisch, intellektuell und spirituell. Aber nach der Bewältigung dieser langen Erlebnissequenz berichteten die Teilnehmer regelmäßig von einer dramatischen Horizonterweiterung, einem radikalen Perspektivenwechsel, was die Beschaffenheit der Wirklichkeit anbetraf, von einem Gefühl des plötzlichen Erwachtseins, von dem Bewußtsein, wieder mit dem Universum verbunden zu sein, und all dies vor dem Hintergrund eines tiefen Gefühls der psychologischen Heilung und spirituellen Befreiung. (Ebd.)

Das Erwachen des transpersonalen Potenzials der Seele, so Tarnas weiter, kann nur realisiert werden, wenn das „verdrängte Weibliche" vollständig dem modernen Bewusstsein integriert werde. Hier zeigt sich die direkte Linie von Jungs Ideen zum archetypischen Weiblichen und der Notwendigkeit der Individuation der Seele. „Das ist die große Herausforderung, auf die sich der westliche Geist langsam während seiner gesamten Existenz vorbereitet hat", nämlich die „tiefgreifende und vielschichtige Hochzeit des Weiblichen und des Männlichen", die sich nun „auf eine triumphale und heilsame Wiedervereinigung zubewegt hat" (ebd., 558). Dieses „evolutionäre Schauspiel" sei nun dabei, seinem Höhepunkt zuzustreben.

> Denn unsere Zeit kämpft mit sich selbst, um etwas in der Menschheitsgeschichte völlig Neues hervorzubringen: Wir scheinen die Zeugen und Leidtragenden der Geburtswehen einer neuen Wirklichkeit, einer neuen Form des menschlichen Daseins, eines „Kindes“ zu sein, das die Frucht dieser großen archetypischen Hochzeit ist und das alle seine Vorfahren in verwandelter Form in sich aufnehmen wird. Deshalb unterstütze ich die Ideale, die von den Anhängern feministischer, ökologischer, archaischer und anderer gegenkultureller und multikultureller Perspektiven vertreten werden. (Ebd., 558–559)

Die Geschlechterkonstruktionen, die Jungs Ideen zum weiblichen Archetypus und zur „Anima“ kennzeichnen, finden sich – vermittelt über Autoren wie Richard Tarnas – in einer ganzen Reihe von spirituellen Diskursen der Gegenwart wieder, vor allem in naturzentrierter Spiritualität, Astrologie, Paganismus und spirituell orientierten Therapien. Sie werden nur selten in ihrer androzentrischen Perspektivität hinterfragt. Bei Tarnas werden sie sogar zum Generalschlüssel der Gegenwartsdiagnose, wenn er sein Buch abschließt mit den Sätzen:

> Was wir heute erleben, sieht ganz nach dem Tod des modernen Menschen aus, nach dem Tod des westlichen Menschen. Vermutlich ist sogar „der Mensch“ – in der Ausprägung der letzten Jahrtausende – an sein Ende gekommen. Aber der Mensch ist kein Ziel. Der Mensch ist etwas, das in der Hinwendung zum Weiblichen überwunden – und erfüllt werden muß. (Ebd., 559)

So wichtig *The Passion of the Western Mind* zum Verständnis der langen Kulturgeschichte Europas gewesen sein mag, für den Autor war die Studie nur eine Vorbereitung, sowohl für sich selbst als auch für seine Leserinnen und Leser, auf das 15 Jahre später erschienene *Cosmos and Psyche*.

> *Cosmos and Psyche* behandelt die Krise des modernen Selbst und der modernen Weltanschauung noch präziser, und es führt stichhaltige Beweise, eine Forschungsmethode und eine im Entstehen begriffene kosmologische Perspektive an, von denen ich überzeugt bin, dass sie uns dabei helfen kann, im Rahmen neuer Möglichkeiten eine kreative Antwort auf die Krise zu finden, doch auch auf unsere Geschichte selbst. Ich hoffe, dass dieses Buch ein größeres Verständnis für unser sich entwickelndes Universum liefern kann sowie für unsere eigene sich noch immer entfaltende Rolle darin. (Tarnas 2007, xv)

Auch dieses Buch ist eine großangelegte Erzählung, nun allerdings bezogen auf die neueste Geschichte und die Lösungen, die Tarnas für die gegenwärtigen Krisen anbietet. Dabei spielen die Archetypen erneut eine entscheidende Rolle. Für Tarnas sind es insbesondere die planetarischen Archetypen, die zur Erklärung von Kulturphänomenen herangezogen werden können. In einer großen historischen Linie lokalisiert Tarnas den Ursprung der astrologischen, sakralen Deutung der Archetypen in der griechischen Antike.

> Die früheste Form der archetypischen Perspektive, und in gewisser Hinsicht ihre tiefste Schicht, ist die ursprüngliche Erfahrung der großen Götter und Göttinnen der antiken mythischen Vorstellungskraft. Diese einst universelle Bewusstseinsform, am Aufgang der westlichen Kultur auf denkwürdige Weise verkörpert in den homerischen Epen und später im klassischen griechischen Drama, betrachtet die Wirklichkeit als von mächtigen numinosen Kräften und Wesenheiten durchzogen und strukturiert, die in der menschlichen Vorstellungswelt als göttliche Personen und Erzählungen antiker Mythen erscheinen, oftmals in enger Verbindung mit der Sternenwelt. (Ebd., 80)

Das Verständnis der Archetypen habe, so Tarnas, im weiteren Verlauf der europäischen Geistesgeschichte verschiedene Wandlungen erlebt, doch zur vollen Entfaltung kam es erst im zwanzigsten Jahrhundert: „Erst an der Schwelle zum zwanzigsten Jahrhundert erfuhr das Konzept der Archetypen – schon angedeutet in Nietzsches Vision der dionysischen und apollinischen Prinzipien bei der Entstehung menschlicher Kultur – eine unerwartete Wiedergeburt" (ebd., 82). In voll entwickelter Form fände sich die Lehre jedoch erst im Werk C. G. Jungs: „In seiner Endfassung, beeinflusst durch seine Forschungen zur Synchronizität, betrachtete er die Archetypen als Ausdruck nicht nur des von allen Menschen geteilten kollektiven Unbewussten, sondern auch eines größeren Musters von Sein und Bedeutung, das sowohl die physische Welt als auch die menschliche Psyche erfasst und überspannt." (ebd., 82–83).

Tarnas zieht die bei Jung angelegte Linie in einer Weise weiter, die in ihrer astrologischen Deutung noch über Jung hinausgeht.

> Die astrologische These, so wie sie in der Line von Platon zu Jung entwickelt wurde, geht davon aus, dass die komplexen, multidimensionalen Archetypen, welche die Formen menschlicher Erfahrung steuern, auf intelligente Weise mit den Planeten und ihren Bewegungen am Himmel verknüpft sind. Diese Verknüpfung lässt sich in der fortwährenden Koinzidenz von spezifischen Planetenstellungen und spezifischen

archetypisch geordneten Phänomenen im menschlichen Leben beobachten. (Ebd., 85)

Im weiteren Verlauf seiner Studie wendet Tarnas die astrologische Archetypenlehre auf wichtige Ereignisse in der Weltgeschichte – von der Französischen Revolution bis zu den Umwälzungen der 1960er Jahre – und auf individuelle Begebenheiten, zum Beispiel im Leben C. G. Jungs, an. Die Entdeckung der transsaturnischen Planeten Uranus, Neptun und Pluto, aber auch die großen Zyklen der Planeten in ihrer Bezogenheit aufeinander, sind für Tarnas, wie für die meisten heutigen Astrologinnen und Astrologen, Abbilder von Prozessen, die parallel auf individueller, kollektiver und planetarischer Ebene ablaufen. Tarnas stellt sich in die Reihe jener Kulturdeuter, die die „Moderne" als eine große Krise der Menschheitsentwicklung betrachten. „Vom Rationalismus und Empirismus des siebzehnten Jahrhunderts bis zum Existenzialismus und zur Astrophysik des zwanzigsten Jahrhunderts fand sich das menschliche Bewusstsein zunehmend emanzipiert, doch zugleich auch zunehmend relativiert, entwurzelt, innerlich isoliert von der schillernden spirituellen Welt, die es zu ergründen sucht. Die Seele hat keine Heimat im modernen Kosmos" (ebd., 28). An anderer Stelle heißt es: „Es war Friedrich Nietzsche, der die volle Auswirkung der modernen Entwicklung in ihrer ganzen Tiefe gesehen hat und die unausweichliche Tragödie der modernen Empfindsamkeit am eigenen Leib erfuhr: Die romantische Seele zugleich befreit, verdrängt und gefangen in der riesigen kosmischen Leere des wissenschaftlichen Universums" (ebd., 33). Verlorengegangen sei das Verständnis der Welt als „tief-seelischer [*deep-souled*], subtil mystischer Kosmos von großer spiritueller Schönheit und kreativer Intelligenz" (ebd., 39).

Diese Zitate markieren sehr exakt den Diskursknoten, der für unsere Analyse wichtig ist. Tarnas – und hier steht er für viele Autorinnen und Autoren der transpersonalen Bewegung – zieht weitere Diskursstränge in dieses Arrangement ein, um eine Lösung für die planetarische Bewusstseinskrise anzubieten. Die Antwort liege in der Bewusstmachung archetypischer Dynamiken und in der kreativen Weiterentwicklung ganzheitlicher wissenschaftlicher Naturverständnisse, die den Kosmos als sakral und beseelt betrachteten. Quantenphysik und andere physikalische und biologische Modelle, die auf die Tiefenstruktur der Wirklichkeit und der Evolution des Bewusstseins abheben, sind für Tarnas, wie für zahllose andere (wie ich in den folgenden Kapiteln zeigen werde), Indizien eines fundamentalen Wandels, den er als „Erwachen von Geist und Seele" (ebd., 353–451) beschreibt. Unter Einbeziehung religiöser Diskursstränge formuliert Tarnas schließlich das Ziel dieser Entwicklung im letzten Kapitel des Buches als „Ein neuer Himmel und eine neue Erde" (ebd.,

453–490). Dieses Ziel könne nur erreicht werden mit einer Veränderung dessen, was als allgemein anerkanntes Wissen gelte. „Es erfordert zunächst einen Akt des Vertrauens in die Möglichkeit, dass ein beseelter Kosmos von transformativer Schönheit und absichtsvoller Intelligenz tatsächlich besteht" (ebd., 486). Unter Verweis auf Johann Wolfgang von Goethes Naturforschung hält Tarnas fest, dass wir dieses Wissens nur teilhaftig werden können durch „empfängliche Arbeit mit dem, was wir zu verstehen suchen und was uns im Prozess der Forschung selber verwandelt. Die Erforschung archetypischer Formen öffnet deshalb das archetypische Auge. Und die offene Begegnung mit der potenziellen Wirklichkeit einer *anima mundi* ermöglicht deshalb ihre tatsächliche Erkenntnis" (ebd., 487).

In der Art und Weise, wie Tarnas die Diskurse zu Seele, Kosmos, Bewusstsein, Geist, Wirklichkeit und Wissenschaft zusammenfügt, steht er deutlich in der Traditionslinie, die von Goethe und der romantischen Naturphilosophie über Jung, Assagioli und andere bis hin zur metaphysischen Befragung des Kosmos in Biologie und Physik der zweiten Hälfte des zwanzigsten Jahrhunderts reicht. Die Hinzufügung der Diskursstränge der Archetypen und der astrologischen Deutung kosmischer Dynamiken liefert für ihn die Plausibilität und Legitimität einer sakral-metaphysischen Aufladung des Kosmos und der Erwartung eines fundamentalen Wandels im Bewusstsein des Menschen.

Der Blick auf die transpersonale Bewegung insgesamt hat gezeigt, wie die Diskurse zur Seele auf ihrem Weg von Europa nach Amerika sowohl ihre Kontinuität bewahrt als auch Veränderungen erfahren haben. Der Seelenbegriff ging in die Begriffe *psyche* und *consciousness* ein, oft in derselben diskursiven Konstellation wie zuvor – zum Beispiel in der Wandlung von *world soul* (*anima mundi*) zu *cosmic consciousness*. Gerade die Kontinuitäten, die über die Psychologie C. G. Jungs beschrieben werden können, zeigen dies deutlich. Auch im Hinblick auf den Diskursknoten zu Kosmos–Universum–Natur zeigen sich klare Kontinuitäten. Zwei Themen erfahren aber eine Erweiterung in der Rezeption der transpersonalen Bewegung: War der Vergleich zwischen „Ost" und „West" schon seit dem frühen zwanzigsten Jahrhundert fester Bestandteil kultureller Diskurse – vor allem sichtbar bei C. G. Jung, in den theosophischen Beiträgen und in gelehrten Diskursen wie den Eranos-Konferenzen – so wurde die Ansicht, der Westen könne von den östlichen Weisheitslehren profitieren und müsse sie in Wissenschaft und Spiritualität integrieren, nun zu einem zentralen Thema. Als weiterer Diskursstrang, der ab den 1970er Jahren dem Gesamtarrangement zugefügt wurde, ist die ökologische Krise zu nennen. Das Gefühl der Dringlichkeit politischen, ökologischen und gesellschaftlichen Handelns hatte auch Auswirkungen auf diskursive Arrangements von Natur und Seele. Prozesse der Sakralisierung der Natur gingen mit Diskussionen zur Transformation des individuellen und planetarischen Bewusstseins einher. Die transpersonale Bewegung betrachtete, wie schon C. G. Jung zuvor, die Psychologie als eine Grundwissenschaft, die notwendige Beiträge zu sozialwissenschaftlichen, aber auch zu philosophischen und naturwissenschaftlichen Fragestellungen leisten könne.

Was hier zusammengefügt wird, kann in gewisser Hinsicht als eine Neubegründung der Naturphilosophie bezeichnet werden. Dieser auch für die Diskurse zur Seele überaus wichtigen Diskursformation möchte ich nun etwas genauer nachgehen.

KAPITEL 7

Renaissance der Naturphilosophie: Quantenmystik, kosmisches Bewusstsein und die Seele des Planeten

Seit dem neunzehnten Jahrhundert war die Seele fester Bestandteil von Diskursarrangements der Naturphilosophie, des Okkultismus und einer sich als metaphysisch verstehenden Psychologie und Naturwissenschaft. Während die Seele der akademischen Psychologie, die ab den 1930er Jahren stark behavioristisch und materialistisch-empirisch operierte, mehr oder weniger abhandengekommen war, war es die Psychologie C. G. Jungs und die sich neu formierende transpersonale Bewegung, die zur selben Zeit außerhalb der Universitäten – oder in akademischen Zentren der amerikanischen Gegenbewegung – die metaphysischen Diskursarrangements weiterschrieb. Dabei kam es zu interessanten Querverbindungen zwischen transpersonaler Bewegung, theosophisch-humanistischen Diskussionen, wie sie die Eranos-Konferenzen führten, philosophischen Fragestellungen der theoretischen Physik sowie neuen Interpretationsansätzen in Biologie und Ökologie. Diese diskursiven Verschränkungen, die sich insbesondere auf Fragen der Beschaffenheit von Realität, der Stellung des Menschen im dynamischen Gesamtsystem des Planeten und auf das metaphysische Potenzial von Naturwissenschaft bezogen, brachten neue ethische Diskussionen und spirituelle Praktiken hervor. Man kann dies als eine Renaissance der Naturphilosophie bezeichnen, in der theoretische und praktische Aspekte der Naturforschung und Naturerfahrung zusammenfließen und den Rahmen für eine religiös-spirituelle Haltung bilden, die gegen Ende des zwanzigsten Jahrhunderts zu einer breiten kulturellen Erscheinung anwuchs.

Die Analyse von Diskursarrangements kann dabei helfen, die expliziten und impliziten Bezugnahmen und Verschränkungen zwischen diesen unterschiedlichen Feldern sichtbar zu machen. Bei der Herausarbeitung der diesen Diskurs tragenden Strukturen werde ich mich hier auf jene Diskursfiguren konzentrieren, die einen direkten Zusammenhang zu „Seele", „Psyche" und „Bewusstsein" aufweisen.

Wie die Hippies die theoretische Physik retteten

In seinem Buch *How the Hippies Saved Physics: Science, Counterculture, and the Quantum Revival* beschreibt David Kaiser die Geschichte einer kleinen

 | DOI:10.30965/9783846764374_009

Gruppe von jungen Physikerinnen und Physikern, die sich den philosophischen Fragestellungen der Quantenmechanik verschrieben hatten. Im Mai 1975 gründeten Elizabeth Rauscher und George Weissmann, zu der Zeit Doktoranden in Berkeley, Kalifornien, eine informelle Diskussionsgruppe, die bald unter dem Namen „Fundamental Fysiks Group" bekannt wurde und Gleichgesinnte aus allen Teilen Amerikas und Europas anzog. Gemeinsam war den Mitgliedern dieser Runde ihre Frustration darüber, dass in den USA jede Grundlagendiskussion zur Physik durch die im Kalten Krieg herrschende ideologische Stimmung einer nur pragmatisch-berechnenden Forschung verlorengegangen war. Wenn Kaiser schreibt, dass diese Hippies die theoretische Physik „retteten", dann ist genau dies einer der Gründe dafür: „Selbstbewusst öffneten sie erneut den Raum für freischwebende Spekulationen, für jene Art engagierter philosophischer Beschäftigung mit theoretischer Physik, die in den Jahrzehnten des Kalten Krieges kaum möglich war" (Kaiser 2011, xxiii). Sie wollten die Diskussionskultur, die die Gespräche zwischen den Helden der theoretischen Physik der 1920er Jahre prägten – allen voran zwischen Einstein, Bohr, Heisenberg und Schrödinger – wieder aufleben lassen. Der zweite Grund für Kaisers These ist die Tatsache, dass „Mitglieder der Fundamental Fysiks Group sich auf ein Thema stürzten, das als ‚Bellsches Theorem' bekannt war, und das sie aus einem Jahrzehnt gnadenloser Vergessenheit befreiten" (ebd., xxiv). Gemeint ist das Theorem, das nach dem irischen Physiker John S. Bell benannt ist und auf das ich gleich näher zu sprechen kommen werde. Die Auseinandersetzung mit dem Bellschen Theorem führte sodann – und das ist für Kaiser die dritte Ebene der „Rettung" – zu bahnbrechenden neuen Entdeckungen in theoretischer und angewandter Physik, etwa dem *no-cloning*-Theorem: „Ähnlich wie Heisenbergs berühmtes Unschärfeprinzip besagt das *no-cloning*-Theorem, dass es unmöglich ist, eine exakte Kopie (oder einen ‚Klon') eines unbekannten oder zufälligen Quantumzustands zu produzieren. Der Versuch, den fragilen Quantumzustand zu kopieren, verändert diesen notwendigerweise" (ebd., xxv); zu Beginn des einundzwanzigsten Jahrhunderts führte diese Entdeckung zur Entwicklung abhörsicherer Kommunikationsverbindungen auf der Basis von Quantentheorie. Dies ist heute allgemein anerkannt. Doch weniger bekannt sei, so Kaiser, „dass das *no-cloning*-Theorem direkt aus den unermüdlichen – sowohl ernsthaften als auch schrulligen – Bemühungen der Fundamental Fysiks Group entstand, die das Bellsche Theorem und die Quantumverschränkungen daraufhin untersuchten, ob sie vielleicht die Geheimnisse von mentaler Telepathie und außersinnlicher Wahrnehmung entschlüsseln oder gar den Kontakt mit den Geistern von Verstorbenen ermöglichen könnten" (ebd.).

Die Fundamental Fysiks Group entwickelte sich bald zu einer Art Medienereignis, und die von ihr vertretene „neue Physik" beeinflusste die naturwissenschaftliche, doch auch die spirituelle Szene. Zu Mitgliedern der Gruppe zählten Fritjof Capra, dessen *The Tao of Physics* (1975) zu einem Meilenstein der „New Age"-Literatur wurde, Gary Zukav, der 1979 mit *The Dancing Wu Li Masters* ein breites Publikum erreichte, und Nick Herbert (geboren 1937), der viele Beiträge zur „neuen Physik" beisteuerte und diese einem großen Publikum zugänglich machte, unter anderem in seinem Bestseller *Quantum Reality: Beyond the New Physics. An Excursion into Metaphysics and the Meaning of Reality* (1985). In einer bemerkenswerten Mischung von theoretischer Physik, Human Potential Movement im Stile des Esalen Institute, der Erforschung von *human consciousness* in spiritueller Dimension (einschließlich der Experimente mit bewusstseinsverändernden Substanzen und Praktiken) und einer sozialpolitischen wie rüstungspolitischen Protestbewegung entfaltete sich ein Diskursfeld, das auch die Wissensordnungen zu „Seele" erfasste.

Tatsächlich bieten die quantentheoretischen Überlegungen, die schon C. G. Jung und Wolfgang Pauli so faszinierten, ungeahnte Möglichkeiten zu philosophischer und metaphysischer Spekulation, oder, in David Kaisers Worten: „Quantenmechanik ist eine Wissenschaft des Bizarren. Partikel gehen durch Wände. Katzen tappen in die Falle, halb tot und halb lebendig. Objekte, die Lichtjahre voneinander entfernt sind, halten telepathische Verbindungen zueinander aufrecht. Die scheinbare Festigkeit der Welt verdunstet zu einer Wolke von Wahrscheinlichkeiten" (Kaiser 2011, 2). Ein vieldiskutiertes Beispiel hierfür ist das Prinzip des Einstein-Podolsky-Rosen-Experiments, das sich auf zwei „Quantenwürfel" bezieht. Der eine Würfel befindet sich dabei in Wien, der andere in Budapest. Wann immer gleichzeitig mit beiden Quantenwürfeln gewürfelt wird, ist zwar das Resultat völlig zufällig – sie zeigen aber jeweils die gleiche Zahl. Außerdem gibt es zwischen den Ergebnissen keinerlei zeitliche Verzögerung; selbst wenn ein dritter Würfel Tausende Lichtjahre entfernt wäre, würde er zur selben Zeit dasselbe Ergebnis zeigen. Es gibt einen Zusammenhang zwischen den Würfeln, doch dieser lässt sich nicht mit dem Modell der Billardkugel erklären – eben eher mit einer telepathischen Verbindung.

Wolfgang Pauli bildete den akausalen Zusammenhang in dem nach ihm benannten Pauli-Prinzip ab, das darin besteht, dass die Verteilung der Elektronen im Grundzustand eines Atoms so festgelegt ist, dass zwei Elektronen nicht denselben Satz von Quantenzahlen besitzen können. Erst durch diese Voraussetzung können die Elemente in ihrer Verschiedenheit entstehen. Nun besteht eine Implikation des Ausschließungsprinzips, wie es auch genannt wird, darin, dass der gegenseitige Ausschluss der Elektronen akausal verläuft, denn die inneren Wechselbeziehungen der Elektronenbewegungen werden nicht durch eine physikalische Kraft oder einen Energietransfer gesteuert, sondern durch „die direkte Manifestation der Gesamtform der Wellenfunktion im ganzen System [...]. Man könnte deshalb sagen, daß die Elektronenbewegungen die Manifestation eines globalen Musters oder einer Gesamtform darstellen, die sich nicht örtlich begrenzen läßt – ein wahrer Ausdruck also von Synchronizität" (Peat 1992, 211–212).

Zum Pauli-Prinzip und zum Einstein-Podolsky-Rosen-Experiment gehören auch die sogenannten „EPR-Korrelationen" (benannt nach dem „Einstein-Podolsky-Rosen-Paradox"), die durch John S. Bell mit dem Bellschen Theorem bzw. der Bellschen Ungleichung bewiesen worden waren. Jene „nichtklassischen Korrelationen" wurden etwa zwanzig Jahre später zwischen weit auseinanderliegenden Quantenteilchen experimentell bestätigt. Dabei handelt es sich nicht um eine kausale Verbindung, sondern um die Manifestation einer Wellenfunktion an allen ihren Orten zur selben Zeit. Diese Wellenfunktion kann nach Steven Weinberg, der 1979 den Nobelpreis für Physik erhielt, immer noch als real angesehen werden; „sie verhält sich nur auf eine Weise, die wir nicht gewohnt sind, einschließlich der unmittelbaren Veränderungen, die die Wellenfunktion des gesamten Universums beeinflussen" (Weinberg 1992, 81). Dieselbe Fragestellung wurde auch in der Fundamental Fysiks Group intensiv diskutiert (Kaiser 2011, 25–41). Die Diskussionen führten Nick Herbert zu der Schlussfolgerung, dass „die tiefste Realität der Welt von einer unsichtbaren Quantenverbindung aufrechterhalten wird, deren allgegenwärtiger Einfluss unvermittelt, total und unmittelbar ist" (Herbert 1987, 249). Und es liest sich wie eine Fortführung der Ansichten Wilhelm Ostwalds, wenn Herbert konstatiert: „Religionen versichern uns, dass wir alle Brüder und Schwestern sind, Kinder derselben Gottheit; Biologen sprechen davon, dass wir mit allen Lebensformen auf diesem Planeten verwoben sind: Unsere Zukunft steht und fällt mit der ihren. Und jetzt haben Physiker entdeckt, dass Atome in unseren Körpern aus einem gemeinsamen überlichtschnellen Material gewoben sind" (ebd., 250).

Die Diskussionen über die philosophischen Implikationen der Quantenmechanik, die schon Einstein, Heisenberg, Bohr und andere in ihren Bann gezogen hatten (Lindley 2007), erlebten durch die Querverbindungen mit der amerikanischen Gegenbewegung der 1970er Jahre eine starke Renaissance. Neben Nick Herbert ist hier vor allem auch Fritjof Capra (geboren 1939) zu nennen, der mit *The Tao of Physics* eines der erfolgreichsten Bücher zum Thema vorlegte. David Kaiser schreibt dazu:

> Auf dem Höhepunkt der New-Age-Welle Mitte der 1970er Jahre war die Zeit reif für ein Buch wie *The Tao of Physics*. Capras Buch befriedigte einen riesigen, diffusen und unerschlossenen Hunger, eine breit geteilte Suche nach Sinn im Universum, der die weltlichen Fragen des Hier und Jetzt übersteigen könnte. Der Markt für Capras Buch war bereit wie ein großer Wasserkessel am Siedepunkt. *The Tao of Physics* wurde zum Katalysator, der eine enorme Reaktion hervorrief. (Kaiser 2011, 155)

In der Vorbereitung des Buches hatte sich Capra eingehend mit buddhistischer Mystik und Philosophie beschäftigt, von religionswissenschaftlicher Fachliteratur bis zu den Werken T. D. Suzukis und anderer, die seit Längerem in den USA und Europa sehr erfolgreich waren. Diese Konstruktion der „östlichen Weisheitslehren" passte ausgezeichnet zu den Formulierungen und Fragestellungen, die sich aus den philosophischen Implikationen der Quantenmechanik ergaben. Diskursanalytisch geht es dabei weniger um die Frage, ob *The Tao of Physics* buddhistische Meditation und Mystik „korrekt" darstellt, als um die Wissensordnung, die durch die Verschränkung dieser als östlich und westlich eingestuften Diskursstränge entsteht.

Wirft man einen genaueren Blick auf Capras Buch, so zeigen sich einerseits genau jene Auffassungen zur „östlichen Mystik", die uns immer wieder begegnet sind, von William James und Martin Buber über C. G. Jung bis hin zu Mircea Eliade und anderen. Darüber hinaus lässt sich hier gut erkennen, wie der Begriff *consciousness* als Brücke zwischen psychologischen, religiösen und naturwissenschaftlichen Diskurssträngen dient. „Quer durch die Geschichte zieht sich die Erkenntnis, dass der menschliche Geist über zwei verschiedene Arten von Wissen verfügt, oder zwei verschiedene Formen von Bewusstsein [*consciousness*], die oft als das Rationale und das Intuitive bezeichnet und traditionellerweise mit Wissenschaft einerseits und Religion andererseits assoziiert wurden" (Capra 1975, 26–27). Das rationale, lineare Denken, das Capra als „westlichen" Modus beschreibt, steht dabei dem intuitiven „östlichen" Modus gegenüber. Das Bemerkenswerte an der „neuen Physik" sei, so Capra, dass die natürliche Welt nicht dem rationalen und linearen Modus zu folgen scheint:

> Die natürliche Welt [...] ist von endloser Vielfalt und Komplexität geprägt, eine multidimensionale Welt, die keine geraden Linien oder völlig regelmäßige Formen kennt, in der Dinge nicht in zeitlicher Abfolge geschehen, sondern zur selben Zeit; eine Welt, in der – wie uns die moderne Physik sagt – sogar der leere Raum gekrümmt ist. Es ist klar, dass unser

> abstraktes System konzeptionellen Denkens diese Realität niemals vollständig beschreiben oder verstehen kann. (Ebd., 28)

Aus diesem Grunde plädiert Capra für die Orientierung an östlicher Philosophie und Mystik: „Totales Wissen ist demnach eine zutiefst nicht-intellektuelle Erfahrung der Realität, eine Erfahrung, die aus einem nicht-normalen Bewusstseinszustand erwächst, den man ‚meditativ' oder mystisch nennen könnte. Dass es einen solchen Zustand gibt, wird nicht nur durch die zahlreichen Mystiker in Ost und West bestätigt; auch psychologische Forschung legt das nahe" (ebd., 29–30; es folgt ein Zitat von William James). „Bewusstsein" ist der Begriff, der sowohl für die buddhistische Mystik als auch für theoretische Physik von hoher Bedeutung ist, was Capra unter Hinweis auf Heisenbergs Unschärferelation hervorhebt.

> In der östlichen Mystik beinhaltet diese universelle Verwobenheit immer auch den menschlichen Beobachter und sein oder ihr Bewusstsein, und das gilt auch für die Kernphysik. Auf der Stufe der Atome kann man „Objekte" nur im Rahmen einer Interaktion zwischen den Prozessen von Vorbereitung und Messung verstehen. Am Ende dieser Kette von Prozessen steht immer das Bewusstsein des menschlichen Beobachters. Messungen sind Interaktionen, die „Empfindungen" in unserem Bewusstsein erzeugen – zum Beispiel die visuelle Empfindung eines Lichtblitzes oder eines dunklen Flecks auf einer fotografischen Platte – und die Gesetze der Kernphysik sagen uns, mit welcher Wahrscheinlichkeit ein atomares Objekt eine bestimmte Empfindung erzeugen wird, wenn wir es mit uns interagieren lassen. „Naturwissenschaft", so Heisenberg, „beschreibt und erklärt nicht einfach die Natur; sie ist Teil des Zusammenspiels zwischen der Natur und uns selbst." (Ebd., 140)

Dies führt Capra zu der Schlussfolgerung:

> Quantentheorie hat mit der Idee grundsätzlich voneinander getrennter Objekte aufgeräumt und das Konzept des Teilnehmers als Ersatz für das Konzept des Beobachters starkgemacht; vielleicht wird sie es auch als notwendig erachten, das menschliche Bewusstsein in ihre Beschreibung der Welt mit aufzunehmen. Mehr und mehr betrachtet sie das Universum als ein zusammenhängendes Netz von physikalischen und mentalen Beziehungen, deren Teile nur in ihrer Verbindung zum Ganzen definiert werden können. (Ebd., 142)

Die Verschränkung der Diskursstränge Bewusstsein–Quantenmechanik–Mystik–Natur–Universum–Wissen–Netz, wie Capra sie hier vollzieht, plausibilisiert eine Wissensordnung, in der Naturwissenschaft und Spiritualität keinen Gegensatz darstellen, sondern erst in ihrer gegenseitigen Durchdringung das ganze Potenzial menschlichen Wissens und menschlicher Erfahrung erschließen. Was bei Jung, Pauli und anderen die Weltseele war, die in Mystik und Physik beschrieben wird und die als Agens der Welt die Geschicke des Universums wie auch der persönlichen seelischen Erfahrung des Menschen mitbestimmt, wird in der mystisch gewendeten Quantenmechanik Capras und seiner Mitstreiter zur Instanz, die das individuelle menschliche Bewusstsein mit dem kosmischen Bewusstsein mittels mystischer Erfahrungen verschmelzen lässt. Eine ganz ähnliche Diskursformation werde ich unten am Beispiel der mythopoetischen Erzählung des „Epos der Evolution" (Kapitel 10) diskutieren, die allerdings ohne das Element der mystischen Erfahrung und der veränderten Bewusstseinszustände auskommt.

Wir können denselben Mechanismus auch bei David Bohm (1917–1992) nachweisen. Auch bei ihm läuft die Verbindung zwischen Ost und West über den Begriff „Bewusstsein". Zeit seines Lebens an den Grenzen dessen interessiert, was Menschen erkennen und erfahren können, beschäftigte sich Bohm schon früh mit mystischen und metaphysischen Fragen. Gegen Ende der 1950er Jahre wuchs dieses Interesse stetig an, was zu Irritationen seitens einiger seiner wissenschaftlichen Freunde führte. F. David Peat (1938–2017), selber hochangesehener Physiker und einer der wichtigsten Interpreten von Synchronizität in der Nachfolge Jungs, schreibt in der Biografie für seinen Freund Bohm:

> Einige klagten, Bohm sei „aus der Spur geraten", ein großer Geist habe sich auf Abwege begeben, und die Arbeit eines außergewöhnlichen Physikers sei für die Wissenschaft verloren. Doch wenn man Bohms Kindheitsträume und seine Visionen von Licht und riesiger Energie heranzieht, seine Faszination für das „Letztendliche" und seine Geschichten hochentwickelter Bewusstseinsformen auf fernen Planeten, dann war sein neuer Weg völlig im Einklang mit allem, was zuvor geschehen war. (Peat 1997, 195)

Doch erst durch einen zufälligen Fund in einer öffentlichen Bibliothek, nämlich Jiddu Krishnamurtis *The First and Last Freedom*, kam ein Prozess der Transformation seines Denkens in Gang. Bohm hörte Krishnamurtis Vorträge in London und traf ihn auch zu einem persönlichen Gespräch, das er als überaus heilend und kraftvoll erfuhr. Wie Peat erläutert:

> Bohm betrat diese aufregende und esoterische Welt voller Leidenschaft und Entschlossenheit. Er fand in Krishnamurtis Büchern eine klare Analyse der Natur des Bewusstseins und der Mechanismen, mit denen Denkerinnen und Denker sich von ihren Gedanken und von der Praxis des Denkens selber distanzieren, indem sie sich als getrennte, unabhängige Entität definieren. In diesem Akt der Trennung sowie in der darauf folgenden Reifikation der Denkerin/des Denkers und des Gedankens liegt der Ursprung aller menschlichen Probleme. Krishnamurtis Beobachtung, dass „der Denker der Gedanke" und „der Beobachter das Beobachtete ist", war für Bohm dasselbe wie seine eigenen – und Niels Bohrs – Überlegungen zur Rolle des Beobachters in der Quantentheorie. Bohm hatte persönlich erfahren, wie die Beobachtung eines bestimmten Gedankens die Bewegung des Denkens selber veränderte. Sein Studium Hegels hatte ihn zu einer ähnlichen Schlussfolgerung geführt, was die Bewegung des Denkens betrifft. Der Physiker war bereit für seine Beschäftigung mit Jiddu Krishnamurti. (Ebd., 199)

Vor diesem Hintergrund ist es kein Wunder, dass der Begriff *consciousness* und der Vergleich zwischen östlichen und westlichen Bewusstseinskonzepten einen zentralen Baustein von Bohms theoretischer Physik bildet, nicht zuletzt im einflussreichen *Wholeness and the Implicate Order*, wo er den Vergleich um den Begriff *wholeness* („Ganzheit") erweitert (Bohm 1981, 19–26; 196–213).

Die in diesen Überlegungen aufscheinenden Diskussionen sind auch im einundzwanzigsten Jahrhundert noch sehr aktuell. Michael B. Mensky beispielsweise kommt in seinem Buch *Consciousness and Quantum Mechanics* (2010) zu dem Ergebnis, dass der Jung-Pauli-Dialog und die sich daraus ergebende Quantenmystik, in Kombination mit den EPR-Korrelationen und dem Bellschen Theorem, die Existenz paralleler Welten erwiesen habe. Sein Schlusskapitel benennt ganz konkret den uns hier interessierenden Diskursknoten: „Schlussfolgerung: Wissenschaft, Philosophie und Religion treffen in der Theorie des Bewusstseins zusammen" (Mensky 2010, 215–240).

Auch Lothar Schäfer und Diogo Valadas Ponte gehen in einem Artikel für die Fachzeitschrift *Behavioral Sciences* den Zusammenhängen zwischen C. G. Jungs Psychologie und den mystischen Dimensionen der Quantenphysik nach. Sie sind davon überzeugt, dass sowohl Quantenphysik als auch Psychologie eine nicht-empirische Dimension der Wirklichkeit nachgewiesen hätten, die aus ursprünglichen Formen bestehe. Diese Formen, wenn auch unsichtbar, seien real, da ihr aktiver Einfluss in der empirischen Welt fassbar werde. Die Autoren betrachten die empirische Welt somit als eine Emanation aus dem kosmischen Reich der Potenzialität, wobei die Grundformen des

Universums sowohl als physikalische Strukturen als auch als Archetypen der Seele erscheinen. Evolution sei deshalb nicht der Prozess der Anpassung einer Spezies an ihre Umgebung, sondern die Anpassung des Geistes an zunehmend komplexe Formen, die in der kosmischen Potenzialität existieren. In letzter Instanz sei daher der menschliche Geist mystischer Natur (Schäfer und Valadas Ponte 2013).

Man kann an solchen Publikationen erkennen, dass die mystische Aufladung der Quantenmechanik keineswegs eine „vergessene Kontroverse" darstellt, wie Juan Miguel Marin (2009) behauptet. Vielmehr bildet sie ein Diskursarrangement, dessen Einfluss auch nach mehr als fünfzig Jahren noch sichtbar ist.

Tiefenökologie und die Spiritualisierung der Naturphilosophie

Parallel zur mystischen Aufladung der Quantenmechanik vollzog sich seit 1970 auch eine Spiritualisierung der Naturphilosophie, die über die Suche nach integralen, ganzheitlichen Modellen von Natur, Mensch und Kosmos verlief. Wenn es um die Konzepte von „Geist", „Bewusstsein" und „Seele" geht, kommt der transpersonalen Bewegung hierbei erneut eine wichtige Brückenfunktion zu. Ein anderer gemeinsamer Nenner der hier interessierenden Diskursstrukturen ist die Tiefenökologie.

Der Begriff *deep ecology* wurde 1973 von dem norwegischen analytischen Philosophen Arne Naess (1912–2009) geprägt, und zwar im Sinne einer radikalen Kampfansage an anthropozentrische Ausrichtungen gegenwärtiger Ethik und Politik (Naess 1973; ausführlicher Naess 1989). Von Anfang an verstand sich die Tiefenökologie als ein Ansatz, der Ethik, Politik, Biologie und Spiritualität in einem Gesamtentwurf integrierte, ein Unterfangen, das natürlich harsche Kritik von philosophischer und naturwissenschaftlicher Seite auf sich ziehen musste. Diese Kritik ist nicht völlig unberechtigt angesichts des Umstands, dass sich manche Beiträge in der tiefenökologischen Diskussion weniger auf „rationale" Argumentation berufen (die ja nur als ein Teil der Erfassung von Wirklichkeit betrachtet wird) als auf Einfühlungsvermögen und apriorische Setzungen. Ein Beispiel hierfür ist der Religionswissenschaftler Roger S. Gottlieb, der noch einen Schritt weitergehen will als die philosophisch orientierte Tiefenökologie:

> Die Tiefenökologie, von der ich hier spreche, ist nicht dieselbe, die in der technischen Sprache philosophischer Ethik präsentiert wird […]. Vielmehr spreche ich von einer leidenschaftlichen, spirituell orientierten und mystischen Vereinigung mit der Erde und ihren vielen Lebewesen,

> einer Anerkennung von Verwandtschaft mit diesen Wesen, die nicht mehr philosophische Rechtfertigung braucht als das Band, das uns gefühlsmäßig mit unseren Eltern, Haustieren und Lebenspartnern verbindet. In diesem Sinne ist „Tiefenökologie" eine spirituelle Philosophie; und die bedeutungsvollsten Erfahrungen, die ihre Anhängerinnen und Anhänger antreiben, sind zutiefst mystischer Art. (Gottlieb 1999, 155)

Tiefenökologische Philosophie zeichnet sich durch eine biozentrische Sicht auf Natur und Mensch aus. Die Verabsolutierung der menschlichen Perspektive wird dabei zurückgenommen und jeder Entität wird ihr eigener Ort und ein eigener unverhandelbarer Wert zugestanden. Dabei rekurrieren Autorinnen und Autoren der Tiefenökologie häufig auf Erkenntnisse der neueren Biologie, die zunehmend die überaus vielfältigen Vernetzungen von Ökosystemen zum Gegenstand ihrer Untersuchung macht. Eine biozentrische Sicht bedeutet deshalb, „die ganze Ordnung der Biosphäre der Erde als ein komplexes, aber vereintes Netz miteinander verknüpfter Organismen, Objekte und Ereignisse anzusehen" (Taylor 1997, 97; s. auch Schorsch 1987; zu biologisch-ökologischen Interpretationen s. auch unten Kapitel 10).

Die Modelle der Tiefenökologie bieten ein großes Plausibilitätspotenzial für eine naturzentrierte Spiritualität, wie sie sich in der zweiten Hälfte des zwanzigsten Jahrhunderts entwickelte. Sie drücken auf philosophischer Ebene das aus, was in spiritueller Hinsicht das Ergebnis ritualisierter Naturerfahrung ist. Deshalb kommt es immer wieder zu einer Durchdringung tiefenökologischer Philosophie mit spirituellen Anliegen, was durchaus auch mit dem Selbstverständnis führender Vertreterinnen und Vertreter der Tiefenökologie konvergiert. Es geht nicht nur um die Erkenntnis der Vernetzung aller Seinsebenen, sondern auch um ihre Erfahrung und sinnliche Vermittlung. Dieter Birnbacher konstatiert deshalb:

> In den philosophischen Beiträgen der „Tiefenökologie" wird der diskursive und argumentative Anteil weitgehend durch den expressiv-poetischen zurückgedrängt. Das ehrfürchtige Erstaunen vor der Natur wird nicht mehr nur beschrieben, sondern beschworen und vergegenwärtigt. Ähnlich wie in der romantischen Naturphilosophie wird die Philosophie selbst ein Teil des geforderten Prozesses der ganzheitlichen, d.h. nicht mehr ausschließlich rationalen Verwirklichung des individuellen Selbst. („Vorbemerkung" zu Birnbacher 1997, 9)

Damit werden Theorie und Praxis als zwei Seiten einer Medaille aufgefasst, was wiederum dazu führt, dass in den meisten tiefenökologischen Publikationen nicht nur theoretische Abhandlungen enthalten sind, sondern auch Anrufungen, Meditationen und spirituelle Übungen (als sehr einflussreich hat sich *Thinking Like a Mountain* [Seed et al. 1988] erwiesen; s. auch Nicholson und Rosen 1992, die den Gaia-Diskurs einbeziehen, sowie den bei Diederichs erschienenen Band Gottwald und Klepsch 1995; ähnlich der Überblick bei Dürr und Zimmerli 1989).

Animistische und schamanische Praktiken werden uns im nächsten Kapitel noch ausführlicher beschäftigen. Doch um die diskursiven Verbindungen zwischen Tiefenökologie, metaphysisch orientierter Psychologie und Naturphilosophie einerseits und schamanischen Praktiken andererseits sichtbar zu machen, möchte ich schon hier auf die gegenseitigen Bezugnahmen zwischen Tiefenökologie und Schamanismus hinweisen. Ein Beispiel dafür ist der bei Diederichs erschienene Band *Schamanische Wissenschaften: Ökologie, Naturwissenschaft und Kunst*. Im Vorwort führen die Herausgeber, Franz-Theo Gottwald und Christian Rätsch, aus, der vorliegende Band sei „ein Versuch", neue Perspektiven für die westliche Naturwissenschaft zu erkunden.

> Schamanen gehen in der Regel systematisch und strukturell vor. Sie lehren uns die andere Seite der Münze ‚Wirklichkeit' und sind dabei häufig empirischer, exakter und redlicher als moderne wissenschaftliche Theoriebildung. Ihr Modell einer (Natur-) Wissenschaft kann deshalb dazu dienen, unser eigenes Modell von Wissenschaft zu hinterfragen, vielleicht auch, es zu ergänzen, vielleicht sogar, ihm ein Vorbild zu sein. (Gottwald und Rätsch 1998, 7; vgl. auch die Analysen bei Reichel-Dolmatoff 1996, einem ebenfalls bei Diederichs verlegten Buch, das den Brückenbegriff „Bewusstsein" sogar im Titel führt)

Auch Jonathan Horwitz vom Scandinavian Center for Shamanic Studies in Kopenhagen ist sich sicher, dass „man Schamaninnen und Schamanen durchaus als erste Wissenschaftlerinnen und Wissenschaftler bezeichnen kann" (Horwitz 1995a, 234). Ausgehend von der holistischen Annahme, Erde und Kosmos seien ein lebendiges Gefüge miteinander verbundener Teile, und unter Einbeziehung des naturwissenschaftlichen Eindrucks, dass die Ökosysteme der Erde auf eine Weise miteinander verknüpft sind, die rein kausale Ebenen überschreitet und metaphysische Erklärungsmuster hervorbringt, zeigt das schamanische Deutungsmodell der Wirklichkeit für diese Autorinnen und Autoren Möglichkeiten auf, die zunächst paradox scheinenden Befunde ökologischer Forschung gedanklich befriedigend zu erklären. Unter Hinweis auf den zum Human Potential Movement gehörenden Willis Harman schreibt Franz-Theo Gottwald: „Bestand bislang die empirische Basis nur aus

Informationen über Wirklichkeit, die dem klassisch-naturwissenschaftlichen Modell der Empirie gemäß waren, so geht es durch den vergleichenden Blick auf Schamanismus im tiefenökologischen Ansatz darum, auf das gesamte Spektrum menschlicher Wahrnehmungs- und Erkenntnisformen zuzugreifen, um Wirklichkeit ganzheitlich zu verstehen" (Gottwald 1998, 23).

Wenn schamanische Praktiken naturphilosophische Überlegungen beeinflussen, kann umgekehrt erst recht von einer Beeinflussung schamanischer Selbstverständnisse durch tiefenökologische Diskurse gesprochen werden. Man denke etwa an Jonathan Horwitz' Beschreibung seines Kurses in „Shamanic Healing and Spiritual Ecology" (Sommer 1998): „Ein Großteil der Zeit während des Kurses wird darauf verwendet, sich mit den Geistern [*spirits*] der Steine und Bäume, des Mondes und der Sonne, des Windes und der Flüsse, sowie allen Wesen auf der Erde zu verbinden. Von ihnen lernen wir erneut, die Erde zu respektieren und mit ihr auf einer tiefen spirituellen – und praktischen – Ebene zusammenzuarbeiten für unser gemeinsames Weiterbestehen und Wachstum." Auf einer abstrakteren Ebene weist Joan Halifax' Fazit in dieselbe Richtung:

> Genau wie Buddhismus und Schamanismus auch, konzentriert sich die Tiefenökologie darauf, unseren Platz aus dem Innern des Schöpfungsnetzes heraus zu suchen und unmittelbar zu verstehen. Alle diese drei Praktiken – Buddhismus, Schamanismus und Tiefenökologie – gründen auf der Erfahrung des Engagements und dem Mysterium der Teilhabe. Indem sie in der Praxis und Kunst des Mitgefühls wurzeln, bewegen sie sich mithilfe direkter Erfahrung von der Spekulation zur Offenbarung. (Halifax 1994, xxx)

Das Werk und die Biografie von Joan Halifax (geboren 1942) sind selber ein gutes Beispiel für die Verschränkung von transpersonalen, schamanischen, buddhistischen und naturphilosophischen Diskurssträngen. In den 1970er Jahren war Halifax an den LSD-Forschungen ihres damaligen Ehemanns Stanislav Grof sowie an den Forschungen Joseph Campbells und Alan Lomax' beteiligt. 1979 bis 1989 leitete sie das von ihr gegründete spirituelle Zentrum Ojai Foundation in Kalifornien, bevor sie 1990 das Upaya Zen Center in Santa Fe, New Mexiko, gründete, dem sie noch immer – nun als Roshi – vorsteht.

Die nahtlosen Übergänge zwischen naturphilosophischen und spirituellen Diskursen zur Transpersonalen Psychologie und dem Human Potential Movement zeigen sich immer wieder, explizit bei dem im vorigen Kapitel bereits eingeführten Stanislav Grof. Nachdem er zunächst auf Ken Wilber verweist, der in seinen Schriften die Notwendigkeit einer „integral theory of everything“ angemahnt und auch die Grundlinien einer solchen Theorie skizziert habe, hält Grof fest: „Eine solche Theorie aber tatsächlich entwickelt zu haben, ist das Verdienst von Ervin László, den man mit gutem Recht als den weltgrößten Systemtheoretiker und interdisziplinären Wissenschaftler und Philosoph bezeichnen kann“ (Grof 2006, 87). Damit meint Grof die „connectivity hypothesis“, die László weiter ausbaute zur Annahme der Existenz eines „Psi-Feldes“ und später des „Akasha-Feldes“, nämlich eines „Subquantum-Feldes, das die holografischen Daten aller Ereignisse, die jemals in der Welt der Erscheinungen geschehen sind, speichert“ (ebd.; s. zu diesem Thema Pokazanyeva 2016, die die Gleichung Äther–Akasha–Geist als einen Panpsychismus deutet, der zu einer monistischen Quantenmystik führt). Grof ordnet Lászlós Arbeiten in das breite Feld von neuen physikalischen Theorien ein, die den Zusammenhang von Spiritualität und Naturwissenschaft ernstnehmen. Dazu gehören für ihn Fritjof Capra, Fred Alan Wolf, Nick Herbert, Amit Goswami, Gregory Bateson, Ilya Prigogine und vor allem David Bohm und Rupert Sheldrake.

> Transpersonale Kreise haben alle diese revolutionären wissenschaftlichen Fortschritte als wichtige konzeptionelle Bestätigung für transpersonale Psychologie sehr begrüßt. [...] Doch noch immer fehlte eine größere integrative Vision, der „konzeptionelle Kitt“, der all diese Teile in einen einheitlichen gedanklichen Zusammenhang bringt im Hinblick auf Bewusstsein, Psyche und die Natur des Menschen, einen Zusammenhang, der auch die revolutionären Erkenntnisse anderer wissenschaftlicher Disziplinen zum Wesen der Wirklichkeit mit einbezieht. Es ist das Werk von Ervin László, das sich als der „Rosetta-Stein“ herausstellte, den die Pioniere der Bewusstseinsforschung und der Transpersonalen Psychologie gesucht hatten. (Grof 2006, 99–100)

Es lohnt sich deshalb, einen kurzen Blick auf das Werk von Ervin László (geboren 1932 in Budapest) zu werfen. Ausgebildet als klassischer Pianist und Mitglied der World Academy of Arts and Sciences, hat László wie kaum ein anderer Brücken geschlagen zwischen Kunst und Wissenschaft sowie zwischen Geisteswissenschaft und Naturwissenschaft. Er ist vor allem als Wissenschaftsphilosoph und Systemtheoretiker einem breiten Publikum bekannt geworden. Von seinen physikalischen Fachgenossen wurden seine Theorien mit großer Zurückhaltung aufgenommen, wenn sie denn überhaupt ernst genommen wurden.

Im Eugen Diederichs Verlag, der mit seiner Reihe *Diederichs New Science* an alten Verlagstraditionen anknüpft, erschien beispielsweise Lászlós *Systemtheorie als Weltanschauung*, in der der Autor „eine ganzheitliche Vision für unsere Zeit" entwickelt. In diesem Buch führt László in die Grundzüge der Systemtheorie ein, die die natürliche Welt als ein Ineinandergreifen von lebendigen und sich selbst erhaltenden Systemen deutet. Die Grundsätze seiner Systemtheorie lauten: (1) Natürliche Systeme sind Ganzheiten mit nicht weiter reduzierbaren Eigenschaften; (2) natürliche Systeme erhalten sich selbst in sich verändernder Umgebung; (3) natürliche Systeme sind autopoietisch in Wechselwirkung mit der Autopoiese anderer Systeme; und (4) natürliche Systeme sorgen für Interface-Koordination innerhalb der Holarchie der Natur (László 1998, 35–74). Was die Stellung des Menschen in diesem System angeht, so ist hier kein Platz mehr für eine Sonderposition einer einzigen Spezies oder für eine Teleologie, die auf die Entwicklung des Menschen hinauslaufe. Für „anthropozentrischen Dünkel" (ebd., 81) gebe es keinen Grund mehr, nehme man die Erkenntnisse der neueren Evolutionsforschung und Biologie ernst. Vermutlich sei „der menschliche Entwicklungsweg nur eins der unzähligen Experimente [...], die die Evolution zu veranstalten pflegt – ein Experiment, das sie bei Erfolg fortsetzt und bei Mißerfolg abbricht" (ebd., 82). Man sieht an solchen Formulierungen bereits, dass „Evolution", aber auch „Natur", in diesem Ansatz mit *agency* ausgestattet werden, mit einer Handlungskompetenz also, die zwar keinem vorgezeichneten Plan folgt, doch kreativ und intelligent auf Veränderungen reagieren kann. In diesem Sinne hat die Natur „Bewusstsein".

Gerade das Bewusstsein ist es – und hier sieht man erneut den Übergang zwischen holistischer Naturwissenschaft und Transpersonaler Psychologie – was für die Natur insgesamt, aber auch für die Evolution des Menschen relevant ist (ebd., 82–90; s. dazu auch schon László 1969, wo er eine Theorie des Geistes entwarf, die unter anderem auf Gestalt-Psychologie rekurriert). In gewisser Weise kann die Natur im Bewusstsein des Menschen sich selbst erkennen. „Mensch sein", so László, „bedeutet, über die fast einzigartige Möglichkeit verfügen, sich selbst und die Welt kennenzulernen" (ebd., 111). Dies ist die mystische Botschaft, die László auch in eine Transformation der historischen Religionen hin zu einer Spiritualität einfließen lässt, die mit den Erkenntnissen der Naturwissenschaft im Einklang ist.

> Wenn die Religionen den selbstschöpferischen, evolutionären Prozeß der Welt erkennen und feiern, könnten sie auch den Erkenntnisprozeß in jedem einzelnen Individuum fördern. Im Licht ihres eigenen Verständnisses vom autopoietischen Prozeß könnten die religiösen Gemeinschaften das ursprüngliche Aufflammen und Weiterbrennen feiern, welches das uns bekannte Universum ins Leben rief: die plötzliche Synthese der Quarks und der ungeheuren Vielfalt der Atome und

> Moleküle überall in den weiten, expandierenden Räumen des Alls. Sie könnten die Entstehung der Makromoleküle und Urzellen feiern, dieser Vorläufer und Herolde des Lebens auf der Oberfläche unseres Planeten – und zahlloser uns noch unbekannter Planeten in dieser und Myriaden anderer Milchstraßen. Sie könnten die Evolution der Noosphäre auf dieser Erde feiern, jene besonders wichtige Phase in der evolutionären Selbstschöpfung der Welt. Sie könnten uns bei der Erkenntnis helfen, daß unsere Reise als Individuen durch die Bio-Noosphäre der Erde die Evolutionsreise des ganzen Kosmos widerspiegelt, daß das selbstschöpferische Universum unser größeres Selbst ist – die heilige Urgemeinschaft, in die wir eingebettet sind. (Ebd., 110)

Der von László angeschlagene Ton erinnert sehr stark an die Diskursformation der monistischen Religion, wie Haeckel und Ostwald sie achtzig Jahre zuvor vortrugen, und er nimmt vorweg, was Richard Dawkins, Edward O. Wilson und andere als das „Epos der Evolution" formulieren (s. dazu Kapitel 10 unten). In der Vereinigung von Religion und Wissenschaft biete sich in der heutigen Krisenzeit die Möglichkeit, „den neuen Weg nicht nur [zu] finden, sondern ihn auch tatsächlich einschlagen [zu] können" (ebd., 111). Und nüchtern hält László fest: „Nehmen wir diese Chance nicht wahr, wird ein weiteres Kapitel irdischer Evolution an sein Ende gelangt sein, und das Experiment der Entwicklung reflektierenden Bewußtseins wird sich als Fehlschlag der Evolution erweisen" (ebd., 113).

Das Ineinandergreifen von autopoietischen Systemen führt in der Theorie Lászlós zu immer größeren Systemen mit immer größerer Komplexität. Das Gesamtsystem des Planeten Erde nennt László „Gaia". Es gelte, so László, die in jedem natürlichen System verschlüsselten Werte wiederzufinden. „Werden sie wiederaufgefunden und angenommen, so können wir unsere Fähigkeit zu adaptiver Innovation wieder zu Ehren bringen und uns selbst und unsere Kultur innerhalb der Kompatibilitätsschranken halten, die uns die dynamische, ausbalancierte und vielstufige Holarchie der aus Biosphäre und Menschheit zusammengenommen bestehenden Einheit setzt: das Gaia-System des Planeten Erde" (ebd., 107).

Mit seinem „Gaia"-Begriff partizipiert László an einem Diskurs, der sich am Ende des zwanzigsten Jahrhunderts als Brücke zwischen Biologie, Naturphilosophie und Spiritualität gebildet hatte und der auch dem Seelendiskurs wichtige Impulse verlieh (auch hierzu mehr in Kapitel 10 unten). Insgesamt kann man feststellen, dass die neueren naturphilosophischen Beiträge, in engem Austausch mit der transpersonalen Bewegung einerseits und mit religionswissenschaftlichen und anthropologischen Theorien andererseits, eine Blaupause für die spirituelle Einbindung des Menschen in das Gesamtsystem von Natur und Kosmos bieten, die von vielen Menschen interessiert aufgenommen wurde. Der gesamte Bereich der naturzentrierten Spiritualität, in der Animismus als positive Kategorie neu entdeckt wurde, ist ein sichtbarer Ausdruck dieser Rezeption. Was das für den Seelendiskurs bedeutet, werde ich im folgenden Kapitel diskutieren.

KAPITEL 8

Die Seele als Bezugspunkt neuer spiritueller Praktiken

Die Kulturgeschichte der Seele zeigt, wie eng wissenschaftliche Diskurse mit breitenwirksamen Bewegungen außerhalb wissenschaftlicher Institutionen verzahnt sind und wie sich die beiden Diskurspraktiken gegenseitig beeinflussen. Theorien zur Seele, aber auch naturphilosophische Überlegungen zur Einheit alles Lebendigen oder zum Bewusstsein von Natur und Kosmos entwickelten in der zweiten Hälfte des zwanzigsten Jahrhunderts einen großen Einfluss auf spirituelle Praktiken. Umgekehrt waren es jene spirituellen Praktiken, die ihrerseits zur Revision älterer wissenschaftlicher Theorien führten – ein klares Beispiel für die Diskursgemeinschaft von Wissenschaft und kultureller Praxis. Am Beginn des einundzwanzigsten Jahrhunderts gehört das große Feld der naturzentrierten Spiritualität (die englischsprachige Religionswissenschaft spricht meist von *nature-based spiritualities*) weltweit zu den am stärksten wachsenden religiös-spirituellen Bewegungen. Bron Taylor nennt dies im Anschluss an Roderick Nash (Nash 1989, 87–120) „the global greening of religion" (Taylor 2010). Neben den oben schon analysierten Prozessen der diskursiven Verschränkung von Wissenschaft und spiritueller Praxis, von Säkularisierungs- und Sakralisierungsbewegungen, ist für dieses Erstarken naturzentrierter Spiritualität auch die globale ökologische Krise verantwortlich, die durch die aggressive Ausbeutung der Ressourcen des Planeten durch den Menschen verursacht wurde. In Kapitel 10 werde ich darauf ausführlicher eingehen. An dieser Stelle möchte ich genauer darstellen, in welchen Bereichen zeitgenössischer euro-amerikanischer Spiritualität die Verbindung von Seele und Natur am stärksten sichtbar ist. Es ist angesichts der diskursiven Verschränkungen, die sich seit Ende des neunzehnten Jahrhunderts aufzeigen lassen, nicht verwunderlich, dass wir die deutlichsten Manifestationen dieser Diskurse in schamanischen und paganen Praktiken finden. In diesen Kontexten, und weit darüber hinaus, hat der Begriff „Animismus" in den letzten Jahren eine große Konjunktur erlebt. Und das ist alles andere als selbstverständlich.

 | DOI:10.30965/9783846764374_010

Animismus: Vom negativen Stereotyp zur positiven Selbstbeschreibung

Der religionswissenschaftliche Begriff „Animismus" ist in demselben kulturellen Umfeld entstanden, der am Ende des neunzehnten Jahrhunderts auch andere einflussreiche Konzepte hervorbrachte. Es war der englische Religionsethnologe Edward B. Tylor (1832–1917), der in seinem Buch *Primitive Culture* (1871) den Animismus als den Glauben an die Beseeltheit der Natur und die Existenz von Geistern definierte. Es ging Tylor, wie Rohde und anderen Wissenschaftlern seiner Generation, um die Frage, auf welchen historischen Wegen der Begriff der Seele entstanden war. Ganz im Sinne der evolutionären Sicht auf die Kulturentwicklung ging Tylor davon aus, dass Vorstufen dessen, was später „Religion" wurde, bei den einfachen Kulturen (*primitive cultures*) aus Träumen und Halluzinationen entstanden, woraus diese frühen Kulturen die Überzeugung ableiteten, es gäbe so etwas wie ein seelisches *Alter Ego*. Dieses „zweite Ich" kann im Schlaf, während Krankheiten oder unter besonderen Bedingungen den normalen Körper verlassen. Mit dem Tod des Körpers verlässt diese Entität den Menschen und lebt als unabhängiger Seelengeist weiter. Auch Tiere und Pflanzen verfügen über eine Seele, da sie ebenfalls leben und sterben. Doch selbst bestimmte Objekte, die in Träumen erscheinen – wie etwa Steine, Waffen oder Kleider – sind aus dieser animistischen Sicht belebt. Klare archäologische Belege für diese Interpretation gab und gibt es nicht. Doch das hinderte Tylor nicht daran, mit den Seelengeistern die Stufe der Religion beginnen zu lassen. Später wurden aus den Seelengeistern Götter, noch später dann entstand die Idee eines einzigen Gottes. Dabei war es keineswegs Tylors Absicht, hieraus eine Stufenfolge oder Wertung abzuleiten. Wir dürfen nicht vergessen, dass Tylor mit seinem Konzept des Animismus das *gleichzeitige* Vorhandensein von archaischen („einfachen") und entwickelten Religionsformen in der modernen Gesellschaft aufzeigen wollte (Kippenberg 1997, 80–98; Hans G. Kippenberg in Kippenberg und Luchesi 1987, 14–17). Im Spiritismus der Gegenwart zum Beispiel, den Tylor in England interessiert verfolgte (wobei er auch an spiritistischen Séancen teilnahm), fand er eine Verbindung zwischen „wildem Denken" und christlicher Theologie wieder, sodass der Animismus im Grunde noch immer als (wenn auch verdrängter) Teil moderner Kultur angesehen werden konnte. Treffend bezeichnet Josephson-Storm E. B. Tylor als „the haunted anthropologist" (Josephson-Storm 2017, 98–101).

Dennoch führten Einschätzungen des Animismus als einer „Vorstufe" von Religion, ähnlich wie die Überlegungen zur „Magie", in der Religionswissenschaft und Ethnologie des zwanzigsten Jahrhunderts zu einer problematischen Konstellation, die mit Hilfe wissenschaftlicher Kategorien die Führungsrolle des Monotheismus und der europäischen Rationalität und Wissenschaft kolonial zu untermauern suchte. Dies wurde im Zuge der postkolonialen Debatten immer wieder kritisch herausgestellt, sodass der Begriff des Animismus religionswissenschaftlich desavouiert war. Stellvertretend für viele andere hält Gerhard Schlatter im *Metzler Lexikon Religion* im Jahr 1999 apodiktisch fest: „Der Animismus spielt in der religionswissenschaftlichen Literatur und Diskussion heute keine Rolle mehr." Doch leider habe das anscheinend noch nicht jeder mitbekommen, denn, so Schlatter weiter:

> Der Begriff taucht allerdings in populärwissenschaftlichen und auch in religionswissenschaftliche Erkenntnisse nicht reflektierenden, wissenschaftlichen Zusammenhängen als Benennung für Stammesreligion bzw. magischen Geisterglauben bei ‚Naturvölkern' immer wieder auf. Auch aus teils trivialem Zusammenhang in der Kunstszene, in der esoterischen Literatur und aus missionarisch beflügelten Schriften ist der Animismus nicht zu vertreiben. (Schlatter 1999, 61)

Für diesen triumphalen Ton gibt es keinen Grund. Statt den Begriff mit religionswissenschaftlichem Hegemonialanspruch zu vertreiben zu suchen, kann man die offenkundige Attraktivität des Konzepts nämlich auch erstnehmen und sich fragen, wo diese Attraktivität herkommt und warum der Begriff gerade im Bereich der Kunst, der „Esoterik" und der kolonialen Kontaktzone so populär ist. Hinzu kommt, dass auch in der Religionsethnologie schon immer versucht wurde, Tylors Konzept weiterzuentwickeln und sich dabei von kolonialistischen Untertönen zu befreien (etwa im Werk von Robin Horton). Neuere religionswissenschaftliche und anthropologische Forschung versucht Ähnliches auf dem Hintergrund von Ontologien, die die *agency* von nichtmenschlichen Tieren und selbst von scheinbar „leblosen Objekten" in einen relationalen Zusammenhang mit menschlicher Wahrnehmung und ritueller Handlung bringen (ich komme in Kapitel 10 hierauf zurück).

1999 hatte Nurit Bird-David eine entsprechende Neubewertung des anthropologischen Konzeptes von Animismus vorgeschlagen (Bird-David 1999). Diesen Faden griffen andere Forscherinnen und Forscher auf, beispielsweise Anne-Christine Hornborg mit ihrer Erkundung „anderer Wege zum Verständnis der Kosmologien indigener Völker als mithilfe des ‚Primitiven' oder ‚Einfachen'" und ihrer Frage, „ob solche Wege uns vielleicht erlauben, den Animismus nicht als gescheiterte Erkenntnistheorie, sondern als eine Theorie der Beziehung zu verstehen" (Hornborg 2016, 27; s. den ganzen ersten Buchteil zum Thema in Ingman et al. 2016, 27–105). Aus diesem Forschungsansatz ergeben sich neue Sichtweisen auf die naturzentrierte Spiritualität, die sich in religiösen Praktiken wie Paganismus und Schamanismus äußert, doch auch kulturelle Milieus und Lebensstile wie den Veganismus beeinflusst. Der Natur werden dabei intrinsische Werte zugeschrieben, oftmals mit religiösen Konnotationen, die die Natur sakralisieren und als beseelt konzipieren. Hierfür wird der Begriff „Animismus" inzwischen auch als Selbstbezeichnung solcher spirituellen Richtungen verwendet. Graham Harvey definiert Animisten als „Menschen, die anerkennen, dass die Welt voller Personen ist, von denen nur wenige Menschen sind, und dass das Leben immer in Beziehung zu anderen gelebt wird. Animismus zeigt sich in verschiedenen Formen, doch immer geht es um das Lernen eines respektvollen (sorgenden und konstruktiven) Umgangs gegenüber und mit anderen Personen" (Harvey 2005: xi). In diesem auch als *new animism* bezeichneten Feld stehen Beziehungen oder, abstrakter, Relationalität im Zentrum des Interesses, da sie die relationale Bedeutung von Personen und Handlungen in einem komplexen Kommunikationsraum thematisieren.

Betrachtet man die Diskurse der naturzentrierten Spiritualität, so ist von einer negativen Konnotation des Begriffs „Animismus" nicht viel zu sehen. Im Gegenteil: Der Begriff steht hier positiv für die Annahme, dass alles Seiende lebendig und beseelt ist – auch vermeintlich leblose Dinge wie Steine oder Flüsse. Deshalb kann Nevill Drury zum Schamanismus festhalten: „Schamanismus ist im Grunde angewandter Animismus oder auch Animismus in der Praxis" (Drury 1989a, 5). Tatsächlich geht die Verbindung so weit, dass Animismus und Schamanismus kaum mehr zu trennen sind, wie die Aussage Jonathan Horwitz' zeigt:

> Das Wort „Schamanismus" wird viel zu häufig verwendet und hat sich ziemlich abgenutzt. Oftmals, wenn Menschen „schamanisch" sagen, meinen sie eigentlich *animistisch* – eine Wahrnehmung der Welt, wie sie wirklich ist, in der alle Dinge belebt und in Verbindung miteinander sind. „Animismus" ist die Erkenntnis unserer Verbindung mit der Welt, und dies ist die Basis schamanischer Praxis. Diese beiden Dinge sind nicht voneinander zu trennen. (Horwitz 1995b, 7; Hervorhebung im Original)

Auch Michael Harner nennt den Animismus „die ‚Grundannahme' jeder Religion, die das Bestehen von Geistern unterstellt", und er macht darauf aufmerksam – ganz im Sinne der diskursiven Querverbindungen, die im vorigen Kapitel herausgearbeitet wurden – dass auch moderne Physiker häufig einem animistischen Religionsmodell folgten. „Es ist der Sinn für unsere Einheit mit dem lebendigen Universum, das Gefühl, das wir alle schlicht Teil dieses größeren Lebens sind, was die Grundüberzeugung des Animismus bildet“ (Nicholson 1996, 5). Für Horwitz steht außerdem fest, dass der Animismus aufgrund der schamanischen Praxis nicht als bloßer Glaube zu verstehen ist: „Für Animisten ist Animismus kein Glauben – er ist die Form, in der Leben erfahren wird. Alle Objekte enthalten einen ganz eigenen Lebenskern, und deshalb sind sie auch kraftgeladen“ (Horwitz 1999, 270). Damit bringt Horwitz im Anschluss an Carlos Castaneda den Begriff *power* („Kraft“ oder „Energie“) ins Gesamtgeflecht mit ein: „Man könnte [das schamanische Ritual] geradezu als ein Sich-Öffnen für Kraft bezeichnen“ (Horwitz 1995a, 234).

Grund genug, sich den euro-amerikanischen Schamanismus etwas genauer anzusehen.

Schamanismus: Rituelle Naturerfahrung und Reisen der Seele

Trotz der langen Faszinationsgeschichte des Schamanismus in Europa ist das, was häufig „Neo-Schamanismus“ genannt wird, erst in den 1970er Jahren entstanden (ausführlich zum Folgenden von Stuckrad 2003; von Stuckrad 2014, 159–177). Die Formierung dieses spirituellen Feldes in Nordamerika und Europa hat mit einer ganzen Reihe von Faktoren zu tun, wobei die folgenden als entscheidend betrachtet werden können.

Der Schamanismus moderner Prägung ist das Ergebnis einer Diskursgemeinschaft, in der akademische Experten den Blaudruck lieferten für spirituelle Praxis und oftmals selbst als spirituelle Lehrerinnen und Lehrer in Erscheinung traten. Zunächst ist hier Mircea Eliade zu nennen, dessen Studie *Schamanismus und archaische Ekstasetechnik*, im französischen Original 1951 erschienen, maßgeblich zur Inspiration späterer Generationen innerhalb und außerhalb der Universitäten beigetragen hat. Die Popularisierung akademischer Wissensbestände setzt sich sodann fort mit den Werken von Carlos Castaneda (1925–1998), vor allem dem im englischen Original 1971 bei der University of California Press erschienenen Buch *Die Lehren des Don Juan. Ein Yaqui-Weg des Wissens*. Seine *Reise nach Ixtlan. Die Lehren des Don Juan* war zugleich Castanedas Dissertation an der University of California im Fach Anthropologie.

Auch Michael Harner (1929–2018) darf in dieser Liste nicht fehlen. Harners *Der Weg des Schamanen. Ein praktischer Führer zu innerer Heilkraft* (englisches Original 1982) zählt zu den einflussreichsten Publikationen im Bereich des zeitgenössischen euro-amerikanischen Schamanismus. Zu den anderen Vertreterinnen und Vertretern schamanischer Praxis, die einen Magisterabschluss oder sogar einen Doktortitel in Anthropologie haben, gehören Joan Halifax, Nevill Drury, Steven Foster, Jonathan Horwitz, Felicitas Goodman und Gala Naumova.

Zur Konstituierung dieses schamanischen Feldes haben zudem die Prozesse beigetragen, die uns in den letzten beiden Kapiteln beschäftigt haben, von der spirituellen Aufbruchbewegung der 1960er und 1970er Jahre über das Human Potential Movement, die Transpersonale Psychologie, das Experimentieren mit veränderten Bewusstseinszuständen bis hin zur Etablierung von Zentren wie Esalen, die als Dispositive zur Konsolidierung schamanischer Diskurse anzusprechen sind. Heute gibt es eine Vielzahl unterschiedlicher spiritueller Praktiken, die sich als schamanisch bezeichnen, zumeist unter Rekurs auf animistische und naturzentrierte Auffassungen.

Eines der Dispositive zur Institutionalisierung des Schamanismus stellt das von Harner und anderen 1979 gegründete Center for Shamanic Studies dar, 1987 umbenannt in Foundation for Shamanic Studies. In dieser gemeinnützigen Organisation werden Workshops veranstaltet, Bücher und Instrumente vertrieben, und es wird darauf geachtet, dass die „Harner-Methode" auch von allen eingehalten wird (was wiederum zu Orthodoxien und Heterodoxien geführt hat). „Harner-Methode" bezieht sich auf die von Michael Harner und anderen entwickelte Technik des sogenannten *core shamanism*, also des „Kern-Schamanismus", der so etwas wie den kleinsten gemeinsamen Nenner aller schamanischen Kulturen bilden soll. Eine entsprechende kulturübergreifende Definition legte der in Kapitel 6 schon eingeführte transpersonale Psychologe Roger Walsh vor: „Schamanismus läßt sich definieren als Familie von Traditionen, deren Ausübende sich darauf konzentrieren, willentlich in veränderte Bewußtseinszustände einzutreten; in diesen Bewußtseinszuständen haben sie das Empfinden, daß sie selbst oder ihr Geist (oder ihre Geister) nach Belieben in fremde Reiche reisen und mit anderen Wesenheiten interagieren, um ihrer Gemeinschaft zu dienen" (Walsh 1992, 23). Im *core shamanism* geht es darum, mithilfe von Musik – meist einer großen Rahmentrommel oder einer Rassel – einen Zustand erweiterter Wahrnehmung (nicht unbedingt eine „Trance") zu induzieren, die es den Praktizierenden erlaubt, ihr Bewusstsein in die Unter- oder Oberwelt zu schicken, wo sie mit Wesenheiten in Kontakt treten, die im normalen Bewusstsein unsichtbar sind. Die Beziehung zwischen den Praktizierenden und ihren Hilfsgeistern, Lehrerinnen und Lehrern in der „anderen Welt" wird durch weitere Arbeit intensiviert, durch Tanz und Gesang dargestellt und im Alltag zu verankern gesucht. Derartige spirituelle Erfahrungen sind keineswegs nur den Spezialisten vorbehalten, sondern werden von den meisten Teilnehmerinnen und Teilnehmern der Seminare beschrieben.

Während der Reisen in die Ober- und Unterwelt lernen die Praktizierenden weitere persönliche Hilfsgeister und Lehrer kennen, die ihnen später zur Seite stehen, wenn es gilt, schamanische Reisen für andere Personen durchzuführen. Für diese Personen kann dann ein Krafttier gesucht werden oder ein Hilfsgeist, der sich für das in Frage stehende Problem zuständig erklärt. Diese Wesenheit wird dann der Klientin oder dem Klienten in Brust und Stirn eingeblasen.

Die Fähigkeit zur schamanischen Reise und die enge Verbindung mit Helfern aus der „anderen Wirklichkeit" sind Voraussetzung für die weitere schamanische Arbeit, die im wesentlichen therapeutisch zu nennen ist. Auch die Begleitung von Sterbenden vor und nach dem Tod gehört zu den schamanischen Tätigkeitsfeldern. Endlich sei noch die tiefenökologische Arbeit genannt, die im Laufe der letzten Jahre zunehmend Aufmerksamkeit findet: Nicht nur der intensive Austausch mit Pflanzengeistern, Steinen oder anderen aufgrund des animistischen Konzeptes als belebt zu bezeichnenden Entitäten gehört – wie seit jeher – in diesen Zusammenhang, sondern auch die Heilungsarbeit für energetisch gestörte Orte oder den ganzen Planeten.

Zum modernen Schamanismus im engeren Sinne sind darüber hinaus Adaptionen indigener Überlieferung zu zählen (was immer wieder zu kontroversen Diskussionen führt). Insbesondere für die USA und Kanada ist festzustellen, dass die Visionssuche, der Sonnentanz und andere *Native American traditions* breit rezipiert werden. Parallel dazu gibt es in Europa Bestrebungen, den modernen Schamanismus an alte keltische oder samische Semantiken anzubinden.

Diskurse zu Natur und Seele – über den Animismusbegriff direkt miteinander verschränkt – bilden das Zentrum dieser schamanischen Praktiken in Nordamerika und Europa. Auch wenn der Schritt von „Seele" zu „Bewusstsein", wie er in der Transpersonalen Psychologie vollzogen wurde, im Schamanismusdiskurs ebenfalls zu sehen ist, wird der Seelenbegriff keineswegs fallengelassen. Ein Beispiel hierfür ist Paul Uccusic, ein Vertreter der europäischen Sektion der Foundation for Shamanic Studies. „Eine in ihrer Kürze sehr handliche Formulierung", so Uccusic, „lautet: Die Seele ist einfach die Essenz des Menschen, der lebendige Teil von uns selbst. Damit folgen wir einer modernen Anschauung, die auch in der ganzheitlichen Psychologie der westlichen Hemisphäre weit verbreitet ist. Erweiterungen können vorgenommen werden, sobald sie für unsere Überlegungen notwendig sind" (Uccusic 1993, 147). Die Seele ist demnach nicht mit der Gesamtperson identisch, sondern sie ist ein „Teil", wenn auch ein wesentlicher, der zusammen mit körperlichen Anteilen erst die Gesamtheit des gesunden Menschen bildet. Gleich im Anschluss rekurriert Uccusic auf die Universalseele und „Erdseele", wie sie Leibniz und Kepler definiert hätten, und die er als „ein Existenz- oder Lebensprinzip" bezeichnet, „als Trägerin jener nie versiegenden Lebenskraft“, die auch im Schamanismus Bedeutung erlange. Schließlich fügt Uccusic noch eine dritte Auffassung hinzu, nämlich die im „traditionellen Schamanismus“ verbreitete Ansicht, „daß mehrere Seelen oder Seelenteile im Menschen existieren. Sie können voneinander getrennt werden, und das Fehlen eines solchen Teils bleibt meist nicht ohne Folgen, deren wichtigste ist, daß der Mensch krank wird“ (ebd., 149).

Die Widersprüchlichkeit dieser Auffassungen zur Seele – etwa die Tatsache, dass die Universal- oder Weltseele gerade durch ihre Unteilbarkeit definiert wird – braucht uns hier nicht weiter zu beschäftigen. Entscheidend ist die diskursive Verschränkung europäischer Kosmologien zur Seele mit psychotherapeutischen und transpersonalen Deutungsansätzen. Wie dies in konkrete schamanische Arbeit übersetzt werden kann, zeigen die Werke Sandra Ingermans, ebenfalls eine wichtige Vertreterin der Foundation for Shamanic Studies. Ingerman geht, wie Uccusic, zunächst von einer einfachen Definition aus:

> Das Wort „Seele“ hat viele verschiedene Bedeutungen. Ich verwende es hier einfach als Bezeichnung für unsere vitale Essenz oder, wie das *Oxford English Dictionary* (2. Auflage) schreibt, „the principle of life, commonly regarded as an entity distinct from the body; the spiritual parts in contrast to the purely physical“ […] Geht man von dieser Definition aus, so betrachtet unsere Sprache die Seele auch als Sitz der Emotionen, Gefühle oder Empfindungen. (Ingerman 1998, 10)

Hier wird die Seele also als eigene Entität ontologisiert und als (räumlich zu fassender) „Sitz“ der Gefühle beschrieben. Es ist dabei erstaunlich, wie stark sich die dichotomische Trennung von Körper und Seele in der europäischen Kulturgeschichte auch hier niederschlägt, trotz der Betonung indigener und ganzheitlicher Modelle, die sich ebenfalls im schamanischen Milieu findet. Ganz im Sinne neuplatonischer Tradition lokalisiert Ingerman die vitale Essenz und damit den eigentlichen „Lebenskern“ des Menschen in der Seele.

Auch Ingerman geht davon aus, dass die Seele geteilt werden kann und dass Menschen im Extremfall ihre Seele verlieren können. „Die grundsätzliche Prämisse dabei ist: Wenn wir traumatisiert werden, trennt sich ein Teil unserer Lebensessenz von uns, damit wir überleben. Ein Teil von uns geht weg, um nicht den vollen Schmerz abzubekommen“ (ebd., 24). Als Ziel des Ganzwerdungsprozesses formuliert sie: „Wir wünschen uns, vollständig nach Hause zu finden, zu uns selbst und zu den Menschen, die wir lieben“ (ebd., 23).

Mit Rekurs auf C. G. Jung und die Tiefenpsychologie betonen Vertreterinnen und Vertreter dieser schamanischen Praxis häufig, dass auch die westliche moderne Psychologie das Phänomen des Seelenverlustes kennt, nämlich in ihrer Beschreibung schizoider oder multipler Persönlichkeitsstrukturen und der Ausblendung von Persönlichkeitsteilen aufgrund von Traumata usw. Wenn man davon spreche, ein Kind, das Opfer von Gewalt geworden ist, lasse einen Teil seiner Seele im Unbewussten zurück, um nicht weiter traumatisiert zu werden, sei dies strukturell beinah dasselbe wie die Berichte traditioneller Schamanen vom Raub der Seele oder, allgemein, ihres Verlustes. Was Jung als Individuation beschreibt, nämlich die Ganzwerdung des erwachsenen Selbstes, wird verglichen mit der schamanischen Befreiung von Seelenanteilen aus der traumatisierten Situation und ihrer neuerlichen Einbeziehung in die Gesamtpersönlichkeit.

Bei Ingerman zeigt sich überdies die starke christliche Prägung, die ihrer Deutung des Schamanismus eine eigene Färbung gibt.

> Die Geschichte von Adam und Eva, die aus dem Paradiesgarten vertrieben wurden, spukt durch die Kunst und Literatur der westlichen Kultur. Sie berührt uns tief, denn sie erinnert uns an den archetypischen Sündenfall, den jeder [sic!] von uns erlebt. Jeder von uns – auf seine eigene Weise – wird vom Paradies getrennt. In der Sprache der Schamanen heißt das, daß wir unsere Seelen verlieren. (Ebd., 29–30)

Die Verschränkung indigener und christlicher Diskursstränge ist eine Weiterführung von Erklärungsansätzen, wie Jung und Eliade sie vorgezeichnet hatten. Was hier als archetypisches Paradies begegnet, ist die Fortschreibung des *illud tempus*, also der paradiesischen „Urzeit" im Sinne Eliades. Kein Wunder also, dass Eliade – neben Joseph Campbell und C. G. Jung – auch für Ingerman der religionswissenschaftliche Kronzeuge für die Richtigkeit einer generalisierenden Interpretation ist, die außerdem belege, dass die „schamanische Praktik der Seelenrückholung [...] heute noch genauso anwendbar ist, wie sie es bereits bei der Morgendämmerung der Menschheit war" (ebd., 38). Paul Uccusic argumentiert ganz ähnlich, wenn er die engen Beziehungen zwischen Tiefenpsychologie und Schamanismus betont. Der Einfluss europäischer Tradition auf die Deutung des indigenen Schamanismus zeigt sich bei ihm jedoch auch, wenn er in die Geschichte zurück geht und beispielsweise Dantes *Göttliche Komödie* als „ein gutes Hilfsmittel zur Erklärung" anführt (Uccusic 1993, 165). Mit Verweis auf Tertullian (2.–3. Jahrhundert), der sich den Montanisten angeschlossen hatte, hält Uccusic fest: „Bei den

Montanisten herrschten ekstatische, neuoffenbarerische Elemente vor [...] von denen viele geradezu als schamanisch anzusehen sind und an die Ghost-Dance-Bewegung erinnern" (ebd., 167). Man erkennt an diesen Zeugnissen sehr deutlich, dass bei der diskursiven Verschränkung von wissenschaftlichen Beschreibungen und praktischer Arbeit neue und bisweilen eigenwillige Bedeutungen entstehen.

Neopaganismus und Magie

Das schamanische Diskursfeld ist ein verbindendes Element im breiteren Feld naturzentrierter Spiritualität. Der Begriff „Schamanin/Schamane" ist positiver besetzt als beispielsweise der Begriff der „Hexe" oder des „Magiers", und das hat dazu geführt, dass viele Praktizierende im Bereich von Neopaganismus und Magie auf schamanische Begriffe zurückgreifen und den Spezialisten für die Arbeit mit Naturkräften gern „Schamanin/Schamane" nennen, selbst wenn die konkrete Praxis sich von den oben beschriebenen Techniken des Neoschamanismus unterscheidet.

Ein Blick auf die Genealogie heutiger Diskurse zu Neopaganismus und Magie zeigt aber auch, dass diese Querverbindungen zum Schamanismus durchaus älteren Ursprungs sind. Gloria Flaherty ist sogar der Meinung, dass Goethes *Faust* und Herders Überlegungen zur Naturmagie als Manifestationen schamanischen Wissens des achtzehnten Jahrhunderts gelten können. Für sie ist der *Faust*

> ein grandioses Meisterwerk, das in den Deutungsrahmen europäischer kultureller Evolution praktisch alles mit aufgenommen hat, was das achtzehnte Jahrhundert über Schamanismus wusste und gehört hatte. [...] Es bringt den Schamanismus außerdem auf meisterhafte Weise mit Philosophie, insbesondere dem Neoplatonismus der Renaissance, zusammen. Und schließlich bildet es eine Synthese zwischen dem legendären deutschen Schamanen aus der Vorzeit und dem mythischen Magier, wodurch ein modernes Sinnbild für Erleuchtung in allen möglichen Bedeutungen des Wortes entsteht. (Flaherty 1992, 183; s. zur Diskussion von Stuckrad 2003, 66–75)

Auch wenn man nicht so weit zu gehen braucht, den Faust oder Goethes Werther als Schamanen zu betrachten, steht die enge diskursive Verflechtung von Magie und Schamanismus außer Zweifel. Dies gilt nicht nur für die deutschsprachige Situation, sondern auch für die britische Kulturgeschichte, wie Ronald Hutton in einschlägigen Werken zum Paganismus, Schamanismus und zur Druidenrezeption dargelegt hat (s. vor allem Hutton 1999 und 2001).

Im neunzehnten Jahrhundert kam, wie gesehen, durch den Okkultismus auch die Psychologie in dieses Geflecht hinein, das sich im zwanzigsten Jahrhundert weiter verfestigte. Die verborgenen Kräfte der Seele wurden zu einem Kristallisationspunkt, an den sich psychologische und magische Theorien und Praktiken anlagerten. Ich möchte diese Zusammenhänge am Beispiel der Biografie Israel Regardies (1907–1985) erläutern. Ähnlich wie andere Biografien seiner Generation (beispielsweise die von Abraham H. Maslow) zeigt das Leben und Werk Regardies die Verflechtung von Diskurssträngen zur Seele und zugleich die Verlagerung dieser Diskurse von Europa nach Nordamerika in der zweiten Hälfte des zwanzigsten Jahrhunderts.

Israel Regardie wurde als Sohn jüdisch-orthodoxer Immigranten aus der Ukraine in London geboren. 1921 emigrierte die Familie in die USA, und Regardie studierte Kunst in Washington und Philadelphia. Ein gründliches Hebräisch-Studium ermöglichte ihm den Zugang zu kabbalistischen Quellen, die für sein späteres Werk wichtig werden sollten. Zudem las er viel über Theosophie, hinduistische Philosophie und Yoga. In dieser Zeit wurde er auch Mitglied der Societas Rosicruciana in America.

Seine Lektüre okkulter Werke brachte ihn auch zu den Schriften von Aleister Crowley (1875–1947). Er las den ersten Teil von Crowleys *Book 4* und entschied sich, Kontakt mit dem Autor aufzunehmen. Crowley lud ihn daraufhin nach Großbritannien ein, und 1928 wurde Regardie Crowleys persönlicher Sekretär. Vier Jahre später trennten sich die Wege der beiden. Auch wenn sich Regardie persönlich von Crowley distanzierte, war er weiterhin von der Wichtigkeit von dessen Lehren überzeugt. Schon 1931 schrieb Regardie *A Garden of Pomegranates*, das als eine Vorstudie zu seinem späteren Werk *Qabalah* betrachtet werden kann, und in dem er seine Erfahrungen mit Crowley verarbeitete.

1932 folgte *The Tree of Life: A Study of Magic*, mit dem Regardie einem breiten Publikum als Autor bekannt wurde. In diesem Buch beschreibt Regardie die Seele und ihre verborgenen Kräfte als die zentrale „Schaltstelle“ magischer Philosophie und Praxis.

> Nach der traditionellen magischen Philosophie ist jeder Mensch ein einzigartiges und autonomes Zentrum von individuellem Bewusstsein, Energie und Wille – mit einem Wort: eine Seele. Wie ein Stern, der aus sich selbst heraus scheint und existiert durch das ihm innewohnende Licht, und der seinen Weg durch den gestirnten Himmel verfolgt, auf sich allein gestellt, ohne Einmischung von außen, einmal abgesehen davon,

> dass sein Weg durch die Gravitation anderer Sterne, nah und fern, beeinflusst wird. Ebenso wie es im endlosen Weltall nur selten zu Konflikten zwischen Sternen kommt, solange man nicht vom vorgezeichneten Pfad abweicht – ein sehr seltenes Ereignis – so würde auch im Bereich der Menschen kein Chaos herrschen, nur wenig Konflikt und keine gegenseitige Störung, wäre jedes Individuum nur in der Wirklichkeit seines eigenen höheren Bewusstseins verankert, im Wissen um seine ideale Natur und seine wahre Aufgabe im Leben, und wenn es danach streben würde, den ihm vorgeschriebenen Weg zu verfolgen. (Regardie 2002, 7–8; s. auch ebd. S. 22)

Die Seele als Zentrum von persönlichem Bewusstsein, Energie und Wille – eine Verbindung zwischen individueller Persönlichkeit und kosmischem Bewusstsein, das die gesamte Natur erkennt und den Menschen mit der Sternenwelt verknüpft. Alle von mir schon identifizierten Diskursstränge werden hier zu einem Gesamtgeflecht verwoben und in die magische Weltauffassung integriert. Regardies Position kommt der Auffassung Aleister Crowleys sehr nahe, der ebenfalls Magie als zentrales Bindeglied zwischen Bewusstsein, Wille und Naturwissenschaft betrachtet. Hierbei schließt er direkt an Definitionen von James George Frazer an. Zu Beginn von *Magick in Theory and Practice* zitiert Crowley zustimmend Frazers *The Golden Bough*:

> Wann immer sympathetische Magie in ihrer reinen, unveränderten Form auftritt, geht man davon aus, dass in der Natur ein Ereignis notwendigerweise und unweigerlich aus einem anderen folgt, ohne die Intervention irgendeiner spirituellen oder persönlichen Instanz. *Ihre Grundidee ist damit identisch mit jener der modernen Wissenschaft; dem ganzen System unterliegt ein Glaube, implizit, doch real und fest, an die Ordnung und Gleichförmigkeit der Natur.* [...] *Deshalb ist die Analogie zwischen der magischen und der wissenschaftlichen Konzeption der Welt eine sehr enge. In beiden ist die Abfolge von Ereignissen vollkommen regelhaft und sicher, da sie durch unwandelbare Gesetze beherrscht werden, deren Wirkung man vorhersehen und genau berechnen kann*; Elemente von Willkür, Zufall oder Versehen sind aus dem Gang der Natur verbannt. (Crowley 1929, IX–X; Hervorhebung im Original)

Dies führt Crowley zu seiner berühmten Definition von Magie: „*MAGICK is the Science and Art of causing Change to occur in conformity with Will*" („MAGIE ist die Wissenschaft und Kunst, Veränderung in Übereinstimmung mit dem Willen herbeizuführen"; Crowley 1929, XII; Hervorhebung im Original).

Bernd-Christian Otto hat also völlig recht, wenn er betont, wie stark in Crowleys Auffassungen zur Magie die religionswissenschaftlichen Überzeugungen der Zeit – vor allem die von Frazer – zum Ausdruck kommen, nun in eine positive Form gewendet und selbstbewusst vorgetragen (Otto 2011, 601–611). Ganz ähnlich argumentiert Jason Ā. Josephson-Storm, der die Bedeutung von Frazer sowohl für Entzauberungstheorien als auch für okkultistische Praxis betont: „Freud und Weber lasen Frazer, und aus seinem Werk destillierten sie allgemeine Versionen der Entzauberungsthese, ohne Einbeziehung von ‚survivals' oder ‚Wiedererfindungen'. Aleister Crowley und Genossen lasen denselben Autor – oft sogar denselben Text – aber sie verwendeten ihn als Bühne für die Neubelebung moderner Magie" (Josephson-Storm 152; zu Fraser s. ebd., 125–152; zu Crowley ebd., 153–176). Dem möchte ich hinzufügen, dass die Diskursstränge von Wille, Kunst, Energie und Wissenschaft auch in naturphilosophischen und naturwissenschaftlichen Diskursen der Zeit stark vertreten waren (Haeckel, Ostwald, Driesch etc.). Crowley, und damit auch Regardie, operierten also in einem Diskursfeld, das viel breiter war, als es ein Diskurs zu „Magie" vermuten lässt.

Eine ähnliche Definition wie bei Crowley und Regardie hat die walisische Okkultistin, Rosenkreuzerin, Theosophin und Schriftstellerin Dion Fortune (1890–1946) vorgeschlagen: „Magie ist die Kunst und die Wissenschaft, das Bewusstsein im Einklang mit dem Willen zu verändern." Graham Harvey hält dazu fest:

> Diese Definitionen, wenn auch nicht unbedingt deren Erfinder, haben ihre Beliebtheit in paganen und anderen magischen Kreisen behalten. Sie richten sich auf zwei Aspekte von Magie: einerseits Versuche, Dinge oder Situationen zu verändern, andererseits Versuche, die oder den Praktizierenden zu verändern. Manche magisch Praktizierende mögen den einen gegenüber dem anderen dieser Aspekte stärker betonen, doch nur selten werden sie den Wert von beiden Aspekten abstreiten. (Harvey 1997, 88)

Ein Jahr nach Erscheinen von *The Tree of Life* wurde Regardie durch die Vermittlung von Dion Fortune Mitglied der Stella Matutina, einer Nachfolgeorganisation des Hermetic Order of the Golden Dawn. Er wurde in den Hermes-Tempel in Bristol initiiert, und schnell durchlief er das Gradsystem des Ordens bis zum Adeptus Minor. 1934 verließ er den Orden bereits wieder, da es Auseinandersetzungen mit der Ordensleitung gab. Es kam zum Eklat, als Regardie die vertraulichen Dokumente des Ordens sammelte und in einer großangelegten Publikation der Öffentlichkeit zugänglich machte. Von 1937 bis

1940 arbeitete er an dem vierbändigen Werk *The Golden Dawn*, das als Gesamtdarstellung zeitgenössischer euro-amerikanischer Magie angelegt ist (und das bis heute in etlichen Übersetzungen immer wieder aufgelegt wird). Regardie erklärte den Bruch seines Schweigegelübdes damit, dass das magische System des Golden Dawn als Kulturgut der Menschheitsgeschichte zu betrachten sei und deshalb breit bekanntgemacht werden müsse.

Im Alter von 30 Jahren kehrte Regardie in die USA zurück und begann ein Studium der Psychologie. Er befasste sich ausgiebig mit Psychoanalyse, Psychotherapie und Psychiatrie, mit einem besonderen Schwerpunkt auf den Lehren von Sigmund Freud, Carl Gustav Jung und Wilhelm Reich. Nach etlichen Jahren der chiropraktischen Arbeit siedelte er nach Studio City, Kalifornien, über, bevor er sich 1981 in Sedona, Arizona, zur Ruhe setzte – einem der Brennpunkte der sogenannten „New-Age-Bewegung".

In vielen seiner Werke versuchte Regardie die Verbindung zwischen Magie und Psychologie zu festigen, und zwar in zweierlei Richtungen: Einerseits verlangte er von magisch Praktizierenden eine solide Kenntnis der Psychologie; andererseits empfahl er Rituale der magischen Tradition zur Anwendung in der Psychotherapie.

Israel Regardie ist ein gutes Beispiel für eine weit verbreitete Auffassung von Magie, die die menschliche Seele und das menschliche Bewusstsein als Zentrum von Erkenntnis und Willenskraft betrachtet, die es in der magischen Praxis zu entwickeln gilt. Schaut man sich den breiteren Kontext der naturzentrierten Spiritualität an, so findet man viele Abstufungen eines solchen Ansatzes, und nicht immer steht der Wille – oder die Idee, dass man die Wirklichkeit durch den Willen verändern sollte – so stark im Vordergrund wie in der Magie (deshalb sind auch die Diskurse zu Magie, Macht und Okkultismus in der Politik viel stärker vertreten als pagane Diskurse; Lachman 2018 diskutiert dies am Beispiel des „postmodernen Präsidenten" Donald Trump). Ich habe schon darauf hingewiesen, dass im Schamanismus eher von einer Beseeltheit der Natur und der *agency* anderer Wesen ausgegangen wird, beziehungsweise dass die Kommunikation mit anderen Wesenheiten wichtiger ist als deren Anpassung an den menschlichen Willen. Oftmals ist es eher die Anpassung des menschlichen Willens an die Strukturen planetarischer Kommunikation, die im Vordergrund steht. Stärker als in der Magie ergibt sich dadurch eine Nähe zu biozentrischen Ethiken, die als Alternative zu anthropozentrischen Positionen formuliert werden (ganz im Sinne von Graham Harveys Buchtitel zum heutigen Paganismus, der im Untertitel lautet: *Listening People, Speaking Earth*; Harvey 2000). Solche Formen von Neopaganismus greifen tiefenökologische und holistische Überlegungen auf und übersetzen die Teilhabe des Menschen an gesamtökologischen Zusammenhängen in rituelle Praxis.

Was das im Einzelfall bedeutet, kann man sehr gut an Publikationen der Wicca-Bewegung erkennen, die – trotz interner Unterschiede – heute die stärkste und sichtbarste Form naturzentrierter Spiritualität darstellt, wenn es um deren Betonung des weiblichen Aspekts des Göttlichen geht. Die Bücher von Starhawk, Vivianne Crowley, Caitlín Matthews und anderen haben erheblich dazu beigetragen, dass die Ideen der Hexenbewegung des zwanzigsten Jahrhunderts in Großbritannien und den USA ein breites Publikum fanden und heute in vielen Teilen der Welt rezipiert werden. Der Einfluss von Carl Gustav Jung, Joseph Campbell und anderen ist dabei kaum zu übersehen, was die Interpretation des Weiblichen im Wicca sehr stark – und durchaus kontrovers (s. Röder, Hummel und Kunz 1996; Fedele und Knibbe 2013) – geprägt hat. Vivanne Crowley beispielsweise, eine der führenden Persönlichkeiten der britischen Wicca-Bewegung, verbindet ihre spirituelle Arbeit mit einer psychologischen Interpretation im Sinne C. G. Jungs und ihrer akademischen Forschung. Nach Ronald Hutton kommt Crowley „noch dem am nächsten, was es in Großbritannien als informelle Nachfolgeschaft gab für Alex Sanders", einem der Gründer des Wicca (Hutton 1999, 373).

Die Sakralität und Belebtheit der Natur ist ein gemeinsamer Nenner der paganen Spiritualität, insbesondere von deren Wicca-orientierten und schamanischen Formen. Bisweilen wird dies sogar in „Erklärungen" zum Ausdruck gebracht. Im von Prudence Jones und Caitlín Matthews herausgegebenen Band *Voices from the Circle: The Heritage of Western Paganism* findet sich eine „Grundsatzerklärung", in der es heißt:

> Die paganen Religionen Europas, einschließlich Druidentum, Wicca und Asatrú, sind nicht vom Christentum abgeleitet und haben nichts mit Satanismus zu tun, der eine Perversion des Christentums darstellt. Sie stellen vielmehr einen unabhängigen religiösen Pfad dar, indem sie die Gottheit feiern, die zu kontaktieren alle Religionen anstreben, wobei sie sich besonders auf die weibliche Form der Gottheit als Große Göttin und Mutter aller Dinge konzentrieren. Praktizierende des Paganismus erkennen die Göttlichkeit der Natur und aller lebenden Dinge an. Deshalb dulden sie weder Blutopfer noch Vergewaltigung, Kindesmissbrauch, Drogenmissbrauch oder jede andere Aktivität, mit der die Integrität eines anderen Lebewesens beschädigt werden kann. Sie engagieren sich für Hilfe und Schutz für jede Person, die das Opfer einer solchen Handlung geworden ist.
>
> Vor allem Schwarzmagier, die willentlich anderen Personen Schaden zufügen, gehören nicht zu Wicca, wie immer sie sich auch selbst nennen mögen. So leiten Praktizierende des Paganismus ihre Kraft auch in keiner

> Weise vom christlichen Teufel ab. Hexen und Praktizierende des Paganismus benutzen die natürlichen Kräfte des Geistes und der Erde zum Zweck der Heilung und der Herstellung von Gleichgewicht, genau so wie es die östlichen Praktizierenden von Meditation, Yoga und alternativer Medizin tun.
>
> Die Naturreligionen der europäischen Antike und auf der ganzen Welt haben sich in unserer Zeit aufs Neue erhoben, um dabei zu helfen, den Riss zwischen der Menschheit und unserem Planeten zu heilen. Sie arbeiten für Gleichgewicht und Harmonie, und wir alle sollten dabei helfen, die Weisheit der Alten ans Licht zu holen, und zwar auf eine sinnvolle und funktionierende Art für das Neue Zeitalter. (Jones und Matthews 1990, 40)

Neben der Abgrenzung von „Satanismus“, „Kulten“ und „Schwarzmagiern“, die in der sogenannten „Sektendebatte“ der 1980er und 1990er Jahre in den USA und Europa für mediales Aufsehen sorgten, zeigt diese Erklärung die außerordentlich starke diskursive Verbindung von Animismus, Naturverehrung, Heilung des Individuums wie des Planeten und schließlich der Erwartung eines neuen Zeitalters im Zeichen weiblicher Spiritualität.

Der Blick auf naturzentrierte Formen zeitgenössischer Spiritualität hat gezeigt, wie stark hier religionswissenschaftliches und transpersonales Gedankengut in neu sich formierende spirituelle Praxis umgesetzt wird. Der Seele kommt dabei eine Brückenfunktion zu, die Naturerfahrung, Animismus und ganzheitliche Erfahrung des lebendigen Planeten mit tiefenökologischen und naturwissenschaftlichen Wissensbeständen verbindet. In magischen Praktiken kommen überdies auch die Diskurse zu Energie, Kraft, Synchronizität (im Sinne C. G. Jungs) und Wille ins Spiel, die aus okkultistischen Zusammenhängen heraus bereits fest etabliert waren.

Um die Breite dieses Diskursfeldes wirklich ausmessen zu können, möchte ich nun auf einige wichtige literarische Zeugnisse eingehen, die ebenfalls als Eckpunkte einer Kulturgeschichte der Seele im zwanzigsten Jahrhundert anzusprechen sind und relevante Diskursstränge in je eigener Weise aufnehmen und weiterführen.

KAPITEL 9

Die Seele als zentrales Thema in Literatur und Film

Wissensordnungen der Seele entstehen auf allen Ebenen kultureller Kommunikation. Es spielt dabei kaum eine Rolle, ob diese Kommunikation im Genre wissenschaftlicher Argumentation, politischer Agitation oder künstlerischer Äußerung geführt wird. Gerade im Zusammenwirken dieser verschiedenen Kanäle oder Dispositive entscheidet sich, welche Formen gesellschaftliche Wissensordnungen und Diskursstrukturen annehmen. Meine bisherige historische Rekonstruktion hat immer wieder gezeigt, wie wichtig literarische und künstlerische Beiträge für europäische und nordamerikanische Seelendiskurse gewesen sind. Im Folgenden möchte ich diesen Beiträgen weiter nachgehen. Dabei mache ich keinen Unterschied zwischen „Kunst" und „populärer Kultur", da eine solche Wertung für die Frage kultureller Einflüsse keine Aussagekraft besitzt. Entscheidend ist vielmehr, wie Wissensarrangements zur Seele im Genre literarischer und künstlerischer Produktion verankert werden und wie diese Produktionen ihrerseits die gesellschaftlichen Wissensordnungen bestätigen oder verändern.

Die für eine Kulturgeschichte der Seele im zwanzigsten Jahrhundert maßgeblichen Diskursstränge finden sich in vielfältiger Weise in Literatur und Film wieder. Ich möchte mich hier vor allem der nordamerikanischen Literatur zuwenden, da sie ein entscheidendes Bindeglied zwischen religiös-spirituellen, philosophischen und politischen Ebenen darstellt. Die Seele spielt zudem eine wichtige Rolle im Genre von Science-Fiction und Fantasy, was ich anhand einschlägiger Beispiele diskutieren möchte. In all diesen Beispielen lässt sich zeigen, wie gesellschaftliche Auffassungen der Seele sich mit Ideen von Natur, Kosmos und transzendenter Wirklichkeit verbunden haben.

Die Seele im literarischen Naturdiskurs Nordamerikas

Seit der Kolonisierung durch europäische Siedler hat die religiöse Aufladung von Landschaft und Natur in Nordamerika eine bedeutende Rolle gespielt. In der Konstruktion von *wilderness* wurden dabei sowohl die unberührte Natur als auch die indigenen Kulturen Amerikas zur Projektionsfläche christlich-europäischer Vorstellungen. Das biblische Motiv der Wüste und der Öde als Ort der Bewährung formte ein Bild der Natur, das zwischen angstvoller Ehrfurcht und Beherrschungsfantasien hin und her pendelte. Dass auf diese

 | DOI:10.30965/9783846764374_011

Weise auch die „Indianer" als zentraler Bezugspunkt amerikanischer Identität von Anfang an Bedeutung besaßen, hat Philip J. Deloria in seiner Studie *Playing Indian* eindrücklich aufgezeigt (Deloria 1998).

Auch wenn dieser Zug bis in die heutige Zivilreligion nordamerikanischer Prägung hinein wenig von seinem Einfluss verloren hat, gibt es auch andere Ursachen als den Puritanismus, die die amerikanische Wahrnehmung von Natur beeinflusst haben. Die tiefenökologischen und naturspirituellen Praktiken, die Gegenstand der letzten beiden Kapitel waren, schöpfen aus romantischen und transzendentalphilosophischen Traditionen, die den europäischen des neunzehnten Jahrhunderts nicht unähnlich sind. Direkte Einflüsse der Schellingschen Naturphilosophie sind dabei zunächst kaum zu erkennen – zwischen 1817 und 1837 taucht zum Beispiel im Harvard College nichts davon im Lehrprogramm auf. Joseph L. Esposito konstatiert, dass die amerikanischen Transzendentalisten, „je mehr sie über deutsche Philosophie lernten, desto weniger Geduld hatten sie mit deren Komplexitäten und Abstraktionen" (Esposito 1977, 189). Doch durch die Vermittlung von Samuel Taylor Coleridge, Victor Cousin, John Elliot Cabot (dem Biografen Emersons), William Ellery Channing und anderen wurde der deutsche Idealismus auch in den USA rezipiert. Es entstand ein intellektueller Naturdiskurs, der neben einer naturphilosophischen Komponente immer auch eine politische und künstlerische Dimension besaß. Die Umweltschutzbewegung der USA steht in dieser Tradition, die immer auch religiös geprägt war, wie Evan Berry herausgearbeitet hat:

> Ich behaupte nicht nur, dass die Entstehung der amerikanischen Umweltschutzbewegung aus religiösen Quellen schöpfte, sondern dass diese Quellen ihre zentralen begrifflichen Bestandteile sind. Sie spielten eine entscheidende Rolle bei der Formierung von Ideen über die natürliche Welt, verfestigten Praktiken von Engagement für Umwelt und Landschaften, und sie schufen Muster für soziale und politische Interaktion. Insbesondere vertrete ich die These, dass ein explizit christliches Erlösungsverständnis die Grundlage für die Naturauffassungen der Umweltschutzbewegung bildete. (Berry 2015, 5)

Dies markiert einen Unterschied zu Umweltschutzbewegungen in Europa.

Im neunzehnten Jahrhundert war der amerikanische Diskurs sehr stark mit den Namen Ralph Waldo Emerson (1803–1882), Henry David Thoreau (1817–1862), zu Beginn des zwanzigsten Jahrhunderts dann mit John Muir (1838–1914) und Aldo Leopold (1887–1948) verbunden. Da diese Autoren auch im weiteren Verlauf des zwanzigsten Jahrhunderts wenig von ihrem Einfluss verloren haben, möchte ich die für unser Thema wichtigsten Aspekte ihrer Arbeiten kurz benennen (ausführlich dazu Nash 1982; Oelschlaeger 1991; Albanese 1991; Buell 1995; Philippon 2004).

Ralph Waldo Emerson kann als eine Art Gründerfigur des modernen amerikanischen Naturdiskurses betrachtet werden. Henry David Thoreau und John Muir suchten den Kontakt zu ihm, und Concord, Massachusetts, wurde zu einem Zentrum des literarischen und transzendentalphilosophischen Wirkens der damaligen Zeit. Emerson, der stark von Emanuel Swedenborg und dessen christlicher Mystik beeinflusst war, lieferte einen theoretischen philosophischen Rahmen, aus dem Thoreau und Muir durch ihre praktischen und am konkreten Erleben der Natur orientierten Arbeiten heraustraten.

Was die Naturkonzeption jener Tradition angeht, so ist besonders das aus verschiedenen Vorgängeressays entstandene Werk *Nature* (1836) von Interesse, von den Herausgebern 1971 „eine Art Neues Testament für ein Neues Zeitalter" genannt (Emerson 1971, 3). Nachdem Emerson in seiner Einführung klar gemacht hat, dass er unter Natur alles versteht, was „nicht ich" ist, führt ihn gleich das erste Kapitel „Natur" zum entscheidenden Thema. Es beginnt mit den Sätzen:

> Um das Alleinsein zu leben, muss sich ein Mann so weit es geht aus seiner Kammer und aus seiner Gesellschaft entfernen. Ich bin nicht allein, wenn ich lese und schreibe, selbst wenn niemand bei mir ist. Wenn ein Mann sich doch allein fühlt, lass ihn zu den Sternen blicken. Die von diesen himmlischen Welten herabströmenden Strahlen werden ihn von den gewöhnlichen Dingen abscheiden. Man könnte meinen, die Atmosphäre sei mit diesem transparenten Design geschaffen, um dem Menschen in den Himmelskörpern die ewige Anwesenheit des Erhabenen zu vermitteln. (Emerson 1971, 8)

Die Verbindung von Alleinsein (*solitude*) in der Natur, *wilderness* und der Erfahrung absoluter Wirklichkeit ist ein Grundton, der quer durch die amerikanische Naturbeschreibung hörbar ist. Emerson schließt sowohl bei poetischen und ästhetisierenden Positionen europäischer Romantik an, als auch am orphischen Diskurs von Natur und Kunst. Nur in der direkten Nähe der Natur, so Emerson, komme die dichterische Fähigkeit zur Darstellung der verborgenen Kräfte der Natur vollends zur Entfaltung, nicht aber in der Großstadt. „Beim Ruf eines edlen Gefühls beginnt der Wald wieder zu schwingen, die Kiefern murmeln, der Fluss rollt und scheint, und die Rinder muhen in den Bergen, wie er es in Kinderzeiten gesehen und gehört hatte" (ebd., 21; s. auch 31–33). Emerson betrachtet die Natur demnach als belebt und als Quelle tiefer spiritueller Erfahrungen, die in Dichtung und Kunst abgebildet werden können. Er geht jedoch noch nicht den Schritt, den nach ihm Thoreau und Muir vollziehen sollten, und sakralisiert die Natur selber als göttliches Wesen. Vielmehr verbleibt er in der christlich-calvinistischen Tradition, die die von Gott geschaffene Natur dem Menschen unterordnet. Dies im Unterschied zu Thoreau, denn „während Emersons Auge die Natur zu beherrschen oder zu verschlingen trachtet, ist Thoreau – darin an Addison erinnernd – auf ein Vergnügen aus, das sowohl das Auge wie auch die Natur intakt läßt" (Schulz 1997, 121).

Kein Wunder, dass Thoreau aufgrund einer solchen Akzentverschiebung für die umweltethischen Bewegungen des zwanzigsten Jahrhunderts zur zentralen Referenzfigur wurde. „Thoreau", so Lawrence Buell, „ist der Schutzpatron der amerikanischen Umweltliteratur." Und er fährt fort: „Gerade in dieser Odyssee von einer Art Umweltnaivität hin zu vergleichender Erleuchtung scheint er besonders repräsentativ für seine Kultur zu sein; es zeigt sich hier am Deutlichsten das Ferment heutiger Umweltbewegungen" (Buell 1995, 115; s. auch Schama 1996, 610–618). Werke wie *Walden, The Maine Woods* und *Cape Cod,* alle um Exkursionen und Reisen in die Natur Neu-Englands herum konzipiert, genießen geradezu kanonischen Status in der US-amerikanischen und kanadischen Literatur.

Wie stark Thoreau die Natur sakralisiert und ontologisiert, kann man gut an *Walden* erkennen. Die Tiere, denen der Erzähler begegnet, sind Botschafter einer transzendenten Natur, die dem beobachtenden und sich empathisch öffnenden Menschen einen Zugang zur vollkommenen natürlichen Ordnung ermöglichen. Eine Gans auf dem See etwa schnattert „wie verloren, oder wie der Geist des Nebels" (Thoreau 1971, 42). Dieses Motiv kehrt wie die Gänse im folgenden Jahr wieder, wenn der Ich-Erzähler „ein paar einsame Gänse in den nebligen Morgen" beobachtet, „die ihren Partner suchen, und die noch immer den Wald mit ihrem Ruf eines größeren Lebens füllen" (ebd., 313). Und schließlich ist da der Walden See selber, der zu einem Kraftplatz wird, dessen Gegenwart alles verwandelt und heiligt. Thoreau spricht von Walden als „Charakter" und „Nachbar" (ebd., 86), als „großartiger Bundesgenosse" (ebd., 272), als „Eremit" (ebd., 194), als Iris und Auge (ebd., 186; 176), das sich schließt, wenn der See zufriert (ebd., 282). Und beim Wiederauftauen des Eises ruft er aus: „Walden war tot und ist wieder zum Leben erwacht" (ebd., 311). Die mystische Identität zwischen Mensch und See wird offensichtlich, wenn der Erzähler in das spiegelnde Wasser schaut und fragt: „Walden, bist du das?" (ebd., 193). Zu Recht spricht Buell davon, dass solche Passagen über spielerische Metaphern hinausgehen, „hin zu einer beinah animistischen Anrufung von Walden als einem lebenden Wesen, nicht nur als ‚Nachbar', sondern als Mentor, als Vorbild" (Buell 1995, 208).

Hatte Emerson eine visuelle Aneignung und Beherrschung der Natur – trotz aller Bewunderung – „im Auge", so zielt Thoreau auf eine Vertiefung und Intensivierung der Sinne ab. Das geduldige Beobachten führt wie von selbst zu einer Öffnung der Natur vor dem Betrachter. Dieses bei Thoreau immer wieder anzutreffende Motiv nimmt spätere Konzepte vorweg, die davon sprechen, dass die Wildnis sich von selber dem Menschen offenbaren wird, wenn sich dieser ihr ausliefert. „Man braucht nur lange genug still an einer besonders schönen Stelle in den Wäldern zu sitzen, und schon zeigen sich einem all ihre Bewohner, einer nach dem anderen" (ebd., 505). Mit Formulierungen wie diesen leistet Thoreau einen Beitrag zu Diskursen, die sich einhundert Jahre später in Schamanismus und animistischer Naturbeschreibung materialisieren sollten.

Damit sind wir bei John Muir angelangt, der als Gründer des Sierra Club und als Wegbereiter der Schaffung von US-amerikanischen Nationalparks bekannt ist. Muir ist aber auch ein Umweltaktivist, dessen Motivation sich aus einer animistischen und pantheistischen Haltung speist: „Unter all den großen amerikanischen Naturschriftstellern ist er das augenscheinlichste Beispiel eines spontanen Pantheismus'. Muir war nicht nur intellektuell ein Pantheist; er erlebte den Pantheismus in emotionalen Erfahrungen" (Buell 1995, 192). In der heutigen naturspirituellen Szene ist Muir deshalb noch immer ein bedeutender Referenzpunkt. Immer wieder wird die folgende Aussage zitiert:

> Wenn wir versuchen, irgendetwas für sich selber zu betrachten, so stellen wir fest, dass es durch unzerreißbare unsichtbare Bänder mit allem anderen im Universum fest verbunden ist. Ich bilde mir ein, dass ich ein Herz in jedem Kristall schlagen hören kann, in jedem Sandkorn, und ich erkenne einen weisen Plan in der Entstehung, Formgebung und Platzierung von ihnen allen. Alles scheint nach einer göttlichen Musik zu tanzen. […] Der klarste Weg ins Universum führt durch eine Waldwildnis. (Muir 1954, 312)

Muir entwickelte schon früh eine biozentrische Ethik, nämlich während einer Wanderung von 1000 Meilen von Indianapolis nach Florida in den Jahren 1867–1868. In dieser erst nach seinem Tod veröffentlichen Beschreibung heißt es zum Beispiel: „Ich habe wirklich ziemlich wenig Sympathie für die selbstsüchtige Haltung des zivilisierten Menschen, und wenn ein Artenkrieg zwischen den wilden Tieren und König Mensch ausbrechen sollte, wäre ich geneigt, mich für die Bären zu entscheiden" (Muir 1915–1924, I [*A Thousand-Mile Walk to the Gulf*], 343).

Solche Äußerungen haben bis heute ihren Einfluss auf das Selbstverständnis von radikalen Umweltschützern nicht verloren. Doch dies ist nur eine Seite der Medaille, die durch Muirs Spiritualisierung von Naturerfahrungen ergänzt wird. „Als sich sein Pantheismus durch eine Reihe von Wildnis-Epiphanien weiter vertiefte“, hält Bron Taylor fest, „beschrieb er tiefenökologische Gefühle, lange bevor dieser Begriff überhaupt geprägt wurde“ (Taylor 1995, 101). Auch dies kommt bereits in *A Thousand-Mile Walk* deutlich zum Ausdruck, zum Beispiel anlässlich der Beschreibung der Sierra Nevada: „Du badest in diesen Geiststrahlen, drehst dich hin und her, als ob du dich an einem Lagerfeuer wärmst. Augenblicklich verlierst du das Bewusstsein deines eigenen getrennten Daseins: du verschmilzt mit der Landschaft und wirst ein untrennbarer Bestandteil der Natur“ (Muir 1915–1924, I, 416). Hier wird die Schnittstelle sichtbar zwischen Animismus, Pantheismus und einer ritualisierten Naturerfahrung, die es Menschen ermöglicht, mit der nichtmenschlichen Natur zu kommunizieren.

Neben Emerson, Thoreau und Muir ist es vor allem Aldo Leopold, der eine nachhaltige Wirkung auf die Naturdebatten Amerikas hatte. Stand in Leopolds Arbeiten zunächst die naturwissenschaftliche Dimension im Mittelpunkt, kamen später philosophische und spirituelle Naturbetrachtungen hinzu. Die Leitschnur Leopolds kommt in der viel zitierten Aufforderung „thinking like a mountain“ zum Ausdruck. Die dahinterstehende Idee bezieht sich auf die Feststellung, dass nur eine biozentrische Anerkennung aller Lebensformen die ökologische Rede von vielfältig vernetzten Ökosystemen tatsächlich umzusetzen vermag. Doch auch mystische Zugänge zur Natur waren Leopold keineswegs fremd. Zum Beispiel berief er sich auf den russischen Philosophen Peter D. Ouspensky, der die Erde als ein lebendiges Wesen begriff und dem dualistischen Denken Europas eine Vereinigung von Wissenschaft und Religion nach buddhistischem Vorbild entgegen hielt (Flader 1974; Buell 1995, 171–174).

In der zweiten Hälfte des zwanzigsten Jahrhunderts wurden diese Diskurse in vielfältiger Weise fortgeführt. Ich hatte oben schon auf Joan Halifax hingewiesen, deren Kombination von Animismus, Schamanismus und Buddhismus ein gutes Beispiel für die hier zu beschreibende Tradition ist. Zur Kommunikation mit der Natur schreibt sie:

> Die heiligen Sprachen, die während einer Zeremonie verwendet oder in verschiedenen Bewusstseinszuständen außerhalb normaler Kultur (zumindest, wenn wir aus dem Westen kommen) evoziert werden, können Erzähler, Sänger und Zuhörer aus ihren normalen Wahrnehmungsmustern herausführen. In den Sprachen des Meeres und des Steines zu sprechen, des Vogels und des wilden Tieres, oder auch über Sprache selber hinauszugehen, ist tatsächlich eine Form der wahrnehmenden Heilung. (Halifax 1994, 92)

Ganz ähnliche Aussagen finden sich im Werk von Gary Snyder (geboren 1930). Als Dichter und Aktivist hatte Snyder maßgeblichen Anteil an der Entstehung der radikalen Umweltschutzbewegung Earth First!, doch auch auf gemäßigtere und spirituell orientierte ökologische Gruppen in den USA übte er einen starken Einfluss aus. „Für Gary Snyder gab es nicht nur eine heilige Erde, die das beobachtende Herz wahrnehmen kann. Für ihn war es sogar möglich, ihre heiligen Stimmen zu hören. Sowohl in seiner Poesie als auch in seiner Prosa bringt Snyder eine Idee zum Ausdruck, die immer größere Verbreitung unter radikalen Umweltaktivisten gefunden hat: die Überzeugung, dass eine animistische Kommunikation zwischen den Arten möglich ist und dass sie sogar bei der Schaffung angemessener Beziehungen zwischen Natur und Mensch helfen kann" (Taylor 2001, 183). Snyder, der von 1956 bis 1969 im japanischen Kyoto lebte, um den Buddhismus zu studieren, verstand den Buddhismus als Brücke zur mystischen Naturerfahrung, die letztlich animistisch sei. Deshalb bezeichnete sich Snyder selbst als „Buddhist-Animist" (s. Taylor 1995, 110–115; zum Ganzen jetzt Wirth 2017). Doch auch der Schamanismus sei ein gutes Beispiel für diese Naturerfahrungen. Deshalb spricht Snyder davon, dass Poesie und Gesang zu „den wenigen Sprachformen" gehören, „die einen Zugang zu jenen anderen Sichtweisen in Yoga und Schamanismus [bieten] (in denen alles eins ist und alles vielfältig, und in denen alles Vielgestaltige wertvoll ist)" (Snyder 1977, 13–14). Interessant ist auch, wie Snyder die Kommunikation mit nichtmenschlichen Personen in der Natur beschreibt: „Sie sprechen nicht direkt zu dir, sondern du hörst ein anderes Lied in deinem Kopf" (zitiert in Taylor 1995, 113). Aussagen wie diese gehören in dasselbe „orphische Geflecht", dem wir oben am Beispiel Rilkes, Hesses, Klages' und anderer begegnet sind.

Auch Denise Levertov (1923–1997) hat wichtige Beiträge zu diesem Themenfeld geleistet. Aufgewachsen als Tochter einer chassidisch-jüdischen Familie in England, ab 1948 dann in den USA, war Levertov stark interessiert an religiösen und spirituellen Themen, die sie in mehr als zwanzig Gedichtbänden publizierte und für die sie zahlreiche Auszeichnungen erhielt (zu ihrer Biographie s. Hollenberg 2013). Ihr Vater, der als Dozent an der Universität Leipzig arbeitete, bevor die Familie nach England emigrierte, gab ihr 1942 eine zweisprachige Ausgabe von Rilke-Gedichten. Rilke wurde zu einem ihrer wichtigsten Bezugspunkte, wie sie 1975 in einem Aufsatz zu „Rilke as Mentor" erläuterte (Hollenberg 2013, 67). Ihr intellektueller Hintergrund war geprägt von einem Interesse für Religion und Mystik einerseits (sie las Martin Buber und andere) und für Philosophie und Politik andererseits (Hannah Arendt war eine wichtige Lektüre in dieser Hinsicht). Doch immer wieder kam sie auf Rilke zurück, dem sie 1989 sogar ein Gedicht widmete („To Rilke"). Sie war überzeugt davon, „dass Rilke, wie die Chassidim, glaubte, dass die schöpferische Kraft des

Menschen in seiner Empfänglichkeit für den göttlichen Geist liegt" (Hollenberg 2013, 384; s. außerdem Zlotkowski 1992).

Mit Rilke teilte Levertov auch die Faszination für das Dionysische und für Orpheus. Ab Mitte der 1960er Jahre identifizierte sie ihren Namen „Denise" mit Dionysos. Dionysos und Orpheus wurden ihre bedeutendsten künstlerischen Helden (Hollenberg 2013, 4). Alle Dimensionen des orphischen Diskursgeflechtes kommen in dem Gedicht „A Tree Telling of Orpheus" zum Ausdruck, das Levertov 1968 mit eigenen Illustrationen im Magazin *Stonybrook* veröffentlichte. Dieses lange Gedicht (hier, wie weitere Gedichte in diesem und im folgenden Kapitel, im englischen Original wiedergegeben) erinnert in vielerlei Hinsicht an Rilkes Kunst. Aus der Sicht eines Baumes beschreibt es die Begegnung mit Orpheus. Die Blätter des Baumes beginnen zu zittern, und es findet eine Verwandlung statt, die den Baum die Sprache der Vögel lernen lässt:

> And what I felt was no longer a dry tingling:
> I seemed to be singing as he sang, I seemed to know
> what the lark knows; all my sap
> was mounting towards the sun that by now
> had risen, the mist was rising, the grass
> was drying, yet my roots felt music moisten them
> deep under earth.

Daraufhin kommt es zu einer umfassenden mystischen Erfahrung:

> Then as he sang
> it was no longer sounds only that made the music:
> he spoke, and as no tree listens I listened, and language
> came into my roots
> out of the earth,
> into my bark
> out of the air,
> into the pores of my greenest shoots
> gently as dew
> and there was no word he sang but I knew its meaning.
>
> He told of journeys,
> of where sun and moon go while we stand in dark,
> of an earth-journey he dreamed he would take some day
> deeper than roots ...

He told of the dreams of man, wars, passions, griefs,
            and I, a tree, understood words – ah, it seemed
my thick bark would split like a sapling's that
                        grew too fast in the spring
when a late frost wounds it.

Orpheus mystische Kraft ist so groß, dass er die Bäume in Bewegung bringt, dass er „Bäume versetzt“:

Clumsily,
   stumbling over our own roots,
                        rustling our leaves
                              in answer,
we moved, we followed.

All day we followed, up hill and down.
                        We learned to dance,
for he would stop, where the ground was flat,
                        and words he said
taught us to leap and to wind in and out
around one another   in figures   the lyre's measure designed.

The singer
      laughed till he wept to see us, he was so glad.
                              At sunset
we came to this place I stand in, this knoll
with its ancient grove that was bare grass then.
      In the last light of that day his song became
farewell.
      He stilled our longing.
      He sang our sun-dried roots back into earth,
watered them: all-night rain of music so quiet
                              we could almost
                        not hear it in the
                           moonless dark.

Nachdem Orpheus diese Transformation im Wald ausgelöst hat, verschwindet er, und das Gerücht geht, dass man ihn getötet habe und sein Holz zu Feuerholz verarbeitet habe, doch dass sein Kopf im Wasser treibe und sein Gesang weiter zu hören sei. Das Gedicht endet mit den folgenden Versen:

Perhaps he will not return.
                    But what we have lived
comes back to us.
            We see more.
                    We feel, as our rings increase,
something that lifts our branches, that stretches our furthest
                                leaf-tips
further.
  The wind, the birds,
                    do not sound poorer but clearer,
recalling our agony, and the way we danced.
The music!

Die letzten acht Jahre ihres Lebens verbrachte Levertov in Seattle. Die Landschaft der Nordwestküste Amerikas, vor allem aber der Blick auf den eindrucksvollen Mount Rainier (dessen indigener Name Tacoma ist), haben Levertov inspiriert und geprägt. Zahlreiche Gedichte sind Mount Rainier gewidmet, der zum Kristallisationspunkt ihrer Naturmystik wurde – ganz ähnlich übrigens, wie das auch für Gary Snyder der Fall gewesen ist (s. Gatta 2004, 239). In einem dieser Gedichte („Open Secret") beschreibt sie Mount Rainier als einen Berg, den sie nur aus der Ferne betrachten kann („This one is not, I think, to be known"), trotz der „scarring roads / humans have carved in its flanks". Mount Rainier wirkt aus der Transzendenz heraus:

This mountain's power
lies in the open secret of its remote
apparition, silvery low-relief
coming and going moonlike at the horizon,
always loftier, lonelier, than I ever remember. (Levertov 1992, 14)

John Gatta hält fest, dass „die Rainier-Gedichte eine Verehrung für eine physisch verkörperte, transhumane Präsenz darstellen, die uns dazu bringt, die menschliche Begrenztheit zuzugeben, selbst wenn wir an einem technologisch fortgeschrittenen Ort wie Seattle leben" (Gatta 2005, 242). Auch diese Dimension hat Levertov mit Snyder gemeinsam. Und ganz ähnlich wie für Snyder gilt auch für Levertov: „Was auch immer Rainier letzten Endes für sie bedeutet, ob theologisch oder in anderer Hinsicht, versteht sie als das Ergebnis einer phänomenologischen Gleichung, die sowohl ihre innere Seele als auch die äußere Geografie beinhaltet" (ebd., 241; s. auch Hollenberg 2013, 403). Es ist genau dieses Motiv der Spiegelung der inneren Seele in der äußeren Landschaft, auf die ich im nächsten Abschnitt näher eingehen werde.

Doch zuvor sei noch ein Beispiel aus dem 21. Jahrhundert genannt. In *Becoming Animal: An Earthly Cosmology* verbindet der amerikanische Philosoph, Kulturökologie und Performancekünstler David Abram Poesie, Philosophie und Spiritualität in einem Versuch, ein neues Verständnis der menschlichen Wahrnehmung zu entwickeln. In diesem animistischen Entwurf spielt auch die Sprache nichtmenschlicher Personen eine wichtige Rolle. „Es ist klar", so Abram, „dass diese anderen Wesen nicht mit einer menschlichen Stimme sprechen; sie sprechen nicht in Worten. Sie sprechen vielleicht in Gesang, so wie viele Vögel, oder in Rhythmus, wie die Grillen oder die Meereswellen. Sie sprechen vielleicht in der Sprache von Bewegung und Gesten, oder sie artikulieren sich selbst im Spiel der Schatten" (Abram 2010, 10). Indem Menschen sich ihrer „Tierkörper" bewusst werden, entdecken sie eine lange vergessene Art, ihre Sinne zu gebrauchen.

> Wenn wir am Morgen ins Freie treten, den Schlaf aus unseren Augen reiben und die bewaldeten Hügel auf der anderen Seite des Tals betrachten, können unsere Augen gar nicht anders als ihre eigene Sichtbarkeit und Verletzlichkeit zu spüren; unser Tierkörper fühlt sich also selber der anderen Talseite ausgesetzt, fühlt sich gesehen von jenen bewaldeten Hängen. Genau diese Gegenseitigkeit ist die Struktur der Wahrnehmung. Wir erfahren die sinnliche Welt nur, indem wir uns selber der Welt gegenüber verletzlich machen. Sinnliche Wahrnehmung ist eine fortwährende Verflechtung: Das Gelände tritt nur in dem Maße in uns ein, in dem wir uns erlauben, selbst im Gelände aufzugehen. (Abram 2010, 58)

All dies sind Indikatoren für eine „Verzauberung" der Welt, in der sich die belebte Natur durch sinnliche Erfahrung mit der Seele des Menschen verbindet und eine eigene Form von Wissen erzeugt, das der reduktionistischen Form von naturwissenschaftlicher Erkenntnis gegenübergestellt wird. In Kapitel 10 werde ich auf weitere Beispiele hierfür zu sprechen kommen, die sich im Grenzbereich von Naturwissenschaft, Literatur und politischem Aktivismus bewegen.

Innere und äußere Landschaften der Seele von der Romantik zur Science-Fiction

In Levertovs Werk ist die Spiegelung der inneren Seele in der äußeren Landschaft schon angeklungen. Es lohnt sich, diesem Thema noch weiter nachzugehen, denn es handelt sich hier um ein Motiv, das sich quer durch die Literatur des neunzehnten und zwanzigsten Jahrhunderts zieht (zum größeren Thema der Verinnerlichung äußeren Raumes s. auch Lajer-Burcharth und Söntgen 2016). Parallel zur Idee, die Seele sei der „wahre Kern" der Persönlichkeit – was ja selber schon eine verräumlichende Metapher ist – entwickelte sich in der europäischen Religions- und Geistesgeschichte das nicht minder einflussreiche Motiv der „Seele als Landschaft" (Überblick bei Gladigow 1993, 121–130). Im Anschluss an Platons Modell der Weltseele etablierte sich zwischen Aufklärung und Romantik ein eigener Diskurs, der die Reise ins Innere der Seele mit einer Erkundungsfahrt in die verborgenen Regionen der Welt parallelisierte (Guthke 1983, 250–271). Novalis' Werk wäre hier zu nennen, doch ganz besonders auch auch Karl Philipp Moritz' „psychologischer Roman" *Anton Reiser*, der zwischen 1783 und 1790 entstand. In diesem Roman gibt es keine strikte Trennung zwischen materieller und geistiger Wirklichkeit oder zwischen der Sphäre des Menschen und dem Bereich der Natur. Im Gedicht „Die Seele des Weisen" wird zudem beschrieben, wie sich die Seele im Flug dem Göttlichen annähern kann.

Des Weisen Seele in ihrem Fluge
Erhub sich über Wolken hoch;
und folgte kühn dem innern Zuge,
Der mächtig himmelan sie zog.

Sie strebt, das Leere auszufüllen,
Das sie in sich mit Ekel sieht,
Und forscht, um die Begier zu stillen,
Nach Wahrheit, die ihr stets entflieht. (Moritz 1952, 294)

Anton Reiser ist ein Beispiel für die frühromantische Literatur, in der sowohl die Ausdehnung der Seele und ihre Spiegelung in der äußeren Landschaft beschrieben wird als auch ihre Reise in Gefilde der Wirklichkeit, die dem Normalbewusstsein unzugänglich sind. Diese Linie lässt sich bis in die Literatur des zwanzigsten Jahrhunderts nachzeichnen. Besonders interessant ist dabei ein Blick auf die Science-Fiction-Literatur. Schon Rilke hatte ja davon gesprochen, dass der äußeren Welt ein „Weltinnenraum" entspräche, der durch „alle Wesen" hindurch reiche. Im Gedicht „Es winkt zu Fühlung fast aus allen Dingen" heißt es:

Durch alle Wesen reicht der *eine* Raum:
Weltinnenraum. Die Vögel fliegen still
durch uns hindurch. O, der ich wachsen will,
ich seh hinaus, und *in* mir wächst der Baum. (Rilke 1999, 879;
Hervorhebung im Original)

Dass es sich bei einer Reise in entlegene und unbekannte kosmische Welten in vielen Fällen um eine Metapher für die Reise in die verborgenen Welten der eigenen Seele handelt, lässt sich anhand der Science-Fiction-Literatur, insbesondere in der zweiten Hälfte des zwanzigsten Jahrhunderts, unschwer nachweisen. Beim Motiv des Weltinnenraums, des *inner space*, handelt es sich allerdings nicht in erster Linie „um einen Themenkreis der Science Fiction, sondern um eine ganze Stilrichtung, die Mitte der sechziger Jahre vom britischen SF-Magazin ‚New World' ausgehend das Gesicht des Genres nachhaltig veränderte" (Alpers, Fuchs et al. 1988, 142; s. das ganze Kapitel „Die Landschaften der Psyche: Inner-Space-Literatur", 142–152; s. auch Westfahl 2005, 291–296, zu „Psychic Powers" und „Psychology"). Als logisches Gegenstück zu *outer space* wurde der Begriff von James Graham Ballard in die Science-Fiction-Literatur eingeführt und in einer ganzen Reihe von literarischen Werken, in denen er auf Freud, Beckett, Jung und andere Bezug nahm, umgesetzt. Später wurde die „New-Wave"-Bewegung in der amerikanischen Szene aufgegriffen, und Roger Zelaznys *Lord of Light* (1967) oder Samuel R. Delanys *The Einstein Intersection* (1967, deutsch interessanterweise als *Einstein, Orpheus und andere*) entwickelten sich zu einflussreichen Vertretern der neuen Richtung, die an neoromantische Gedanken anknüpfte.

Nach dem Motto, „[d]ie Mythen des Altertums weisen den Weg nach innen" (Alpers, Fuchs et al. 1988, 148) werden kulturelle und religiöse Traditionsbestände in der Science-Fiction-Literatur in Szene gesetzt. Dabei wird bisweilen auch die einschlägige religionswissenschaftliche Forschung hinzugezogen, etwa bei Roger Zelazny, der James George Frazer, Joseph Campbell und andere adaptiert (Francavilla 1985). Samuel R. Delany macht diese Dimension sogar im Roman selber sichtbar:

> Das zentrale Thema des Buches ist Mythologie. Diese Musik ist so angemessen für die Welt, auf der ich treibe. Ich war mir bewusst, wie gut es zu dem eingekapselten Leben New Yorks passte. Seine zerrissenen Harmonien stimmten mit dem Rest der Welt sogar noch besser überein. Wie kann ich Lobey in die Mitte dieses hellen Chaos mitnehmen, das diese Geräusche hervorbringt? Habe gestern bis spät in die Nacht mit den griechischen Seeleuten getrunken; in schlechtem Italienisch und noch schlechterem Griechisch haben wir über Mythen gesprochen. Taiki lernte die Geschichte von Orpheus nicht in der Schule oder durch eigenes Lesen, sondern von seiner Tante in Eleusis. (Delany 1967, 56)

Auch Ursula K. Le Guin (1929–2018) greift mythologische Themen auf und verarbeitet sie in ihrem umfangreichen Werk, das sowohl Science-Fiction als auch Poesie und literarisch-politische Beiträge umfasst. Wie kaum einer anderen

Autorin gelingt es Le Guin, die Grenzen des Genres „Science-Fiction" aufzusuchen und es als Ausdrucksmittel kultureller, politischer, psychologischer und ökologischer Reflexion zu verwenden. Gute Science-Fiction-Literatur, so Le Guin, „verdient die Bezeichnung ‚moderne Mythologie'" (Le Guin 1979, 81). Neben der Mythologie, die aus antiken Geschichten und religiösen Traditionen bekannt ist, bietet Science-Fiction einen Zugang zu Elementen, die Le Guin als *Submyths* bezeichnet – „jene Bilder, Figuren und Motive, die keinen religiösen oder moralischen Rückbezug und auch keinen intellektuellen oder ästhetischen Wert haben, die aber doch überaus lebendig und machtvoll sind, sodass sie nicht als bloße Stereotypen abgetan werden können" (ebd., 77). Beispiele hierfür sind Superman, blonde Helden mit Schwert und Zauberkräften, verrückte Wissenschaftler, gutartige Diktatoren, Kapitalisten, die ganze Galaxien kaufen und verkaufen, freundliche Aliens, aber auch „jede spitzbusige, gehirnlose junge Frau, die jemals aus der Hand von Monstern errettet wurde, die belehrt wurde, die bevormundet wurde oder – in letzten Jahren – von den genannten Helden vergewaltigt wurde" (ebd.). Auch wenn es schmerze, diese Figuren „mythologisch" zu nennen, seien sie doch lebendig in Büchern, Magazinen, Bildern, Filmen, Werbeanzeigen, kurzum: in unserem Bewusstsein. „Ihre Wurzeln sind die Wurzeln der Mythen, sie sind in unserem Unbewussten – diesem riesigen Schattenreich der Seele und vielleicht jenseits der Seele in dem, was Jung das ‚Kollektive' nannte, weil es in allen von uns ähnlich ist, genau wie unsere Körper in der Grundstruktur ähnlich sind" (ebd.). „Echte Mythologie" könne tausende Jahre überstehen, ohne dass Rationalität das ihr innewohnende Mysterium zerstören könne. Im Gegensatz zu nur vorgetäuschter Mythologie, bei der sich etwa der „Blonde Held" schon beim ersten Anblick als eine „Wüstenrennmaus" entpuppt, erwidert der echte mythologische Held, wie Apollo, den Blick. Dies sei mit Rilke geschehen, der vor fünfzig Jahren auf eine Statue des Apollo geschaut habe, „und Apollo sprach zu ihm. ‚Du musst dein Leben ändern', sagte er. Wenn der echte Mythos ins Bewusstsein aufsteigt, geht es immer um diese Botschaft. Du musst dein Leben ändern" (ebd., 78). Deshalb versuche die beste Science-Fiction-Literatur, eine Brücke zwischen dem Bewussten und dem Unbewussten zu bauen, „sodass die Leserinnen und Leser die Reise ebenfalls antreten können" (ebd.). Und indem sie Jungs Archetypenlehre auf die Science-Fiction-Literatur anwendet, führt Le Guin aus:

> Der Künstler, der aus dem Zentrum seines eigenen Wesens arbeitet, wird archetypische Bilder finden und diese in sein Bewusstsein entlassen. Die erste Science-Fiction-Autorin, die das tat, war Mary Shelley. Sie ließ Frankensteins Monster frei. Und niemand war je in der Lage, es wieder

> wegzusperren. Da ist es nun, sitzt in der Ecke unseres so liebevoll eingerichteten modernen Wohnzimmers aus Glas und Plastik, mitten auf dem aus Stahlrohr geformten Stuhl, so groß wie das Leben und doppelt so hässlich. (Ebd., 80)

Die fiktionale äußere Welt wird hier also zur Metapher für innere seelische Bewusstseinsprozesse, das kollektive Unbewusste wiederum zur zentralen Instanz des Verständnisses der Welt jenseits des nur Rationalen. In vielen ihrer Werke verbindet Le Guin dies mit kulturkritischen, feministischen und ökologischen Aussagen. Kriege und ökologische Zerstörung werden dabei geradezu als Verlust der Ganzheit der Seele gedeutet. Ein Beispiel hierfür ist die Novelle *The Word for World is Forest* aus dem Jahr 1976. Darin erzählt Le Guin die Geschichte des Planeten Athshe, dessen Bewohner in einem friedlichen Miteinander im Einklang mit der Natur leben, bis sie von den kolonialen Bestrebungen der Erdbewohner (im Buch „Terraner" genannt) heimgesucht werden. Die Athsheaner gründen ihre Lebensweise in der aktiven Bewusstwerdung ihrer Traumwelten und ihres Unbewussten, während die Terraner aus der Trennung zwischen unbewussten Trieben und bewusster Rationalität heraus agieren und deshalb für alle Formen von Gewalt und Vernichtung offen sind. Für die Athsheaner können die Terraner nur als psychisch gestört gelten. Der Unterschied zwischen den beiden Gruppen wird äußerlich sichtbar in der Tatsache, dass die Athsheaner tief im Wald leben, den die Terraner wiederum als bedrohlich erfahren und systematisch zu zerstören trachten (ein Querverweis auf den Vietnamkrieg, dem Le Guin äußerst kritisch gegenüberstand). Im Nachwort zur Novelle sagt Le Guin, dass sie den Text beinah als Diktat einer Baumentität („einem Chef mit Geschwüren") geschrieben habe, welche die ökologische Vernichtung anprangern wollte. Ian Watson konstatiert: „Aus dem ursprünglichen Impuls, über Wald und Traum zu schreiben, wurde also ein Weltwald, der – obwohl selber nicht empfindungsfähig – trotzdem metaphorisch als Geist fungiert: als der kollektiv unbewusste Geist der Athsheaner" (Watson 1986, 49).

Das Thema der beseelten Wälder und der Pflanzenwelt voller Bewusstsein kommt auch in Le Guins *Vaster than Empires and More Slow* (1971) zum Ausdruck. Zugleich hat es eine längere Vorgeschichte in der Science-Fiction-Literatur. Watson verweist vor allem auf Olaf Stapledons *Star Maker* aus dem Jahr 1937. Stapledon, „jener mystische Atheist", sei unter allen „arboriculturists" (Watson 1986, 51) der Science-Fiction-Literatur am stärksten mit Le Guin verwandt. Heute muss natürlich auch James Camerons *Avatar* aus dem Jahr 2009 genannt werden, bislang der finanziell erfolgreichste Film aller Zeiten. Ebenso wie in *The Word for World is Forest* geht es auch in *Avatar* um die Überwindung der spirituellen Entfremdung des Menschen von der Natur und um Themen der Beseeltheit der Welt, die es erneut zu erfahren gilt (zum Vergleich der beiden Werke s. Barnhill 2010; zur Verbindung zwischen Ökologie und Spiritualität in *Avatar* insgesamt s. Taylor 2013).

All den in diesem Kapitel behandelten Werken ist gemeinsam, dass sie einen erheblichen Anteil an der Stabilisierung eines Diskursarrangements hatten, das „Seele" und „Bewusstsein" mit Diskursen zu Natur (oder, konkret, zu Wald), Wissenschaft, Spiritualität und der Rolle des Menschen im kosmischen Gesamtzusammenhang verschränkt. Die Popularität dieser Werke ist keineswegs verwunderlich, handelt es sich doch um die Weiterführung einer Diskursformation, die das gesamte zwanzigste Jahrhundert durchzieht und die angesichts der sich zuspitzenden globalen ökologischen Krise im einundzwanzigsten Jahrhundert an Bedeutung nur noch zugenommen hat. Ursula K. Le Guin wird uns deshalb im nächsten Kapitel erneut begegnen, wenn es um Fragen des sogenannten Anthropozäns geht. An dieser Stelle möchte ich aber noch einen kurzen Blick auf ein weiteres Massenereignis des Seelendiskurses werfen – Joanne K. Rowlings *Harry Potter.*

Harry Potters Seele

Als Joanne K. Rowling (geb. 1965) im Jahr 1995 das Manuskript von *Harry Potter and the Philosopher's Stone* an den Londoner Verlag Bloomsbury verkaufte, begann eine Erfolgsgeschichte, die alle Erwartungen übertraf. Bis heute wurden mehr als 500 Millionen Exemplare der Harry-Potter-Buchserie verkauft, nur die Bibel verkauft sich besser. Auch die Verfilmungen der Abenteuer des jungen Zauberers, der mit seinen Freunden gegen dunkle Mächte kämpft und erst lernen muss, mit den ihm gegebenen magischen Kräften umzugehen, gehören zu den erfolgreichsten Produktionen aller Zeiten. Rowlings ins Positive gekehrte Darstellung magischer Praxis hat zwar auch Kontroversen ausgelöst, doch dies tat dem Erfolg keinen Abbruch. Die magische Welt von Hogwarts, in der Tugenden wie Freundschaft, Vertrauen und Mut den Mächten des Bösen entgegengehalten werden, wurde zu einem *Submyth* im Sinne Ursula K. Le Guins – nicht bloß ein Stereotyp, sondern eine lebendige Idee, die Vorstellungswelten und damit Wahrnehmungen der Wirklichkeit verändert. Diskurstheoretisch gewendet könnte man auch sagen, dass die Harry-Potter-Romane und -Filme ein diskursives Ereignis darstellen, in dem Wissen über Magie und Okkultismus neu geordnet wird; Diskurse zu Magie, verborgenen Dimensionen der Wirklichkeit, der Aufhebung der Trennung zwischen Materiellem und Geistigem, verbunden mit Diskursen zu Freundschaft, Mut und mentaler Kraft haben einen Diskursknoten entstehen lassen, der in seiner Wirkung kaum zu überschätzen ist. Das heißt natürlich nicht, dass es keine Vorläufer für dieses Diskursarrangement gibt, im Gegenteil: die Rekonstruktion der Kulturgeschichte der Seele zeigt ja gerade, dass der Boden für einen Erfolg der Harry-Potter-Erzählung gut bereitet war, wenn es um die Diskursknoten rund um den Okkultismus geht. Doch durch die Hinzufügung von weiteren Diskurssträngen – allen voran den persönlichen Tugenden des Helden und seiner Freunde – gewinnt die Geschichte eine eigene Dynamik, die umgekehrt die Diskursformation zu Magie und Okkultismus ihrerseits legitimiert und verstärkt.

Ein genauerer Blick auf die Struktur der Erzählung zeigt, dass die Seele hier eine zentrale Rolle spielt. Im Mittelpunkt der Geschichte stehen Fragen zur Seele: Was ist die Seele? Wie verhält sich die Seele zum Körper? Kann die Seele geteilt werden? Kann man die Seele verlieren, und was geschieht dann mit dem Körper? Kann die Seele in Gegenständen „gespeichert" werden? Ist die Seele der Hort des Guten, oder kann sie dem Bösen verfallen? – Schauen wir uns das etwas genauer an (zum Folgenden s. auch Sehon 2010).

Harry Potter and the Deathly Hallows ist der siebte und letzte Roman der Harry-Potter-Reihe. Der Roman brach alle Rekorde der Vorgängerbücher, als er 2007 erschien. Über 10 Millionen Exemplare wurden innerhalb von 24 Stunden allein in den USA und Großbritannien verkauft. Im Hinblick auf Fragen zur Seele ist dieses Buch sehr interessant, denn J. K. Rowling lässt ihre Heldin Hermione Granger sehr anschaulich erläutern, was es mit der Seele auf sich hat.

> „Schau, wenn ich jetzt mein Schwert nehmen würde, Ron, und dich damit durchbohren würde, wäre deine Seele dadurch überhaupt nicht verletzt."
>
> „Was für mich ganz sicher ein echter Trost wäre", sagte Ron. Harry lachte.
>
> „Das sollte es auch! Doch was ich sagen will ist, dass was auch immer mit deinem Körper geschieht, deine Seele wird es überleben, unangetastet", sagte Hermione. (Rowling 2007, 104)

Die Seele existiert also unabhängig vom Körper und kann den körperlichen Tod überdauern. Sie kann auch in einer Art Zwischenstadium verharren, was auf Voldemort selbst zutrifft, aber auch auf den Magier Nickolas de Mimsy-Porpington, auch bekannt als der „kopflose Nick". Wenn Voldemort das Kind Harry mit dem Avada Kedavra Fluch angreift, dabei aber seinen eigenen Körper zerstört, bleibt Voldemort selbst am Leben, wenn auch in schwächerer Form – „schwächer als Geist, weniger als das gemeinste Gespenst", wie es in *Harry Potter and the Goblet of Fire* heißt (Rowling 2000, 653).

Für den Seelendiskurs in *Harry Potter* sind zwei weitere Aspekte der Geschichte wichtig, nämlich der Kuss des Dementors und die sogenannten Horkruxe. Dementoren sind eine eigene Kategorie böser magischer Wesen, und ihr Kuss gehört zu den schlimmsten Dingen, die einem widerfahren können. Wie schon ihr Name vermuten lässt, saugen Dementoren positive Gefühle und Erinnerungen aus Menschen heraus, und sie können dem Körper sogar ganze Seelen entreißen. In *Harry Potter and the Prisoner of Azkaban* erläutert Lupin dem jungen Harry, wie man das zu verstehen hat:

> „Sie nennen es den Kuss des Dementors", sagte Lupin. [...] Sie krallen sich mit ihrem Maul am Mund des Opfers fest und – und saugen seine Seele heraus."
>
> [...]
>
> „Was – sie töten – ?"
>
> „Oh nein," sagte Lupin. „Viel schlimmer noch. Du kannst ohne Seele existieren, weißt du, solang dein Gehirn und dein Herz noch funktionieren. Aber du hast dann kein Gefühl für dich selbst mehr, keine Erinnerung, kein ... nichts. Es gibt nicht die geringste Chance auf Heilung. Du – existierst einfach. Als eine leere Hülle. Und deine Seele ist für immer fort ... verloren. (Rowling 1999, 247)

Die Horkruxe wiederum spielen eine entscheidende Rolle in *Harry Potter*. Rowling hängt die Geschichte am Wunsch Tom Riddles auf (dem zukünftigen Lord Voldemort), den Tod mit Hilfe eines Horkrux' zu besiegen. In *Harry Potter and the Half-Blood Prince* erklärt Professor Horace Slughorn dem jungen Riddle die Wirkweise eines Horkrux'. „‚Nun, du spaltest deine Seele, weißt du', sagte Slughorn, ‚und versteckst einen Teil davon in einem Objekt außerhalb deines Körpers. Und dann, auch wenn dein Körper angegriffen oder zerstört wird, kannst du nicht sterben, denn ein Teil der Seele bleibt erdgebunden und unbeschädigt'" (Rowling 2005, 498). Riddle bohrt weiter und will wissen, wie die Seele gespalten werden kann. Slughorns Antwort: „Durch einen Akt des Bösen – den äußersten Akt des Bösen. Durch das Begehen eines Mordes. Töten reißt die Seele auseinander. Der Zauberer, der es auf die Schaffung eines Horkrux abgesehen hat, wird den Schaden zu seinem Vorteil nutzen: er wird den abgerissenen Teil der Seele einkapseln" (ebd.). Dies sei äußerst gefährlich, denn „eigentlich muss die Seele intakt und ganz bleiben", und ihre Aufspaltung ist „ein Akt der Gewalt, es ist gegen die Natur" (ebd.).

Horkruxe sind also eine Art „Lebensversicherung" für einen Zauberer, doch die Seele eines mächtigen Zauberers wie Voldemort ist auch ohne Horkrux schwer zu bändigen. Deshalb warnt Albus Dumbledore Harry Potter: „Vergiss aber niemals: auch wenn seine Seele für immer beschädigt sein sollte, sind sein Gehirn und seine magischen Kräfte noch intakt. Es braucht ungewöhnliche Fähigkeiten und Kräfte, um einen Zauberer wie Voldemort zu töten, selbst ohne seine Horkruxe" (ebd., 509).

Wenn ein Zauberer durch das Begehen eines Mordes, des größten Verbrechens, einen Horkrux geschaffen hat, wird die Seele gespalten und beschädigt. Die Seele repräsentiert hierbei die tiefste Schicht der Menschlichkeit, und es ist die Menschlichkeit, die durch das Böse angetastet wird. Darum erläutert Dumbledore auf Harrys Frage hin: „Es scheint, als ob Lord Voldemort in den letzten Jahren immer weniger menschlich geworden ist, und die Verwandlung, die er mitgemacht hat, kann man, glaube ich, nur dadurch erklären, dass seine Seele in einem Ausmaß verstümmelt wurde, das weit über das hinausgeht, was man das ‚normale Böse' nennen könnte" (ebd., 502). Dementsprechend wird Tom Riddle zunächst als gutaussehender junger Mann beschrieben, der jedoch durch den Verlust seiner Seele und durch seine Verbrechen in ein Wesen transformiert wird (Voldemort), das jede Menschlichkeit verloren hat. Wenn er in *Harry Potter and the Goblet of Fire* seinen Körper auf dem Friedhof vollkommen zurückerhält, wird er beschrieben als „weißer als ein Totenkopf, mit breiten, wütenden scharlachroten Augen und einer Nase, die flach wie eine Schlange war, mit Schlitzen für Nasenlöcher" (Rowling 2000, 643).

Geister und Horkruxe weisen in ihren Seelenkonzepten also durchaus Unterschiede auf (ich danke Stefan Mekiffer für die folgenden Differenzierungen). Bei einem Horkrux wird die Seele geteilt, wodurch der tötende Zauberer vor künftigem Sterben bewahrt wird; Geister sind dagegen durchaus tot, sie bleiben allerdings in einem Zwischenzustand hängen, aus dem eine Wiederkehr ins Leben unmöglich ist. Interessant ist nun, dass Harry selber ein Horkrux ist, was einen Sonderfall darstellt. Bei Voldemorts gescheitertem Versuch, Harry als Kind zu töten und mit diesem Mord seine Seele ein weiteres Mal zu spalten, ist jener Teil der Seele Voldemorts auf Harry übergegangen. Harry erhält daher nicht nur gelegentliche telepathische Einblicke in Voldemorts Geist, sondern auch Fähigkeiten Voldemorts – so kann er beispielsweise die Schlangensprache Parsel sprechen. Außerdem versucht Voldemort auf diese Weise, Harry zu besetzen. Dies endet jedoch für Voldemort schmerzhaft, was erneut Rowlings Grundidee zur Seele unterstreicht: Der gesunde Teil von Harrys Seele bewahrt Harry vor Voldemorts Übernahmeversuch. Es ist mithin die Liebe und das Gute, das die Seele vor dem Zugriff des Bösen schützt.

Dass Harry selber als siebenter Horkrux im Buch fungiert, heißt auch, dass er am Ende sterben muss. Als er sich Voldemort kampflos ergibt, landet er in einer Zwischendimension, in der er dem toten Dumbledore begegnet und in der er sich von Voldemorts Teilseele trennt. Diese Teilseele stirbt, während Harry lebend nach Hogwarts zurückkehrt. Es geschehen hier also interessante Verstrickungen zwischen Seelen verfeindeter Zauberer. Seelen sind nicht nur teilbar; sie können auch auf widernatürliche Weise neu vermischt und nur durch den Tod getrennt werden.

Was bedeutet all dies für die Kulturgeschichte der Seele? Auch wenn Fantasy und Science-Fiction Genres sind, die fiktive Welten beschreiben, leisten sie dennoch einen entscheidenden Beitrag zur Etablierung, Stabilisierung und Veränderung von Diskursformationen, die ihrerseits Träger von Wissensordnungen sind. Das Thema der Spiegelung innerer und äußerer Welten der Seele, wie wir es in der Science-Fiction-Literatur antreffen, gibt der Seele eine transpersonale und letztendlich sogar kosmische Dimension. Auch bei *Harry Potter* finden wir die überpersönliche Verbindung der Seele, nämlich im Sinne einer Trägerin von universeller Lebenskraft, die durch die Begegnung mit dem Bösen verlorengehen kann. Sowohl der strenge Dualismus zwischen gut und böse als auch der Dualismus zwischen materiellem Körper und der immateriellen Seele – beides entscheidende Kennzeichen des Menschenbildes in *Harry Potter* – schreiben eine platonisch-christliche Diskursformation fort, wie sie bis zu Augustinus und die frühe christliche Theologie zurückverfolgt werden kann.

Der literarische Diskurs insgesamt, wie ich ihn in diesem Kapitel und auch schon in anderen Kapiteln besprochen habe, ist ein wichtiger Träger der Kulturgeschichte der Seele. Gegen Ende des zwanzigsten Jahrhunderts wurde der literarische Diskurs in vielfältiger Weise mit naturwissenschaftlichen und ökologischen Fragestellungen verbunden. Wie ich im letzten Kapitel dieses Buches zeigen werde, erreichten die Diskurse zu Animismus und kosmischem Bewusstsein auch politische, ethische und kulturwissenschaftliche Bereiche. Heute kann man geradezu von einem globalen Seelendiskurs sprechen, der sich über Begriffe wie Natur, Wunder, Bewusstsein, Intelligenz und Ökologie konstituiert.

KAPITEL 10

Ökologische Bewegungen, naturwissenschaftliche Erzählungen und die Sakralisierung der Erde

Wir alle kennen *Earthrise*, jenes Foto, das den „Aufgang" des Planeten Erde vom Mond aus gesehen zeigt. Nur 24 Menschen haben dieses Ereignis bisher live gesehen, und doch ist es zum globalen Kulturgut geworden. Die Erde als fragiler „blauer Planet" inmitten der endlosen Dunkelheit des Weltalls wurde zum ikonischen Motiv auf der Schnittstelle zwischen Naturwissenschaft, Spiritualität und Umweltschutz. Als die 1958 gegründete NASA nach den ersten Apollo-Expeditionen das Foto 1967 veröffentlichte, war dies ein Ereignis von historischer Bedeutung. Von der Politik über Wissenschaft bis hin zur Counterculture-Bewegung Kaliforniens – in der Steward Brand schon seit Jahren auf ein solches Foto gedrungen hatte und es sofort in seinen *Whole Earth Catalog* aufnahm – war man sich einig, dass eine neue Ära begonnen hatte, die auch den Schutz des fragilen Planeten in einen neuen Rahmen stellte (zur Geschichte Turner 2006; Kirk 2007; Maher 2017). Die Bilder von der Erde boten „die Gelegenheit, das Sakrale und das Säkulare auf eine neue Art miteinander zu verknüpfen, auf eine Art, die dem modernen Zeitalter entsprach. Die Fotografien, die von den Apollo-Missionen zurückkamen, waren die Initialzündung für die im Entstehen begriffenen Gebiete von Ökologie und Umweltschutz" (Potter 2018, 7). Madalyn Murray O'Hair, Gründerin der American Atheists und in den 1960er Jahren eine vehemente Verfechterin der Trennung von Staat und Religion, protestierte gegen die christliche Botschaft, die die Astronauten mit den Bildern verbanden. Spätere Apollo-Astronauten wurden deshalb ermahnt, sich mit religiösen Äußerungen während der Missionen zurückzuhalten. Doch Christopher Potter fragt: „War die Möglichkeit, das Numinose im Säkularen anzuerkennen, dadurch verloren, oder hat der Streit heute gerade erst begonnen?" (Potter 2018, 7).

Wie stark diese Ikonografie auch heute noch nachwirkt, zeigt ein YouTube-Video, das am 12. August 2014 unter dem Titel „The Earth – A Living Creature (The Amazing NASA Video)" veröffentlicht wurde (www.youtube.com/watch?v=JZXErLns1mM; Zugriff 2. Dezember 2018). Der Film wurde vom „Wissenschaftlichen Visualisierungsstudio" der NASA erstellt und verwendet reale Daten, um die Bewegung eines Taifuns der Kategorie 4 vor der Küste Chinas im Jahr 2005 vorherzusagen. Der Film zeigt die Erde als blauen Planeten, um den sich weiße Wolken mit hohem Tempo bewegen. Um das Verständnis der Erde als „lebendiges Wesen" (wie im Titel des Films angegeben) zu

 | DOI:10.30965/9783846764374_012

unterstreichen, hört man Atem- und Herzschlaggeräusche. Sphärische Musik untermalt die Visualisierung und verstärkt die animistische Darstellung des Planeten.

Hunderte ähnlicher Beispiele könnten hier genannt werden. Sie alle stehen für eine ästhetisierende Verbindung zwischen naturwissenschaftlicher Forschung und der religiös-spirituellen Aufladung des Wissens von der Natur (zum Konzept s. Borelli und Grieser 2017; Grieser und Johnston 2017). Diese heutigen Diskurse schließen direkt an romantischen Konzeptionen an, wie Alexandra Grieser am Beispiel der spektakulären Bilder des *Hubble Space Telescope* diskutiert, in denen „Seele" und „Schönheit des Kosmos" den Platz von „Religion" einnehmen:

> Es ist nicht so sehr von Belang, dass nun Natur und Kunst statt Gott oder Dogmen an die Stelle der Inhalte von Religion treten können. Mit dem Fokus auf das Funktionieren der Imagination selbst wird vielmehr ein neuer Modus von Religion eingeführt, der sich scheinbar unabhängig macht von Institutionen und traditionellen Formen – weder Kirche, Gott noch Unsterblichkeit sind noch vonnöten, sondern der Kern der Religion ist das Imaginieren selbst, gerichtet auf ‚das Unendliche' des Universums. An die Stelle traditioneller Religion kann daher auch Kunst und Wissenschaft *als* religiöse Imagination treten. (Grieser 2015, 476; Hervorhebung im Original)

Lisa H. Sideris spricht in diesem Zusammenhang von „geweihter Wissenschaft" (Sideris 2017). Statt einer künstlichen Trennung zwischen Naturwissenschaft und Metaphysik oder Spiritualität zu folgen, zeigen neuere Studien gerade die gegenseitige Durchdringung dieser kulturellen Systeme auf. Auch aus diskurshistorischer Sicht wird man die Reinheit und Objektivität wissenschaftlicher Naturerkenntnis kaum aufrechterhalten können; viel interessanter ist die Frage, wie säkulare Systeme selber dazu beigetragen haben, neue kosmologische, metaphysische und spirituelle Deutungen zu generieren. Wir haben diesen Prozess schon an vielen Stellen beobachten können, doch im Folgenden will ich diese Linien noch weiter ausziehen. Es kann dabei natürlich nicht um das große Gebiet von Naturwissenschaft und Spiritualität im Ganzen gehen, sondern nur um die Frage, welche Rolle Seelendiskurse in dieser Konstellation spielen. Besonderes Augenmerk verdienen deshalb Diskurse von Animismus und *agency*, da sie die Natur als beseelt und mit Handlungskompetenz ausgestattet betrachten. Oftmals gehen diese Diskurse mit Begriffen wie „Wunder" (englisch „wonder"), „Lebenskraft" („life force", „vital energy") oder „Mysterium" einher, aber auch, wie sich zeigen wird, erneut mit „Bewusstsein" („consciousness").

Rachel Carson, Barry Lopez und die Wunder der Natur

Naturwissenschaftliche Fachpublikationen sind für Laien oft völlig unverständlich. Nicht zuletzt deshalb ist der Einfluss solcher Publikationen in der Regel auch relativ begrenzt. Wenn es um die Breitenwirkung naturwissenschaftlicher Forschung geht, ist es viel ergiebiger, sich die Publikationen anzusehen, die für ein größeres Publikum geschrieben wurden. Außerdem sind es solche Veröffentlichungen, in denen Wissenschaftlerinnen und Wissenschaftler ihre eigenen Deutungen noch stärker einfließen lassen können, Deutungen, die über die rein wissenschaftliche Analyse hinausgehen und philosophische, politische oder religiöse Interpretationen betreffen.

In diesem hybriden Bereich entstehen Bücher mit riesiger Breitenwirkung. Zu Beginn des zwanzigsten Jahrhunderts waren es in Deutschland Autoren wie Ernst Haeckel, Wilhelm Ostwald, Hans Driesch oder Carl Ludwig Schleich, die entsprechende Werke verfassten. In den USA gab es eine ähnliche Bewegung, die jedoch noch stärker auf die religiösen und umweltethischen Aspekte abhob. Nicht selten führten die Aktivitäten naturwissenschaftlicher Autoren zur Gründung von Umweltschutzorganisationen (Philippon 2004). Dies gilt für Theodore Roosevelt (der Zeit seines Lebens auch als Naturforscher publizierte) und den Boone and Crockett Club, für John Muir (Sierra Club), Mable Osgood Wright (Audubon Society of Connecticut), Aldo Leopold (Wilderness Society) und Edward Abbey (Earth First!). Evan Berry weist darauf hin, dass die meisten der heute noch einflussreichen Umweltschutzbewegungen in den USA in dieser Periode entstanden. „Das amerikanische Umweltbewusstsein des frühen zwanzigsten Jahrhunderts ist manchmal kaleidoskopisch in seiner wild kombinatorischen Verschmelzung von religiösen Bildern, wissenschaftlichen Daten, bürgerlichen Sozialnormen und Anspielungen auf romantische Poesie, aber eine genaue Analyse der Quellen aus dieser Zeit liefert einen greifbaren Einblick in die kulturellen Träger unserer Umweltschutzidee" (Berry 2015, 8).

In der Geschichte des zwanzigsten Jahrhunderts verkörpert Rachel Carson (1907–1964) wie kaum eine andere diese Verbindung von Wissenschaft, Spiritualität und umweltethischer Verantwortung. Ihr 1962 erschienenes Buch *Silent Spring*, in dem Carson die verheerenden Wirkungen des Pestizids DDT anprangerte, wird oft als der eigentliche Beginn der heutigen amerikanischen Umweltschutzbewegung bezeichnet. In den Worten ihrer Biografin Linda Lear:

> Carson konnte nicht schweigen. […] Sie konnte nicht tatenlos zusehen und nichts sagen, wenn all das in Gefahr war, wenn die menschliche Existenz selbst bedroht war. Das war die Botschaft, die sie in den Sitzungssaal des Senats brachte. Das war es, was sie in den letzten fünf schwierigen Jahren weitermachen ließ. Rachel Carson war eigentlich

> nicht die Person, die eine öffentliche Bewegung ins Leben rief, welcher Überzeugung auch immer. Sie schätzte das Alleinsein, verteidigte ihre Privatsphäre, trat selten einer Organisation bei; aber sie wollte Zeugnis ablegen. Sie schrieb ein revolutionäres Buch in Begriffen, die für eine Mittelschicht akzeptabel waren, die aus der Lethargie des Nachkriegswohlstands hervorging, und die sie wachrüttelte, damit sie ihrer vernachlässigten Verantwortung nachkommen sollte. Es war ein Buch, in dem sie ein letztes Mal ihre Vision vom Leben teilte. Im Meer und im Vogelgesang hatte sie das Wunder und das Mysterium des Lebens entdeckt. Ihr Zeugnis dafür und für die Integrität allen Lebens würde den Unterschied machen. (Lear 1997, 4–5)

Silent Spring hat für die Identität der heutigen Naturschutzbewegungen eine geradezu kanonische Bedeutung. Doch Carsons spirituell-ethische Überzeugungen kommen in ihren anderen Werken noch weit stärker zum Ausdruck (s. dazu auch Sideris und Moore 2008). Carson liebte die Literatur und war eine überaus begabte Schriftstellerin, wodurch ihre Werke einem Millionenpublikum bekannt wurden. Dies begann schon früh, als Carson für den U.S. Fish & Wildlife Service (FWS) arbeitete. 1943 richtete die Behörde das knapp 60 Quadratkilometer große Chincoteague National Wildlife Refuge ein, und Carson war maßgeblich am Aufbau dieses Naturschutzprojektes beteiligt. In einer offiziellen Publikation des FWS beschreibt sie die Bedeutung des Schutzprojektes in poetischer Weise und verweist dabei auf die Rolle menschlicher „Zivilisation" bei der drohenden Zerstörung biologischer Vielfalt – ein Thema, das heute als „Anthropozän" diskutiert wird und auf das ich unten zurückkommen werde. „Dies ist das Land der Wasservögel. Dies ist ein Land, wie es die Enten in früheren Tagen kannten, bevor die Zivilisation des weißen Mannes das Gesicht des Landes verstörte. Ein Land wie dieses verschwindet sehr schnell, wenn es nicht in Naturschutzgebieten bewahrt wird" (Carson 1947; zitiert aus Souder 2012, 115).

1955 erschien mit *The Edge of the Sea* Rachel Carsons wohl persönlichstes Buch. Zwar ist auch dieses Buch informationsgesättigt und mit biologischer Sachkenntnis geschrieben, doch Carson schreibt hier in einem befreiten Stil, in dem sie ihre Leserinnen und Leser mitnimmt auf eine Reise zur Erkundung des Küstenstreifens als eines ganz besonderen Lebensraums (Souder 2012, 212). Schon im Vorwort werden die für uns relevanten Elemente sehr deutlich benannt.

> Wie das Meer selbst fasziniert uns das Ufer, wann immer wir zu ihm zurückkehren, dem Ort, dem Ursprung unserer Vorfahren in dunkler

> Vorzeit. In den wiederkehrenden Rhythmen von Gezeiten und Wellen und im vielfältigen Leben der Gezeitenlinien liegt der offensichtliche Reiz von Bewegung und Veränderung und Schönheit. Doch da liegt auch, davon bin ich überzeugt, eine tiefere Faszination, die aus innerer Bedeutung und aus Sinn entsteht. [...] Für uns als lebende Wesen hat es eine besondere Bedeutung als ein Gebiet, in dem oder in dessen Nähe eine Wesenheit, die man als Leben identifizieren konnte, zuerst in den flachen Wassern trieb [...]. Um das Leben am Ufer zu verstehen, reicht es nicht, eine leere Muschel aufzunehmen und zu sagen, „Dies ist ein Murex", oder „Dies ist ein Engelsflügel". Wirkliches Wissen bedarf eines intuitiven Verständnisses des gesamten Lebens des Wesens, das diese leere Muschel einmal bewohnt hat: Wie es inmitten der Wellen und der Stürme überlebt hat, wer seine Feinde waren, wie es Nahrung gefunden und seine Art vermehrt hat, wie seine Beziehungen zur spezifischen Meereswelt aussahen, in der es lebte. (Carson 1955, vii–viii)

Im ersten kurzen Kapitel („The Marginal World") beschreibt Carson eine Reihe von spirituellen Erlebnissen, welche die naturwissenschaftliche Betrachtung in eine animistische verwandeln. Es lohnt sich, eines davon ausführlich zu zitieren:

> In der Nacht ist das Ufer eine ganz andere Welt, in der die Dunkelheit, die die Ablenkungen des Tageslichtes verbirgt, die elementaren Wirklichkeiten noch schärfer in den Blick rückt. Eines Nachts, als ich den Strand erkundete, überraschte ich eine kleine Geisterkrabbe im Suchstrahl meiner Taschenlampe. Sie lag in einer Grube, die sie direkt über der Brandung ausgehoben hatte, als ob sie das Meer beobachten und warten würde. Die Dunkelheit der Nacht ergriff Wasser, Luft und Strand. Es war die Dunkelheit einer älteren Welt, vor Ankunft des Menschen. Es war ganz still, bis auf das allumfassende, urzeitliche Geräusch des Windes, der über Wasser und Sand wehte, und der Wellen, die am Strand brachen. Es gab kein anderes Anzeichen von Leben – nur eine kleine Krabbe am Meer. Ich habe Hunderte von Geisterkrabben in anderen Situationen gesehen, aber plötzlich war ich von dem seltsamen Gefühl erfüllt, dass ich zum ersten Mal dieses Geschöpf in seiner eigenen Welt wahrnahm – dass ich wie nie zuvor das Wesen seiner Existenz begriff. In diesem Moment stand die Zeit still; die Welt, der ich angehörte, bestand nicht mehr, und ich hätte ebenso ein Zuschauer aus dem Weltall sein können. Die kleine Krabbe allein mit dem Meer wurde zu einem Symbol, das für das Leben selbst stand – für die empfindliche, zerstörbare, aber unglaublich

> lebendige Kraft, die irgendwie ihren Platz inmitten der harten Realitäten der anorganischen Welt behauptet. (Carson 1955, 5)

Die Veränderung der Sinneswahrnehmung, das Erfassen des inneren Wesens der Geisterkrabbe und die Auflösung von Zeitkategorien – als dies kann man als Kennzeichen einer mystischen Erfahrung interpretieren. Am Ende des Kapitels fasst Carson zusammen:

> Es gibt einen durchlaufenden Faden, der diese Szenen und Erinnerungen verbindet – das Schauspiel des Lebens in all seinen verschiedenen Erscheinungsformen, wie es entstanden ist, sich entwickelt hat und manchmal ausgestorben ist. Hinter der Schönheit des Schauspiels verbirgt sich Sinn und Bedeutsamkeit. Es ist die Unbestimmbarkeit dieses Sinns, die uns verfolgt, die uns immer wieder in die Welt der Natur gehen lässt, wo der Schlüssel zum Rätsel verborgen liegt. Sie schickt uns zurück an den Meeresrand, wo das Drama des Lebens seine erste Szene auf Erden spielte und vielleicht sogar sein Vorspiel hatte; wo die Kräfte der Evolution heute noch genauso am Werk sind, wie sie es seit dem Erscheinen dessen waren, was wir Leben nennen; und wo das Schauspiel der Lebewesen, denen die kosmischen Realitäten ihrer Welt gegenüberstehen, glasklar ist. (Ebd., 7)

Carsons Buch beschreibt in mehreren Teilen die verschiedenen Formen von Strand, wo sich das Leben im Wasser und das auf der Erde begegnen und vielfältig gegenseitig beeinflussen. Das letzte Kapitel – „The Enduring Sea" – ist eines der bekanntesten Passagen aus Carsons Gesamtwerk. Noch einmal hält die Autorin hier fest: „Wenn wir über das wimmelnde Leben am Ufer nachdenken, stellt sich ein Gefühl des Unbehagens ein im Hinblick auf die Kommunikation einer universellen Wahrheit, die wir nie ganz erreichen können" (ebd., 250). Es geht ihr um die tiefere Bedeutung von naturwissenschaftlicher Betrachtung, in der Emotion, Spiritualität und Mystik des Lebens vereint werden. „Der Sinn verfolgt uns und entzieht sich doch immer wieder, und es ist gerade im Streben nach dem Sinn, dass wir uns dem letztendlichen Mysterium des Lebens nähern" (ebd.).

Kurz nach Veröffentlichung von *The Edge of the Sea*, und bevor sie die Arbeit an *Silent Spring* aufnahm, schrieb Carson einen Essay, der 1956 unter dem Titel „Help Your Child to Wonder" im *Woman's Home Companion* erschien. Später als *The Sense of Wonder* neu herausgegeben und vielfach übersetzt, ist der Essay ein weiteres Beispiel für Carsons Verbindung zwischen naturwissenschaftlicher Analyse, literarischem Einfühlungsvermögen und einer Verantwortung für die Zukunft des Planeten. Auch die spirituellen und mystischen Aspekte der Naturbetrachtung kommen hier sehr deutlich zum Ausdruck, wie Linda Lear in ihrer Einführung zur Neuausgabe festhält: „In letzter Instanz glaubte Carson, dass der Wert des Nachdenkens über Ehrfurcht gegenüber der Natur und ihrer Schönheit in der spirituellen Erneuerung lag, in der inneren Heilung und einer neuen Tiefe im Abenteuer der Menschheit" (Lear in Carson 1998, 10).

Rachel Carson webt in ihrem Werk Diskursstränge zusammen, die Träger von spiritueller Naturbetrachtung sind und eine animistische Haltung gegenüber der Natur unterstreichen. Aus den genannten Zitaten können wir die Diskurselemente Natur, Evolution, Schönheit, Kontemplation, Wunder, Staunen, Spiritualität, Heilung, Sinn, Bedeutung, Leben, Lebenskraft, Mysterium, Geheimnis, Kosmos und universelle Wahrheit herausdestillieren. Damit zeigt Carson eine große Nähe zum literarischen Naturdiskurs Amerikas, dem ich im vorigen Kapitel nachgegangen bin. Carson schreibt als Wissenschaftlerin und als Literatin zugleich. Die Diskursanalyse zeigt, wie künstlich die Trennung zwischen diesen Kulturpraktiken tatsächlich ist.

Dies bringt mich zu Barry Lopez (geboren 1945), einem weiteren einflussreichen Autor im Grenzgebiet von Biologie, Literatur und Umweltethik. Schon sein Werk *Of Wolves and Men* (1978) war sehr erfolgreich und erreichte die letzte Runde des amerikanischen National Book Awards. Der Durchbruch gelang Lopez dann mit *Arctic Dreams: Imagination and Desire in a Northern Landscape*, das 1986 den National Book Award for Nonfiction gewann und zu einem Bestseller wurde. Zahlreiche Auszeichnungen folgten, und bis heute ist Lopez einer der bedeutendsten amerikanischen Autoren, wenn es um Ökologie und das Verhältnis des Menschen zur Natur geht (die Homepage www.barrylopez.com gibt einen guten Einblick in sein Denken und Schaffen). Für unser Thema ist Lopez wichtig, da er – ebenso wie Rachel Carson – die Grenzen naturwissenschaftlicher Analyse überschreitet und für eine spirituelle Haltung gegenüber der Natur steht, die Seelendiskurse aufnimmt und in umweltethische Überlegungen einspeist.

Für Lopez ist „Landschaft" nicht nur eine physikalisch-materielle Realität, sondern auch Erlebniswelt und Spiegel menschlicher Bedürfnisse und Träume (hier zeigen sich starke Verbindungen zur im letzten Kapitel behandelten Literatur, die eine Parallelität von inneren und äußeren Landschaften thematisiert). Die arktische Landschaft, die in ihrer Kargheit jeder Romantisierung von „üppiger Natur" zuwiderläuft und sich gegenüber dem menschlichen Besucher indifferent verhält, ist ein besonders gutes Beispiel für Landschaft als Erfahrungsraum, in dem physikalische und mentale Ebenen miteinander verschmelzen. In *Arctic Dreams* macht Lopez die unsichtbare Landschaft sichtbar und erfahrbar. Dabei bezieht er sich auf Traditionen der europäisch-amerikanischen Kulturen und vergleicht diese mit indigenen Erfahrungen in der arktischen Landschaft.

> Eine Lakota-Frau namens Elaine Jahner schrieb einmal, im Herzen der Religion von Jägerkulturen finde sich die Idee, dass es innerhalb der physischen Landschaft eine spirituelle Landschaft gibt. Anders ausgedrückt, manchmal sieht man etwas Flüchtiges im Land, einen Augenblick, wenn Farbe und Bewegung sich verstärken und etwas Heiliges offenbart wird. Dies führt einen zu der Überzeugung, dass es einen anderen Bereich der Wirklichkeit gibt, der mit dem physischen verbunden ist, aber doch anders.
>
> Bei einem rationalen, wissenschaftlichen Zugang zum Land, meist als der einzig gültige betrachtet, werden esoterische Einsichten und Spekulationen regelmäßig überdeckt, und was dabei verloren geht, ist tiefgreifend. Das Land ist wie Poesie: Es ist auf unerklärliche Weise kohärent, es ist in seiner Bedeutung transzendent, und es hat die Kraft, der Betrachtung des menschlichen Lebens neue Dimensionen zu erschließen. (Lopez 1989, 173–174)

Mit dieser Kombination von Poesie und wissenschaftlicher Naturerkenntnis steht Lopez in der Tradition des orphischen Geflechtes, das von Goethes „zarter Empirie" über Rilke bis zu Levertov und anderen reicht. Die Landschaft ist unzugänglich und zugänglich zugleich. Um ihre verborgenen Dimensionen zu erfahren, muss die menschliche Betrachtung sich emotional auf die Landschaft einlassen. Lopez schreibt über dieses Dilemma:

> Unsere Wahrnehmungen sind von Vorurteilen und Wünschen geprägt. Die physische Landschaft ist ein unstrukturierter Ort in Raum und Zeit, niemals ganz ergründbar; doch das muss nicht unbedingt heißen, dass wir sie nicht erkennen können. Landschaften als grundsätzlich geheimnisvoll in ihrer Form und Farbe aufzufassen, in den greifbaren Eigenschaften ihrer Erde, im Klang des heftigen Regens in ihnen, im Geruch ihrer Blütenknospen – Landschaften als Ansammlungen von Geheimnis zu betrachten, macht es leichter, sich ihnen zu nähern. Man gesteht ihnen einfach den Rang zu, den man anderen Mysterien zugesteht, im Unterschied zu den Rätseln des Lebens. (Ebd., 257)

Das Mysterium der Landschaft, im Vergleich zu bloßer Rätselhaftigkeit, erinnert an Rachel Carsons Beschreibung von „Wunder". Für Lopez wird dieses Wunder in stiller Öffnung der Sinne zugänglich. Er erinnert sich an einen Mann in Anaktuvuk Pass, der auf die Frage, was er tue, wenn er zum ersten Mal eine neue Landschaft besuche, antwortete: „‚Ich lausche.' Das ist alles. Ich lausche, meinte er, was der Wind sagt. Ich gehe in ihr umher und spanne meine Sinne an in Würdigung der Landschaft, bevor ich jemals selber ein Wort sage. Wenn man dem Land auf eine solche respektvolle Weise begegnet, so glaubte er, würde sich das Land ihm öffnen" (ebd.). Respekt, Anerkennung, Öffnung – dies sind die Kennzeichen eines holistischen Wissens über die Natur. Für Lopez ist auch Demut eine notwendige Voraussetzung für das Erfassen der spirituellen Dimensionen der Landschaft. Eine der meistzitierten Passagen aus *Arctic Dreams* ist die Beschreibung des Autors, wie er sich instinktiv vor einer Ohrenlerche verbeugt. Diese Verbeugung wurde bald zu einem regelmäßigen Ritual: „Ich gewöhnte mir an, mich auf diesen Abendwanderungen zu verbeugen. Ich verbeugte mich leicht, mit meinen Händen in den Taschen, vor den Vögeln und dem Zeichen von Leben in ihren Nestern – wegen ihrer Fruchtbarkeit, so unerwartet in dieser entlegenen Gegend, und wegen des heiteren Lichts der Arktis, das über das Land ausgegossen wurde, wie Atem, wie Atmen" (ebd., xx). John Gatta hält fest, dieser Passus erscheine im Nachhinein als „der entscheidende Ausdruck von Naturverehrung im Buch" (Gatta 2004, 182; s. den ganzen Abschnitt zu Lopez ebd., 181–187). Dies umso mehr, da ganz am Ende von *Arctic Dreams* das Thema der Verbeugung noch einmal aufgegriffen wird, wenn Lopez beim Blick auf die arktische Küstenlandschaft notiert: „Ich verbeugte mich. Ich verbeugte mich vor dem, was keine abwägende Legislative und kein Parlament kennt, keine Religion, keine sich widerstreitenden Wirtschaftstheorien, vor einem Ausdruck der Treue zum Mysterium des Lebens" (Lopez 1989, 414). Dieser Satz könnte auch Rachel Carsons *The Edge of the Sea* entnommen sein. Dasselbe gilt für Lopez Begegnung mit einem Halsbandlemming:

> Wann immer ich an einem Sommertag einen Halsbandlemming traf und seinen Blick erwiderte, dachte ich: Dies ist ein zähes Tier. Dies ist wertvolles Leben. Werde ich mich in einem achtlosen Moment, in vielen Jahren, mehr an Maschinen erinnern als an Geist? Wenn es mir von seinem Überlebenswillen erzählen könnte, würde ich dann an Biochemie denken, oder würde ich an das gleichartige menschliche Verlangen denken? Wenn es über die Zeit seit dem Rückzug des Eises sprechen könnte, hätte ich die Geduld, zuzuhören? (Ebd., 36)

Und weiter:

> Ich lag dort und wusste, dass etwas Seltsames uns mit der Welt der Tiere verbindet. Manchmal ziehen die Tiere dich rückwärts in diese Welt hinein. Du teilst Hunger und Angst mit ihnen wie Salz in Blut. [...] Nur wenige Dinge sind so herausfordernd wie die Anwesenheit von wilden Tieren. Sie ziehen uns wie Gezeitenströme an, mit Fragen zur Willenskraft, zu ethischem Engagement, zu Abstammung. (Ebd., 37)

Man vergleiche diesen Passus mit Hesses Gedicht „Manchmal", das ich in Kapitel 2 zitiert habe, und das mit den Worten endet: „Meine Seele wird ein Baum / Und ein Tier und ein Wolkenweben. / Verwandelt und fremd kehrt sie zurück / Und fragt mich. Wie soll ich Antwort geben?" (Hesse 1998, 231). Wir haben es hier mit genau derselben Diskursstruktur zu tun, die zu Beginn des zwanzigsten Jahrhunderts bereits voll entfaltet war, doch am Ende des Jahrhunderts mit neuen biologischen und ökologischen Einsichten verschränkt wird.

Lopez steht für eine Naturerkenntnis, welche die über den Menschen hinausgehende Welt als belebt betrachtet und ihr mit der Erwartung entgegentritt, dass Intelligenz und Bewusstsein nicht auf die menschliche Gattung beschränkt ist. Dies führt zu einer Haltung von Demut und Anerkennung der Natur als etwas, das größer ist als der Mensch. In einer Passage in *Arctic Dreams* beschreibt Lopez diese Haltung in religiöser Sprache.

> Es gibt ein Wort aus der Zeit der Kathedralen: Agape, ein Ausdruck intensiver spiritueller Verbundenheit mit dem Mysterium des „Leben Teilen mit anderem Leben". Agape ist Liebe, und es kann bedeuten, „einen anderen zu lieben um Gottes willen". Allgemeiner betrachtet und noch wichtiger: Es handelt sich um eine demütige, leidenschaftliche Annahme von etwas außerhalb von uns selbst, im Namen dessen, was wir als *Gott* bezeichnen, doch das auch sich selbst einschließt und das Gott *ist*. Als Gattung haben wir natürlich viel dem Spiel unserer Intelligenz zu verdanken; wir vertrauen ihr unsere Zukunft an; doch wir wissen nicht, ob Intelligenz dasselbe ist wie Vernunft, oder ob sie nicht vielmehr dieses Verlangen darstellt, jenes regelhafte Muster anzunehmen und von ihm angenommen zu werden, das sowohl Theologen als auch Physiker Gott nennen. Ob Intelligenz, in anderen Worten, nicht eigentlich Liebe ist. (Ebd., 250; Hervorhebung im Original)

Das menschliche Selbst erscheint hier synonym zur Seele des Menschen, die mit der Seele des Göttlichen auf mystische Weise verbunden ist. Zugleich wird in diesem Zitat deutlich, dass Lopez keineswegs eine Verschmelzung der menschlichen Sphäre mit der Welt der Tiere und der Natur insgesamt propagiert. Die Liebe zur Natur setzt den Abstand zwischen Mensch und der Natur, die er betrachtet, voraus. Alles andere wäre für Lopez die Kolonisierung der nichtmenschlichen Welt in einem Akt anthropozentrischer Projektion und Aneignung. Ohrenlerche und Halsbandlemming sind unabhängige Akteure in einem Zusammenspiel von Leben und Bewusstsein. Dieses Zusammenspiel erst eröffnet die sakralen Ebenen von Landschaft und Natur. Die Bewusstwerdung dieses Lebens und die demütige Öffnung ermöglichen dem Menschen die Erkenntnis des Mysteriums des Lebens.

Mythopoetische Wissenschaft und das „Epos der Evolution"

Hatten Rachel Carson, Barry Lopez und andere im Anschluss an neoromantische Positionen für menschliche Bescheidenheit und die Bewunderung von Natur und Kosmos geworben, so entwerfen andere Wissenschaftlerinnen und Wissenschaftler ein großangelegtes Narrativ zur Evolution von Kosmos und Mensch, das geradezu religiöse Züge annimmt. Besonders deutlich ist diese Tendenz bei den Evolutionsbiologen Richard Dawkins (geboren 1941) und Edward O. Wilson (geboren 1929). Das Interessante dabei ist, dass – vor allem bei Dawkins – aus einer radikalen Kritik aller religiösen und schöpfungstheologischen Mythologie eine naturwissenschaftliche Mythologie entsteht, die eine ganz ähnliche Funktion erfüllt wie zuvor die Religion. Dawkins und Wilson weisen selbst darauf hin, dass durch das Aufkommen der rationalistischen Naturwissenschaft das Ende der „großen Erzählungen" gekommen ist, wie sie die Religionen überliefert haben. Ganz im Sinne von Webers Entzauberungsthese führen sie aus, dass auch der „aufgeklärte Mensch" das Bedürfnis nach einer Einordnung seines Lebens in größeren Zusammenhängen hat, nach Sinngebung und Bedeutung. Dawkins und Wilson nennen dies „mythopoetische Wissenschaft", eine Wissenschaft nämlich, die naturwissenschaftliche Fakten in eine große Erzählung einbinden. Diese Erzählung hat unterschiedliche Namen bekommen, von „Epic of Evolution" über „Story/Journey of the Universe" bis hin zu „Big History" (Sideris 2017, 2–9). Ihnen ist gemeinsam, was Martin Eger als „epische Wissenschaft" definiert, nämlich als eine Erzählung, die mit dem Big Bang beginnt und dann in verschiedenen Phasen auf die Ankunft der menschlichen Kultur zusteuert; ein allwissender Erzähler enthüllt dabei die autoritative und ultimative Geschichte menschlicher Evolution (Eger 2006, 287). In ihrer neuen Studie zu mythopoetischer Wissenschaft hält Lisa H. Sideris fest: „Diese Erzählungen definieren den Menschen als jenen Teil des Universums, der Bewusstsein von sich selbst erlangt hat. Das beginnende geologische Bewusstsein des Menschen, in Verbindung mit empirischem Wissen von der Natur, wird es uns ermöglichen, die zukünftige Entfaltung des kosmischen Prozesses zu bestimmen, sodass unsere Gattung in größerer Nähe zur Erde und in Harmonie mit ihr leben kann" (Sideris 2017, 5; s. auch Sideris 2018). Neben Dawkins und Wilson sind es vor allem der Theologe Michael Dowd und die Ökologin und Aktivistin Connie Barlow, die diese Meistererzählung propagieren.

> Wissenschaft verbannt das Geheimnis und das Wunderbare, doch das Wissen, das sie dafür zurückgibt, ist selbst eine Sache des Wunders, des Staunens und der Magie. Behauptungen wie diese erfahren begeisterte Zustimmung von einigen Vertreterinnen und Vertretern des Epos der Evolution. Die selbsternannten „Evangelisten der Evolution" Dowd und Barlow unterstützen das Epos als eine „Religion der Wirklichkeit", und sie huldigen Dawkins als ihren mutigen Propheten. Wer sich zu dieser Religion der Realität bekehrt, ist nicht ein Gläubiger, sondern ein „Wissender". (Ebd., 6)

Für eine Kulturgeschichte der Seele von besonderem Interesse sind Fragen von Kosmos, Natur und Bewusstsein, denn hier werden Diskursarrangements fortgeschrieben, die in der transpersonalen Bewegung bereits vorgezeichnet waren und im Werk von Ervin László, wie oben beschrieben, konkrete Gestalt bekamen.

Auf der von der Evolutionsbiologin Cathy McGowan Russell kuratierten Webseite „The Epic of Evolution" wird bündig zusammengefasst, worum es Wilson und anderen geht.

> Das Epos der Evolution ist die im Entstehen begriffene Kosmologie des Universums, die sich auf die Entdeckungen aller wissenschaftlichen Disziplinen stützt. Viele Menschen verbinden Evolution nur mit Begriffen biologischer Evolution, doch das Epos der Evolution schließt auch die Evolution von Materie, von Sternen, Galaxien, menschlicher Kultur und Vorstellungskraft mit ein. Diese Geschichte beginnt mit der *Great Radiance* (auch bekannt als Urknall oder *Big Bang*), und sie beschreibt die Entstehung von Energie, Materie, Galaxien, Sternen, Planeten, Chemikalien, Leben, Symbiose, menschlicher Kultur sowie unserer Träume für die Zukunft. Im Mittelpunkt des Epos der Evolution steht die Idee, dass Evolution eine Richtung hat. Diese Gerichtetheit wird vom Fließen der Energie und der Zeit angetrieben. Paradoxerweise ist es genau derselbe Energiestrom, welcher die Entropie im Universum auslöst,

> der auch die Evolution der Komplexität steuert. Energieströme lassen Teile des Universums immer komplexer werden. Auf der Erde führt das Fließen von Energie dazu, dass sich Leben hin zu mehr Kooperation und größerem Bewusstsein entwickelt. Im Laufe der Zeit scheint die menschliche Kultur auf eine größere Bewusstwerdung und auf wachsendes Mitgefühl zuzusteuern. (McGowan Russell 2018; fast wörtlich findet sich diese Darstellung auch in anderen Werken, etwa bei Rue 2005, 612)

Die Grundbestandteile dieser Erzählung sind Wissenschaft, Evolution, Energie, Materie, Kosmos, Leben und Bewusstsein. Vertreterinnen und Vertreter der mythopoetischen Wissenschaft tun deshalb dasselbe wie Wilhelm Ostwald drei Generationen vor ihnen: Sie konzipieren „Wissenschaft" als den Königsweg zu spiritueller Welterkenntnis, und „Energie" als universelle pulsierende Kraft in Materie und Geist.

In diesem Zusammenhang ist es auch interessant zu sehen, wie Loyal D. Rue das Epos der Evolution präsentiert. Unter Rekurs auf E. O. Wilson hält er fest, dass es durch die Verbindung von materialistischer Wissenschaft und höherer Erkenntnis der Bedeutung des Lebens sowie aufgrund der jüngsten Durchbrüche in integrativer Wissenschaft möglich sei, „eine schlüssige Erzählung der sich entfaltenden Eigenschaften von Materie, Leben und Bewusstsein zu konstruieren" (Rue 2005, 612). Auch in seinem Buch *Everybody's Story: Wising Up to the Epic of Evolution* (zu dem E. O. Wilson ein Vorwort beigesteuert hat) heißt es programmatisch, dass es nun darum gehe, die Evolution von Materie, Leben und Bewusstsein einer breiten Öffentlichkeit zu vermitteln (Rue 2000, 130–131). Dies ist eine direkte Fortführung von Diskursarrangements, wie ich sie im Kontext von Monismus und Vitalismus bereits analysiert habe.

Als eine Brücke zwischen monistischen und vitalistischen Diskursen der ersten Hälfte des zwanzigsten Jahrhunderts und diesen neuen Universalgeschichten von Wissenschaft und Bewusstsein kann man das Werk des Jesuiten und Paläontologen Pierre Teilhard de Chardin (1881–1955) betrachten, das immer wieder im Epos der Evolution beschworen wird. Neben Teilhard de Chardin wird außerdem der Theologe und Kulturhistoriker Thomas Berry (1914–2009) rezipiert. Edward O. Wilson und Loyal D. Rue, Michael Dowd und Connie Barlow, aber auch Brian Swimme und Mary Evelyn Tucker in ihrem Projekt *Journey of the Universe* (2011) greifen diese Beiträge auf; sie beschreiben den evolutionären Prozess als das Zusammengehen von Materie und Geist, von Energie und Bewusstsein in einem großen Schöpfungsgeschehen, welches sein Ziel darin findet, dass der Mensch sich seiner Rolle im Kosmos bewusst wird (Sideris 2017, 118; zu Swimme und Tuckers *Journey of the Universe* s. ebd., 123 und 165).

Die hier sichtbaren Diskursstränge kann man, wie gesagt, bis in die Debatten des frühen zwanzigsten Jahrhunderts zurückverfolgen. Genealogisch und ideengeschichtlich reicht die Geschichte jedoch noch viel weiter zurück. Dass sich die göttliche Schöpfungsordnung erst im heilsgeschichtlichen Prozess der menschlichen Erkenntnis dieser Ordnung vollendet, dass sich Gott gleichsam im Menschen erst verwirklicht, ist eine alte Idee jüdischer Kabbalah. Hegel hat diesen Gedanken aus der Kabbalah übernommen und verkündet, dass sich der Absolute Geist im historischen Prozess entfaltet und letztlich selbst erkennt. Das Epos der Evolution steht in dieser kabbalistisch-hegelianischen Tradition, doch es präsentiert die philosophisch-religiöse Heilsgeschichte nun als die Meistererzählung von Naturwissenschaft, Evolution und Kosmologie.

Die Globalisierung der „dunkelgrünen Religion"

Alle in diesem Kapitel beschriebenen Persönlichkeiten haben in je eigener Weise zur Stabilisierung einer Wissensordnung beigetragen, in welcher die Rolle des Menschen im Zusammenspiel mit der über den Menschen hinausgehenden Welt und mit dem Kosmos neu definiert wird. Die ökologischen Herausforderungen auf globaler Ebene machen diese Neudefinition heute dringender denn je zuvor, und deshalb ist es nicht verwunderlich, dass die Beiträge aus Wissenschaft und Literatur auch in der breiten Öffentlichkeit diskutiert werden. Sie sind Teil weltweiter politischer und kultureller Diskurse geworden. Der Religionssoziologe Bron Taylor beschreibt die hier zu beobachtenden Prozesse als das „global greening of religion," nämlich als die Globalisierung dessen, was er „dark green religion" nennt. Im Unterschied zu nur „grüner Religion", die umweltfreundliches Verhalten als im Einklang mit religiösen Pflichten betrachtet, definiert Taylor „dunkelgrüne Religion" als die Überzeugung, dass die Natur heilig ist, einen unantastbaren Wert darstellt und deshalb Verehrung und Schutz verdient (Taylor 2010, 10). Es handelt sich also weniger um eine „Religion" im traditionellen Sinne als um einen Set von Überzeugungen und daran gekoppelte Handlungen, die auf den intrinsischen Wert der Natur und deren spirituelle Bedeutung für den Menschen abzielen. Aus diskurstheoretischer Sicht würde man „dunkelgrüne Religion" eher als ein Diskursarrangement beschreiben, das Bedeutungen herstellt und eine Wissensordnung im Hinblick auf die über den Menschen hinausgehende Welt generiert, die große gesellschaftliche Kreise erreicht und Handlungsanleitung auf individueller, kultureller und politischer Ebene bietet.

Seelendiskurse spielen in diesem Arrangement eine beachtliche Rolle, auch hier wieder vor allem, wenn es um Beschreibungen geht, welche die Natur als belebt und mit Bewusstsein ausgestattet konzipieren. Solche Arrangements haben seit den 1980er Jahren in zunehmendem Maße auch die internationale Politik erfasst. Besonders die Arbeit der 1945 gegründeten United Nations Educational, Scientific and Cultural Organization (UNESCO) lässt dies sehr deutlich erkennen. So erschien 1988 der UNESCO Report *Man Belongs to the Earth: International Cooperation in Environmental Research*, der ein Ergebnis des 1971 gestarteten Programms *Man and the Biosphere* ist. Der Report beschreibt nicht nur die weltweiten ökologischen Probleme, die aktives Eingreifen vonseiten der Politik erfordern, sondern rekurriert in vielfältiger Weise auf wissenschaftliche, philosophische und ethische Positionen, die den Platz des Menschen im ökologischen Gesamtgeschehen thematisieren. Der Bericht feiert Ernst Haeckel als den Denker, der den Begriff „Ökologie" in die Diskussion gebracht hat, auch wenn dieses Konzept erst in den 1930er und 1940er Jahren wirklich rezipiert worden sei, „mit Meilensteinen wie Lindemans Grundlagenaufsatz aus dem Jahr 1942 zur hierarchischen trophischen (auf die Nahrungskette bezogenen) Struktur der Ökosysteme, der den Nachdruck auf das Fließen von Energie durch die Ökosysteme und seine Bedeutung für die ökologische Abfolge legte" (UNESCO 1988, 8). Die andere Heldin des Reports ist Rachel Carson, deren *Silent Spring* „zur Wegscheide werden sollte in der kurzen Geschichte der Ökologie" (ebd.). Der Titel des Berichts selber wird mit einer Referenz zur Rede des Häuptlings Seattle erklärt, dessen 1854 geäußerten Worte eine riesige Wirkung bis heute entfaltet haben (auch wenn die Rede so nie gehalten wurde – ein Beispiel für den Unterschied zwischen der diskursiven Entstehung von Wissen und der historischen Faktenlage): „Die Erde gehört nicht dem Menschen; der Mensch gehört der Erde" (ebd., 10).

Man Belongs to the Earth geht weit über politisch-wissenschaftliche Fragestellungen hinaus und propagiert die Verehrung der als heilig betrachteten Natur. Im Kapitel zum bedrohten Ökosystem der Berge heißt es:

> Vom Fudschijama über den Olymp bis zum Berg Sinai wurde jeder hohe Berg von denen, die in seinem Schatten leben, mit Bewunderung und Ehrfurcht betrachtet. Tatsächlich war dieser angeborene Sinn für die heilige Natur der Berge so stark, dass selbst die Menschen im Flachland Mesopotamiens das Bedürfnis verspürten, künstliche Berge, die „Zikkurats", zu bauen, in einem Versuch, bis zu den Göttern aufzusteigen.
>
> Vielleicht kommt das daher, dass jeder von uns seinen [sic!] eigenen inneren Berg zu besteigen, zu genießen und zu verehren hat. Selbst heute noch, nachdem Männer [sic!] auf dem Gipfel des Mount Everest standen, bleibt die Herausforderung und die Verehrung bestehen. Ein Berg muss erklommen werden, er muss verehrt und geschützt werden, und zwar

> einfach deshalb – wie es der bekannte Bergsteigerspruch sagt – „weil er da ist". (Ebd., 48)

Der Bericht beschreibt nicht nur Berge, sondern auch Inseln als „heilig" und verweist auf die Suche von christlichen Pilgern nach dem Paradies (ebd., 62). Die Bergbesteigung und die Verehrung der äußeren Natur als Spiegelbild der innerseelischen Vorgänge und des Versuchs einer Vereinigung mit den Göttern – klarer kann die diskursive Verschränkung von Natur- und Seelendiskursen in einem politischen Dokument kaum Ausdruck finden. Erstaunlich an diesem Dokument ist die aggressive Sprache der männlichen Unterwerfung des Berges („Ein Berg muss erklommen werden ..."), die dem Aufruf zur Verehrung und zur kritischen Beurteilung des menschlichen Faktors bei der Zerstörung globaler Ökosysteme eklatant widerspricht.

Ein Jahr vor diesem Bericht war bereits der Bericht der Vereinten Nationen mit dem Titel *Our Common Future* erschienen, besser bekannt als „Brundtland-Report" nach dem Namen der Vorsitzenden der Kommission, der damals amtierenden norwegischen Premierministerin Gro Harlem Brundtland. Dieser Bericht definierte und prägte das Konzept der nachhaltigen Entwicklung (*sustainable development*) für nachfolgende Diskussionen.

Unter dem Stichwort „Survival" heißt es, Natur sei „freigebig", doch auch „zerbrechlich und fein ausbalanciert". Heute hätten wir an vielen Stellen die Grenzen dieser Balance erreicht; „wir müssen uns mehr denn je des Risikos bewusst sein, dass das Leben auf der Erde bedroht ist" (United Nations 1987, ohne Seitenangabe; PDF S. 33). Die Forderung des Tages geht über den Schutz der Natur hinaus und schließt eine moralische Pflicht des Menschen ein. Der Bericht fordert: „Das Anliegen des Naturschutzes sollte sich nicht nur auf Entwicklungsziele beschränken. Es ist Teil einer moralischen Verpflichtung gegenüber anderen Lebewesen und zukünftigen Generationen" (ebd.; PDF S. 52). Zu Recht deutet Bron Taylor dies, trotz der ansonsten zurückhaltenden Sprache des Berichts, als Beispiel für dunkelgrüne Religion, und er hält fest, dass wir es hier mit einem der ersten Zeugnisse einer biozentrischen Haltung in einem offiziellen UN-Dokument zu tun haben (Taylor 2010, 174). Dies wird noch einmal bestätigt, wenn der Bericht einen Einwurf aus dem Publikum während einer öffentlichen Anhörung in Jakarta vom 26. März 1985 wiedergibt:

> Wir in Asien wollen, glaube ich, ein Gleichgewicht zwischen dem spirituellen und dem materiellen Leben haben. Mir ist aufgefallen, dass Sie versucht haben, die Religion von der technologischen Seite des Lebens zu trennen. Ist das nicht genau der Fehler im Westen, Technologie ohne Ethik, ohne Religion zu entwickeln? Wenn das so ist, und

> wenn wir die Chance haben, eine neue Richtung einzuschlagen, sollten wir dann nicht den Technologieleuten empfehlen, eine andere Art von Technologie zu verfolgen, die nicht nur auf Rationalität beruht, sondern auch auf spirituellen Aspekten? Ist dies nur ein Traum oder ist es etwas, das wir gar nicht vermeiden können? (Ebd., PDF S. 93)

Die Forderung nach einer Vereinigung von spirituellen und materiellen Dimensionen des Lebens und nach einer Verbindung zwischen Technologie und Ethik oder Religion hat in vielen Konferenzen und Dokumenten der Folgezeit Wirkung gezeigt. Dies gilt besonders für die Konferenz der Vereinten Nationen über Umwelt und Entwicklung (UNCED), die 1992 in Rio de Janeiro stattfand, für deren Nachfolgekonferenz in New York 1997 sowie für den 2002 in Johannesburg abgehaltenen Weltgipfel für nachhaltige Entwicklung. Während der Konferenz in Rio wurde die *Earth Charter* konzipiert, um Nachhaltigkeit und Umweltschutz zu forcieren und zu überwachen. Unterstützung kam von einflussreichen Vertretern aus Wissenschaft und Politik, so zum Beispiel vom russischen Präsidenten Michael Gorbatschow, der sich 1997 als vehementer Befürworter einer Naturreligion äußerte. „Es sollte uns deshalb nicht überraschen", hält Bron Taylor fest, dass die *Earth Charter*, die in ihrer endgültigen Version 2002 in Johannesburg präsentiert wurde, „das bislang eindrucksvollste internationale Beispiel für dunkelgrüne Religion darstellt" (Taylor 2010, 176).

Parallel zu diesen politischen Initiativen und oft in direkter Auseinandersetzung mit ihnen zeigen auch die Aktivitäten von Umweltschützerinnen und Umweltschützern eine starke spirituelle und animistische Beschreibung der über den Menschen hinausgehenden Welt. Wenn es um die hier anzutreffenden Formen von Animismus geht, finden sich alle von Bron Taylor unterschiedenen Tendenzen in diesen Beschreibungen wieder. Manchmal sind es mehr naturalistische Erklärungen, die von einer „Lebenskraft" der Natur ausgehen, ohne diese mit religiöser Begrifflichkeit auszustatten; manchmal sind es stark spirituelle Beschreibungen, welche die Natur sakralisieren. Auch das, was Taylor „Gaian Earth Religion" nennt, lässt sich unschwer nachweisen, nämlich die Auffassung, die Erde sei ein belebtes und mit Bewusstsein begabtes System, dessen Wissen und dessen vitale Energie mit dem menschlichen Bewusstsein in vielfältiger Weise in Kontakt tritt (zu den Definitionen s. Taylor 2010, 14–16). Der Begriff „Gaia" verweist auf die antike Erdgöttin, die seit James Lovelocks „Gaia-Hypothese" immer wieder in entsprechenden Beiträgen genannt wird. In Verbindung mit der Ikonografie von *Earthrise* ergibt dies eine spirituelle Deutung des intelligenten Systems Erde, deutlich zu sehen im Wikipedia-Eintrag „Gaia hypothesis", der ein Foto des blauen Planeten zur Illustration enthält (https://en.wikipedia.org/wiki/Gaia_hypothesis; zuletzt geöffnet am 28.12.2018). Doch so einflussreich Lovelocks „Hypothese" auch ist, sie stellt nicht den zentralen Punkt des Diskursknotens dar. Andere, wie der oben bereits erwähnte Ervin László, haben ebenso wichtige Beiträge geleistet (Überblick bei Friedrich et al. 2014, wo László jedoch nicht genannt wird).

Wie die konkrete Umsetzung dieser Ideen geschieht, kann man am berühmten Beispiel von Julia „Butterfly" Hill studieren, die am 10. Dezember 1997 auf einen riesigen Redwood-Baum kletterte, der zuvor von Earth-First!-Aktivisten besetzt worden war und „Luna" genannt wurde. Julia Butterfly Hill, deren mittlerer Name sich auf ihre Liebe für Schmetterlinge während ihrer Kindheit bezieht, sollte letztlich zwei volle Jahre auf dem Baum verbringen, zwei Jahre, in denen sie eine intensive Beziehung zu Luna aufbaute. Julia Butterfly Hill wurde zu einer weltweit beachteten Erscheinung, ebenso wie die spirituellen und animistischen Erfahrungen, von denen sie berichtete. Schon beim Betreten der Redwoods, einem der eindrucksvollsten Wälder des Planeten, hatte sie ein metaphysisches Erlebnis: „Als ich zum ersten Mal den Redwood Forest betrat [...], fiel ich auf die Knie und begann zu weinen, weil der Geist des Waldes mich ergriffen hatte" (zitiert aus Taylor 2010, 94). Diese Bindung wurde während des *tree-sit* immer stärker. Nach diesen Erlebnissen entschied sich Hill sogar, ihren veganen Lebensstil aufzugeben, denn auch die Pflanzen erfuhr sie als Teil der einheitlichen vitalen Kraft der Natur – „Die Grenze zwischen Tieren und Pflanzen verschwamm. Es sind alles nur unterschiedliche Formen derselben Lebenskraft" (zitiert aus Taylor 2010, 95). Inzwischen ist Hill wieder zum veganen Lebensstil zurückgekehrt, wie sie auf ihrer Webseite erklärt (www.juliabutterflyhill.com, mit weiteren Publikationen Hills).

Beschreibungen wie diese ziehen sich wie ein roter Faden durch die Erlebnisse von Umweltaktivistinnen und -aktivisten. So berichtet Graham Innes, ein australischer Aktivist, der während einer Aktion bis zum Hals in die Erde eingegraben war, von „der langsamen Bewusstwerdung einer bisher unbekannten Verbindung – Erdverbundenheit, wenn der Puls [der Erde] mein eigener wird, und wenn das Gefäß, mein Körper, zum Vehikel ihres Ausdrucks wird [...] es war, als ob die Natur mein Bewusstsein übernommen hätte, damit es in ihrem Namen sprechen könne" (Seed et al. 1988, 91–92). Für die hier zu betrachtende Diskursstruktur ebenfalls sehr aufschlussreich ist das Beispiel von „Reverend Fly", den Bron Taylor während Aktionen in den Redwood-Wäldern im Norden Kaliforniens interviewt hat. „Wir wissen von den Redwoods, dass sie keimen; sie halten sich aneinander fest", erklärt Reverend Fly. Die Redwoods sind Teil „eines immerwährenden, immer keimenden lebenden Wesens oder Bewusstseins, das einst Millionen Hektar Fläche bedeckte" (Taylor 2010, 96). Für Reverend Fly und seinen Mitstreiter „Goat" ist dies die ursprüngliche Bedeutung von Spiritualität. „Es ist die Würdigung der universellen Kraft, des

Fließens, der Kraft, die weit über mich hinaus geht, [der Kraft,] in der ich existiere.“ Spiritualität ist, „wenn ich weiß, was die Bäume sagen, wenn ich weiß, was meine Freunde denken, wenn ich und die Leute um mich herum uns anderen Energien oder einer höheren Schwingung öffnen. Die Leute nennen das ganz unterschiedlich, Geister, Feen. Telepathie. Es hat [mich davon überzeugt, dass wir nicht] voneinander getrennt sind, und nicht von den Felsen oder allem anderen“ (ebd.).

Natur, Energie, Bewusstsein, universelle Kraft, Lebenskraft – dies sind die Begriffe, die hier erneut den Seelendiskurs tragen und mit Konzepten von Geist, Spiritualität, Telepathie und weiteren verwandten Begriffen verbunden werden.

Nun könnte man einwenden, Julia Butterfly Hill, Reverend Fly und Goat seien Randerscheinungen, die nicht unbedingt für eine breitere Bewegung stehen. Ein solcher Einwand griffe aber zu kurz. Zum einen zeigt die Diskursanalyse, dass in diesen extremen Beispielen dieselben Wissensordnungen sichtbar werden wie in Berichten der Vereinten Nationen, welche man kaum als randständig beschreiben kann. Hinzu kommt, dass einschneidende Veränderungen von Kulturen und Wissensordnungen oft „vom Rand her“ geschehen, nämlich durch die Handlungen von Personen, die von der Mehrheitskultur als Extreme betrachtet werden und schwer zu integrieren scheinen. Drittens kann man rekonstruieren, dass diese Positionen gar nicht so extrem sind, wie sie scheinen, vielmehr ziehen sie vorhandene Linien aus und extrapolieren damit Diskursarrangements, die eine lange Vorgeschichte haben.

In der Argumentationslinie dieser Kulturgeschichte der Seele möchte ich sogar noch weitergehen und behaupten, dass wir es hier tatsächlich mit einer tiefgehenden kulturellen Veränderung zu tun haben, die eine Wissensordnung über den Planeten etabliert, welche den Menschen eingebettet sieht in Strukturen von nichtmenschlichem Leben, Intelligenz und Bewusstsein. Dunkelgrüne Religion und naturzentrierte Spiritualität sind deshalb als ein globales und einflussreiches Phänomen zu betrachten.

Ein Indiz für die breite Akzeptanz dieser Wissensordnung ist die Tatsache, dass populärwissenschaftliche und literarische Publikationen, die genau dieses Diskursarrangement thematisieren, es in den letzten Jahren zu Bestsellern gebracht haben. Ich möchte das anhand von zwei Beispielen erläutern.

2018 erschien Richard Powers’ Roman *The Overstory*, der sofort zum New York Times Bestseller wurde und in der Liste der „10 Best Books of 2018“ in der Washington Post und der Chicago Tribune geführt wurde. 2019 erhielt Powers für das Buch den renommierten Pulitzerpreis. In *The Overstory* geht es um nichts weniger als darum, „unseren Platz in der lebendigen Welt neu zu denken“, wie es eine Rezension in der New York Times ausdrückt (für diese und weitere Rezensionen und Information s. die Webseite des Autors unter www.richardpowers.net/the-overstory; zuletzt geöffnet am 12.2.2019). Der Roman beschreibt die Natur und vor allem die Bäume als wirkmächtig und belebt. Ganz ähnlich wie in Levertovs „A Tree Telling of Orpheus" sind Bäume hier in einen Kommunikationsraum von Natur und Mensch eingebunden, wobei die Bäume den suchenden Menschen ein lange vergessenes Wissen bieten, das für die Zukunft des Planeten entscheidend ist. „*Ein Chor lebenden Waldes singt in der Frau*: Wenn dein Geist nur ein bisschen grüner wäre, würden wir dich mit Sinn überschütten. *Die Kiefer, an die sie sich lehnt, sagt*: Lausche. Es gibt da etwas, das du hören musst" (Powers 2018, 4; Hervorhebung im Original).

Durch zunächst unerklärliche und teils mysteriöse Zufälle kommen im Roman verschiedene Personen zusammen, um sich aktiv für die Rettung bedrohter Wälder in Kalifornien und in anderen Teilen der Welt zu engagieren. Erst im Laufe der Erzählung wird klar, dass es die Intelligenz der Bäume ist, die für diese Geschehnisse verantwortlich ist. Die Protagonisten, trotz ihrer sehr unterschiedlichen Herkunft und Persönlichkeiten, werden gewissermaßen in eine animistische Welt initiiert und erahnen die Bedeutungslosigkeit der menschlichen Gattung im Vergleich zur Natur insgesamt sowie die Beseeltheit und die Bewusstheit der Natur. So erkennt Nicholas, dass „alles irgendwie in diesem belebten [*animated*] Baum kodiert ist" (ebd., 17), und Adam lernt beim Betrachten einer Ameisenkolonie: „Die Kolonie besaß etwas; Adam weiß nicht, wie er es nennen soll. Ein Ziel. Willen. Eine Art Bewusstheit – etwas so verschieden von menschlicher Intelligenz, dass die Intelligenz denkt, es sei gar nichts" (ebd., 54). Das Studium der Natur führt ihn zu der Einsicht: „Die Menschheit ist schwer krank. Die Gattung wird es nicht mehr lange machen. Sie war ein Fehlversuch. Bald wird die Welt wieder zu den gesunden Intelligenzen zurückkehren, den kollektiven. Kolonien und Bienenstöcke" (ebd., 56).

Neelay wiederum, der von seinem indischen Vater das Computerprogrammieren lernt, wird durch einen „Unfall", der ihn für den Rest seines Lebens querschnittsgelähmt macht, von den Bäumen selber zum Handeln gebracht. „Das ganze weite Universum wartet darauf, belebt zu werden [*animated*]", und so macht sich Neelay an die Arbeit. „Vishnu hat alle Möglichkeiten des Lebens in ihren kleinen Acht-Bit-Mikroprozessor gelegt, und Neelay wird vor dem Schirm sitzen, bis er die Schöpfung freisetzt" (ebd., 97). Er konzipiert ein Computerspiel, das ihn zu einem der reichsten Personen der Branche machen wird. Das Programm erscheint ihm zunächst in einer Vision im kalifornischen Stanford:

> Das Spiel wird die Spieler mitten hinein in eine lebendige, atmende, brodelnde, animistische Welt versetzen, mit Millionen unterschiedlicher Gattungen, eine Welt, die dringend die Hilfe der Spieler braucht. Und das Ziel des Spiels wird es sein herauszufinden, was die neue und verzweifelte Welt von dir will.
>
> Die Vision endet und lässt ihn wieder im Innenhof von Stanford zurück. Die Vision, religiös und dunkelgrün, verblasst wieder in ihrem platonischen Schatten, dem Wald. (Ebd., 110–111)

Dieser Passus zeigt die Einarbeitung religionswissenschaftlicher Konzepte in ein literarische Dokument, was Richard Powers auch explizit macht, wenn er in einem Interview mit Everett Hamner erklärt:

> Das Buch ist tatsächlich voll von dem, was Bron Taylor *dark green religion* nennen würde. Aber in den meisten Fällen ist es eine Religion ohne Metaphysik, was nicht einmal die Religion des Humanismus immer behaupten kann! Baumbewusstsein ist eine Religion des Lebens, eine Art Biopantheismus. Meine Protagonisten sind bereit, ein *telos* für lebende Dinge anzunehmen, vor dem der wissenschaftliche Empirismus zurückschreckt. *Das Leben will etwas von uns.* Die Bäume sagen zu jedem dieser Leute: *Es gibt etwas, das du hören musst.* (Hamner 2018; Hervorhebung im Original)

Eine Person im Roman, die diese Richtung sehr deutlich verkörpert, ist Patty. Schon als Kind hört sie von ihrem Vater: „Wir wissen so wenig darüber, wie Bäume wachsen. Fast gar nichts darüber, wie sie blühen und Zweige treiben und Blätter abwerfen und sich selbst heilen. Wir haben ein kleines bisschen über einige wenige von ihnen gelernt, in Isolation. Aber nichts ist weniger isoliert, nichts ist sozialer als ein Baum" (Powers 2018, 115). Später, als ihr Vater bei einem Unfall ums Leben kommt, bewahrt Patty die Dinge, die ihn am meisten auszeichneten. „Sie bewahrt seine kostbare Bibliothek – Aldo Leopold, John Muir, seine botanischen Texte, die landwirtschaftlichen Broschüren, an denen er mitgeschrieben hatte. Sie fand seine Ausgabe des alten Ovid, übersät mit seinen Markierungen, wie Leute Buchen markieren. Die Unterstreichungen beginnen, dreifach, schon mit dem ersten Satz: Lass mich jetzt künden davon, wie Menschen in andere Dinge verwandelt werden" (ebd., 118). John Muir ist auch für Patty in ihrer naturwissenschaftlichen Forschung ein ständiger Referenzpunkt. „Spät in der Nacht, zu müde von Unterricht und Forschung, um noch weiter zu arbeiten, liest sie in ihrem geliebten Muir. *A Thousand-Mile*

Walk to the Gulf und *My First Summer in the Sierra* heben ihre Seele zur Zimmerdecke empor und lassen sie wie einen Sufi kreisen" (ebd., 124).

Die Verschränkung von religiöser und naturwissenschaftlicher Sprache, die immer auch Diskurse zu Seele, Beseeltheit und Bewusstsein in das Gesamtarrangement hineinzieht, ist ein Grundelement in *The Overstory*. Sich auf die Intelligenz und Lebensenergie der Bäume einzulassen, generiert ein Wissen, das über naturwissenschaftlich-reduktionistische Erkenntnis hinausgeht – „Als sich ihre Augen wieder öffnen, rauschen Wahrheiten in ihrem Kopf. Wie Erleuchtung, nur ohne das Licht" (ebd., 190) – und das die sakrale Dimension der Natur erahnen lässt, wie bei der Beschreibung eines Redwood-Giganten als „rotbraune, ledrige Apotheose" (ebd. 211).

The Overstory ist kein Einzelfall. Auf der Schnittstelle von Literatur und Naturwissenschaft sind in den letzten Jahren mehrere erfolgreiche Beiträge erschienen, die diese Themen in ganz ähnlicher Weise ansprechen. Einer dieser erfolgreichen Autorinnen und Autoren ist Peter Wohlleben. Sein 2015 erschienenes Buch *Das geheime Leben der Bäume*, mit dem Untertitel *Was sie fühlen, wie sie kommunizieren – die Entdeckung einer verborgenen Welt*, hat den aus dem Rheinland stammenden Förster schlagartig berühmt gemacht. Etliche weitere Bücher und Publikationen in anderen Medien folgten und wurden in mehrere Sprachen übersetzt (mehr Informationen zu seiner Arbeit auf der Homepage www.peter-wohlleben.de). Heute ist Wohlleben international einer der bekanntesten Vertreter des *new forestry*, nämlich einer Betrachtung von Wald und Ökologie, die sich reduktionistischen Modellen widersetzt und eine ganzheitliche Idee von Natur propagiert, in der die über den Menschen hinausgehende Welt als Akteur in einem lebendigen System ernstgenommen wird – ganz im Sinne von Richard Powers' Roman. Wenn man sich *Das geheime Leben der Bäume* ansieht, bekommt man beinah den Eindruck, Powers habe Wohlleben als Inspiration für die Figur der Zoologin Patricia Westerford in seinem Roman verwendet. Dies ist auch etlichen Rezensenten in der deutschen Presse aufgefallen, so zum Beispiel Martin Ebel: „Aber predigt Richard Powers, gerade in deutscher Übersetzung, nicht zu den Bekehrten? Steht nicht ‚Das Leben der Bäume' des Försters Peter Wohlleben seit drei Jahren auf der Bestsellerliste und hat Nachahmer zuhauf gefunden?" (Ebel 2018).

Ebenso wie die fiktive Patricia Westerford beschreibt auch Peter Wohlleben, doch nun mit Verweisen auf neue Forschung abgesichert, wie Bäume miteinander kommunizieren, wie sie füreinander sorgen und sich mittels Botenstoffen gegenseitig warnen, wenn Gefahr im Verzug ist. Bäume haben Emotionen und ein Gedächtnis, so Wohlleben, und je mehr man über das Leben von Pflanzen wisse, desto weniger sei die ethische und biologische Trennung zwischen Tierwelt und Pflanzenwelt aufrechtzuerhalten. Ähnlich wie Rachel

Carson verwendet Wohlleben Begriffe wie „Wunder“ und „Staunen“, wenn es um den Schutz der Wälder und der Natur insgesamt geht. „Auch unsere Nachfahren [sollen] noch staunend zwischen den Bäumen spazieren können. [...] Es sind auch die kleinen Rätsel und Wunder, die es zu erhalten gilt. [...] Und wer weiß, vielleicht wird eines Tages tatsächlich die Sprache der Bäume entschlüsselt und damit Stoff für weitere unglaubliche Geschichten geliefert“ (Wohlleben 2015, 218).

Auch in *Das Seelenleben der Tiere* beschreibt sich Wohlleben als „Dolmetscher“ zwischen der wissenschaftlichen Forschung und den „normalen“ Leserinnen und Lesern, und er will in der Alltagssprache ausdrücken, wie sehr die Tierforschung bereits die künstlichen Trennungen zwischen Mensch und Tier aufgelöst hat, wenn es um Denken und Fühlen geht (auf einige dieser Forschungen komme ich im nächsten Abschnitt zurück). Dabei entsteht „ein Bild von der uns umgebenden Tierwelt, das die beschriebenen Arten von dumpfen Biorobotern, die von einem fixen genetischen Code getrieben werden, zu treuen Seelen und liebenswerten Kobolden macht“ (Wohlleben 2016, 9). In Wohllebens Büchern finden sich Ansätze einer dunkelgrünen Religion, wenn auch die Forderung der Akzeptanz intrinsischer Werte in der Natur gemäßigter ausgedrückt wird. „Mein Wunsch ist es [...], dass ein wenig mehr Respekt im Umgang mit unserer belebten Mitwelt einkehren möge, seien es Tiere oder auch Pflanzen“ (ebd., 228). In Abgrenzung von Beschreibungen der Tiere als Maschinen geht Wohlleben darum auch noch einen Schritt weiter und beantwortet die Frage, ob Tiere eine Seele besitzen, mit „ja“. „Eichhörnchen, Rehe oder Wildschweine mit Seele – das ist es, was für mich das Salz in der Suppe ist und das Herz erwärmt, wenn man solche Tiere in Freiheit beobachtet“ (ebd., 224).

Ökologische Krise und Kulturwissenschaft, oder: Die Paradoxien des Anthropozän

Immer wieder haben wir gesehen, wie stark die akademische Welt mit der nicht-akademischen Welt verflochten ist. Wissenschaftliche Beiträge werden in Literatur, Kunst, Politik und Medien aufgenommen, und Theorien zu Religion und Metaphysik werden in spirituellen Praktiken im Alltag umgesetzt. Ebenso gilt, dass wissenschaftliche Theorien durch die Themen der Zeit beeinflusst werden. Wissenschaftlerinnen und Wissenschaftler bilden eine Diskursgemeinschaft mit allen anderen Trägern von Kultur. Der Bereich Ökologie und naturzentrierte Spiritualität ist hiervon nicht ausgenommen, im Gegenteil: Ein Blick auf die Entwicklung wissenschaftlicher Theorien in den letzten etwa dreißig Jahren erweist eine beinah nahtlose Verbindung zwischen akademischen Deutungsmodellen und politisch-kulturellen Wirklichkeiten. Das ist auch nicht weiter verwunderlich, denn wie sollten Wissenschaftlerinnen und Wissenschaftler unbeteiligt bleiben, wenn es um globale ökologische Katastrophen geht, die das menschliche Leben auf dem Planeten in Frage stellen. Wir befinden uns mitten in der sogenannten 6. Periode des Massenaussterbens seit Beginn des Lebens auf dem Planeten vor 540 Millionen Jahren. Der Begriff *Sixth Extinction* wurde durch Elizabeth Kolbert popularisiert (Kolbert 2014). Dass sie für ihr gleichnamiges Sachbuch 2015 den Pulitzerpreis bekam, beweist das große öffentliche Interesse an diesem Thema.

Das massenhafte Artensterben und die globalen ökologischen Veränderungen, ausgelöst durch den Menschen, werden seit einigen Jahren unter dem Stichwort „Anthropozän" diskutiert. Der Begriff wurde zu Beginn der 1980er Jahre von Eugene F. Stoermer (1934–2012) geprägt, der als Biologe und Experte für Kieselalgen an der University of Michigan arbeitete. Sogar das Fachmagazin *Science* hat diesen Begriff übernommen und publiziert Beiträge, welche die entscheidende Rolle menschlichen Handelns beim sich vollziehenden Massensterben beschreiben (Dirzo et al. 2014). Der Begriff des Anthropozäns geht weit über naturwissenschaftliche Fragestellungen hinaus, betrifft er doch die Verbindung zwischen menschlichem und nichtmenschlichem Leben auf dem Planeten sowie Fragen zum Sinn und zur Bedeutung menschlicher Geschichte. Deshalb spielt der Begriff in kulturwissenschaftlichen und philosophischen Kontexten ebenso eine Rolle wie in naturwissenschaftlichen. Für eine Kulturgeschichte der Seele sind diese Diskussionen insofern wichtig, als hier Konzepte von Animismus, Bewusstsein und *agency* im Hinblick auf die über den Menschen hinausgehende Welt entwickelt werden, die wiederum das gesellschaftliche Wissen über Seele, Mensch und Natur in spezifischer Weise ordnen. Einige Grundlinien dieser Argumentationen möchte ich hier nachzeichnen.

Ganz allgemein könnte man sagen, dass in den letzten Jahrzehnten eine Aufweichung von Grenzen stattfand, die traditionell (zumindest in Europa und Nordamerika) zwischen Mensch und Tier, zwischen Geist und Materie sowie zwischen dem Sozialen und dem Natürlichen bestanden hatten. Was die Grenzen zwischen Mensch und Tier angeht, ist bei Peter Wohlleben und anderen schon angeklungen, dass die Überschneidungen zwischen diesen beiden Gruppen viel größer sind als oft vermutet wird. Dies wird in neueren Forschungen immer wieder bestätigt, was manche sogar zur These des „Posthumanismus" bringt (de Landa 1997 und Braidotti 2014). Eine der treibenden Kräfte dieser Veränderung ist das interdisziplinäre Feld der *animal studies*. Wie Jonathan K. Crane erläutert, speisen sich die *animal studies* aus Geschichte, Anthropologie, Wirtschaftswissenschaften, Philosophie, Religionswissenschaft,

Politikwissenschaft, Jura, Biologie, Psychologie und anderen Disziplinen, was bereits die Komplexität des Feldes andeutet (Crane 2016, 20). *Animal studies* sind Teil einer größeren wissenschaftlichen und gesellschaftlichen Diskussion, in der die Stellung des Menschen in einem globalen ökologischen Zusammenhang neu bestimmt wird, nicht selten mit religiösen Konnotationen, die ökologische Fragestellungen mit einer Verehrung der Natur als lebendes Wesen verbindet.

Seit der Veröffentlichung von Peter Singers inzwischen als Klassiker bekanntem *Animal Liberation: A New Ethics for our Treatment of Animals* (1975) haben Bioethik und *animal studies* zunehmend an Einfluss gewonnen. In einer kritischen Reaktion auf Aristoteles, Descartes und Kant, die Tiere als leblose Maschinen ohne Persönlichkeit und Handlungskompetenz betrachteten, ist die Privilegierung des Menschen gegenüber anderen Tieren – eine Praxis, für die Singer den Begriff *speciesism* geprägt hat – unter Druck geraten. Die Bastionen des Glaubens an die herausgehobene Stellung des Menschen fielen eine nach der anderen. Heute lässt sich das Argument eines fundamentalen Unterschieds zwischen Mensch und Tier kaum noch aufrechterhalten. Nichtmenschliche Tiere verfügen über Sprache, Persönlichkeit, *agency, theory of mind*, ein reiches soziales Leben mit individuellen Charakteren, Rituale und Kommunikation zwischen verschiedenen Gattungen (Cavalieri 2004; Calarco 2008; Safina 2015). Paola Cavalieri hat deshalb kürzlich den „Tod des Tieres" verkündet, nämlich das Ende der Unterscheidung zwischen Menschen und anderen Tieren (Cavalieri 2012). Ähnlich argumentiert Jonathan K. Crane, wenn er festhält, dass „die Spirale des Anthropozentrismus, die so lange vorherrschend in den *animal studies* war, zunehmend als unzulänglich, ja als erstickend erfahren wird" (Crane 2016, 10). In dem Versuch, jenen Anthropozentrismus zu überwinden, betrachten Crane und andere Wissenschaftlerinnen und Wissenschaftler nichtmenschliche Tiere nicht nur als handlungskompetente Persönlichkeiten, sondern als eigenständige ethische Akteure in einem Dialog zwischen den Gattungen.

Doch die Diskussion ist schon längst nicht mehr auf den Bereich der *animal studies* beschränkt. Gerade im Hinblick auf Handlungskompetenz wurde das Primat des Menschen in der Konstitution von Wissen einer kritischen Prüfung unterzogen. Dabei wird *agency* inzwischen vielfach auch Dingen zuerkannt. Aus einer archäologischen Perspektive beschreibt zum Beispiel Ian Hodder die Abhängigkeit des Menschen von Dingen, was ihn zu einem neuen Verständnis von *agency* führt:

> Die Untersuchung von *agency* trägt zur Analyse von Verschränkung [*entanglement*] bei, doch die Betonung liegt in der Verschränkungstheorie

> weniger auf dem Akteur selber als mehr auf den verschränkten Netzwerken, die bestimmte Formen von *agency* und bestimmte Arten von Akteuren möglich machen oder begrenzen. Es gibt nicht einfach ein menschliches Subjekt, das *agency* produziert, sondern eine distributive *agency*, die aus einem „spielerischen Schwarm von Lebendigkeiten" besteht (Bennett 2010, 32). *Agency* ist einfach die allgegenwärtige Kraft der Dinge: Die Lebenskraft von Menschen und allen organischen Dingen, aber auch die Kräfte von Anziehung, Abstoßung usw. aller materiellen Dinge und ihrer Interaktionen. (Hodder 2012, 215)

Interessant, wie hier erneut die Begriffe Kraft, Lebenskraft und Vitalität mit der Handlungskompetenz von immateriellen und materiellen Akteuren kombiniert werden. Neben *entanglement* spielt auch das Konzept der *relationality* neuerdings eine große Rolle, wenn es um die Frage der Handlungskompetenz nichtmenschlicher Akteure, einschließlich der „Dinge", geht. *Agency* wird dann nicht einfach anderen Akteuren zugeschrieben, oder sie entspringt auch nicht aus den Dingen selbst, sondern sie ergibt sich aus der Begegnung zwischen Handelnden, seien dies nun Menschen oder andere Dinge. In der sich daraus ergebenden Beziehung entsteht gegenseitige Beeinflussung und Abhängigkeit (Ingman et al. 2016). Wichtige Impulse zu dieser Diskussion kamen von Bruno Latour, der schon vor 40 Jahren darauf hingewiesen hatte, dass selbst die „exakten" Naturwissenschaften bei der Produktion von Wissen auf soziale Strukturen zurückgreifen, die erst darüber entscheiden, welches Wissen als akzeptabel betrachtet wird (Latour und Woolgar 1986). Die Aufhebung der Trennung zwischen dem „Natürlichen" und dem „Sozialen", die sich aus dieser Forschung ergab, führte Latour auch dazu, die Ambivalenz des „Faktischen" bei der Produktion von Wissen zu thematisieren. Faktenwissen ist geradezu ein Fetisch dessen, was wir als „modern" betrachten, und so kann Latour den Begriff *factish* in die Diskussion einbringen (Latour 2010 und 2011) und zugleich behaupten, wir seien eigentlich nie modern gewesen (Latour 1993).

Wichtig für unser Thema sind vor allem Latours jüngste Beiträge zur Diskussion, denn darin beschäftigt er sich mit Diskursen zu Natur und Animismus. In seinen Gifford-Lectures, die unter dem Titel *Facing Gaia* veröffentlicht wurden, kommt er ausführlich auf die künstliche Trennung zwischen der belebten menschlichen Welt und der unbelebten Welt anderer Dinge zu sprechen. Dabei greift er auch Begriffe von Bewusstsein und Seele auf und spricht von „metamorphischen Zonen", in denen das Materielle und das Immaterielle ineinander übergehen (Latour 2017, 58). Latour diskutiert Lovelocks „Gaia-Hypothese" ausführlich und wendet sich gegen die Interpretation, Lovelock hätte einer animistischen Betrachtung des Planeten das Wort geredet. Dies sei nicht der Fall: „Sein Problem ist zwar tatsächlich, in welcher Hinsicht man die Erde als aktiv verstehen kann, *aber ohne sie dabei mit einer Seele auszustatten*; und außerdem, wie man verstehen kann, was die direkte Konsequenz der Aktivität der Erde ist – in welcher Hinsicht kann man sagen, sie reagiere *retroaktiv auf die kollektiven Handlungen der Menschen*?" (Ebd., 86; Hervorhebung im Original; s. zur Diskussion Friedrich et al. 2018, 63–92; s. auch Petra Löffler zu „Latours strategisch durchaus eigenmächtiger An- oder besser Enteignung von Lovelocks und Margulis' Konzeption von Gaia als selbstregulierendem System"; ebd., 118). Das Grundproblem, so Latour, sei eigentlich die Unterstellung der „Modernen", dass ihre Wissenschaft radikal „de-animistisch" sei.

> Auch wenn die offizielle Wissenschaftsphilosophie die zweite deanimistische Bewegung als die einzig wichtige und rationale betrachtet, ist das Gegenteil wahr: Animation ist das wesentliche Phänomen, und Deanimation ist das oberflächliche, unterstützende, polemische und oft defensiv ausgerichtete Phänomen. Eines der großen Rätsel der Geschichte des Westens ist nicht, dass „es noch immer Menschen gibt, die naiv genug sind, an Animismus zu glauben", sondern dass viele Menschen immer noch dem ziemlich naiven Glauben an die unterstellte Deanimiertheit der „materiellen Welt" anhängen. Und das ist in jedem einzelnen Moment der Fall, wenn Wissenschaftlerinnen und Wissenschaftler die *agencies* vervielfältigen, in die sie – und wir – jeden Tag mehr und mehr verwickelt sind. (Ebd., 70)

Latours Problematisierung der Trennung zwischen Mensch und Natur und zwischen dem Materiellen und dem Spirituellen ist sowohl Ausdruck jener diskursiven Veränderung, um die es mir hier geht, als auch der Versuch ihrer bewussten Theoretisierung. Ganz Ähnliches können wir bei Donna J. Haraway sehen, die ebenso wie Latour an *science and technology studies* (STS) interessiert ist, doch diese in eigener Weise mit feministischen und kulturwissenschaftlichen Theorien verbindet. Ihre Bücher *When Species Meet* (2008) und *Staying with the Trouble: Making Kin in the Chthulucene* (2016) sind unverzichtbare Beiträge zur Diskussion um Anthropozentrismus, die (offenen) Grenzen zwischen den Gattungen und den Umgang mit der ökologischen Transformation des Planeten. Um die oft wertenden Unterscheidungen zwischen „Mensch" und „Tier" zu überwinden, kreiert Haraway neue Ausdrücke und spricht von „Gefährtenarten" (*companion species*), die in ständiger Wechselwirkung „miteinander werden" (*becoming with*): „Die Kategorie der Gefährtenarten hilft mir, menschlichen Exzeptionalismus zu verweigern, ohne in einen

Posthumanismus zu verfallen" (Haraway 2016, loc. 512–513). Deswegen kann sie an anderer Stelle festhalten: „Ich bin keine Posthumanistin; ich bin, die ich zusammen mit Gefährtenarten werde, und zusammen sorgen wir für Chaos [*mess*] bei den Kategorien der Schaffung von Verwandtschaft und Art [*kin and kind*]. Ja, queer Tischgenossen [*messmates*] in tödlichem Spiel" (Haraway 2008, 19). In diesem Sinne stellt sich die Frage der Beseeltheit der nichtmenschlichen Tiere gar nicht erst, denn animistische Qualitäten können nur allen Gefährtenarten oder keiner Art zuerkannt werden. Aus derselben Denkrichtung heraus kann Haraway auch den Begriff des Anthropozäns nur als anthropozentrische Selbstüberschätzung bezeichnen:

> *Species Man* hat nicht die Bedingungen für das Dritte Karbonzeitalter oder das Atomzeitalter geschaffen. Die Geschichte von *Species Man* als dem Akteur des Anthropozän ist eine beinah lachhafte Wiederaufbereitung des großen phallischen Abenteuers der Humanisierung und Modernisierung, in der der Mann, nach dem Bilde eines verschwundenen Gottes geschaffen, in seinem säkular-sakralen Aufstieg übermenschliche Kräfte annimmt, nur um einmal mehr in einer tragischen Abschwellung zu enden. (Haraway 2016, loc. 1157–1159; s. auch ebd., loc. 315–318).

Wenn man einen Begriff für diese Epoche wählen müsste, wäre deshalb der einzig geeignete der des *Capitalocene* (ebd.). Haraway steht mit dieser Kritik nicht allein. Auch Marc Bekoff und Jessica Pierce konstatieren: „Diese Epoche, die man Anthropozän nennt, oder das Zeitalter der Menschheit [*Age of Humanity*], ist alles andere als menschlich. Sie könnte viel besser ‚Raserei der Menschheit' [*Rage of Humanity*] heißen" (Bekoff und Pierce 2017, 7). Oder, aus wieder einer anderen Richtung, Bruno Latour: „Wenn wir heute versuchen, unter dem Gesichtspunkt des Anthropozän Wissenschaft und Religion voneinander zu trennen, wäre das ein echtes Massaker, wenn man bedenkt, wie viel Wissenschaft in Religion steckt und wie viel Religion in Wissenschaft" (Latour 2017, 150). Es ist bemerkenswert, wie viele dieser Beiträge die Dimension des Religiösen in ihre Bewertung des Anthropozäns einbeziehen, obwohl der Begriff selbst vor allem auf die ökologischen und ökonomischen Aspekte des Phänomens abzielt.

Die Betonung der offenen Grenzen zwischen Mensch und natürlicher (Mit-)welt, zwischen dem Sozialen und dem Natürlichen, ist demnach ein wichtiges Merkmal interdisziplinärer Forschung heute. Von den Kulturwissenschaften, den *animal studies* und den *science and technology studies* sind Impulse ausgegangen, die auch die Grenzen zwischen dem Materiellen und dem Geistigen kritisch hinterfragen. Ein ganzes Forschungsfeld hat sich in diesem

Bereich herausgebildet. Heute gern als „neuer Materialismus" bezeichnet, geht es dieser Forschung um die Herausarbeitung von drei Ebenen oder Themen, die Diana Coole und Samantha Frost wie folgt beschreiben:

> Zuerst ist da eine ontologische Neuorientierung im Einklang mit Entwicklungen in den Naturwissenschaften: Eine posthumanistische Verortung in dem Sinne, dass sie Materie selbst als belebt betrachtet oder als Trägerin von *agency*. Das zweite Thema betrifft Überlegungen zu einer ganzen Reihe von biopolitischen und bioethischen Fragen im Hinblick auf den Status von Leben und Menschheit. Drittens bekennt sich die Forschung zum neuen Materialismus zu einer kritischen und undogmatischen Wiederbeschäftigung mit politischer Ökonomie, in der die materiellen Details des alltäglichen Lebens sowie deren Beziehung zu größeren geopolitischen und sozioökonomischen Strukturen aufs Neue erkundet werden. (Coole und Frost 2010, 6)

Man kann hier sehr gut erkennen, wie die einflussreichen okkultistischen Diskurse um 1900 bis in die heutigen Wissensarrangements weiterwirken, jetzt noch stärker als zuvor mit ökonomischen und ökologischen Fragestellungen vernetzt. Forschungen zum neuen Materialismus versuchen dabei bisweilen, eben jene okkultistischen Diskurse hinter sich zu lassen und die Vitalität und Spiritualität der Materie konzeptionell zu erfassen, „ohne sich auf Mystizismen zu verlassen, die von Animismus, Religion oder Romantik abgeleitet werden" (Diana Coole in Coole und Frost 2010, 92). Aus diskurshistorischer Sicht fällt jedoch gerade die Kontinuität dieser Wissensordnungen ins Auge. Die rhetorischen Abgrenzungen von „Mystik", „Animismus", „Religion" und sogar von „Romantik" sind der Versuch, den neuen Materialismus als ein „säkulares" und wissenschaftlich seriöses Forschungsfeld zu etablieren. Im Sinne der „undogmatischen" und „kritischen" Analyse würde man eigentlich eher erwarten, dass diese Forschung eben jene künstlichen und wertenden Kategorisierungen von Mystik, Animismus und verwandten Konzepten kritisch unter die Lupe nimmt, anstatt jene Wissensordnungen im Modus der Abgrenzung von geächteten Konzepten lediglich zu verstetigen.

Die Verschmelzung zwischen dem Bereich des Menschlichen und des Nichtmenschlichen, zwischen dem Materiellen und dem Immateriellen, wird auf hohem theoretischen Niveau auch im neu entstandenen Feld von Biosemiotik und *ecocriticism* erprobt. In Erweiterung von Forschungsergebnissen der *animal studies* und oft im Rekurs auf semiologischen Strukturalismus und auf die Semiotik von Charles Sanders Peirce wird in der Biosemiotik die Interaktion und Kommunikation zwischen den Gattungen jenseits der gesprochenen Sprache thematisiert, von Wendy Wheeler ganz vitalistisch „a feeling for life“ genannt (Wheeler 2015). Auch für *ecocriticism* oder, wie es in einem wichtigen neuen Band heißt, *material ecocriticism*, ist diese Verbindung von Semiotik mit vitalistischen und animistischen Diskursen kennzeichnend:

> Das konzeptionelle Argument von *Material Ecocriticism* ist in seiner Grundform ganz einfach: Die materiellen Erscheinungen der Welt sind Knotenpunkte in einem riesigen Netzwerk von *agencies*, die „gelesen“ und als Grundlage für Erzählungen oder Geschichten interpretiert werden können. Indem sie sich in körperlicher Form und in diskursiven Formulierungen entwickeln, und indem sie aus co-evolutionären Landschaften von Naturen und Zeichen erwachsen, sind diese Geschichten aus Materie überall: in der Luft, die wir atmen, in der Nahrung, die wir essen, in den Dingen und Wesen dieser Welt, innerhalb und jenseits der Grenzen des Menschlichen. Jede Materie ist, in anderen Worten, „erzählte Materie“. Sie ist das materielle „Geflecht“ von Bedeutungen, Eigenschaften und Prozessen, in denen menschliche und nichtmenschliche Spieler in Netzwerken verbunden sind, die Kräfte freisetzen, deren Wichtigkeit unbestreitbar ist. (Iovino und Oppermann 2014, 1–2).

Jene *coevolutionary landscapes*, in denen Bedeutungen, Materialitäten und Erzählungen verschmelzen, bezeichnen etwas Ähnliches wie Haraways *becoming with*. Ein solcher Ansatz bezieht alle Arten von Kommunikation, sprachliche und nichtsprachliche, in die Deutung mit ein. Außerdem werden auch künstlerische und poetische Ausdrucksweisen bewusst mit aufgenommen, ganz ähnlich wie dies in der poetischen und orphischen Wissenschaft des neunzehnten Jahrhunderts der Fall war. Die Offenheit der Systeme wird hier theoretisch und praktisch umgesetzt.

Ursula K. Le Guin verkörpert diese Offenheit in besonders interessanter Weise. Le Guin, die uns bereits als Literatin und Denkerin in Kapitel 9 begegnet ist, hat sich auch zum Thema Anthropozän zu Wort gemeldet. Sie tat dies als Festrednerin auf dem Kongress „Anthropocene: Arts of Living on a Damaged Planet“, der 2014 an der University of California Santa Cruz stattfand. In dem kurzen Vortrag unter dem Titel „Deep in Admiration“ beschreibt sie zunächst, ganz im Sinne neuerer kulturwissenschaftlicher Modelle, Relationalität als zentralen Begriff, wenn es um die gegenseitige Abhängigkeit von Arten untereinander, doch auch von Menschen und anderen „Dingen“ geht. „Eine Möglichkeit, Bäume, Flüsse oder Berge nicht mehr nur als ‚natürliche Ressourcen‘ zu sehen, besteht darin, sie als Mitgeschöpfe, als Verwandte zu klassifizieren“ (Le Guin 2016, viii). Den Wesen und Dingen der Welt den Status von belebten und mit Bewusstheit begabten Subjekten zu geben – anstatt sie, wie es häufig geschieht, zu objektivieren – bedeute keineswegs, sie zu kolonisieren oder auszubeuten. Vielmehr gehe es um eine Erweiterung unseres Geistes und unserer Vorstellungskraft (ebd.). Poesie sei die menschliche Sprache, in der das Wissen eines Baumes, eines Flusses oder eines Steines verständlich gemacht werden kann. Damit schreibt sich Le Guin ein in das orphische Geflecht von Wissen, Natur und Kunst, auf das ich immer wieder hingewiesen habe. Wissenschaft, so Le Guin, sei eine Beschreibung von außen, Poesie eine Beschreibung von innen (ebd., ix). Beides seien wichtige Perspektiven, wenn es um ein Verständnis der Welt geht, das über das schlichte Ansammeln von Informationen hinauszugehen trachtet. Wie sie dies in Poesie umsetzt, führt sie in ihrem Gedicht „The Canada Lynx" vor:

> We know how to know and how to think,
> how to exhibit what is known
> to heaven's bright ignorant eye,
> how to be busy and to multiply.
>
> He knows how to walk
> into the trees alone not looking back,
> so light on his soft feet he does not sink
> into the snow. How to leave no track,
> no sound, no shadow. How to be gone. (Ebd., 10)

Mit diesen Versen transportiert Le Guin ein Wissen, das eine rein wissenschaftlich-rationale Beschreibung nicht zugänglich machen kann. Das Gedicht ist deshalb nicht weniger „wahr" als eine wissenschaftliche Darstellung, vielleicht transportiert es sogar mehr als diese, da es der Lebens- und Gefühlswelt des Luchses ebenso Rechnung zu tragen sucht wie der menschlichen Perspektive. Themen wie Überbevölkerung, reduktionistische Philosophie und Wissenschaft, Anthropozentrismus und Artensterben werden in neun Zeilen auf eine Weise verbunden, die in ihrer Komplexität und Einfachheit zugleich unübertroffen ist.

Damit sind wir am Ende dieses langen Kapitels angelangt. Rachel Carson und Barry Lopez verbinden Naturbetrachtung und Spiritualität über Begriffe wie Wunder, das Epos der Evolution bringt menschliches Bewusstsein in Zusammenhang mit der Entfaltung des Kosmos, dunkelgrüne Religion macht die Beseeltheit und spirituelle Bedeutung der natürlichen Welt für Menschen erfahrbar, und neue kulturwissenschaftliche Interpretationen versuchen mit dieser Diskursentwicklung schrittzuhalten und tragen ihrerseits zur Stärkung der dahinterstehenden Wissensordnung bei. Ursula K. Le Guin greift all diese Aspekte in ganz eigener Weise auf. Die orphische Dichterin soll deshalb das letzte Wort haben: „Wenn ich von Bewunderung spreche, meine ich die Verehrung für die unendliche Vernetzung, die natürliche heilige Ordnung der Dinge, die Freude in ihr, das Vergnügen. So wie wir die Steine an unserem heiligen Abendmahl teilnehmen lassen, so lassen sie uns vielleicht an ihrem teilhaben“ (Le Guin 2014, ix).

Epilog: Eine kulturwissenschaftliche Seelenrückholung

Wo stehen wir am Ende dieser Kulturgeschichte der Seele im zwanzigsten Jahrhundert? Eines dürfte klar sein: Die Seele ist auch heute noch ein wichtiger Bedeutungsträger, wenn es um die Bestimmung der Rolle des Menschen im Gesamtgefüge von Natur, Welt und Geschichte geht. Sie wird zudem als Brücke zwischen der individuellen Persönlichkeit von Menschen und einer kollektiven Existenz betrachtet, die das Individuum mit anderen Menschen verbindet und auch die über den Menschen hinausgehende Welt mit Leben und Bewusstsein erfüllt. Angesichts dieser großen Bedeutung ist auch klar, dass meine historische Rekonstruktion des Seelendiskurses in Europa und Nordamerika nur einen Teil des gesamten Feldes vermessen konnte. Einen Teil jedoch, der meines Erachtens repräsentativ für eine breite kulturelle Entwicklung ist und der zudem wichtige Aufschlüsse darüber erlaubt, wie gesellschaftliche Auseinandersetzungen mit „Moderne" und der Suche nach Bedeutung menschlicher Existenz seit dem Ende des neunzehnten Jahrhunderts verlaufen sind.

Den Seelenbegriff in seinem diskursiven Arrangement mit anderen Begriffen zu analysieren, hat sich dabei als sehr hilfreich erwiesen. Mit einem solchen Zugang wird sichtbar, dass der Seelenbegriff, der schon immer mit Konzepten von Leben, Atem und Bewusstsein zu tun hatte, im neunzehnten und frühen zwanzigsten Jahrhundert in eine Diskursformation eingebunden wurde, die man okkultistisch und orphisch nennen kann. Okkultistisch in dem Sinne, dass die Seele mit Konzepten von Geist, Materie, Wissenschaft, Lebenskraft, Energie und Natur verschränkt wurde, und orphisch im Sinne einer Verbindung der Seele mit Ekstase, Kunst, Literatur, Natur, Einfühlung und Erkenntnis.

Die kulturellen Orte wiederum, an denen sich diese Diskurse – jeweils mit vielen Querverbindungen zwischen ihnen – formierten, sind einerseits die Universitäten mit neu geschaffenen Disziplinen wie Psychologie, Physik oder Religionswissenschaft, die ihren Platz im Verhältnis zu den traditionellen Disziplinen der Medizin, Philosophie und Theologie noch finden mussten; die Bestimmung dieses Verhältnisses erwies sich nicht selten als Arbeit an dem, was fortan als „Wissenschaft" gelten durfte und was als nicht empirisch verifizierbar aus dem Wissenskanon ausgegrenzt wurde – einschließlich der Seele. Ein zweiter Ort der Diskursformation war das riesige Feld überaus einflussreicher Sachbücher zum Thema; vor allem zwischen 1890 und 1930 haben sich Fachleute unterschiedlichster Couleur – darunter viele Wissenschaftlerinnen

 | DOI:10.30965/9783846764374_013

und Wissenschaftler, die akademische Wissensbestände in eine breite Öffentlichkeit trugen – mit Fragen der Seele auseinandergesetzt. Der Bereich von Literatur und Kunst ist als ein dritter Ort der Formierung von Diskursen zur Seele anzusprechen; was in Philosophie, Psychologie, Naturwissenschaft und Religionsgeschichte verhandelt wurde, erhielt hier literarische und künstlerische Gestalt. Als vierten Ort kann man die Politik betrachten, die Impulse von Wissenschaft, Philosophie, Geschichtsschreibung und Literatur aufnahm, um die Seele mit kollektiven oder ökologischen Konstruktionen zu verbinden.

Zwar wurden an diesen unterschiedlichen Orten jeweils andere Schwerpunkte gesetzt, doch die Diskursanalyse zeigt, dass die relevanten Arrangements des Seelendiskurses über kulturelle Orte hinweg eine beachtliche Stabilität aufweisen. Wir haben es hier mit einer Diskursgemeinschaft zu tun, die sich um Fragen der Seele gebildet hatte und Bedeutungszusammenhänge mit großer Breitenwirkung schuf. Wie stark diese Wirkung war, kann man daran erkennen, dass dieselben Diskursknoten auch in der zweiten Hälfte des zwanzigsten Jahrhunderts wenig an Einfluss verloren. Nach der Katastrophe des Zweiten Weltkriegs verlagerte sich der Schwerpunkt intellektueller und kultureller Entwicklungen von Europa nach Nordamerika, wo europäische Diskursstrukturen – oft in konkreten Biografien – mit den vorhandenen Diskursarrangements Amerikas kombiniert wurden. Es war vor allem die Verbindung mit Naturdiskursen und mit dem amerikanischen Transzendentalismus, die eine große Wirkung entfalten sollte. Im literarischen, wissenschaftlichen und philosophischen Gespräch Amerikas, in welchem die transpersonale Bewegung eine beachtliche Rolle spielte, entwickelte sich ein Seelendiskurs, der die Begriffe Bewusstsein, Animismus, Natur, Kosmos und Spiritualität in den Mittelpunkt stellte. Dies verstärkte sich weiter, als sich gegen Ende des zwanzigsten Jahrhunderts mit der ökologischen Krise Grundfragen menschlichen Lebens auf dem Planeten stellten. Biozentrische Ethiken und animistische Spiritualität verbanden den Seelendiskurs mit Natur, Ökologie, Wunder und nichtreduktionistischer Wissenschaft, was sich auch in aktivem Umweltschutz und politischen Programmen äußerte. Und erneut sehen wir eine Diskursgemeinschaft, in der Beiträge aus Naturwissenschaft, Geisteswissenschaft, Literatur, Kunst, Politik und spiritueller Praxis sich gegenseitig beeinflussten und verstärkten.

Die Analyse von Diskursarrangements und Diskursgemeinschaften zur Seele zeigt darüber hinaus, wie irreführend die Rede von Säkularisierung und von der vermeintlichen Feindschaft zwischen Religion und Naturwissenschaft ist. Beides erweist sich als eine Trope, die selber Teil der Arbeit an „Moderne" ist, als Akt einer Selbstvergewisserung, die mit den historischen Quellen kaum in Deckung zu bringen ist. Damit möchte ich nicht abstreiten, dass es durchaus sinnvoll sein kann, von „säkularen Bezugssystemen" oder Ähnlichem zu sprechen, wie sie im Zusammenhang mit Religionskritik und der Schaffung von religiös unabhängigen Institutionen und wissenschaftlichen Disziplinen um 1900 entstanden sind. Von einer Säkularisierung im Sinne der Zurückdrängung des Religiösen kann jedoch keine Rede sein. Die Diskursanalyse lässt sehr deutlich erkennen, wie vormals „religiöse" Diskurselemente Teil eines Arrangements wurden, das sie mühelos mit „säkularer" Wissenschaft verbindet – Beispiele hierfür sind Elemente wie Wunder, Staunen, Einfühlen, Heiliges, Animismus, göttliche Ordnung, Kosmos, Schöpfung und Natur. Und sobald in den Quellen von „Spiritualität" in Abgrenzung von traditioneller, institutionalisierter „Religion" die Rede ist, verschwindet das, was noch vom Antagonismus zwischen Religion und Wissenschaft übrig war, fast vollends von der Bildfläche. Es ist gerade die sich als säkular verstehende Wissenschaft, die neue spirituelle Deutungen und Praktiken erst hervorgebracht hat.

Aus diskurshistorischer Sicht ist die Religion also nie verschwunden. Zugleich ist das, was bisweilen vollmundig als „radikale Aufklärung" bezeichnet wird, keineswegs der Modus, in dem „moderne" Kultur tickt. Säkularismus (*secularism*) als Ideologie – im Unterschied zu Weltlichkeit (*secularity*) oder säkularen Bezugssystemen – ist diskurstheoretisch genauso zu behandeln wie religiöse, spirituelle oder politische Weltdeutungen. Wenn man dies dann noch mit einer Analyse der sich verändernden Dispositive von „Kirche" (oder, weiter gefasst, „institutioneller Religionsgemeinschaft", einschließlich einer hierarchischen Ordnung und einer kanonischen Lehre) und „Wissenschaft" (mit Institutionen wie Universitäten, wissenschaftlichen Vereinigungen, Nobelpreisen und Fachzeitschriften) verbindet, bekommt man ein ziemlich gutes Bild davon, wie sich die Wahrnehmung und die gesellschaftliche Bedeutung von Religion seit dem neunzehnten Jahrhundert verändert haben.

Seelendiskurse sind sehr gut dazu geeignet, die Veränderung auch von Religionsdiskursen zu studieren. Allerdings muss man dafür das analytische Objektiv der Religionswissenschaft anders fokussieren, als das gewöhnlich in der Forschung geschieht. Große Teile der Religionswissenschaft arbeiten sich noch immer am Religionsbegriff ab und haben Angst, sie würden die Disziplin preisgeben, wenn sie auf eine Definition von Religion verzichteten. Dabei entgeht ihnen, dass vormals „religiöse" Diskurse heute in vielfältiger Form in Naturwissenschaften, Literatur, Kunst, populärer Kultur, Politik und neuen spirituellen Praktiken vorhanden sind, selbst wenn diese Kulturformen den Begriff der Religion nicht mehr benötigen (oder lediglich als Abgrenzungskategorie beibehalten).

Einer auf Definitionen pochenden Religionswissenschaft entgleiten die Gegenstände. Deshalb sind Kulturwissenschaft, Kulturgeschichte und

Wissenssoziologie heute viel besser imstande, religiöse und spirituelle Diskursfelder zu analysieren. Anstatt sich zu fragen, wie solche Veränderungen mit einer – immer prekären – Religionsdefinition in Deckung zu bringen sind, interessiert sich diese Forschung schlicht dafür, wie Menschen in je unterschiedlichen historischen und kulturellen Konstellationen ihr Verhältnis zur über den Menschen hinausgehenden Welt aushandeln. Das kann im Rekurs auf Gottheiten geschehen, doch ebenso auf metaphysische Deutungen des Kosmos, mythopoetische Darstellungen der Evolutionsgeschichte, tiefenökologische und biozentrische Beschreibungen der Natur als belebt und handlungskompetent, vitalistische und monistische Überlegungen zur Einheit von Materie und Geist, Rituale und spirituelle Praktiken, und vieles andere mehr. Die Kulturgeschichte der Seele ist auch deswegen so interessant, weil sie Auskunft darüber gibt, wie Diskursgemeinschaften in Europa und Nordamerika seit dem neunzehnten Jahrhundert das Verhältnis zwischen dem Menschen und der über den Menschen hinausgehenden Welt philosophisch, wissenschaftlich, künstlerisch, literarisch, politisch und spirituell neu ausgehandelt haben. Ob dies in der Zukunft zur Schaffung einer planetarischen Gemeinschaft führt, in der noch immer Platz für den Menschen ist, bleibt abzuwarten.

Literaturverzeichnis

Abram, David. 2010. *Becoming Animal: An Earthly Cosmology*. New York: Pantheon.

Akademie der Künste, Berlin. 1987. *Waldungen. Die Deutschen und ihr Wald*. Ausstellung der Akademie der Künste vom 20. September bis 15. November 1987. Berlin: Nicolaische Verlagsbuchhandlung.

Albanese, Catherine L. 1991. *Nature Religion in America: From the Algonkian Indians to the New Age*. 2. Auflage. Chicago und London: Chicago University Press.

Alpers, Hans Joachim, Joachim Fuchs et al. 1988. *Lexikon der Science Fiction Literatur*. Erweiterte und aktualisierte Neuausgabe. München: Wilhelm Heyne.

Anders, Günther. 1980. *Die Antiquiertheit des Menschen. Über die Seele im Zeitalter der zweiten industriellen Revolution*. 5., erweiterte Auflage ([1]1956). München: C. H. Beck.

Anderson, Benedict. 2005. *Die Erfindung der Nation. Zur Karriere eines folgenreichen Konzepts*. 2., um ein Nachwort von Thomas Mergel erweiterte Auflage der Neuausgabe 1996. Frankfurt a. M.: Campus.

Arzt, Thomas, Hrsg. 2015. *Das Rote Buch: C. G. Jungs Reise zum „anderen Pol der Welt"*. Würzburg: Königshausen & Neumann.

Arzt, Thomas, Maria Hippius-Gräfin Dürckheim und Roland Dollinger, Hrsg. 1991. *Unus Mundus: Kosmos und Sympathie. Beiträge zum Gedanken der Einheit von Mensch und Kosmos*. Frankfurt a. M. etc.: Peter Lang.

Aschheim, Steven E. 1982. *Brothers and Strangers: The East European Jew in German and German Jewish Consciousness, 1800–1932*. Madison: University of Wisconsin Press.

Asprem, Egil. 2014. *The Problem of Disenchantment: Scientific Naturalism and Esoteric Discourse 1900–1939*. Leiden und Boston: Brill.

Assagioli, Roberto. 1978. *Handbuch der Psychosynthesis. Angewandte transpersonale Psychologie*. Herausgegeben, bearbeitet und mit einem Vorwort versehen von Erhardt Hanefeld. Übersetzung aus dem Amerikanischen von Erhardt Hanefeld und Gudrun Schibel. Amerikanische Originalausgabe 1965. Freiburg: Aurum.

Assagioli, Robert. 1992. *Psychosynthese und transpersonale Entwicklung*. Aus dem Italienischen von Hans Dellefant. Italienische Originalausgabe 1988. Paderborn: Junfermann.

Assmann, Jan, Hrsg. 1993. *Die Erfindung des inneren Menschen. Studien zur religiösen Anthropologie*. Gütersloh: Gütersloher Verlagshaus Mohn.

Baerwald, Richard. 1905. „Psychologische Faktoren des modernen Zeitgeistes." *Schriften der Gesellschaft für psychologische Forschung* 15: 583–667.

Baerwald, Richard. 1920. *Okkultismus, Spiritismus und unterbewußte Seelenzustände*. Leipzig und Berlin: B. G. Teubner.

Baerwald, Richard. 1926. *Okkultismus und Spiritismus und ihre weltanschaulichen Folgerungen*. Berlin: Deutsche Buch-Gemeinschaft.

Bair, Deirdre. 2005. *C. G. Jung. Eine Biographie.* Aus dem Amerikanischen von Michael Müller. München: Albrecht Knaus.

Balmer, Heinrich, Hrsg. 1976. *Die Psychologie des 20. Jahrhunderts.* Band I: Die europäische Tradition. Tendenzen, Schulen, Entwicklungslinien. Zürich: Kindler.

Barnhill, David L. 2010. „Spirituality and Resistance: Ursula Le Guin's *The Word for World is Forest* and the Film *Avatar.*" *Journal for the Study of Religion, Nature and Culture* 4: 478–498.

Bäumer, Max L. 1977. „Das moderne Phänomen des Dionysischen und seine ‚Entdeckung' durch Nietzsche." *Nietzsche-Studien* 6: 123–153.

Baumgarten, Albert I., Jan Assmann und Guy G. Stroumsa, Hrsg. 1998. *Self, Soul and Body in Religious Experience.* Leiden: Brill.

Bauduin, Tessel M. 2015. *Surrealism and the Occult: Occultism and Western Esotericism in the Work and Movement of André Breton.* Amsterdam: Amsterdam University Press.

Bauduin, Tessel M., und Henrik Johnsson, Hrsg. 2017. *The Occult in Modernist Art, Literature, and Cinema.* Cham: Palgrave Macmillan / Springer.

Beck, Joseph. 1846. *Grundriß der Empirischen Psychologie und Logik.* 2. Aufl. Stuttgart: Verlag der J. B. Metzler'schen Buchhandlung.

Beetz, K. O. 1900. *Einführung in die moderne Psychologie.* Erster Teil: Allgemeine Grundlegung. Osterwieck/Harz: A. W. Zickfeldt.

Bekoff, Marc, und Jessica Pierce. 2017. *The Animals' Agenda: Freedom, Compassion, and Coexistence in the Human Age.* Boston: Beacon Press.

Beneke, Eduard. 1853. *Lehrbuch der pragmatischen Psychologie oder der Seelenlehre in der Anwendung auf das Leben.* Berlin: E. S. Mittler.

Beneke, Eduard. 1877. *Lehrbuch der Psychologie als Naturwissenschaft.* 4. Auflage (^{1}1833). Berlin: E. S. Mittler.

Bennett, Jane. 2010. *Vibrant Matter: A Political Ecology of Things.* Durham: Duke University Press.

Bernoulli, Christoph, und Hans Kern, Hrsg. 1926. *Romantische Naturphilosophie.* Jena: Eugen Diederichs.

Berry, Evan. 2015. *Devoted to Nature: The Religious Roots of American Environmentalism.* Oakland: University of California Press.

Berti, Alessandro. 1988. *Roberto Assagioli: Profilo biografico degli anni di formazione.* Florenz: Istituto di Psicosintesi.

Beßlich, Barbara. 2000. *Wege in den ‚Kulturkrieg'. Zivilisationskritik in Deutschland 1890–1914.* Darmstadt: Wissenschaftliche Buchgesellschaft.

Betz, Joseph. 1860. *Grundriß der Empirischen Psychologie und Logik.* 6., verbesserte Auflage. Stuttgart: Verlag der J. B. Metzler'schen Buchhandlung.

Bhabha, Homi K., Hrsg. 1990. *Nation and Narration.* London und New York: Routledge.

Biale, David. 1979. *Gershom Scholem: Kabbalah and Counter-History*. Cambridge: Harvard University Press.

Bird-David, Nurit. 1999. „‚Animism' Revisited: Personhood, Environment, and Relational Epistemology." *Current Anthropology* 40: 67–79.

Birnbacher, Dieter, Hrsg. 1997. *Ökophilosophie*. Stuttgart: Philipp Reclam jun.

Blok, Gemma, Vincent Kuitenbrouwer und Claire Weeda, Hrsg. 2018. *Imagining Communities: Historical Reflections on the Process of Community Formation*. Amsterdam: Amsterdam University Press.

Bohm, David. 1981. *Wholeness and the Implicate Order*. Reprinted and first published in paperback with corrections ([1]1980). London etc.: Routledge & Kegan Paul.

Borchmeyer, Dieter. 2010. *Was ist deutsch? Variationen eines Themas von Schiller über Wagner zu Thomas Mann*. Eichstätt: Katholische Universität Eichstätt-Ingolstadt.

Borelli, Arianna, und Alexandra Grieser. 2017. „Recent Research on the Aesthetics of Knowledge in Science and in Religion." *Approaching Religion* 7: 4–21.

Boyarin, Jonathan, und Daniel Boyarin, Hrsg. 1997. *Jews and other Differences: The New Jewish Cultural Studies*. Minneapolis und London: University of Minnesota Press.

Braidotti, Rosi. 2014. *Posthumanismus. Leben jenseits des Menschen*. Frankfurt a. M.: Campus.

Braune, Andreas. 2009. *Fortschritt als Ideologie. Wilhelm Ostwald und der Monismus*. Leipzig: Leipziger Universitätsverlag.

Bremmer, Jan N. 1983. *The Early Greek Concept of the Soul*. Princeton: Princeton University Press.

Bremmer, Jan N. 2002. *The Rise and Fall of the Afterlife: The 1995 Read-Tuckwell Lectures at the University of Bristol*. London und New York: Routledge.

Brenner, Michael. 1999. „Gnosis and History: Polemics of German-Jewish Identity from Graetz to Scholem." *New German Critique* 77: 45–60.

Breuninger, Renate. 1991. *Wirklichkeit in der Dichtung Rilkes*. Frankfurt a. M. etc.: Peter Lang.

Breysig, Kurt. 1931. *Die Geschichte der Seele im Werdegang der Menschheit*. Breslau: M. & H. Marcus.

Bruder, Klaus-Jürgen. 1991. „Zwischen Kant und Freud: Die Institutionalisierung der Psychologie als selbständige Wissenschaft." In *Die Seele. Ihre Geschichte im Abendland*, hrsg. von Gerd Jüttemann, Michael Sonntag und Christoph Wulf, 319–339. Weinheim: Psychologie Verlags Union.

Brunotte, Ulrike. 2013. *Dämonen des Wissens. Gender, Performativität und materielle Kultur im Werk von Jane Ellen Harrison*. Würzburg: Ergon.

Buber, Martin. 1919. *Drei Reden über das Judentum*. Frankfurt a. M.: Literarische Anstalt Rütten & Loening.

Buell, Lawrence. 1995. *The Environmental Imagination: Thoreau, Nature Writing, and the Formation of American Culture*. Cambridge und London: The Belknap Press of Harvard University Press.

Calarco, Matthew. 2008. *Zoographies: The Question of the Animal from Heidegger to Derrida*. New York: Columbia University Press.

Canetti, Elias. 1998. *Masse und Macht*. [1]1973. Frankfurt a. M.: Fischer.

Capra, Fritjof. 1975. *The Tao of Physics: An Exploration of the Parallels Between Modern Physics and Eastern Mysticism*. Boulder: Shambhala.

Carson, Rachel. 1947. *Chincoteague: A National Wildlife Refuge*. Conservation in Action 1. Washington, DC: U.S. Government Printing Office.

Carson, Rachel. 1955. *The Edge of the Sea*. Boston: Houghton Mifflin.

Carson, Rachel. 1962. *Silent Spring*. New York: Houghton Mifflin.

Carson, Rachel. 1998. *The Sense of Wonder*. Introduction by Linda Lear. [1]1965. New York: HarperCollins.

Cavalieri, Paola. 2004. *The Animal Question: Why Nonhuman Animals Deserve Human Rights*. Oxford: Oxford University Press.

Cavalieri, Paola. 2012. *The Death of the Animal: A Dialogue*. New York: Columbia University Press.

Coole, Diana, und Samantha Frost, Hrsg. 2010. *New Materialisms: Ontology, Agency, and Politics*. Durham und London: Duke University Press.

Corcilius, Klaus, und Dominik Perler, Hrsg. 2014. *Partitioning the Soul: Debates from Plato to Leibniz*. Berlin und Boston: De Gruyter.

Crane, Jonathan K. 2016. „Beastly Morality: A Twisting Tale." In *Beastly Morality: Animals as Ethical Agents*, hrsg. von Jonathan K. Crane, 3–27. New York: Columbia University Press.

Crowley, Aleister. 1929. *Magick in Theory and Practice*. New York: Castle Books.

Danziger, Kurt. 1982. „Mid-Nineteenth-Century British Psycho-Physiology: A Neglected Chapter in the History of Psychology." In *The Problematic Science: Psychology in Nineteenth-Century Thought*, hrsg. von William R. Woodward und Mitchell G. Ash, 119–146. New York: Praeger.

Danziger, Kurt. 1990. *Constructing the Subject: Historical Origins of Psychological Research*. Cambridge: Cambridge University Press.

Danziger, Kurt. 1997. *Naming the Mind: How Psychology Found Its Language*. London etc.: Sage.

Daser, Eckard. 1980. *Ostwalds energetischer Monismus*. Dissertation im Fach Philosophie, Universität Konstanz.

Daston, Lorraine. 1982. „The Theory of Will versus the Science of Mind." In *The Problematic Science: Psychology in Nineteenth-Century Thought*, hrsg. von William R. Woodward und Mitchell G. Ash, 88–115. New York: Praeger.

Daston, Lorraine, und Peter Galison. 2007. *Objectivity*. New York: Zone Books.

Davidowicz, Klaus Samuel. 1995. *Gershom Scholem und Martin Buber. Die Geschichte eines Mißverständnisses*. Neukirchen-Vluyn: Neukirchener Verlag.

Delany, Samuel R. 1967. *The Einstein Intersection*. Middletown: Wesleyan University Press.

Deloria, Philip J. 1998. *Playing Indian*. New Haven: Yale University Press.

Descartes, René. 1976 [1627]. *Discours de la méthode: Texte et commentaire*, hrsg. von Etienne Gilson. 5. Aufl. Paris: Vrin.

Dessoir, Max. 1920. *Vom Jenseits der Seele. Die Geheimwissenschaften in kritischer Betrachtung*. 4. und 5. Auflage ([1]1917). Stuttgart: Ferdinand Enke.

Dilthey, Wilhelm. 1894. „Ideen über eine beschreibende und zergliedernde Psychologie." In *Gesammelte Schriften*, Band V, 139–240. Stuttgart: Teubner und Göttingen: Vandenhoeck & Ruprecht.

Dirzo, Rodolfo, Hillary S. Young, Mauro Galetti, Gerardo Ceballos, Nick J. B. Isaac und Ben Collen. 2014. „Defaunation in the Anthropocene." *Science* 345, Heft 6195: 401–406.

Dodds, Eric Robertson. 1970. *Die Griechen und das Irrationale*. Darmstadt: Wissenschaftliche Buchgesellschaft.

Donati, Marialuisa. 2004. „Beyond Synchronicity: The Worldview of Carl Gustav Jung and Wolfgang Pauli." *Journal of Analytical Psychology* 49: 707–728.

Dörrenbächer, Judith, und Kerstin Plüm, Hrsg. 2016. *Beseelte Dinge. Design aus Perspektive des Animismus*. Bielefeld: transcript.

Doucet, Friedrich. 1971. *Forschungsobjekt Seele. Eine Geschichte der Psychologie*. München: Kindler.

Dreßen, Wolfgang. 1991. „Mobilisierung der Seele. Jugend in Deutschland: 1880–1930." In *Die Seele. Ihre Geschichte im Abendland*, hrsg. von Gerd Jüttemann, Michael Sonntag und Christoph Wulf, 424–447. Weinheim: Psychologie Verlags Union.

Driesch, Hans. 1905. *Der Vitalismus als Geschichte und als Lehre*. Leipzig: Barth.

Driesch, Hans. 1923a. *Leib und Seele. Eine Untersuchung über das psychophysische Grundproblem*. Dritte Auflage, nach der zweiten verbesserten und teilweise umgearbeiteten Auflage. Leipzig: Emmanuel Reinicke.

Driesch, Hans. 1923b. *Ordnungslehre. Ein System des nichtmetaphysischen Teiles der Philosophie*. Neue verbesserte und großenteils umgearbeitete Auflage. Jena: Eugen Diederichs.

Driesch, Hans. 1932. *Parapsychologie. Die Wissenschaft von den „okkulten" Erscheinungen*. München: F. Bruckmann.

Driesch, Hans. 1951. *Lebenserinnerungen. Aufzeichnungen eines Forschers und Denkers in entscheidender Zeit*. München: Ernst Reinhardt.

Drury, Nevill. 1989a. *The Elements of Shamanism*. Longmead, Shaftesbury, Dorset: Element Books.

Drury, Nevill. 1989b. *Der Schamane und der Magier. Reisen zwischen den Welten* (engl. OA 1982). Basel: Sphinx.

Dürr, Hans-Peter, und Walther Ch. Zimmerli, Hrsg. 1989. *Geist und Natur. Über den Widerspruch zwischen naturwissenschaftlicher Erkenntnis und philosophischer Welterfahrung*. Bern: Scherz.

Ebel, Martin. 2018. „Mein Held, der Wald." *Süddeutsche Zeitung* online, 23.10.2018. https://www.sueddeutsche.de/kultur/amerikanische-literatur-mein-held-der-wald-1.4182004 (zuletzt geöffnet am 16.12.2018).

Eckel, Winfried. 1994. *Wendung. Zum Prozeß der poetischen Reflexion im Werk Rilkes*. Würzburg: Königshausen & Neumann.

Eder, Franz X. 2006. „Historische Diskurse und ihre Analyse – eine Einleitung." In *Historische Diskursanalysen: Genealogie, Theorien, Anwendungen*, hrsg. von Franz X. Eder, 9–23. Wiesbaden: VS Verlag für Sozialwissenschaft.

Eger, Martin. 2006. „The New Epic of Science and the Problem of Communication." In *Science, Understanding, and Justice: The Philosophical Essays of Martin Eger*, hrsg. von Abner Shimony, 281–296. Chicago: Open Court.

Ellenberger, Henri F. 1970. *The Discovery of the Unconscious: The History and Evolution of Dynamic Psychiatry*. London: Allen Lane The Penguin Press.

Emerson, Ralph Waldo. 1971. *The Collected Works of Ralph Waldo Emerson*. Hrsg. von Alfred R. Ferguson. *Vol. 1: Nature, Addresses, and Lectures*. Cambridge: The Belknap Press of Harvard University Press.

von Engelhard, Dietrich. 1980. „Schuberts Stellung in der romantischen Naturforschung." In *Gotthilf Heinrich Schubert. Gedenkschrift zum 200. Geburtstag des romantischen Naturforschers*, hrsg. vom Universitätsbund Erlangen-Nürnberg e.V., 11–36. Nürnberg.

Faivre, Antoine. 1987. „Occultism." In *The Encyclopedia of Religion*, hrsg. von Mircea Eliade (Editor in Chief), vol. 11, 36–40. New York: Macmillan.

Fedele, Anna, und Kim E. Knibbe, Hrsg. 2013. *Gender and Power in Contemporary Spirituality: Ethnographic Approaches*. New York: Routledge.

Figl, Johann, und Hans-Dieter Klein, Hrsg. 2002. *Der Begriff der Seele in der Religionswissenschaft*. Würzburg: Königshausen & Neumann.

Finger, Otto. 1961. *Von der Materialität der Seele. Beitrag zur Geschichte des Materialismus und Atheismus im Deutschland der zweiten Hälfte des 18. Jahrhunderts*. Berlin: Akademie-Verlag.

Flader, Susan L. 1974. *Thinking Like a Mountain: Aldo Leopold and the Evolution of an Ecological Attitude toward Deer, Wolves, and Forests*. Columba: University of Missouri Press.

Flaherty, Gloria. 1992. *Shamanism and the Eighteenth Century*. Princeton: Princeton University Press.

Francavilla, Joseph V. 1985. „Promethean Bound: Heroes and Gods in Roger Zelazny's Science Fiction." In *The Transcendent Adventure: Studies of Religion in Science Fiction/Fantasy*, hrsg. von Robert Reilly, 207–222. Westport und London: Greenwood Press.

Friedrich, Alexander, Petra Löffler, Niklas Schrape und Florian Sprenger. 2018. *Ökologien der Erde: Zur Wissensgeschichte und Aktualität der Gaia-Hypothese*. Lüneburg: meson press.

Gamper, Michael. 2009. „Charisma, Hypnose, Nachahmung. Massenpsychologie und Medientheorie." In *Trancemedien und Neue Medien um 1900. Ein anderer Blick auf die Moderne*, hrsg. von Marcus Hahn und Erhard Schüttpelz, 351–373. Bielefeld: transcript.

Gatta, John. 2004. *Making Nature Sacred: Literature, Religion, and Environment in America from the Puritans to the Present*. Oxford und New York: Oxford University Press.

Giovetti, Paola. 2007. *Roberto Assagioli: Leben und Werk des Begründers der Psychosynthese*. Italienische Originalausgabe 1995. Rümlang: Nawo.

Gladigow, Burkhard. 1993. „›Tiefe der Seele‹ und ›inner space‹. Zur Geschichte eines Topos von Heraklit bis zur Science Fiction." In *Die Erfindung des inneren Menschen. Studien zur religiösen Anthropologie*, hrsg. von Jan Assmann, 114–132. Gütersloh: Gütersloher Verlagshaus Mohn.

von Goethe, Johann Wolfgang. 1965. *Goethes Briefe*. Band III, 1805–1821. (Hamburger Ausgabe.) Hrsg. von Karl Robert Mandelkow und Bodo Morawe. München: C. H. Beck.

Goldstein, Amanda Jo. 2017. *Sweet Science: Romantic Materialism and the New Logics of Life*. Chicago und London: University of Chicago Press.

Golomb, Jacob. 2004. *Nietzsche and Zion*. Ithaca und London: Cornell University Press.

Gottlieb, Roger S. 1999. „The Transcendence of Justice and the Justice of Transcendence: Mysticism, Deep Ecology, and Political Life." *Journal of the American Academy of Religion* 67: 149–166.

Gottwald, Franz-Theo. 1998. „Hören, Wissen, Handeln – Schamanische und tiefenökologische Anregungen für eine konviviale Wissenschaft." In *Schamanische Wissenschaft. Ökologie, Naturwissenschaft und Kunst*, hrsg. von Franz-Theo Gottwald und Christian Rätsch, 11–23. München: Diederichs.

Gottwald, Franz-Theo, und Andrea Klepsch, Hrsg. 1995. *Tiefenökologie. Wie wir in Zukunft leben wollen*. München: Diederichs.

Gottwald, Franz-Theo, und Christian Rätsch, Hrsg. 1998. *Schamanische Wissenschaft. Ökologie, Naturwissenschaft und Kunst*. München: Diederichs.

Gräber-Magocsi, Sonja. 2012. *Die Vermessung „Neu-Seellands": Schreibweisen der Psychologien in der deutschsprachigen Literatur der Jahrhundertwende*. Dissertation Harvard University.

Greisiger, Lutz, Sebastian Schüler und Alexander van der Haven, Hrsg. 2017. *Religion und Wahnsinn um 1900: Zwischen Pathologisierung und Selbstermächtigung / Religion and Madness Around 1900: Between Pathology and Self-Empowerment.* Würzburg: Ergon.

Grieser, Alexandra. 2015. „Imaginationen des Nichtwissens: Zur *Hubble Space Imagery* und den Figurationen des schönen Universums zwischen Wissenschaft, Kunst und Religion." In *Religion – Imagination – Ästhetik: Vorstellungs- und Sinneswelten in Religion und Kultur*, hrsg. von Lucia Traut und Annette Wilke, 451–485. Göttingen: Vandenhoeck & Ruprecht.

Grieser, Alexandra, und Jay Johnston, Hrsg. 2017. *Aesthetics of Religion: A Connective Concept.* Berlin und Boston: De Gruyter.

Gripentrog, Stephanie. 2016. *Anormalität und Religion. Zur Entstehung der Psychologie im Kontext der europäischen Religionsgeschichte des 19. und frühen 20. Jahrhunderts.* Würzburg: Ergon-Verlag.

Grof, Stanislav. 1991. *Geburt, Tod und Transzendenz. Neue Dimensionen in der Psychologie.* Reinbek: Rowohlt.

Grof, Stanislav. 2000. *Psychology for the Future: Lessons from Modern Consciousness Research.* Albany: State University of New York Press.

Grof, Stanislav. 2006. „Ervin Laszlo's Akashic Field and the Dilemmas of Modern Consciousness Research." *World Futures* 62: 86–102.

Grof, Stanislav. 2012. „Revision and Re-enchantment of the Legacy of Psychology from a Half Century of Consciousness Research." *Journal of Transpersonal Psychology* 44: 137–163.

Grof, Stanislav, und Christina Grof, Hrsg. 1990. *Spirituelle Krisen. Chancen der Selbstfindung.* München: Kösel.

Guldin, Rainer. 2014. *Politische Landschaften. Zum Verhältnis von Raum und nationaler Identität.* Bielefeld: transcript.

Guthke, Karl S. 1983. *Der Mythos der Neuzeit. Das Thema der Mehrheit der Welten in der Literatur- und Geistesgeschichte von der kopernikanischen Wende bis zur Science Fiction.* Bern und München: Francke.

Habermas, Jürgen. 1998. *Der philosophische Diskurs der Moderne. Zwölf Vorlesungen.* 6. Aufl. ([1]1988). Frankfurt a. M.: Suhrkamp.

Haeckel, Ernst. 1866. *Generelle Morphologie der Organismen. Allgemeine Grundzüge der organischen Formen-Wissenschaft, mechanisch begründet durch die von Charles Darwin reformirte Descendenz-Theorie.* Bd. II: Allgemeine Entwicklungsgeschichte der Organismen. Kritische Grundzüge der mechanistischen Wissenschaft von den entstehenden Formen der Organismen, begründet durch die Descendenz-Theorie. Berlin: Reimer.

Haeckel, Ernst. 1903. *Die Welträthsel. Gemeinverständliche Studien über Monistische Philosophie.* Volksausgabe (151.–170. Tausend). [1]1899. Stuttgart: Kröner.

Haeckel, Ernst. 1904. *Kunstformen der Natur: Hundert Illustrationstafeln mit beschreibendem Text, Allgemeine Erläuterungen und Systematische Übersicht.* Leipzig und Wien: Bibliographisches Institut.

Haeckel, Ernst. 1917. *Kristallseelen. Studien über das anorganische Leben.* Leipzig: Kröner.

Hagelstange, Rudolf, Carl Georg Heise und Paul Appel, Hrsg. 1947. *Renée Sintenis.* Mit Beiträgen von Rudolf Hagelstange, Carl Georg Heise und Paul Appel. Berlin: Aufbau-Verlag.

Hahn, Marcus, und Erhard Schüttpelz, Hrsg. 2009. *Trancemedien und Neue Medien um 1900. Ein anderer Blick auf die Moderne.* Bielefeld: transcript.

Hakl, Thomas. 2001. *Der verborgene Geist von Eranos: Unbekannte Begegnungen von Wissenschaft und Esoterik. Eine alternative Geistesgeschichte des 20. Jahrhunderts.* Bretten: Scientia Nova, Verlag Neue Wissenschaft.

Hales, Barbara. 2010. „Mediating Worlds: The Occult as Projection of the New Woman in Weimar Culture." *The German Quarterly* 83: 317–332.

Halifax, Joan. 1994. *The Fruitful Darkness: Reconnecting with the Body of the Earth.* San Francisco: HarperCollins.

Hamner, Everett. 2018. „Here's to Unsuicide: An Interview with Richard Powers." *Los Angeles Review of Books.* 7.4.2018. https://lareviewofbooks.org/article/heres-to-unsuicide-an-interview-with-richard-powers/#! (zuletzt aufgerufen am 14.12.2018).

Hanefeld, Erhardt. 1978. „Vorwort zur deutschen Ausgabe: Psychosynthesis und Transpersonale Psychotherapie." In Roberto Assagioli, *Handbuch der Psychosynthesis. Angewandte transpersonale Psychologie*, herausgegeben, bearbeitet und mit einem Vorwort versehen von Erhardt Hanefeld, 9–34. Freiburg: Aurum.

Hanegraaff, Wouter J. 2012. *Esotericism and the Academy: Rejected Knowledge in Western Culture.* Cambridge und New York: Cambridge University Press.

Hanegraaff, Wouter J. 2017. „The Great War of the Soul: Divine and Human Madness in Carl Gustav Jung's Liber Novus." In *Religion und Wahnsinn um 1900: Zwischen Pathologisierung und Selbstermächtigung / Religion and Madness Around 1900: Between Pathology and Self-Empowerment*, hrsg. von Lutz Greisiger, Sebastian Schüler und Alexander van der Haven, 101–135. Würzburg: Ergon.

Haraway, Donna J. 2008. *When Species Meet.* Minneapolis: University of Minnesota Press.

Haraway, Donna J. 2016. *Staying with the Trouble: Making Kin in the Chthulucene.* Durham und London: Duke University Press. (Zitiert nach Kindle location)

Harvey, Graham. 2000. *Contemporary Paganism: Listening People, Speaking Earth.* New York: New York University Press.

Harvey, Graham 2005. *Animism: Respecting the Living World.* Kent Town, Australia: Wakefield Press.

Herbart, Johann Friedrich. 1834. *Lehrbuch zur Psychologie.* 2., verbesserte Auflage. Königsberg: August Wilhelm Unzer.

Herbert, Nick. 1987. *Quantum Reality: Beyond the New Physics.* Garden City: Anchor Press/Doubleday.

Herder, Johann Gottfried. 1827. *Sämmtliche Werke. Zur schönen Literatur und Kunst. 3/1: Gedichte.* Stuttgart und Tübingen: J. G. Cotta.

Hess, Jonathan. 1998. „Sugar Island Jews? Jewish Colonialism and the Rhetoric of ‚Civic Improvement' in Eighteenth-Century Germany." *Eighteenth-Century Studies* 32: 92–100.

Hesse, Hermann. 1998. *Die Gedichte.* Hrsg. von Volker Michels. 5. Aufl. Frankfurt a. M.: Suhrkamp.

Hodder, Ian. 2012. *Entangled: An Archaeology of the Relationships between Humans and Things.* Hoboken: Wiley-Blackwell.

Hoheisel, Karl. 2003. „Okkultismus I." In *Religion in Geschichte und Gegenwart,* 4., völlig neu bearbeitete Auflage, hrsg. von Hans Dieter Betz et al., 498–499. Tübingen: Mohr Siebeck.

Hollenberg, Donna Krolik. 2013. *A Poet's Revolution: The Life of Denise Levertov.* Berkeley: University of California Press.

Holz, Klaus. 2010. „Der Jude: Dritter der Nationen." In *Die Figur des Dritten: Ein kulturwissenschaftliches Paradigma,* hrsg. von Eva Eßlinger et al., 292–303. Frankfurt a. M.: Suhrkamp.

Hornborg, Anne-Christine. 2016. „Objects as Subjects: Agency and Performativity in Rituals." In *The Relational Dynamics of Enchantment and Sacralization,* hrsg. von Peik Ingman, Måns Broo, Tuija Hovi und Terhi Utriainen, 27–43. Sheffield: Equinox.

Horwitz, Jonathan. 1995a. „The Absence of ‚Performance' in the Shamanic Rite." In *Shamanism in Performing Arts,* hrsg. von Tae-Gon Kim und Mihály Hoppál, 231–242. Budapest: Akadémiai Kiadó.

Horwitz, Jonathan. 1995b. „Animism – Everyday Magic." *Sacred Hoop* 9: 6–10.

Horwitz, Jonathan. 1999. „Apprentice to the Spirits: The Shaman's Spiritual Path." In *Was ist ein Schamane? Schamanen, Heiler, Medizinleute im Spiegel westlichen Denkens. What is a Shaman? Shamans, Healers, and Medicine Men from a Western Point of View,* hrsg. von Amelie Schenk und Christian Rätsch, 215–221. Berlin: Verlag für Wissenschaft und Bildung.

Hübinger, Gangolf, Hrsg. 1996. *Versammlungsort moderner Geister: Der Eugen Diederichs Verlag – Aufbruch ins Jahrhundert der Extreme.* München: Eugen Diederichs.

Huber, Bruno, und Louise Huber. 1996. *Transformationen. Astrologie als geistiger Weg.* Adliswil und Zürich: Astrologisch-Psychologisches Institut API.

Huber, Louise. 1989. *Die Tierkreiszeichen. Reflexionen – Meditationen.* 3. Auflage. Adliswil und Zürich: Astrologisch-Psychologisches Institut API.

Hutten, Kurt. 1935. *Christus oder Deutschglaube? Ein Kampf um die deutsche Seele.* Stuttgart: J. F. Steinkopf.

Hutton, Ronald. 1999. *The Triumph of the Moon: A History of Modern Pagan Witchcraft.* Oxford und New York: Oxford University Press.

Hutton, Ronald. 2001. *Shamans: Siberian Spirituality and the Western Imagination.* London und New York: Hambledon & London.

Ingman, Peik, Måns Broo, Tuija Hovi und Terhi Utriainen (Hrsg.). 2016. *The Relational Dynamics of Enchantment and Sacralization.* Sheffield: Equinox.

Iovino, Serenella, und Serpil Oppermann. 2014. „Introduction: Stories Come to Matter." In *Material Ecocriticism*, hrsg. von Serenella Iovino und Serpil Oppermann, 1–17. Bloomington: Indiana University Press.

Jacobsen, Eric Paul. 2005. *From Cosmology to Ecology: The Monist World-View in Germany from 1770 to 1930.* Oxford etc.: Peter Lang.

Jaffé, Aniela. 1971. *Erinnerungen, Träume, Gedanken von C. G. Jung. Aufgezeichnet und herausgegeben von Aniela Jaffé.* Olten und Freiburg: Walter.

Jerusalem, Wilhelm. 1902. *Lehrbuch der Psychologie.* 3., vollständig umgearbeitete Auflage des Lehrbuchs der empirischen Psychologie. Wien und Leipzig: Wilhelm Braumüller.

Jodl, Friedrich. 1908. *Lehrbuch der Psychologie.* 3. Auflage (^{1}1896). Stuttgart und Berlin: J. G. Cotta'sche Buchhandlung Nachfolger.

Joël, Karl. 1906. *Der Ursprung der Naturphilosophie aus dem Geiste der Mystik.* Jena: Eugen Diederichs.

Joël, Karl. 1912. *Seele und Welt. Versuch einer organischen Auffassung.* Jena: Eugen Diederichs.

Jones, Prudence, und Caitlín Matthews, Hrsg. 1990. *Voices from the Circle: The Heritage of Western Paganism.* Hammersmith, London: The Aquarian Press.

Josephson-Storm, Jason Ā. 2017. *The Myth of Disenchantment: Magic, Modernity, and the Birth of the Human Sciences.* Chicago und London: The University of Chicago Press.

Josephson-Storm, Jason Ā. 2018. „Max Weber in the Realm of Enchantment." Blogpost für *Forbidden Histories*, 4. April 2018. http://www.forbiddenhistories.com/weber-josephson-storm/ (zuletzt geöffnet am 31.1.2019).

Jüttemann, Gerd. 1986. „Die geschichtslose Seele – Kritik der Gegenstandsverkürzung in der traditionellen Psychologie." In *Die Geschichtlichkeit des Seelischen: Der historische Zugang zum Gegenstand der Psychologie*, hrsg. von Gerd Jüttemann, 98–115. Weinheim: Psychologie Verlags Union / Beltz.

Jüttemann, Gerd, Hrsg. 1986a. *Die Geschichtlichkeit des Seelischen: Der historische Zugang zum Gegenstand der Psychologie.* Weinheim: Psychologie Verlags Union / Beltz.

Jüttemann, Gerd, Hrsg. 1988. *Wegbereiter der Historischen Psychologie.* München und Weinheim: Beltz / Psychologie Verlags Union.

Jüttemann, Gerd, Michael Sonntag und Christoph Wulf, Hrsg. 1991. *Die Seele. Ihre Geschichte im Abendland*. Weinheim: Psychologie Verlags Union.

Jung, Carl Gustav. 1958–1981. *Gesammelte Werke*. 18 Bände. Zürich: Rascher und Olten: Walter. Zitiert als „Jung, GW" mit Band und Paragraf.

Jung, Carl Gustav. 2009. *The Red Book. Liber Novus*. Herausgegeben von Sonu Shamdasani. Übersetzt von Mark Kyburz, John Peck und Sonu Shamdasani. New York und London: W. W. Norton & Company.

Jung, Carl Gustav, und Wolfgang Pauli. 1952. *Naturerklärung und Psyche*. Zürich: Rascher.

Kaiser, David. 2011. *How the Hippies Saved Physics: Science, Counterculture, and the Quantum Revival*. New York und London: W. W. Norton & Company.

Kalmar, Ivan Davidson, und Derek J. Penslar, Hrsg. 2005. *Orientalism and the Jews*. Waltham: Brandeis University Press.

Kamper, Dietmar, und Christoph Wulf, Hrsg. 1988a. *Die erloschene Seele. Disziplin, Geschichte, Kunst, Mythos*. Berlin: Reimer.

Kamper, Dietmar, und Christoph Wulf. 1988b. „Vexierbild und transitorische Metapher – Die Seele als das Andere ihrer selbst." In *Die erloschene Seele. Disziplin, Geschichte, Kunst, Mythos*, hrsg. von Dietmar Kamper und Christoph Wulf, 1–14. Berlin: Reimer.

Kantor, J. R. 1963. *The Scientific Evolution of Psychology*. Vol. 1. Chicago und Granville: The Principia Press.

Kerr, Howard, und Charles L. Crow, Hrsg. 1983. *The Occult in America: New Historical Perspectives*. Urbana und Chicago: University of Illinois Press.

Kettelhake, Silke. 2010. *Renée Sintenis. Berlin, Boheme und Ringelnatz*. Berlin: Osburg.

Kiesewetter, Karl. 1894. *Die Geheimwissenschaften*. 2. Aufl. Leipzig: Wilhelm Friedrich.

Kiesewetter, Karl. 1896. *Der Occultismus des Altertums*. Leipzig: Wilhelm Friedrich.

Kiesewetter, Karl. 1909. *Geschichte des neueren Occultismus. Geheimwissenschaftliche Systeme von Agrippa von Nettesheim bis zu Karl du Prel*. 2., durchgesehene und erweiterte Auflage besorgt von Robert Blum. Leipzig: Max Altmann.

Kippenberg, Hans G. 1997. *Die Entdeckung der Religionsgeschichte. Religionswissenschaft und Moderne*. München: C. H. Beck.

Kippenberg, Hans G., und Brigitte Luchesi, Hrsg. 1987. *Magie. Die sozialwissenschaftliche Kontroverse über das Verstehen fremden Denkens*. Frankfurt a. M.: Suhrkamp.

Kirk, Andrew G. 2007. *Counterculture Green: The Whole Earth Catalog and American Environmentalism*. Lawrence: University Press of Kansas.

Klages, Ludwig. 1926. *Die psychologischen Errungenschaften Nietzsches*. Leipzig: Johann Ambrosius Barth.

Klages, Ludwig. 1937. *Der Mensch und das Leben*. Ausgabe von „Mensch und Erde" (1913) und „Bewußtsein und Leben" (1915). Jena: Eugen Diederichs.

Klages, Ludwig. 1963. *Vom kosmogonischen Eros*. 6., durchgesehene Auflage (^{1}1921). Bonn: H. Bouvier u. Co.

Klemm, Otto. 1911. *Geschichte der Psychologie.* Leipzig und Berlin: B. G. Teubner.

Kolbert, Elizabeth. 2014. *The Sixth Extinction: An Unnatural History.* London: Bloomsbury.

Kripal, Jeffrey J. 2007. *Esalen: America and the Religion of No Religion.* Chicago und London: The University of Chicago Press.

Küchler, Walther. 1921. *Ernest Renan. Der Dichter und der Künstler.* Gotha: Friedrich Andreas Perthes.

Külpe, Oswald. 1893. *Grundriss der Psychologie. Auf experimenteller Grundlage dargestellt.* Leipzig: Wilhelm Engelmann.

Lachman, Gary. 2018. *Dark Star Rising: Magick and Power in the Age of Trump.* New York: Tarcher Perigee / Penguin Random House.

Lajer-Burcharth, Ewa, und Beate Söntgen, Hrsg. 2016. *Interiors and Interiority.* Berlin und Boston: De Gruyter.

de Landa, Manuel. 1997. *A Thousand Years of Nonlinear History.* Cambridge: MIT Press/ Zone Books.

Langewiesche, Dieter, 2012. „Gefühlsraum Nation / ‚Nation' as an emotional space." *Zeitschrift für Erziehungswissenschaft* 15 (Supplement 1): 195–215.

Latour, Bruno. 1993. *We Have Never Been Modern.* Cambridge: Harvard University Press.

Latour, Bruno. 2010. *On the Modern Cult of the Factish Gods.* Durham und London: Duke University Press.

Latour, Bruno. 2011. „Fetish-Factish." *Material Religion* 7: 42–49.

Latour, Bruno. 2017. *Facing Gaia: Eight Lectures on the New Climatic Regime.* Cambridge: Polity Press.

Latour, Bruno, und Steve Woolgar. 1986. *Laboratory Life: The Construction of Scientific Facts.* [1]1979. Princeton: Princeton University Press.

Laurikainen, Kalervo Vihtori. 1988. *The Philosophical Thought of Wolfgang Pauli.* Berlin etc.: Springer.

László, Ervin. 1969. *System, Structure, and Experience: Toward a Scientific Theory of Mind.* New York etc.: Gordon and Breach Science Publishers.

László, Ervin. 1998. *Systemtheorie als Weltanschauung. Eine ganzheitliche Vision für unsere Zeit.* Englische Originalausgabe 1996. München: Diederichs.

Lauster, Jörg, Peter Schüz, Roderich Bart und Christian Danz, Hrsg. 2014. *Rudolf Otto. Theologie – Religionsphilosophie – Religionsgeschichte.* Berlin und Boston: De Gruyter.

Lear, Linda. 1997. *Rachel Carson: Witness for Nature.* New York: Henry Holt.

van der Leeuw, Gerardus. 1924. *Mystiek.* Baarn: Hollandia-Drukkerij.

van der Leeuw, Gerardus. 1957. *Vom Heiligen in der Kunst.* Aus dem Niederländischen übersetzt nach der von E. L. Smelik durchgesehenen 3. Auflage von A. Piper. Gütersloh: Carl Bertelsmann.

Le Guin, Ursula K. 1979. *The Language of the Night: Essays on Fantasy and Science Fiction*. Edited and with introductions by Susan Wood. New York: G. P. Putnam's Sons.

Le Guin, Ursula K. 2016. *Late in the Day: Poems 2010–2014*. Oakland: PM Press.

Leslie, Ian R. 1990. *Betrachtungen über Religion und Kunst in den Schriften von R. M. Rilke und D. H. Lawrence*. Dissertation Freie Universität Berlin.

Levertov, Denise. 1992. *Evening Train*. New York: New Directions Publishing.

LeVasseur, Todd, und Anna Peterson, Hrsg. 2017. *Religion and Ecological Crisis: The „Lynn White Thesis" at Fifty*. New York: Routledge.

Lichtblau, Klaus. 1996. *Kulturkrise und Soziologie um die Jahrhundertwende. Zur Genealogie der Kultursoziologie in Deutschland*. Frankfurt a. M.: Suhrkamp.

Lindley, David. 2007. *Uncertainty: Einstein, Heisenberg, Bohr, and the Struggle for the Soul of Science*. New York: Anchor Books.

Linse, Ulrich. 1996. *Geisterseher und Wunderwirker. Heilssuche im Industriezeitalter*. Frankfurt a. M.: Fischer.

Lopez, Barry. 1989. *Arctic Dreams: Imagination and Desire in a Northern Landscape*. Toronto etc.: Bantam Books.

Maher, Neil M. 2017. *Apollo in the Age of Aquarius*. Cambridge: Harvard University Press.

Marin, Juan Miguel. 2009. „‚Mysticism' in Quantum Mechanics: The Forgotten Controversy." *European Journal of Physics* 30: 807–822.

Marquard, Odo. 1987. *Transzendentaler Idealismus – Romantische Naturphilosophie – Psychoanalyse*. Ursprünglich Habilitationsschrift 1963. Köln: Verlag für Philosophie Jürgen Dinter.

Maslow, Abraham H. 1968. *Toward a Psychology of Being*. 2nd, revised edition ([1]1962). New York etc.: D. van Nostrand Company.

Maslow, Abraham H. 1970. *Motivation and Personality*. 2nd edition ([1]1954). New York etc.: Harper & Row.

McDonnell, Lytton Naegele. 2018. *Ecstatic Anthems*. PhD Dissertation im Fach Geschichte, Rutgers University, USA. Online verfügbar: https://doi.org/doi:10.7282/T3GF0XQH (zuletzt geöffnet am 10.9.2018).

McGowan Russell, Cathy. 2018. „The Epic of Evolution." http://epicofevolution.com/about/about-the-epic (zuletzt geöffnet am 8.12.2018).

Mendes-Flohr, Paul R. 1978. *Von der Mystik zum Dialog: Martin Bubers geistige Entwicklung bis hin zu „Ich und Du"*. Königstein: Jüdischer Verlag.

Mendes-Flohr, Paul R. 1991. „Fin de Siècle Orientalism, the *Ostjuden*, and the Aesthetics of Jewish Self-Affirmation." In *Divided Passions: Jewish Intellectuals and the Experience of Modernity*, hrsg. von Paul R. Mendes-Flohr, 77–132. Detroit: Wayne State University Press.

Mensky, Michael B. 2010. *Consciousness and Quantum Mechanics: Life In Parallel Worlds. Miracles of Consciousness from Quantum Reality*. Singapore: World Scientific Publishing.

Mickey, Sam, Sean M. Kelly und Adam Robbert, Hrsg. 2017. *The Variety of Integral Ecologies: Nature, Culture, and Knowledge in the Planetary Era*. Albany: SUNY.

Millepierres, François. 1961. *La vie d'Ernest Renan, sage d'Occident*. Paris: Librairie Marcel Rivière et Cie.

Moritz, Karl Philipp. 1952. *Anton Reiser*. Berlin: Rütten & Loening.

Morrisson, Mark S. 2007. *Modern Alchemy: Occultism and the Emergence of Atomic Theory*. Oxford und New York: Oxford University Press.

Mukhopadhyay, Ranjan. 2014. „Quantum Mechanics, Objective Reality, and the Problem of Consciousness." *Journal of Consciousness Studies* 21: 57–80.

Müller, Günther. 1939. *Geschichte der deutschen Seele. Vom Faustbuch zu Goethes Faust*. Freiburg: Herder.

Muir, John. 1915–1924. *Works. The Sierra Edition*. 10 Bände, hrsg. von William Frederick Badé. Boston: Houghton Mifflin.

Muir, John. 1954. *The Wilderness World of John Muir*. Hrsg. von Edwin Way Teale. Boston: Houghton Mifflin.

Mummendey, Hans D. 2006. *Die Psychologie des „Selbst". Theorien, Methoden und Ergebnisse der Selbstkonzeptforschung*. Göttingen: Hogrefe.

Naess, Arne. 1973. „The Shallow and the Deep, Long-range Ecology Movement. A Summary." *Inquiry* 16: 95–100.

Naess, Arne. 1989. *Ecology, Community and Lifestyle: Outline of an Ecosophy*. Cambridge: Cambridge University Press.

Nagy, Marilyn. 1991. *Philosophical Issues in the Psychology of C. G. Jung*. Albany: State University of New York Press.

Nannini, Sandro. 2006. *Seele, Geist und Körper. Historische Wurzeln und philosophische Grundlagen der Kognitionswissenschaften*. Frankfurt a. M. etc.: Peter Lang.

Nash, Roderick. 1982. *Wilderness and the American Mind*. 3. Auflage. New Haven: Yale University Press.

Nash, Roderick. 1989. *The Rights of Nature: A History of Environmental Ethics*. Madison: University of Wisconsin Press.

Nicholson, Shirley, Hrsg. 1996. *Shamanism*. 5. Aufl. Wheaton: Theosophical Publishing House.

Nicholson, Shirley, und Brenda Rosen, Hrsg. 1992. *Gaia's Hidden Life: The Unseen Intelligence of Nature*. Wheaton: Theosophical Publishing House.

Nietzsche, Friedrich. 1923. *Friedrich Nietzsches Briefwechsel mit Erwin Rohde*. Hrsg. von Elisabeth Förster-Nietzsche und Fritz Schöll. Leipzig: Insel.

Nietzsche, Friedrich. 1999. *Sämtliche Werke.* Kritische Studienausgabe in 15 Bänden, hrsg. von Giorgio Colli und Mazzino Montinari. Neuausgabe nach der 2. Aufl. 1988. München: dtv.

Nöthlich, Rosemarie, Heiko Weber, Uwe Hoßfeld, Olaf Breidbach und Erika Krauße, Hrsg. 2006. *„Substanzmonismus" und/oder „Energetik": Der Briefwechsel von Ernst Haeckel und Wilhelm Ostwald (1910–1918).* Berlin: Verlag für Wissenschaft und Bildung.

Oelschlaeger, Max. 1991. *The Idea of Wilderness: From Prehistory to the Age of Ecology.* New Haven: Yale University Press.

Oesterreich, Traugott Konstantin. 1923. *Der Okkultismus im modernen Weltbild.* 3., stark vermehrte Auflage ([1]1921). Dresden: Sybillen-Verlag.

Oesterreich, Traugott Konstantin. 1924. *Die philosophische Bedeutung der mediumistischen Phänomene.* Erweiterte Fassung des auf dem Zweiten Internationalen Kongress für Parapsychologische Forschung in Warschau gehaltenen Vortrags. Stuttgart: W. Kohlhammer.

Oken, Lorenz. 1843. *Lehrbuch der Naturphilosophie.* 3., neu bearbeitete Aufl. ([1]1809). Zürich: Friedrich Schultheß (Ndr. Hildesheim etc.: Georg Olm 1991).

Ostwald, Wilhelm. 1910. *Die Forderung des Tages.* Leipzig: Akademische Verlagsgesellschaft.

Ostwald, Wilhelm. 1911. *Monistische Sonntagspredigten.* Erste Reihe. Leipzig: Akademische Verlagsgesellschaft.

Ostwald, Wilhelm. 1912. *Monistische Sonntagspredigten.* Zweite Reihe. Leipzig: Akademische Verlagsgesellschaft.

Ostwald, Wilhelm. 1914a. *Religion und Monismus.* Leipzig: Unesma.

Ostwald, Wilhelm. 1914b. *Das Christentum als Vorstufe zum Monismus.* Leipzig: Unesma.

Otto, Bernd-Christian. 2011. *Magie. Rezeptions- und diskursgeschichtliche Analysen von der Antike bis zur Neuzeit.* Berlin und New York: De Gruyter.

Owen, Alex. 2004. *The Place of Enchantment: British Occultism and the Culture of the Modern.* Chicago und London: The University of Chicago Press.

Pauli, Wolfgang. 1956. „Die Wissenschaft und das abendländische Denken". In *Europa – Erbe und Aufgabe. Internationaler Gelehrtenkongress Mainz 1955,* hrsg. von Martin Göhring, 71–79. Wiesbaden: Franz Steiner.

Pauli, Wolfgang. 1994. *Writings on Physics and Philosophy.* Hrsg. von Charles P. Enz und Karl von Meyenn. Berlin etc.: Springer.

Peat, F. David. 1987. *Synchronicity: The Bridge between Matter and Mind.* Toronto: Bantam Books.

Peat, F. David. 1992. „Synchronizität: Das Speculum zwischen Inschaft und Landschaft." In *Unus Mundus: Kosmos und Sympathie. Beiträge zum Gedanken der Einheit von Mensch und Kosmos*, hrsg. von Thomas Arzt, Maria Hippius-Gräfin Dürckheim und Roland Dollinger, 203–214. Frankfurt a. M. etc.: Peter Lang.

Peat, F. David. 1997. *Infinite Potential: The Life and Times of David Bohm*. Reading: Helix Books / Addison-Wesley.

Peleg, Yaron. 2005. *Orientalism and the Hebrew Imagination*. Ithaca: Cornell University Press.

Philippon, Daniel J. 2004. *Conserving Words: How American Nature Writers Shaped the Environmental Movement*. Athens: University of Georgia Press.

Piper, Ernst. 2005. *Alfred Rosenberg. Hitlers Chefideologe*. München: Karl Blessing.

Platzhoff, Eduard. 1900. *Ernest Renan. Ein Lebensbild*. Dresden und Leipzig: Carl Reißner.

Pokazanyeva, Anna. 2016. „Mind within Matter: Science, the Occult, and the (Meta-) physics of Ether and Akasha." *Zygon* 51: 318–346.

Potter, Christopher. 2018. *The Earth Gazers: On Seeing Ourselves*. New York: Pegasus.

Powers, Richard. 2018. *The Overstory: A Novel*. New York und London: W.W. Norton.

du Prel, Carl. 1885. *Die Philosophie der Mystik*. Leipzig: Günther.

du Prel, Carl. 1887. „Der Dämon des Sokrates". *Sphinx* 4: 217–227, 329–335, 391–400.

du Prel, Carl. 1888. *Die Mystik der alten Griechen*. Leipzig: Günther.

du Prel, Carl. 1890. „Moderner Tempelschlaf". *Sphinx* 9: 1–6, 105–111.

Principe, Lawrence M., und William R. Newman. 2001. „Some Problems with the Historiography of Alchemy." In *Secrets of Nature: Astrology and Alchemy in Early Modern Europe*, hrsg. von William R. Newman und Anthony Grafton, 385–431. Cambridge: MIT Press.

Regardie, Israel. 2002. *The Tree of Life: An Illustrated Study of Magic*. Edited and annotated by Chic Cicero and Sandra Tabatha Cicero. ^{1}1932. St. Paul: Llewellyn Publications.

Reichel-Dolmatoff, Gerardo, Hrsg. 1996. *Das Schamanische Universum. Schamanismus, Bewußtsein und Ökologie in Südamerika*. München: Diederichs.

Reill, Peter Hanns. 2005. *Vitalizing Nature in the Enlightenment*. Berkeley: University of California Press.

Renan, Ernest. 1993. „Was ist eine Nation? Vortrag in der Sorbonne am 11. März 1882." In *Grenzfälle – Über neuen und alten Nationalismus*, herausgegeben von Michael Jeismann und Henning Ritter, 290–311. Leipzig: Reclam.

Renan, Ernest. 1996. *Qu'est-ce qu'une Nation ? et autres écrits politiques*. Herausgegeben von Raoul Girardet. Paris: Imprimerie nationale Éditions.

Richards, Robert. J. 2002. *The Romantic Conception of Life: Science and Philosophy in the Age of Goethe*. Chicago und London: The University of Chicago Press.

Rilke, Rainer Maria. 1935. *Briefe aus Muzot 1921 bis 1926* (=*Briefe* Bd. 6). Hrsg. von Ruth Sieber-Rilke und Carl Sieber. Leipzig: Insel.

Rilke, Rainer Maria. 1999. *Die Gedichte*. 11. Aufl. Frankfurt a. M.: Insel.

Röder, Brigitte, Juliane Hummel und Brigitta Kunz. 1996. *Göttinnendämmerung. Das Matriarchat aus archäologischer Sicht.* München: Droemer Knaur.

Roemer, Nils. 2010. „Reading Nietzsche – Thinking about God: Martin Buber, Gershom Scholem, and Franz Rosenzweig." *American Catholic Philosophical Quarterly* 84: 427–441.

Rohde, Erwin. 1910. *Psyche. Seelencult und Unsterblichkeitsglaube der Griechen.* 2 Bde. 5./6. Auflage ([1]1894).Tübingen: Mohr-Siebeck.

Rosenberg, Alfred. 1933. *Der Mythus des 20. Jahrhunderts. Eine Wertung der seelisch-geistigen Gestaltenkämpfe unserer Zeit.* 13.–16. Auflage ([1]1930). München: Hoheneichen-Verlag.

Rosselli, Massimo. 2012. „Roberto Assagioli: A Bright Star." *International Journal of Psychotherapy* 16: 7–19.

Rosselli, Massimo, und Duccio Vanni. 2014. „Roberto Assagioli and Carl Gustav Jung." *The Journal of Transpersonal Psychology* 46: 7–34.

Rothe, Friedrich. 1987. „Deutscher Wald um 1900." In *Waldungen. Die Deutschen und ihr Wald,* hrsg. von der Akademie der Künste, Berlin, 69–73. Berlin: Nicolaische Verlagsbuchhandlung.

Rowling, J. K. 1999. *Harry Potter and the Prisoner of Azkaban.* New York: Scholastic.

Rowling, J. K. 2000. *Harry Potter and the Goblet of Fire.* New York: Scholastic.

Rowling, J. K. 2005. *Harry Potter and the Half-Blood Prince.* New York: Scholastic.

Rowling, J. K. 2007. *Harry Potter and the Deathly Hallows.* New York: Scholastic.

Rue, Loyal D. 2000. *Everybody's Story: Wising Up to the Epic of Evolution.* Albany: State University of New York Press.

Rue, Loyal. 2005. „Epic of Evolution." In *Encyclopedia of Religion and Nature,* hrsg. von Bron R. Taylor, 612–615. London und New York: Continuum.

Safina, Carl. 2015. *Beyond Words: What Animals Think and Feel.* 2. Auflage. New York: Macmillan/Henry Holt and Co.

Safranski, Rüdiger. 2000. *Nietzsche. Biographie seines Denkens.* München und Wien: Hanser.

Schäfer, Lothar, und Diogo Valadas Ponte. 2013. „Carl Gustav Jung, Quantum Physics and the Spiritual Mind: A Mystical Vision of the Twenty-First Century." *Behavioral Sciences* 3: 601–618.

Schama, Simon. 1996. *Der Traum von der Wildnis. Natur als Imagination.* München: Kindler.

Schlatter, Gerhard. 1999. „Animismus". In *Metzler Lexikon Religion: Gegenwart – Alltag – Medien,* hrsg. von Christoph Auffarth, Jutta Bernard und Hubert Mohr, Band 1, 61. Stuttgart und Weimar: J. B. Metzler.

Schleich, Carl Ludwig. 1916. *Zwei Jahre kriegschirurgischer Erfahrungen aus einem Berliner Lazarett.* Stuttgart und Berlin: Deutsche Verlags-Anstalt.

Schleich, Carl Ludwig. 1917. *Vom Schaltwerk der Gedanken. Neue Einsichten und Betrachtungen über die Seele*. Berlin: S. Fischer.

Schleich, Carl Ludwig. 1920. *Gedankenmacht und Hysterie*. Berlin: Ernst Rowohlt.

Schleich, Carl Ludwig. 1922a. *Von der Seele. Essays*. 19.–23. Auflage (¹1910). Berlin: S. Fischer.

Schleich, Carl Ludwig. 1922b. *Besonnte Vergangenheit. Lebenserinnerungen 1859–1919*. Berlin: Ernst Rowohlt.

Schleich, Carl Ludwig. 1924a. *Dichtungen*. Berlin: Ernst Rowohlt.

Schleich, Carl Ludwig. 1924b. *Das Ich und die Dämonien*. 10.–12. Auflage (¹1920). Berlin: S. Fischer.

Schleich, Carl Ludwig. 1951. *Die Wunder der Seele*. Mit einem Geleitwort von C. G. Jung. Frankfurt a. M.: S. Fischer.

Schmidt-Biggemann, Wilhelm. 1998. *Philosophia perennis. Historische Umrisse abendländischer Spiritualität in Antike, Mittelalter und Früher Neuzeit*. Frankfurt a. M.: Suhrkamp.

Scholem, Gershom. 1995. *Tagebücher, nebst Aufsätzen und Entwürfen bis 1923*. Band 1, hrsg. von Karlfried Gründer und Friedrich Niewöhner, unter Mitarbeit von Herbert Kopp-Oberstebrink. Frankfurt a. M.: Jüdischer Verlag.

Scholem, Gershom. 2000. *Tagebücher, nebst Aufsätzen und Entwürfen bis 1923*. 2. Halbband 1917–1923. Hrsg. von Karlfried Gründer, Herbert Kopp-Oberstebrink und Friedrich Niewöhner, unter Mitwirkung von Karl E. Grözinger. Frankfurt a. M.: Jüdischer Verlag.

Schorsch, Christof. 1987. *Die Große Vernetzung. Wege zu einer ökologischen Philosophie*. Freiburg: Bauer.

von Schubert, Gotthilf Heinrich. 1821. *Die Symbolik des Traumes*. 2. Auflage. Bamberg: Carl Friedrich Kunz.

von Schubert, Gotthilf Heinrich. 1850. *Die Geschichte der Seele*. 4. Aufl. Stuttgart und Tübingen: J. G. Cotta.

Schulz, Dieter. 1997. *Amerikanischer Transzendentalismus. Ralph Waldo Emerson, Henry David Thoreau, Margaret Fuller*. Darmstadt: Wissenschaftliche Buchgesellschaft.

Seed, John, Joanna Macy, Pat Fleming und Arne Naess, Hrsg. 1988. *Thinking Like a Mountain: Towards a Council of All Beings*. Philadelphia: New Society.

Sehon, Scott. 2010. „The Soul in Harry Potter." In *The Ultimate Harry Potter and Philosophy: Hogwarts for Muggles*, hrsg. von William Irwin und Gregory Bassham, 7–21. New Jersey: Wiley.

Shamdasani, Sonu. 1998. *Cult Fictions: C. G. Jung and the Founding of Analytical Psychology*. London und New York: Routledge.

Shamdasani, Sonu. 2003. *Jung and the Making of Modern Psychology: The Dream of a Science*. Cambridge und New York: Cambridge University Press.

Shamdasani, Sonu. 2005. *Jung Stripped Bare by His Biographers, Even.* London und New York: Karnac.

Shamdasani, Sonu. 2009. „Liber Novus: The ‚Red Book‘ of C. G. Jung.“ In *The Red Book. Liber Novus*, hrsg. von Sonu Shamdasani, 193–221. New York und London: W. W. Norton & Company.

Shamdasani, Sonu. 2012. *C. G. Jung: A Biography in Books.* New York und London: W. W. Norton.

Shapin, Steven. 1994. *A Social History of Truth: Civility and Science in Seventeenth-Century England.* Chicago und London: The University of Chicago Press.

Sideris, Lisa H. 2017. *Consecrated Science: Wonder, Knowledge, and the Natural World.* Oakland: University of California Press.

Sideris, Lisa H. 2018. „Biosphere, Noosphere, and the Anthropocene: Earth's Perilous Prospects in a Cosmic Context.“ *Journal for the Study of Religion, Nature and Culture* 11: 399–419.

Sideris, Lisa H., und Kathleen Dean Moore, Hrsg. 2008. *Rachel Carson: Legacy and Challenge.* Albany: State University of New York Press.

Singer, Peter. 1975. *Animal Liberation: A New Ethics for our Treatment of Animals.* New York: New York Review/Random House.

Sloterdijk, Peter, und Thomas H. Macho, Hrsg. 1991. *Weltrevolution der Seele. Ein Lese- und Arbeitsbuch der Gnosis von der Spätantike bis zur Gegenwart.* 2 Bände. München: Artemis & Winkler.

Smith, Roger. 1997. *The Fontana History of the Human Sciences.* London: Fontana.

Snyder, Gary. 1977. *The Old Ways.* San Francisco: City Lights.

Sommer, Andreas. 2013a. *Crossing the Boundaries of Mind and Body: Psychical Research and the Origins of Modern Psychology.* PhD Dissertation, Science and Technology Studies, University College London.

Sommer, Andreas. 2013b. „Normalizing the Supernormal: The Formation of the ‚Gesellschaft für Psychologische Forschung‘ (‚Society for Psychological Research‘), c. 1886–1890.“ *Journal of the History of the Behavioral Sciences* 49: 18–44.

Sorabji, Richard. 1999. „Soul and Self in Ancient Philosophy.“ In *From Soul to Self*, hrsg. von James C. Crabbe, 8–32. London und New York: Routledge.

Souder, William. 2012. *On a Farther Shore: The Life and Legacy of Rachel Carson.* New York: Crown.

Staudenmaier, Ludwig. 1912. *Die Magie als experimentelle Naturwissenschaft.* Leipzig: Akademische Verlagsgesellschaft.

Stojilkov, Andrea. 2015. „Life(and)death in Harry Potter: The Immortality of Love and Soul.“ *Mosaic: A Journal for the Interdisciplinary Study of Literature* 48: 133–148.

Strauss, Walter A. 1971. *Descent and Return: The Orphic Theme in Modern Literature.* Cambridge: Harvard University Press.

von Stuckrad, Kocku. 2003. *Schamanismus und Esoterik. Kultur- und wissenschaftsgeschichtliche Betrachtungen.* Leuven: Peeters.

von Stuckrad, Kocku. 2010. „Utopian Landscapes and Ecstatic Journeys: Friedrich Nietzsche, Hermann Hesse, and Mircea Eliade on the Terror of Modernity." *Numen: International Review for the History of Religions* 57: 78–102.

von Stuckrad, Kocku. 2010. *Locations of Knowledge in Medieval and Early Modern Europe: Esoteric Discourse and Western Identities*. Leiden und Boston: Brill.

von Stuckrad, Kocku. 2014. *The Scientification of Religion: An Historical Study of Discursive Change, 1800–2000*. Berlin und Boston: De Gruyter.

von Stuckrad, Kocku. 2020. „Historical Discourse Analysis: The Entanglement of Past and Present." In *Religion and Discourse Research: Disciplinary Use and Interdisciplinary Dialogues*, hrsg. von Jay Johnston und Kocku von Stuckrad. Berlin und Boston: De Gruyter (im Erscheinen).

Swimme, Brian Thomas, und Mary Evelyn Tucker. 2011. *Journey of the Universe*. New Haven: Yale University Press.

Tarnas, Richard. 1999. *Idee und Leidenschaft. Die Wege des westlichen Denkens*. Amerikanische Originalausgabe *The Passion of the Western Mind* 1991. München: Deutscher Taschenbuch Verlag.

Tarnas, Richard. 2007. *Cosmos and Psyche: Intimations of a New World View*. New York: Plume.

Tart, Charles, T. 1978. *Transpersonale Psychologie*. Englische Originalausgabe 1975. Olten: Walter.

Tart, Charles T. 2009. *The End of Materialism: How Evidence of the Paranormal is Bringing Science and Spirit Together*. Oakland: New Harbinger Publications.

Taylor, Bron. 1995. „Resacralizing Earth: Pagan Environmentalism and the Restoration of Turtle Island". In *American Sacred Space*, hrsg. von David Chidester und E. T. Linenthal, 97–151. Bloomington: Indiana University Press.

Taylor, Bron. 2001. „Earth and Nature-Based Spirituality: From Deep Ecology to Radical Environmentalism." *Religion* 31: 175–193.

Taylor, Bron. 2010. *Dark Green Religion: Nature Spirituality and the Planetary Future*. Berkeley und Los Angeles: University of California Press.

Taylor, Bron, Hrsg. 2013. *Avatar and Nature Spirituality*. Waterloo: Wilfrid Laurier University Press.

Taylor, Eugene. 1980. „Jung and William James." *Spring: A Journal for Archetypal Psychology and Jungian Thought* 20: 157–169.

Taylor, Paul W. 1997. „Die Ethik der Achtung für die Natur (1981)." In *Ökophilosophie*, hrsg. von Dieter Birnbacher, 77–116. Stuttgart: Philipp Reclam jun.

Thoreau, Henry David. 1971. *The Writings of Henry D. Thoreau: Walden*. Hrsg. von B. Torrey und F. H. Allen. Boston: Houghton Mifflin.

Tischner, Rudolf. 1923. *Einführung in den Okkultismus und Spiritismus*. Zweite, umgearbeitete und verbesserte Auflage ([1]1921). München: J. F. Bergmann.

Titius, Arthur. 1931. *Natur und Gott. Ein Versuch zur Verständigung zwischen Naturwissenschaft und Theologie*. 2. Auflage. Göttingen: Vandenhoeck & Ruprecht.

Treitel, Corinna. 2004. *A Science for the Soul: Occultism and the Genesis of the German Modern*. Baltimore und London: The Johns Hopkins University Press.

Turner, Fred. 2006. *From Counterculture to Cyberculture: Stewart Brand, The Whole Earth Network and the Rise of Digital Utopianism*. Chicago: University of Chicago Press.

UNESCO (United Nations Educational, Scientific and Cultural Organization). 1988. *Man Belongs to the Earth: International Cooperation in Environmental Research*. Paris: UNESCO. Online verfügbar: https://unesdoc.unesco.org/ark:/48223/pf0000080638 (zuletzt geöffnet am 10.12.2018).

United Nations. 1987. *Report of the World Commission on Environment and Development: Our Common Future*. Transmitted to the General Assembly as an Annex to document A/42/427 - Development and International Co-operation: Environment. Online verfügbar: http://www.un-documents.net/our-common-future.pdf (zuletzt geöffnet am 10.12.2018).

Uccusic, Paul. 1993. *Der Schamane in uns. Schamanismus als neue Selbsterfahrung, Hilfe und Heilung*. München: Goldmann.

Vitebsky, Piers. 2001. *Schamanismus. Reisen der Seele, magische Kräfte, Ekstase und Heilung*. Englische Originalausgabe 1995. Köln: Taschen.

Walsh, Roger N. 1992. *Der Geist des Schamanismus*. Englische Originalausgabe 1990. Olten: Walter.

Walsh, Roger N. 1995. „Die Transpersonale Bewegung. Geschichte und derzeitiger Entwicklungsstand." *Transpersonale Psychologie und Psychotherapie* 1: 6–21.

Walsh, Roger N., und Frances Vaughan, Hrsg. 1985. *Psychologie in der Wende. Grundlagen, Methoden und Ziele der Transpersonalen Psychologie – Eine Einführung in die Psychologie des Neuen Bewußtseins*. Englische Originalausgabe 1980. Bern etc.: Scherz.

Wasserstrom, Steven M. 1999. *Religion after Religion: Gershom Scholem, Mircea Eliade and Henry Corbin at Eranos*. Princeton: Princeton University Press.

Watson, Ian. 1986. „The Forest as Metaphor for Mind: ‚The Word for World is Forest' and ‚Vaster Than Empires and More Slow'". In *Ursula K. Le Guin (Modern Critical Views)*, hrsg. von Harold Bloom, 47–55. New York und Philadelphia: Chelsea House.

Weinberg, Steven. 1992. *Dreams of a Final Theory*. New York: Pantheon Books.

Westfahl, Gary, Hrsg. 2005. *Science Fiction Quotations: From the Inner Mind to the Outer Limits*. New Haven und London: Yale University Press.

Weyergraf, Bernd. 1987. „Deutsche Wälder." In *Waldungen. Die Deutschen und ihr Wald*, hrsg. von der Akademie der Künste, Berlin, 6–12. Berlin: Nicolaische Verlagsbuchhandlung.

Wheeler, Wendy. 2015. „A Feeling for Life: Biosemiotics, Autopoiesis and the Orders of Discourse." *Anglia* 133: 53–68.

White, Lynn Jr. 1967. „The Historical Roots of Our Ecologic Crisis." *Science* vol. 155, issue 3767: 1203–1207.

Wilber, Ken. 1990. *Das Atman-Projekt. Der Mensch in transpersonaler Sicht.* Englische Originalausgabe 1980. Paderborn: Junfermann.

Wilber, Ken. 1991. *Das Spektrum des Bewußtseins. Eine Synthese östlicher und westlicher Psychologie*. Amerikanische Orginalausgabe 1977. Reinbek: Rowohlt.

Wilber, Ken. 1996. *Eros, Kosmos, Logos. Eine Vision an der Schwelle zum nächsten Jahrtausend.* Englische Originalausgabe 1995. Frankfurt a. M.: Wolfgang. Krüger.

Wilber, Ken. 1997. „Die vier Gesichter der Wahrheit. Ein erkenntnistheoretischer Überblick zu transpersonalen Studien." *Transpersonale Psychologie und Psychotherapie* 3: 4–17.

Wilber, Ken. 1998. *Naturwissenschaft und Religion. Die Versöhnung von Weisheit und Wissen*. Frankfurt a. M.: Wolfgang Krüger.

Williams, John. 1996a. *Giving Nature a Higher Purpose: Back-to-Nature Movements in Weimar Germany, 1918–1933*. Dissertation University of Michigan. Online verfügbar: https://deepblue.lib.umich.edu/handle/2027.42/129825 (zuletzt geöffnet am 8.12.2018).

Williams, John A. 1996b. „‚The Chords of the German Soul are Tuned to Nature': The Movement to Preserve the Natural *Heimat* from the Kaiserreich to the Third Reich." *Central European History* 29: 339–384.

Wirth, Jason M. 2017. *Mountains, Rivers, and the Great Earth: Reading Gary Snyder and Dōgen in an Age of Ecological Crisis*. Albany: SUNY Press.

Wohlleben, Peter. 2015. *Das geheime Leben der Bäume. Was sie fühlen, wie sie kommunizieren – die Entdeckung einer verborgenen Welt.* München: Ludwig.

Wohlleben, Peter. 2016. *Das Seelenleben der Tiere. Liebe, Trauer, Mitgefühl – erstaunliche Einblicke in eine verborgene Welt.* München: Ludwig.

Wundt, Wilhlem. 1879. *Der Spiritismus. Eine sogenannte wissenschaftliche Frage. Offener Brief an Herrn Prof. Dr. Hermann Ulrici in Halle.* Leipzig: Engelmann.

Wundt, Wilhelm. 1897. *Vorlesungen über die Menschen- und Thierseele*. 3. Aufl. Hamburg etc.: Voss.

Wundt, Wilhelm. 1900–1920. *Völkerpsychologie. Eine Untersuchung der Entwicklungsgesetze von Sprache, Mythus und Sitte.* 10 Bände. Leipzig: Engelmann (später Kröner).

Zander, Helmut. 1999. *Geschichte der Seelenwanderung in Europa. Alternative religiöse Traditionen von der Antike bis heute*. Darmstadt: Primus.

Zander, Helmut. 2016. *„Europäische" Religionsgeschichte. Religiöse Zugehörigkeit durch Entscheidung – Konsequenzen im interkulturellen Vergleich.* Berlin und Boston: De Gruyter / Oldenbourg.

Zintzen, Clemens. 1991. „Bemerkungen zur neuplatonischen Seelenlehre." In *Die Seele. Ihre Geschichte im Abendland*, hrsg. von Gerd Jüttemann, Michael Sonntag und Christoph Wulf, 43–58. Weinheim: Psychologie Verlags Union.

Zlotkowski, Edward. 1992. „Levertov and Rilke: A Sense of Aesthetic Ethics". *Twentieth Century Literature* 38: 324–342.

Zweig, Arnold. 1920. *Das ostjüdische Antlitz. Zu fünfzig Steinzeichnungen von Hermann Struck*. Berlin: Welt-Verlag.

Register

Personenregister

Sachregister